¡VIVA!

EDEXCEL INTERNATIONAL GCSE (9–1)
SPANISH

Rachel Hawkes, Christopher Lillington,
Richard Martin, Samantha Broom

PROPERTY OF THE PORTSMOUTH GRAMMAR SCHOOL

NAME	FORM	ISSUED
Marcus Richardson	TAMF	9/9/22

Pearson

Published by Pearson Education Limited, 80 Strand, London, WC2R 0RL.

www.pearsonglobalschools.com

Copies of official specifications for all Pearson qualifications may be found on the website: https://qualifications.pearson.com

Text © Pearson Education Limited 2020
Edited by Miryam Audiffred
Typeset by Tech-Set Ltd, Gateshead, UK
Cover design by Pearson Education Limited
Picture research by Integra
Cover photo © Shutterstock / Marianna Fedorova

The rights of Rachel Hawkes, Christopher Lillington, Richard Martin and Samantha Broom to be identified as authors of this work have been asserted by them in accordance with the Copyright, Designs and Patents Act 1988.

First published 2020

23 22 21 20

10 9 8 7 6 5 4 3 2 1

British Library Cataloguing in Publication Data
A catalogue record for this book is available from the British Library

ISBN 978 1 292 30622 3

Copyright notice
All rights reserved. No part of this publication may be reproduced in any form or by any means (including photocopying or storing it in any medium by electronic means and whether or not transiently or incidentally to some other use of this publication) without the written permission of the copyright owner, except in accordance with the provisions of the Copyright, Designs and Patents Act 1988 or under the terms of a licence issued by the Copyright Licensing Agency, Barnard's Inn, 86 Fetter Lane, London EC4A 1EN (www.cla.co.uk). Applications for the copyright owner's written permission should be addressed to the publisher.

Printed in Slovakia by Neografia

All audio recorded at Alchemy Post for Pearson Education Ltd

Acknowledgements
We would like to thank Rowan Laxton and Luciano Cipolla at Alchemy Postand Chatterbox voices.

Endorsement statement
In order to ensure that this resource offers high-quality support for the associated Pearson qualification, it has been through a review process by the awarding body. This process confirms that this resource fully covers the teaching and learning content of the specification or part of a specification at which it is aimed. It also confirms that it demonstrates an appropriate balance between the development of subject skills, knowledge and understanding, in addition to preparation for assessment.

Endorsement does not cover any guidance on assessment activities or processes (e.g. practice questions or advice on how to answer assessment questions), included in the resource nor does it prescribe any particular approach to the teaching or delivery of a related course.

While the publishers have made every attempt to ensure that advice on the qualification and its assessment is accurate, the official specification and associated assessment guidance materials are the only authoritative source of information and should always be referred to for definitive guidance.

Pearson examiners have not contributed to any sections in this resource relevant to examination papers for which they have responsibility.

Examiners will not use endorsed resources as a source of material for any assessment set by Pearson. Endorsement of a resource does not mean that the resource is required to achieve this Pearson qualification, nor does it mean that it is the only suitable material available to support the qualification, and any resource lists produced by the awarding body shall include this and other appropriate resources.

CONTENIDOS

SOBRE ESTE LIBRO	iv
RESUMEN DE LA EVALUACIÓN	vii
RESUMEN DE TEMAS	viii
ESTRUCTURA DEL CURSO	ix
MÓDULO 1	2
MÓDULO 2	24
MÓDULO 3	46
MÓDULO 4	70
MÓDULO 5	92
MÓDULO 6	116
MÓDULO 7	138
MÓDULO 8	160
¡A REPASAR!	182
TE TOCA A TI	198
PREGUNTAS GENERALES	206
GRAMÁTICA	208
TABLA DE VERBOS	241

SOBRE ESTE LIBRO

International GCSE ¡Viva! is a course which supports teachers and learners through cumulative language acquisition and practice, and encourages inter- and intra-personal as well as cognitive skills. Our resources use real life contexts and authentic materials to give sense of purpose and culture to language learning. The course promotes learner autonomy, for example, through its use of the self study and grammar reference materials included.

The course is structured into 8 themed modules. Key grammar concepts and language points are revisited, recycled and revised from module to module, to embed understanding and allow practice within different contexts. An equal focus on all four skills and the interplay between them helps reinforce learning: students encounter grammar in reading and listening, and put it into practice in speaking and writing activities.

This Student Book is supported by online teacher resources and an audio pack.

Each module starts with one or two **Punto de partida** units which introduce the language to be learnt. Every unit is structured to provide gradual progression, ensuring accessibility for all students.

Objetivos de aprendizaje or **Learning objectives**
Lessons are carefully tailored to address key assessment objectives of the course through language building and recycling.

Specification reference
Every unit in the book is linked to an International GCSE sub topic (see page viii). Language taught and practiced has been carefully chosen for suitability to the context. The units cover a good proportion of the topic vocabulary listed in the specification. The **palabras** or **vocabulary** section at the end of each module provides themed lists useful for revision.

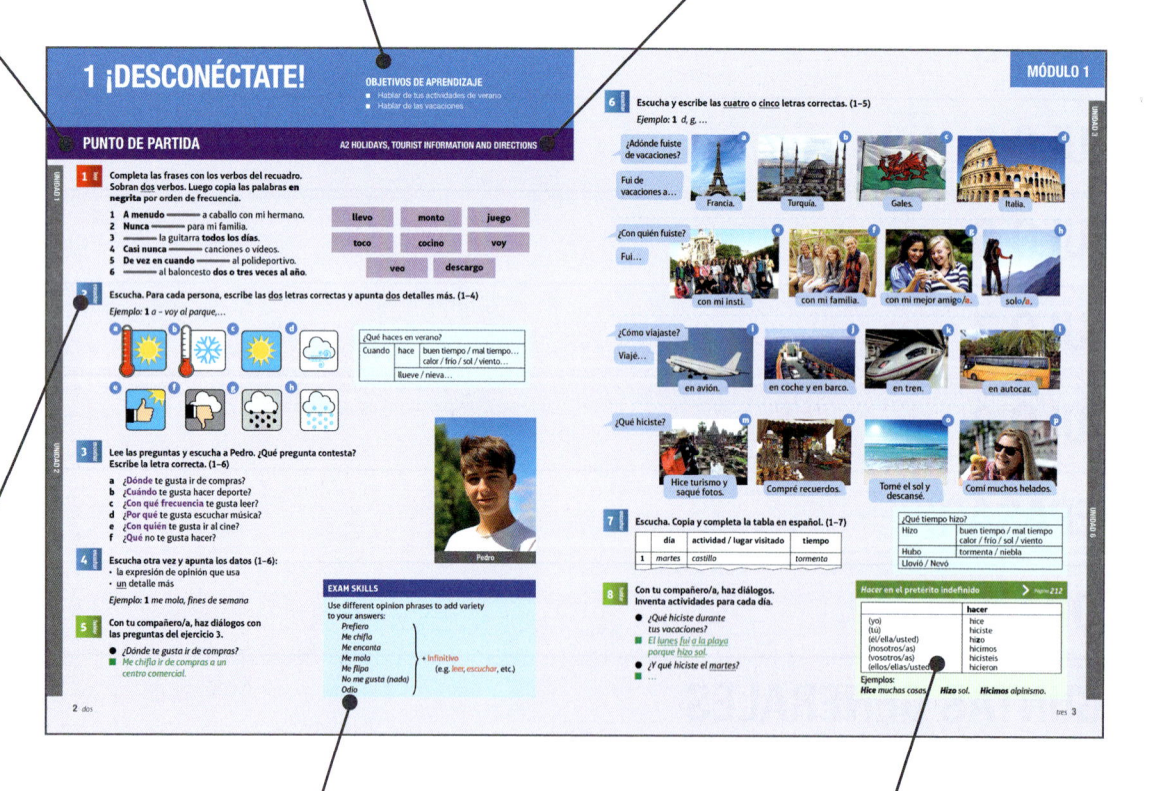

A range of **fun activities** provide practice for language points which are carefully picked to be suitable to the topic. Reading, writing, listening and speaking activities can easily be identified. There are regular opportunities to develop speaking skills throughout the course.

Exam skills
These draw learners' attention to potential problems or common pitfalls in the exam, and give practical hints about how to prepare for and answer exam style questions.

Grammar
A building blocks approach breaks grammar down into manageable chunks to help students progress step by step. Students are directed to the relevant grammar reference section at the back of the book for further support and practice.

SOBRE ESTE LIBRO / ABOUT THIS BOOK

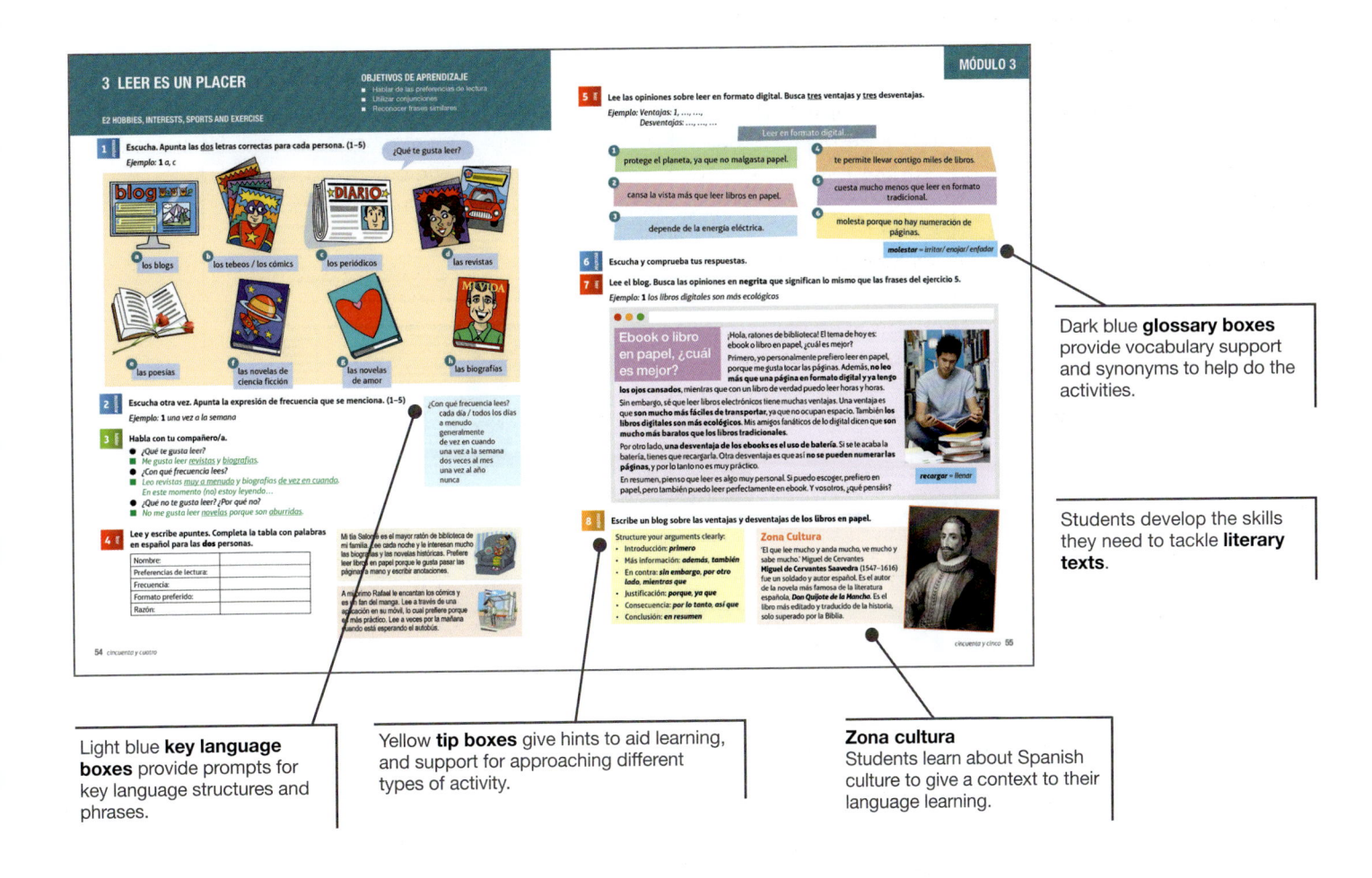

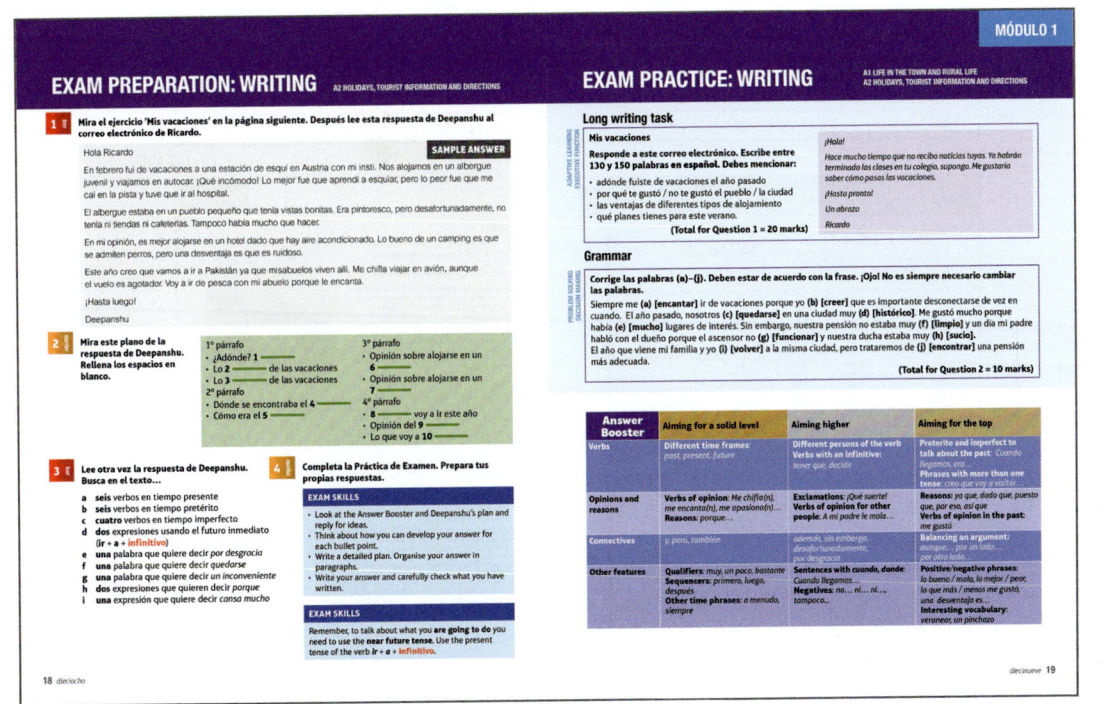

Dark blue **glossary boxes** provide vocabulary support and synonyms to help do the activities.

Students develop the skills they need to tackle **literary texts**.

Light blue **key language boxes** provide prompts for key language structures and phrases.

Yellow **tip boxes** give hints to aid learning, and support for approaching different types of activity.

Zona cultura
Students learn about Spanish culture to give a context to their language learning.

Each module includes **Exam Preparation and Exam Practice** to prepare students for the tasks that they will need to do in the exam papers. Guided preparation allows students to develop strategies for approaching the tasks.

Sample answers help students understand what is required in the exam.

The **Answer booster** helps students to see how to write a good answer.

All questions also help student to develop **transferable skills** such as critical thinking or problem solving. These skills are very important for further study and personal development.

SOBRE ESTE LIBRO / ABOUT THIS BOOK

The **Repasar** or **Revision** section provides more practice of exam style questions, and is intended for practice at the end of the course. The section supports class-based revision for the International GCSE (9–1) assessments.

The **Te toca a ti** section is intended for self study practice at home, module by module.

The **General conversation** spread provides lists of examples of International GCSE topic-based questions to help students revise for the second part of the speaking exam.

The **Gramática** section provides grammar reference and differentiated extra practice exercises. The green '*Hay que saber bien*' pages present more basic grammar points. More difficult items are explained in the purple '*Para sacar buena nota*' pages at the end of the section.

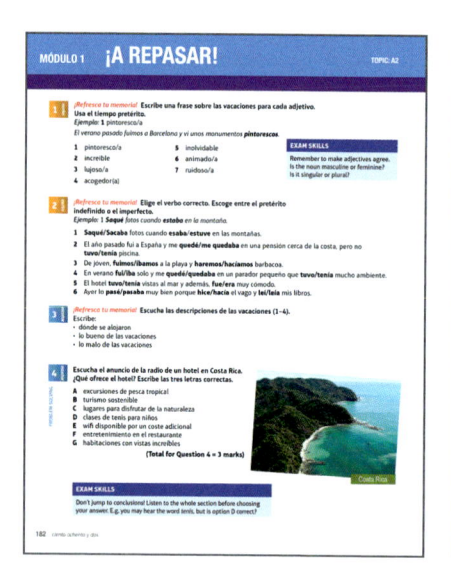

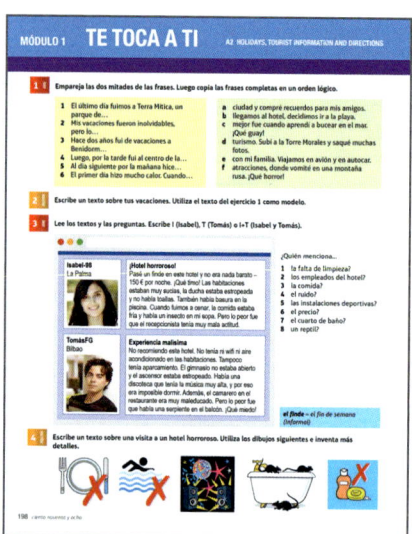

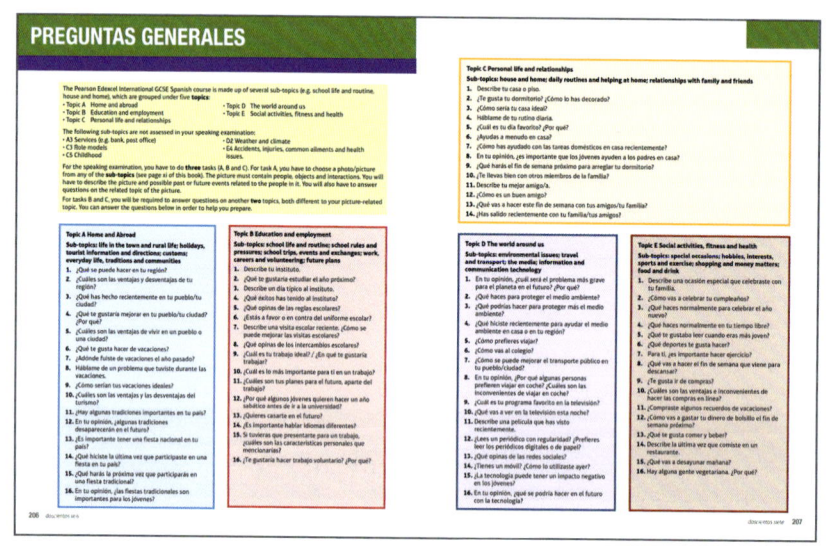

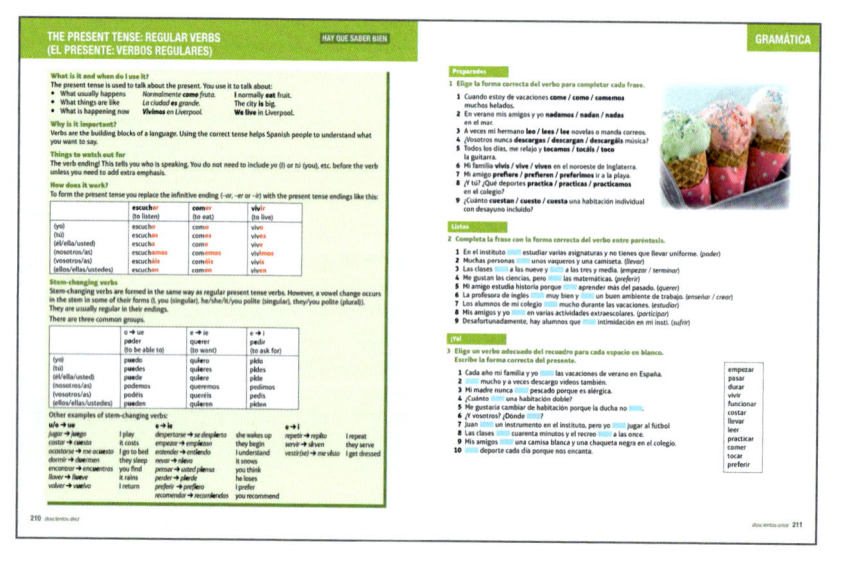

RESUMEN DE LA EVALUACIÓN

The following tables give an overview of the assessment for this course. You should study this information closely to help ensure that you are fully prepared for this course and know exactly what to expect in each part of the assessment.

PAPER 1	PERCENTAGE	MARKS	TIME	AVAILABILITY
LISTENING Written exam paper Paper code 4SP1/01 Single tier of entry	25%	40	30 minutes	June exam series First assessment June 2019

PAPER 2	PERCENTAGE	MARKS	TIME	AVAILABILITY
READING AND WRITING Written exam paper Paper code 4SP1/02 Single tier of entry	50%	40 + 40 = 80	1 hour 45 minutes Students should spend approximately 52 minutes on each section (Reading and Writing).	June exam series First assessment June 2019

PAPER 3	PERCENTAGE	MARKS	TIME	AVAILABILITY
SPEAKING Spoken exam paper Paper code 4SP1/03 Single tier of entry	25%	40	8–10 minutes	June exam series First assessment June 2019

All papers assess skills across five topic areas.
- Home and abroad
- Education and employment
- Personal life and relationships
- The world around us
- Social activities, fitness and health.

Sub-topics A3, C3, C5, D2 and E4 will not be assessed in the speaking paper. The speaking examination is made up of three tasks (A, B and C). Students will present and answer questions on a picture. They will also discuss two different topics, chosen at random by Pearson.

ASSESSMENT OBJECTIVES AND WEIGHTINGS

SECTION	ASSESSMENT OBJECTIVE	DESCRIPTION	% IN INTERNATIONAL GCSE
READING	AO1	Understand and respond, in writing, to spoken language	25%
WRITING	AO2	Communicate in writing, using a register appropriate to the situation, showing knowledge of a range of vocabulary in common usage and of the grammar and structures prescribed in the specification, and using them accurately	25%
LISTENING	AO3	Understand and respond, in writing, to written language	25%
SPEAKING	AO4	Communicate in speech, showing knowledge of a range of vocabulary in common usage and of the grammar and structures prescribed in the specification, and using them accurately	25%

RESUMEN DE TEMAS

All three exam papers assess skills across five topic areas. The papers will feature questions drawn from a variety of sources, which all relate to the topics. The sources should be considered as different contexts in which students can understand and produce Spanish. Specialist and/or technical Spanish vocabulary or detailed specialist knowledge of the topics are not required.

This table shows which lessons in *¡Viva!* cover the different topic areas.

INTERNATIONAL GCSE (9–1) TOPICS AND SUB TOPICS	*¡VIVA!* UNITS
A HOME AND ABROAD	
1 Life in the town and rural life	5.4
2 Holidays, tourist information and directions	1pdp1, 1.1, 1.2, 1.3, 1.4, 1.5, 1.6, 5pdp1, 5.1
3 Services (e.g. bank, post office)*	5.6
4 Customs	6.2
5 Everyday life, traditions and communities	6.3
B EDUCATION AND EMPLOYMENT	
1 School life and routine	2pdp1, 2pdp2, 2.1, 2.2, 7.2
2 School rules and pressures	2.3
3 School trips, events and exchanges	2.4, 2.5
4 Work, careers and volunteering	7pdp1, 7.1, 7.3, 7.4
5 Future plans	7.5, 7.6
C PERSONAL LIFE AND RELATIONSHIPS	
1 House and home	8 pdp1
2 Daily routines and helping at home	6pdp1, 7.1
3 Role models*	5
4 Relationships with family and friends	3pdp1, 3pdp2, 3.2, 3.4, 3.5
5 Childhood*	3.6
D THE WORLD AROUND US	
1 Environmental issues	8 pdp1, 8.1, 8.2, 8.5
2 Weather and climate*	5.2
3 Travel and transport	5.5, 7.5
4 The media	4pdp2, 4.3
5 Information and communication technology	3.1
E SOCIAL ACTIVITIES, FITNESS AND HEALTH	
1 Special occasions	4.4, 6.5, 8.4
2 Hobbies, interests, sports and exercise	3.3, 4pdp1, 4.1, 4.2
3 Shopping and money matters	5pdp2, 5.3
4 Accidents, injuries, common ailments and health issues*	6pdp2, 8.3
5 Food and drink	6pdp1, 6.1, 6.4, 8pdp2

*Sub-topics A3, C3, C5, D2 and E4 will not be assessed in Paper 3: Speaking

ESTRUCTURA DEL CURSO

Módulo 1 ¡Desconéctate! Topic: A Home and abroad

Punto de partida 2
- Hablar de las vacaciones
- Repasar el presente y el pretérito indefinido

Unidad 1 ¿Qué haces en verano? 4
- Hablar de tus actividades de verano
- Usar el presente
- Identificar la persona del verbo

Unidad 2 ¿Cómo prefieres pasar las vacaciones? 6
- Hablar de los diferentes tipos de vacaciones
- Describir los gustos y las preferencias de otras personas
- Comprender los porcentajes

Unidad 3 ¡Destino Barcelona! 8
- Hablar de lo que hiciste de vacaciones
- Usar el pretérito indefinido
- Usar diferentes frases para expresar opiniones

Unidad 4 ¿Cómo era? 10
- Describir dónde te alojaste
- Usar el imperfecto
- Deducir el significado de palabras nuevas

Unidad 5 Quisiera reservar… 12
- Reservar alojamiento y resolver problemas
- Usar verbos con *usted*
- Contestar a preguntas en español

Unidad 6 Mis vacaciones desastrosas 14
- Hablar de tus últimas vacaciones
- Usar el presente, el pretérito indefinido y el imperfecto
- Identificar las opiniones positivas y negativas

PRÁCTICA PARA EL EXAMEN: ESCUCHAR Y LEER 16
PREPARACIÓN Y PRÁCTICA PARA EL EXAMEN: ESCRIBIR 18
PREPARACIÓN Y PRÁCTICA PARA EL EXAMEN: HABLAR 19
PALABRAS 22

Módulo 2 Mi vida en el insti Topic: B Education and Employment

Punto de partida 1 24
- Dar opiniones sobre las asignaturas
- Describir las instalaciones escolares

Punto de partida 2 26
- Describir el uniforme y el día escolar
- Utilizar adjetivos

Unidad 1 ¿Qué tal los estudios? 28
- Hablar de las asignaturas y los profesores
- Utilizar comparativos y superlativos
- Justificar opiniones

Unidad 2 ¡Mi nuevo insti! 30
- Describir tu colegio
- Utilizar negativos
- Comparar antes y ahora

Unidad 3 ¡Está prohibido! 32
- Hablar de las reglas y problemas escolares
- Utilizar verbos más infinitivo
- Hacer ejercicios de escucha más difíciles

Unidad 4 ¡Destino Zaragoza! 34
- Hablar de los planes para un intercambio escolar
- Utilizar el futuro próximo
- Preguntar y contestar

Unidad 5 Mis pasatiempos y mis éxitos 36
- Hablar de las actividades y los éxitos
- Utilizar los pronombres de objeto
- Describir la duración de una actividad

PRÁCTICA PARA EL EXAMEN: ESCUCHAR Y LEER 38
PREPARACIÓN Y PRÁCTICA PARA EL EXAMEN: ESCRIBIR 40
PREPARACIÓN Y PRÁCTICA PARA EL EXAMEN: HABLAR 42
PALABRAS 44

Módulo 3 Mi gente Topics: C Personal life and relationships
E Social activities, fitness and health

Punto de partida 1 46
- Conectar con la familia
- Utilizar verbos en el presente

Punto de partida 2 48
- Describir a la gente
- Utilizar correctamente los adjetivos

Unidad 1 Mis aplicaciones favoritas 50
- Hablar de las redes sociales
- Usar *para* más infinitivo
- Extender respuestas, hablando de otros

Unidad 2 ¿Qué estás haciendo? 52
- Quedar con amigos
- Utilizar el presente continuo
- Improvisar diálogos

Unidad 3 Leer es un placer 54
- Hablar de las preferencias de lectura
- Utilizar conjunciones
- Reconocer frases similares

Unidad 4 Retratos 56
- Describir a la gente
- Utilizar *ser y estar*
- Comprender descripciones detalladas

Unidad 5 Relaciones 58
- Hablar de los amigos y de la familia
- Utilizar verbos de relación
- Hablar en el presente y en el pasado

Unidad 6 Recuerdos de la niñez 60
- Hablar de la niñez
- Utilizar el pretérito imperfecto
- Crear frases extendidas

PRÁCTICA PARA EL EXAMEN: ESCUCHAR Y LEER 62
PREPARACIÓN Y PRÁCTICA PARA EL EXAMEN: ESCRIBIR 64
PREPARACIÓN Y PRÁCTICA PARA EL EXAMEN: HABLAR 66
PALABRAS 68

ESTRUCTURA DEL CURSO / COURSE STRUCTURE

Módulo 4 Intereses e influencias

Topics: C Personal life and relationships
D The world around us
E Social activities, fitness and health

Punto de partida 1 70
- Hablar de las actividades de ocio
- Usar los verbos como *jugar* en el presente

Punto de partida 2 72
- Hablar de los programas y las películas
- Usar los adjetivos de nacionalidad

Unidad 1 ¿Qué sueles hacer? 74
- Hablar de lo que hago normalmente
- Usar el verbo *soler* + infinitivo
- Identificar las frases correctas en ejercicios de lectura

Unidad 2 ¡Fanático del deporte! 76
- Hablar del deporte
- Usar el presente, el imperfecto y el pretérito indefinido
- Identificar diferentes tiempos verbales

Unidad 3 #Temas del momento 78
- Hablar de los temas del momento
- Usar el pretérito perfecto
- Usar palabras que tienen varios significados

Unidad 4 En directo 80
- Discutir las diversiones y los espectáculos
- Usar algunos / ciertos / otros / muchos / demasiados / todos
- Adaptar un modelo para hacer nuevos diálogos.

Unidad 5 Modelos a seguir 82
- Hablar de quién te inspira
- Usar varios tiempos verbales para hablar del pasado
- Hablar de las fechas

PRÁCTICA PARA EL EXAMEN: ESCUCHAR Y LEER 84
PREPARACIÓN Y PRÁCTICA PARA EL EXAMEN: ESCRIBIR 86
PREPARACIÓN Y PRÁCTICA PARA EL EXAMEN: HABLAR 88
PALABRAS 90

Módulo 5 Ciudades

Topics: A Home and abroad
D The world around us
E Social activities, fitness and health

Punto de partida 1 92
- Hablar de los lugares de la ciudad
- Pedir y entender direcciones

Punto de partida 2 94
- Hablar de las tiendas
- Comprar recuerdos

Unidad 1 ¿Cómo es tu zona? 96
- Describir una región
- Utilizar *se puede* y *se pueden*
- Hacer y contestar a preguntas

Unidad 2 ¿Qué haremos mañana? 98
- Hacer planes
- Utilizar el futuro
- Entender la geografía de España

Unidad 3 De compras 100
- Comprar ropa y regalos
- Utilizar los adjetivos demostrativos
- Explicar las preferencias

Unidad 4 Los pros y los contras de la ciudad 102
- Hablar de lo bueno y lo malo de una ciudad
- Utilizar el condicional
- Utilizar sinónimos y antónimos

Unidad 5 ¡Destino Arequipa! 104
- Describir una visita del pasado
- Combinar diferentes tiempos verbales
- Comprender y usar expresiones idiomáticas

Unidad 6 Necesito ayuda 106
- Pedir ayuda e información
- Usar los pronombres demostrativos y posesivos
- Comprender información al teléfono

PRÁCTICA PARA EL EXAMEN: ESCUCHAR Y LEER 108
PREPARACIÓN Y PRÁCTICA PARA EL EXAMEN: ESCRIBIR 110
PREPARACIÓN Y PRÁCTICA PARA EL EXAMEN: HABLAR 112
PALABRAS 114

Módulo 6 De costumbre

Topics: A Home and abroad
C Personal life and relationships
E Social activities, fitness and health

Punto de partida 1 116
- Describir las comidas
- Hablar de la rutina diaria

Punto de partida 2 118
- Hablar de las enfermedades y las lesiones
- Pedir ayuda en la farmacia

Unidad 1 Sabores del mundo 120
- Hablar de las comidas típicas
- Usar la voz pasiva
- Identificar las palabras que indican un aumento / un descenso

Unidad 2 ¡De fiesta! 122
- Comparar fiestas diferentes
- Evitar la voz pasiva
- Prestar atención a los interrogativos (*qué, cómo* etc)

Unidad 3 Un día especial 124
- Describir un día especial
- Usar los verbos reflexivos en el pretérito indefinido
- Deducir el significado de un texto literario

Unidad 4 ¡A comer! 126
- Pedir comida en un restaurante
- Usar el superlativo absoluto
- Identificar cómo funcionan los verbos irregulares en el pretérito indefinido

Unidad 5 El festival de música 128
- Hablar de un festival de música
- Usar expresiones con el infinitivo
- Usar anécdotas al narrar una historia

PRÁCTICA PARA EL EXAMEN: ESCUCHAR Y LEER 130
PREPARACIÓN Y PRÁCTICA PARA EL EXAMEN: ESCRIBIR 132
PREPARACIÓN Y PRÁCTICA PARA EL EXAMEN: HABLAR 134
PALABRAS 136

ESTRUCTURA DEL CURSO / COURSE STRUCTURE   xi

Módulo 7 ¡A currar!
Topics: B Education and employment
C Personal life and relationships
D The world around us

Punto de partida 138
- Hablar de distintos tipos de trabajos
- Discutir las preferencias laborales

Unidad 1 *¿Qué haces para ganar dinero?* 140
- Hablar de lo que haces para ganar dinero
- Usar *soler* en el imperfecto
- Usar diferentes formas verbales

Unidad 2 *Mis prácticas laborales* 142
- Hablar de las prácticas de trabajo
- Usar el pretérito indefinido y el imperfecto juntos
- Usar alternativas a la palabra 'y'

Unidad 3 *¿Por qué aprender idiomas?* 144
- Hablar de la importancia de los idiomas en el trabajo
- Usar el gerundio
- Usar *saber* y *conocer*

Unidad 4 *Solicitando un trabajo* 146
- Solicitar un trabajo de verano
- Usar los pronombres de objeto indirecto
- Escribir una carta formal

Unidad 5 *Un año sabático* 148
- Discutir planes para tomarse un año sabático
- Usar el imperfecto de subjuntivo en oraciones condicionales
- Expresar la hora

Unidad 6 *El futuro* 150
- Discutir planes para el futuro
- Usar el presente de subjuntivo con *cuando*
- Usar una variedad de expresiones para hablar del futuro

PRÁCTICA PARA EL EXAMEN: ESCUCHAR Y LEER 152
PREPARACIÓN Y PRÁCTICA PARA EL EXAMEN: ESCRIBIR .. 154
PREPARACIÓN Y PRÁCTICA PARA EL EXAMEN: HABLAR 156
PALABRAS 158

Módulo 8 Hacia un mundo mejor
Topics: C Personal life and relationships
D The world around us
E Social activities, fitness and health

Punto de partida 1 160
- Describir tipos de casas
- Hablar del medioambiente

Punto de partida 2 162
- Hablar de la comida sana
- Discutir los problemas alimentarios

Unidad 1 *¡Piensa globalmente…!* 164
- Considerar problemas globales
- Utilizar el presente del subjuntivo
- Entender los números mayores

Unidad 2 *¡Actúa localmente!* 166
- Hablar de la acción local
- Utilizar el subjuntivo para órdenes
- Argumentar por escrito

Unidad 3 *¡Vivir a tope!* 168
- Hablar de la vida sana
- Entender tiempos verbales diferentes
- Dar razones más detalladas

Unidad 4 *¡El deporte nos une!* 170
- Hablar de los eventos deportivos internacionales
- Utilizar el pluscuamperfecto
- Explicar tu punto de vista

Unidad 5 *¡Apúntate!* 172
- Hablar de catástrofes naturales
- Utilizar el imperfecto continuo
- Utilizar el conocimento grammatical

PRÁCTICA PARA EL EXAMEN: ESCUCHAR Y LEER 174
PREPARACIÓN Y PRÁCTICA PARA EL EXAMEN: ESCRIBIR .. 176
PREPARACIÓN Y PRÁCTICA PARA EL EXAMEN: HABLAR 178
PALABRAS 180

¡A repasar!

Módulo 1 *¡Desconéctate!* 182
Módulo 2 *Mi vida en el insti* 184
Módulo 3 *Mi gente* 186
Módulo 4 *Intereses e influencias* 188
Módulo 5 *Ciudades* 190
Módulo 6 *De costumbre* 192
Módulo 7 *¡A currar!* 194
Módulo 8 *Hacia un mundo mejor* 196

1 ¡DESCONÉCTATE!

OBJETIVOS DE APRENDIZAJE
- Hablar de tus actividades de verano
- Hablar de las vacaciones

PUNTO DE PARTIDA

A2 HOLIDAYS, TOURIST INFORMATION AND DIRECTIONS

1 leer Completa las frases con los verbos del recuadro. Sobran **dos** verbos. Luego copia las palabras **en negrita** por orden de frecuencia.

1 A menudo ———— a caballo con mi hermano.
2 Nunca ———— para mi familia.
3 ———— la guitarra **todos los días**.
4 **Casi nunca** ———— canciones o vídeos.
5 **De vez en cuando** ———— al polideportivo.
6 ———— al baloncesto **dos o tres veces al año**.

llevo	monto	juego
toco	cocino	voy
veo	descargo	

2 escuchar Escucha. Para cada persona, escribe las **dos** letras correctas y apunta **dos** detalles más. (1–4)

Ejemplo: **1** a – voy al parque,…

¿Qué haces en verano?		
Cuando	hace	buen tiempo / mal tiempo… calor / frío / sol / viento…
	llueve / nieva…	

3 escuchar Lee las preguntas y escucha a Pedro. ¿Qué pregunta contesta? Escribe la letra correcta. (1–6)

a ¿**Dónde** te gusta ir de compras?
b ¿**Cuándo** te gusta hacer deporte?
c ¿**Con qué frecuencia** te gusta leer?
d ¿**Por qué** te gusta escuchar música?
e ¿**Con quién** te gusta ir al cine?
f ¿**Qué** no te gusta hacer?

Pedro

4 escuchar Escucha otra vez y apunta los datos (1–6):
- la expresión de opinión que usa
- un detalle más

Ejemplo: **1** me mola, fines de semana

5 hablar Con tu compañero/a, haz diálogos con las preguntas del ejercicio 3.

● ¿Dónde te gusta ir de compras?
■ Me chifla ir de compras a un centro comercial.

EXAM SKILLS
Use different opinion phrases to add variety to your answers:
 Prefiero
 Me chifla
 Me encanta
 Me mola   } + infinitivo
 Me flipa   (e.g. *leer, escuchar,* etc.)
 No me gusta (nada)
 Odio

2 *dos*

MÓDULO 1

UNIDAD 3

6 Escucha y escribe las <u>cuatro</u> o <u>cinco</u> letras correctas. (1–5)

Ejemplo: **1** d, g, …

¿Adónde fuiste de vacaciones?

Fui de vacaciones a…

- **a** Francia.
- **b** Turquía.
- **c** Gales.
- **d** Italia.

¿Con quién fuiste?

Fui…

- **e** con mi insti.
- **f** con mi familia.
- **g** con mi mejor amig**o/a**.
- **h** sol**o/a**.

¿Cómo viajaste?

Viajé…

- **i** en avión.
- **j** en coche y en barco.
- **k** en tren.
- **l** en autocar.

¿Qué hiciste?

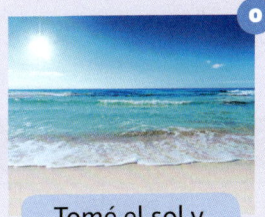

- **m** Hice turismo y saqué fotos.
- **n** Compré recuerdos.
- **o** Tomé el sol y descansé.
- **p** Comí muchos helados.

UNIDAD 6

7 Escucha. Copia y completa la tabla en español. (1–7)

	día	actividad / lugar visitado	tiempo
1	martes	castillo	tormenta

¿Qué tiempo hizo?	
Hizo	buen tiempo / mal tiempo calor / frío / sol / viento
Hubo	tormenta / niebla
Llovió / Nevó	

8 Con tu compañero/a, haz diálogos. Inventa actividades para cada día.

- ● ¿Qué hiciste durante tus vacaciones?
- ■ El <u>lunes</u> <u>fui</u> <u>a la playa</u> porque <u>hizo sol</u>.
- ● ¿Y qué hiciste el <u>martes</u>?
- ■ …

Hacer en el pretérito indefinido ▶ *Página* **212**

	hacer
(yo)	hice
(tú)	hiciste
(él/ella/usted)	hi**z**o
(nosotros/as)	hicimos
(vosotros/as)	hicisteis
(ellos/ellas/ustedes)	hicieron

Ejemplos:
Hice muchas cosas.   **Hizo** sol.   **Hicimos** alpinismo.

tres **3**

1 ¿QUÉ HACES EN VERANO?

OBJETIVOS DE APRENDIZAJE
- Hablar de tus actividades de verano
- Usar el presente
- Identificar la persona del verbo

A2 HOLIDAYS, TOURIST INFORMATION AND DIRECTIONS

1 *escuchar* Escucha y lee. ¿Qué significan las frases en **negrita**? Luego copia y completa la tabla en español.

	vive	tiempo	frecuencia / actividades
Maisie	Edimburgo, este de…	variable	a veces - voy de…

¿QUÉ HACES EN VERANO?

Vivo en Edimburgo, en el este de Escocia. En verano **el tiempo es variable**. A veces voy de paseo con mis amigos, pero casi nunca hacemos una barbacoa porque **hay chubascos** a menudo (siempre llevo un paraguas cuando salgo, ¡por si acaso!).
Maisie

Vivo en Valle Nevado, en el centro de Chile. En invierno siempre hago esquí, pero en verano, no. Normalmente hace sol, pero a veces **está nublado** o **hay niebla** (¡no se puede ver nada!). Una vez a la semana trabajo como voluntario en un refugio de animales.
Jaime

Vivo en Mazatlán, en el noroeste de México. El clima **es muy soleado y caluroso** en verano, con temperaturas de más de 30 grados. ¡Qué calor! Todos los días nado en el mar. ¡Soy una fanática de la playa! De vez en cuando **hay tormenta** y por eso no salgo – chateo en la red.
Florencia

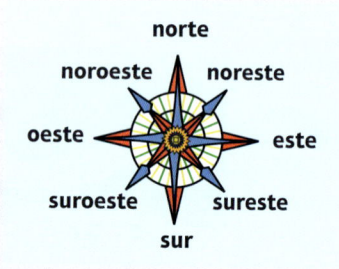

norte
noroeste noreste
oeste este
suroeste sureste
sur

2 *leer* Lee los textos del ejercicio 1 otra vez. Busca <u>ocho</u> verbos diferentes y escribe el infinitivo correcto.

Ejemplo: salgo – salir

El presente ▶ Páginas 210, 212

	regular			irregular
	nad**ar**	le**er**	viv**ir**	ser
(yo)	nad**o**	le**o**	viv**o**	soy
(tú)	nad**as**	le**es**	viv**es**	eres
(él/ella/usted)	nad**a**	le**e**	viv**e**	es
(nosotros/as)	nad**amos**	le**emos**	viv**imos**	somos
(vosotros/as)	nad**áis**	le**éis**	viv**ís**	sois
(ellos/ellas/ustedes)	nad**an**	le**en**	viv**en**	son

Some verbs change their stem: *jue*go (*jugar*)
Some verbs are irregular in the 'yo' form only: ha*go* (*hacer*), sal*go* (*salir*), ve*o* (*ver*)

3 *hablar* Imagina que vives en otro país. Con tu compañero/a, haz diálogos.

- ¿Dónde vives?
- ¿Qué tiempo hace en verano?
- ¿Qué actividades haces en verano?

- Vivo en…, en…
- Normalmente…
- A menudo…, pero…

Use the new weather expressions from exercise 1 to add variety.
In addition, mention different activities using a range of verbs. Look back at your list of verbs from exercise 2 for ideas.

MÓDULO 1

4 Escucha y escribe los verbos. (1–8)

Ejemplo: **1** *nadan*

5 Escucha a David y lee las frases. Identifica las <u>tres</u> frases correctas.

a David vive en el suroeste de su país.
b Hay muchos chubascos en su región.
c David es adicto a la tele.
d David y sus amigos practican mucho deporte.
e David y sus amigos nunca hacen natación.
f David toca un instrumento.

EXAM SKILLS

Listen for verb endings as clues:
Verbs ending in…	usually refer to…
–o	I
–s	you
–mos	we
–n	they

6 Escribe un texto sobre tus vacaciones.
Menciona:

- dónde vives
- qué tiempo hace en verano
- qué actividades haces
- qué actividades hacen tus amigos.

Vivo en…, en el… de…
En verano normalmente…
Todos los días… También… porque…
Mis amigos…

7 Lee el texto y contesta a las preguntas en español.

Campamentos de verano con Kin Camp en México

¡El mejor verano de tu vida!

Verano Senior es la experiencia perfecta para adolescentes (de 13 a 17 años), con una combinación de diversión, juegos, deportes, aventura y amistad.

El campamento tiene actividades especiales como escalada, pista comando, tiro con arco y canoas. Además, aprendes a:

- ser un líder
- trabajar en equipo
- y lo más importante, ¡echar relajo!

Tienes la oportunidad de ir de excursión a lugares de interés increíbles. Y también ofrecemos diferentes talleres creativos de teatro, música, pintura, escultura y baile, porque ¡TODOS tenemos un artista dentro!

1 ¿En qué país se organizan los campamentos de Kin Camp?
2 ¿Cuál es la edad mínima para participar en el Verano Senior?
3 ¿Qué tipo de actividades especiales hay?
4 ¿Qué sitios se pueden visitar?
5 ¿Qué tipo de actividades creativas se ofrecen?

Zona Cultura
Cada año muchos jóvenes en España y Latinoamérica pasan quince días, o más, en un **campamento de verano**, donde disfrutan de actividades educativas, deportivas y recreativas.

2 ¿CÓMO PREFIERES PASAR LAS VACACIONES?

A2 HOLIDAYS, TOURIST INFORMATION AND DIRECTIONS

OBJETIVOS DE APRENDIZAJE
- Hablar de los diferentes tipos de vacaciones
- Describir los gustos y las preferencias de otras personas
- Comprender los porcentajes

1 leer Lee y completa los textos con la opinión correcta. Sobra una opinión.

a me mola leer
b le encanta hacer deportes acuáticos
c nos apasiona hacer ciclismo
d nos flipa ver películas
e odio ir de compras
f prefiero estar al aire libre

En España tenemos por lo menos once semanas de vacaciones en junio, julio y agosto. ¡Qué suerte! En verano no veo la tele en casa porque **1** ———— cuando hace sol. Todos los días mi mejor amigo y yo montamos en bici, dado que **2** ————.
Íñigo

En Argentina tenemos las vacaciones de verano en enero y febrero. **3** ———— y por eso compro un montón de revistas en verano porque tengo más tiempo libre. A menudo voy a la pista de hielo con mi hermana y también vamos al cine, puesto que **4** ————. Mi padre bucea en el mar, ya que **5** ————.
Ana

2 escuchar Escucha y comprueba tus respuestas.

> The following all mean 'since' or 'given that':
> dado que
> puesto que } = porque
> ya que

Verbos como *gustar* › *Página* **228**

Many verbs for giving opinions need a pronoun like **me**. These verbs all take pronouns: *gustar, encantar, chiflar, molar, apasionar, flipar.*
Change the pronoun to talk about other people:

me gusta	**nos** gusta
te gusta	**os** gusta
le gusta	**les** gusta

To give your opinion of an activity, use the **infinitive** after these verbs.
If you mention another person directly (for example by using their name), you need to add the word **a**:
A mi padre **le** chifla cocinar.   También **le** gusta bailar.

3 leer Lee los textos del ejercicio 1 otra vez. Copia las frases siguientes y corrige los errores.
1 Íñigo tiene casi tres meses de vacaciones en invierno.
2 Prefiere estar en casa cuando hace sol.
3 Le encanta hacer natación con su mejor amigo.
4 Ana lee muchos libros en verano.
5 A Ana le mola ver conciertos.
6 A su hermana le chifla bucear.

4 escuchar Escucha a Alejandra. Apunta las personas y las actividades. Indica ✓ si le gusta o ✗ si no le gusta.

Ejemplo: Hermano – ✓ ir de compras, ✗ …

5 hablar Imagina que hablas con tu compañero/a español(a). Haz diálogos.

● ¿Cuándo tienes vacaciones?
■ En Inglaterra tenemos…

● ¿Qué haces durante las vacaciones?
■ A veces hago… porque me chifla… Cuando hace calor mi hermano y yo, …

EXAM SKILLS

Give reasons for activities you do by referring to **your wider interests**. For example:
Compro muchas revistas porque **me chifla leer**.
Which activities could you connect with these interests?
  hacer deportes acuáticos
  hacer artes marciales
  estar al aire libre
  estar en contacto con los amigos
  usar el ordenador

MÓDULO 1

6 leer — Lee el artículo y luego apunta los detalles en español.

LOS ESPAÑOLES PREFIEREN LAS VACACIONES... EN ESPAÑA.

- Según una encuesta, el 83% de los españoles prefiere veranear en España y solo un 17% en el extranjero.
- La costa es el destino preferido de los españoles para las vacaciones (60%), comparado con el campo (17%), la montaña (14%) y la ciudad (9%).
- Alicante, Cádiz y Málaga son los destinos preferidos.

En términos de alojamiento, aunque la opción preferida es ir a un hotel (33%), la segunda opción es alquilar un apartamento o una casa rural (27%). El 15% tiene una segunda residencia, y solo el 6% prefiere los campings.

1. Porcentaje que se queda en España: ———
2. Porcentaje que va a otro país: ———
3. Porcentaje que va a la playa: ———
4. Tres ciudades más populares: ———
5. Dónde se aloja un tercio de los españoles: ———
6. Porcentaje que prefiere acampar: ———

Preferir, tener e ir › Página 210

	prefer**ir**	**tener**	**ir**
(yo)	pref**ie**ro	ten**go**	**voy**
(tú)	pref**ie**res	t**ie**nes	**vas**
(él/ella/usted)	pref**ie**re	t**ie**ne	**va**
(nosotros/as)	preferimos	tenemos	**vamos**
(vosotros/as)	preferís	tenéis	**vais**
(ellos/ellas/ustedes)	pref**ie**ren	t**ie**nen	**van**

7 escuchar — Escucha la información sobre los argentinos. Copia y completa la tabla.

a ___ %   b ___ %   c ___ %   d ___ %   e ___ %

8 escribir — Escribe entre 60 y 75 palabras en español sobre 'Cómo prefiero pasar las vacaciones'. Debes utilizar todas las palabras mencionadas.

verano   cuando   mis amigos   la playa

EXAM SKILLS

Percentages are usually preceded by the word **un** or **el**. Listen out for the word **y** to help you work out numbers above 30.
cuarenta **y** nueve   49
ochenta **y** cinco   85

When listening, take extra care with the numbers se**s**enta (60) and se**t**enta (70).

3 ¡DESTINO BARCELONA!

A2 HOLIDAYS, TOURIST INFORMATION AND DIRECTIONS

OBJETIVOS DE APRENDIZAJE
- Hablar de lo que hiciste de vacaciones
- Usar el pretérito indefinido
- Usar diferentes frases para expresar opiniones

1 escuchar Escucha. Copia y completa la tabla. (1–4)

	¿cuándo?	lo mejor	lo peor
1	hace dos años	b	

Hace una semana / un mes / un año…
Hace dos semanas / meses / años…

Zona Cultura

Destino: BARCELONA
Ubicación: Noreste de España, en la costa
Población: 1,6 millones de habitantes (2ª ciudad de España)
Famosa por: Los Juegos Olímpicos de 1992
La arquitectura de Antoni Gaudí
El club de fútbol FC Barcelona ('el Barça')

Lo mejor fue cuando…

- a vi un partido en el Camp Nou.
- b fui al acuario.
- c aprendí a hacer vela.
- d visité el Park Güell.

Lo peor fue cuando…

- e perdí mi móvil.
- f tuve un accidente en la playa.
- g vomité en una montaña rusa.
- h llegué tarde al aeropuerto.

2 escuchar Escucha otra vez. Escribe las opiniones para cada persona. (1–4)

Ejemplo: **1** Fue flipante, …

El pretérito indefinido ▸ Página 212

Use the **preterite tense** to talk about completed actions in the past:

visitar	beber	salir	irregular verbs
			ir
			ser
visité	bebí	salí	fui
visitaste	bebiste	saliste	fuiste
visitó	bebió	salió	fue
visitamos	bebimos	salimos	fuimos
visitasteis	bebisteis	salisteis	fuisteis
visitaron	bebieron	salieron	fueron

Other irregular verbs in the preterite include: **tener** (e.j. **tuve**), **hacer** (e.j. **hice**) and **ver** (e.j. **vi**).
Some verbs have a spelling change in the 'I' form only:

jugar → jugué   llegar → llegué   sacar → saqué

(No) me gustó Me encantó	
Lo pasé	bien bomba fenomenal mal fatal
Fue	inolvidable increíble impresionante flipante horroroso un desastre
¡Qué	bien! desastre! horror!

8 ocho

MÓDULO 1

3 Con tu compañero/a, haz diálogos sobre Barcelona. Inventa los detalles.
- ¿Cuándo visitaste Barcelona?
- ¿Cómo viajaste y con quién fuiste?
- ¿Qué fue lo mejor de tu visita?
- ¿Qué fue lo peor de tu visita?

- *Visité Barcelona hace… Lo pasé…*
- *Viajé… y fui con… Fue…*
- *Lo mejor fue cuando…*
- *Lo peor…*

4 Lee el texto de la página web. Contesta a las preguntas en español.
1. Da tres ventajas de visitar Barcelona en Segway.
2. ¿Quién puede hacer esta actividad?
3. ¿Cuánto tiempo dura la visita?
4. ¿Para qué parte de la visita se recomienda llevar una cámara?

¡Explora Barcelona en Segway!
con Vamosensegway.com

- Una manera fácil, rápida y diferente de visitar la ciudad.
- Una actividad ideal para toda la familia.
- Recorridos de dos, tres o cuatro horas con guías expertos.
- Cuatro idiomas: español, catalán, inglés y francés.

La opción perfecta para conocer esta ciudad mágica donde puedes…
- disfrutar del Barrio Gótico
- subir al Monumento a Colón
- sacar fotos de la Sagrada Familia
- ver los barcos en el puerto
- descubrir el Museo Picasso
- pasear por las Ramblas

Monumento a Colón

Las Ramblas

Port Vell

*Please be aware in some areas of Barcelona Segways are currently not permitted.

5 Escucha a Daniel. Elige la opción correcta.
1. Primero, Daniel visitó **un museo** / **el puerto** / **el Barrio Gótico**.
2. En el Barrio Gótico Daniel **perdió** / **vio** / **compró** una cámara.
3. **Le impresionó** / **No le gustó** / **No visitó** la Sagrada Familia.
4. Daniel cree que vomitó a causa **del sol** / **del viaje** / **de la comida**.
5. La información en la página web es **útil** / **difícil de leer** / **falsa**.

6 Escucha de nuevo a Daniel. Intenta tomar notas de las frases que escuchas. ¿Puedes identificar ejemplos de lo siguiente?
- Conectores de sequencia: **primero** (first), **luego** (then), **más tarde**, **después**, **finalmente**
- Frases para expresar opinión
- **Lo mejor** / **Lo peor**
- Verbos en la forma 'nosotros / nosotras'

7 Imagina que visitaste Barcelona en Segway. Escribe un texto.

El año pasado exploré Barcelona en Segway con mi… y lo pasé bomba. Primero subí a…, donde perdí mi… Luego fuimos…

You can use words and phrases from exercise 6 to help you.

nueve **9**

4 ¿CÓMO ERA?

OBJETIVOS DE APRENDIZAJE
- Describir dónde te alojaste
- Usar el imperfecto
- Deducir el significado de palabras nuevas

A2 HOLIDAYS, TOURIST INFORMATION AND DIRECTIONS

1 *escuchar* Escucha y lee el foro. Escribe la letra correcta para cada persona. Sobra una foto.

Me quedé en un albergue juvenil y me gustó mucho. **Estaba** cerca de la playa y **tenía** una cafetería y un aparcamiento. Además, **era** bastante moderno – ¡y muy barato!
Hassan

Me alojé en una pensión pequeña. **Estaba** en el centro de la ciudad, y por eso **era** un poco ruidosa. No **tenía** ni restaurante ni bar. Tampoco **había** piscina, pero **era** acogedora.
Alejandro

Nos alojamos en un camping en las afueras de la ciudad. **Era** muy tranquilo y **había** mucho espacio para mi tienda. También **tenía** una lavandería.
Asun

Fui de crucero por el Mediterráneo. **Era** caro, pero me encantó. En el barco **había** una piscina cubierta y un gimnasio. **Era** como un hotel de cinco estrellas – ¡pero más lujoso!
Yoli

Me alojé = Me quedé
Nos alojamos = Nos quedamos

2 *leer* ¿Qué significan las palabras en violeta en los textos del ejercicio 1?

3 *leer* Lee los textos del ejercicio 1 otra vez y escribe el nombre correcto.
1 La casa de huéspedes era muy céntrica.
2 ¡El único problema era el precio!
3 Por desgracia olvidé mi saco de dormir.
4 Tenía una sala de juegos muy amplia, y era fácil aparcar el coche.
5 Perdí mi bañador y por eso no podía hacer natación a bordo.
6 Me encantó mi estancia en la costa.

4 *escribir* Escribe un texto para el foro con una descripción del hotel.

★★★
afueras
cómodo + barato
✓ 🏊 P
✗ 🏋 🍽
☺

Pay attention:
El hotel **tenía** *un bar.*
but: En *el hotel* **había** *un bar.*

Also note:
No *tenía* **ni** un *bar* **ni** una *sauna.*
Tampoco *tenía* un *gimnasio.*

El imperfecto ▶ Página 214

The **imperfect tense** is used for describing things in the past:
El hotel **estaba** *en la costa.*   **Tenía** *una piscina antigua.*

	est**ar**	ten**er**
(yo)	est**aba**	ten**ía**
(tú)	est**abas**	ten**ías**
(él/ella/usted)	est**aba**	ten**ía**
(nosotros/as)	est**ábamos**	ten**íamos**
(vosotros/as)	est**abais**	ten**íais**
(ellos/ellas/ustedes)	est**aban**	ten**ían**

–er and *–ir* verbs have the same endings.
Only three verbs are irregular in the imperfect, including *ser* ➝ **era**
The verb **había** is the imperfect tense of *hay*.

MÓDULO 1

5 Lee el texto y elige los verbos correctos. Luego escucha y comprueba tus respuestas.

> Nos alojamos en un hotel pequeño. **1 Era / Tenía** muy acogedor y **2 era / estaba** en el centro de la ciudad, cerca de la bolera. Lo bueno de la ciudad era que **3 había / era** animada y **4 había / estaba** muchos lugares de interés. Sin embargo, lo malo era que no **5 estaba / tenía** ni tiendas ni cine. Tampoco **6 estaba / había** espacios verdes. Además, **7 había / era** muchos turistas, y por eso **8 era / tenía** demasiado ruidosa.
>
> Blanca

El imperfecto con *ser / estar*

Use **era** (*ser*) for describing what something was like:
La ciudad era ruidosa.
Use **estaba** (*estar*) for talking about a location or a temporary state:
El hotel estaba en las afueras.

6 Julio y Alicia hablan de dónde se alojaron. Escribe en español los aspectos positivos y negativos que mencionan. No necesitas escribir frases completas.

	Aspectos positivos	Aspectos negativos
Ejemplo: Alicia	histórica	no tenía bolera
Julio	a ..... b	c .....
Alicia	d	e ..... f .....

el parador = tipo de hotel normalmente localizado en un edificio de interés histórico, artístico o cultural.

Lo bueno / Lo malo (del pueblo / de la ciudad) era que…

era	demasiado muy bastante	animad**o/a** bonit**o/a** pintoresc**o/a** tranquil**o/a**	antigu**o/a** históric**o/a** turístic**o/a** ruidos**o/a**
tenía / había… También tenía / había…		much**o**	ambiente / tráfico que hacer
no tenía / había… Tampoco tenía / había…		much**a**	contaminación gente
		much**os**	espacios verdes lugares de interés monumentos turistas
		much**as**	discotecas tiendas
no tenía ni cine ni bolera			

7 Con tu compañero/a, empareja las dos partes de las preguntas.

- ¿Adónde
- ¿Cómo
- ¿Qué
- ¿Dónde
- ¿Cómo era
- ¿Lo pasaste

- hiciste?
- viajaste?
- (el hotel) / (la ciudad)?
- bien?
- fuiste de vacaciones?
- te alojaste?

8 Habla de tus vacaciones. Utiliza las preguntas del ejercicio 7.

EXAM SKILLS

- Use your imagination.
- Extend your sentences by giving extra details (e.g. when, who with, etc.).
- Try to add an opinion phrase to every answer.
- Include negative phrases (e.g. *No… ni… ni…, Tampoco…*).
- Use the **preterite** for saying what you did (e.g. *Descansé en…, Jugué al…*).
- Use the **imperfect** for descriptions in the past (e.g. *Era…, Había…, Estaba…*).

once 11

5 QUISIERA RESERVAR…

A2 HOLIDAYS, TOURIST INFORMATION AND DIRECTIONS

OBJETIVOS DE APRENDIZAJE
- Reservar alojamiento y resolver problemas
- Usar verbos con *usted*
- Contestar a preguntas en español

1 leer Lee la página web. Escribe el precio correcto.

Ejemplo: 🛏🍴 95 + 14 = 109 euros

1 🛏🛏🍲 × dos noches
2 🛏🍴☀
3 🛏🍲☀ × una semana
4 🛏🛏🍴📶
5 🛏🍲☀ × tres noches

Hotel Dos Palomas, Alicante

En pleno centro de Alicante, el hotel Dos Palomas cuenta con piscina climatizada, tienda de recuerdos, restaurante y terraza. Todas las habitaciones disponen de:

- Aire acondicionado
- Wifi gratis
- Televisor de pantalla plana
- Baño con bañera o ducha
- Servicio de limpieza todos los días

Restaurante abierto hasta medianoche.
Recepción abierta 24 horas.
Desayuno entre las 7.00 y las 10.00.
No se admiten mascotas.

Tipo de habitación	con…	Precio por noche
Habitación individual* Opciones • con / sin balcón	desayuno incluido	79 €
	media pensión**	95 €
Habitación doble* Opciones • con dos camas • con cama de matrimonio	desayuno incluido	116 €
	media pensión**	~~145 €~~ **Oferta especial 122 €**

* Vistas al mar – suplemento de 18 €
** Pensión completa – suplemento de 14 €

2 escuchar Lee el texto del ejercicio 1 otra vez y escucha la conversación. Escribe las <u>ocho</u> diferencias entre el texto y la conversación.

Ejemplo: Tiene una piscina.

3 hablar Con tu compañero/a, haz un diálogo sobre la información del ejercicio 1.
- ¿Hay… en el hotel?
- ¿Hay… en las habitaciones?
- ¿Cuánto cuesta una habitación… con…?
- ¿A qué hora se sirve…?
- ¿Cuándo está abierto/a el/la…?
- ¿Cuánto es el suplemento por…?
- ¿Se admiten…?

> **EXAM SKILLS**
>
> Take care with question words.
> ¿Cuán**to**(s)…?   ¿Cuán**do**…?   ¿A qué hora…?
> When answering questions in the 'he/she/it' or 'they' form you can usually re-use the same verb in your answer.
> ¿Cuánto **cuesta** una habitación doble?
> Una habitación doble **cuesta** 122 €.

MÓDULO 1

4 Escucha los dos diálogos. Escribe las palabras que faltan en español. (1–2)

Ejemplo: **a** *individual*

- Hotel Dos Palomas, ¿dígame?
- Quisiera reservar una habitación **a** ———— con **b** ————.
- ¿Quiere una habitación **c** ———— o **d** ————?
- Pues, **e** ————, por favor.
- ¿Para cuántas noches?
- Para **f** ———— noches, del **g** ———— al **h** ———— de **i** ————.
- ¿Cómo se llama usted?
- Me llamo **j** ————. Se escribe…
- ¿Puede repetir, por favor?
- …
- Muy bien. Son **k** ———— € por noche.
- De acuerdo. ¿Hay **l** ————?
- Por supuesto, señor(a).

El uso de *usted*

Use **usted** (polite form of 'you') in formal situations, such as when booking a room. It uses the same verb endings as the 'he/she/it' form of the verb.

The plural form is **ustedes**, which uses the 'they' form of the verb:

*¿Cómo se llam**a** usted?*
*¿De dónde **son** ustedes?*

Often the word **usted** / **ustedes** is omitted:

¿Puede repetir, por favor?
¿Puede hablar más despacio?

5 Con tu compañero/a, haz <u>dos</u> diálogos. Utiliza el ejercicio 4 como modelo.

a
3–6 feb
140 €
¿Doble, media pensión
vistas al mar
aire acondicionado?

b
14–19 sep
79 €
¿individual, desayuno
incluido Balcón
piscina?

6 Escribe <u>tres</u> frases para cada dibujo.

¿Cuál es el problema?

Quiero	quejarme
	hablar con el director
	cambiar de habitación
El ascensor	no funciona
El aire acondicionado	está estropead**o/a**
La ducha / La luz	
La habitación	está suci**o/a**
Hay	ratas en la cama
No hay	papel higiénico
Necesito	(un) secador / toallas
	champú / jabón
¡Socorro!	Es inaceptable.
Perdone / Lo siento…	El hotel está completo.
	Voy a llamar el servicio de limpieza.
	Tenemos otra habitación libre.

7 Escucha. Copia y completa la tabla en español. (1–4)

	habitación	problemas	¿solución satisfactoria? (✓/✗)
1	226	no hay papel higiénico,	

8 Con tu compañero/a, inventa <u>dos</u> diálogos cómicos.

- ¡Socorro! Hay ratas en la ducha y… Estoy en la habitación… Quiero…
- Lo siento, …
- ¡Es inaceptable! Quiero…

trece **13**

6 MIS VACACIONES DESASTROSAS

A2 HOLIDAYS, TOURIST INFORMATION AND DIRECTIONS

OBJETIVOS DE APRENDIZAJE
- Hablar de tus últimas vacaciones
- Usar el presente, el pretérito indefinido y el imperfecto
- Identificar las opiniones positivas y negativas

1 leer Lee el texto de Álex y pon los párrafos en el orden correcto. Escribe las letras.

Ejemplo: b,…

los Picos de Europa

el teleférico a Fuente Dé

a Sin embargo, este año decidimos **acampar** en Cantabria, en el norte de España. Por un lado lo pasamos muy bien, pero por otro lado tuvimos varios problemas. Primero, en Dover el barco tuvo **un retraso** de tres horas porque hubo tormenta. ¡Qué aburrido!

b Normalmente veraneamos en Grecia todos los años ya que a mis padres les chifla **el paisaje** allí. Además, hace mucho calor. Siempre nos alojamos en un apartamento en una de las islas donde tomo el sol, leo ¡y como demasiado! No hay mucho que hacer, pero es muy relajante.

c El último día salimos del camping muy temprano y fuimos a Santander para **volver** a Inglaterra en barco. Esta vez no tuvimos ningún problema con el viaje. ¡Menos mal! Estaba muy cansado y dormí durante todo el viaje.

d El primer día mi hermano y yo alquilamos unas bicicletas y visitamos el pueblo medieval de Santillana del Mar, que estaba cerca. **Por desgracia**, mi hermano chocó con un camión y tuvo que ir al hospital rápidamente ¡Qué miedo!

e Continuamos el viaje a Cantabria en coche, pero luego tuvimos **una avería** en **la autopista** y tuvimos que llamar a una estación de servicio. Cuando por fin llegamos al camping, la recepción ya estaba cerrada, dado que era muy tarde.

f **Al día siguiente** fuimos de excursión a los Picos de Europa. No hicimos **alpinismo**, pero decidimos coger el teleférico a Fuente Dé. ¡Me encantó! No había mucha gente, así que no tuvimos que **esperar** mucho tiempo. Hizo buen tiempo y las vistas eran preciosas.

precioso = bonito

2 escuchar Escucha y comprueba tus respuestas. ¿Qué significan las palabras en negrita?

3 leer Mira las frases siguientes del texto del ejercicio 1. Para cada frase, escribe presente, pretérito indefinido o imperfecto.

Ejemplo: 1 pretérito indefinido

1. chocó con un camión
2. estaba muy cansado
3. ya estaba cerrada
4. siempre nos alojamos
5. este año decidimos
6. les chifla el paisaje
7. alquilamos unas bicicletas
8. las vistas eran preciosas
9. no hay mucho que hacer
10. dormí durante todo el viaje

El presente, el pretérito indefinido y el imperfecto > Páginas 210, 212, 214

Use the **present tense** to describe what things <u>are</u> like or to say what usually happens:

Es *relajante.*   **Como** *demasiado.*

Use the **imperfect tense** to describe what something <u>was</u> like:

Las vistas **eran** *preciosas.*

Use the **preterite tense** to say what you did / what happened:

Llegamos *tarde.*

Remember that irregular verbs do not follow the usual patterns. For example:

	ser	tener	haber
presente	es	tiene	hay
imperfecto	era	tenía	había
pretérito indefinido	fue	tuvo	hubo

14 catorce

MÓDULO 1

4 leer Lee el texto del ejercicio 1 otra vez y busca las frases adverbiales siguientes.

un sinónimo de…
1. por lo general
2. desafortunadamente
3. entonces
4. finalmente

un antónimo de…
5. temprano
6. nunca
7. aquí
8. lentamente

Los adverbios y las frases adverbiales

Adverbs describe **how**, **when** or **where** something happens:

how	when	where
bien	ahora	aquí
mal	antes	allí
inmediatamente	frecuentemente	cerca
despacio	a menudo	lejos

Many adverbs end in **-mente**.
The feminine form of the adjective is always used to form the adverb:

lento ⟶ lent**a**mente
especial ⟶ especial**mente**

5 escuchar Escucha y escribe P (positivo), N (negativo) o P+N (positivo y negativo). (1–6)

Tuve / Tuvimos	un accidente / un pinchazo / un retraso / una avería
Tuve que ir	a la comisaría
Perdí / Perdimos	el equipaje / la cartera / la maleta / las llaves

EXAM SKILLS

When listening for positive and negative opinions, don't jump to conclusions! Listen to the end of the sentence, and listen for clues:

positivo   lo bueno   lo mejor   lo que más me gustó
negativo   lo malo   lo peor   lo que menos me gustó

Remember that *tampoco* introduces a negative sentence.

For mixed opinions you may hear phrases like *pero*, *sin embargo* or *por un lado… por otro lado*.

6 hablar Con tu compañero/a, describe tus vacaciones.

- ¿Adónde vas de vacaciones?
- ¿Qué haces allí?
- ¿Adónde fuiste el año pasado?
- ¿Qué hiciste?
- ¿Cómo era la ciudad / el pueblo?
- ¿Qué tiempo hizo?

- Normalmente vamos a… ya que…
- Siempre… y a menudo…
- El año pasado decidimos ir a …
- El primer día… Luego… Desafortunadamente…
- El pueblo / La ciudad era… Tenía… pero…
- Por lo general… pero un día…

7 escribir Corrige las palabras (a)–(j). Deben estar de acuerdo con la frase.
¡Ojo! No es siempre necesario cambiar las palabras.

Cada año veraneamos en la costa. A mi hermana le **(a) [gustar]** hacer castillos de arena en la playa mientras que mi hermano prefiere **(b) [hacer]** esquí acuático. Sin embargo, el año pasado mis padres **(c) [decidir]** reservar una casa rural muy **(d) [acogedor]** en el campo. Cuando llegamos, mi padre **(e) [deshacer]** las maletas y luego todos **(f) [salir]** a descubrir la zona. Por un lado, el pueblo era pequeño y no **(g) [tener]** ni cine ni tiendas, pero por otro lado había **(h) [mucho]** espacios verdes. **(i) [Desafortunado]**, el último día **(j) [tener]** que ir a la comisaría porque perdí mi carnet de identidad. ¡Qué tonto!

quince 15

EXAM PRACTICE: LISTENING

A2 HOLIDAYS, TOURIST INFORMATION AND DIRECTIONS

¿Cómo prefieres pasar las vacaciones?

1 Escucha a estas personas hablando de las vacaciones. Dónde prefieren pasar las vacaciones? Escribe las letras correctas.

A B C D
E F G H

Ejemplo: A

a _____ b _____ c _____ d _____

EXAM SKILLS

Listen for ways to give opinions about the past:
- (No) Me gust**ó** / Me encant**ó**
- Lo pasé… bien / bomba / fenomenal / mal / fatal
- Fue… inolvidable / increíble impresionante / flipante horroroso / un desastre
- ¡Qué bien! / desastre! / horror!

How do you pronounce these words in Spanish? Take extra care with cognates in your language (like *desastre/disaster*).

(Total for Question 1 = 4 marks)

El Centro de Vacaciones Mirasol Sierra

2 Escuchas un anuncio para un centro de vacaciones. Rellena el espacio de cada frase con una palabra del recuadro. Hay más palabras que espacios.

los coches	acuáticas	niños	al aire libre
la montaña	dos semanas	doble	los perros
cinco días	~~familias~~	la ciudad	individual

Ejemplo: El Centro de Vacaciones Mirasol Sierra es ideal para <u>familias</u>.

1 Está situado en _____ .
2 Ofrece una gran variedad de actividades _____ .
3 Hay una oferta especial si reservas una habitación _____ .
4 No hay suplemento para _____ .
5 Es más barato si te quedas _____ .

EXAM SKILLS

There are usually two possible options for each gap. Before you listen, try to spot the pairs. Remember that you may hear different words used to mean the same thing as one of the options. Watch out for distractors, too!

(Total for Question 2 = 5 marks)

Las vacaciones del año pasado

3 Escucha a estos jóvenes hablando de sus vacaciones del año pasado. Escribe **en español** los aspectos positivos y los aspectos negativos de sus vacaciones. **No necesitas escribir frases completas.**

	Aspectos positivos	Aspectos negativos
Ejemplo: Jaime	la playa	pensión horrible
Isabel	a_____ b_____	c_____ d_____
Pedro	e_____ f_____	g_____ h_____

EXAM SKILLS

Remember: you won't always hear the information in the same order as in the question.

(Total for Question 3 = 8 marks)

EXAM PRACTICE: READING

MÓDULO 1

A2 HOLIDAYS, TOURIST INFORMATION AND DIRECTIONS

Ideas para ocupar las vacaciones

1 Lee la información sobre actividades para el verano y elige la letra correcta.

Club de prensa
¿Te interesa participar en la creación de una revista para adolescentes? ¿Quieres escribir artículos sobre las últimas películas? ¿O prefieres la fotografía? Actividad gratis.

Actividades creativas para niños
¡No tienes que pasar el verano jugando a los videojuegos! Ofrecemos una variedad de actividades artísticas (dibujo, pintura, manualidades, baile, teatro), así como talleres de cocina.

Cursos de verano
Inscríbete en nuestras clases de windsurf y vela para toda la familia. Clases de natación y buceo para principiantes también. Instructores expertos.

Talleres deportivos
Actividades deportivas en pleno campo. Disfruta de unas vistas preciosas mientras practicas una variedad de deportes: baloncesto, tenis, voleibol, ciclismo… Menores de dieciséis años.

a En el club de prensa, puedes escribir artículos sobre…
- A revistas.
- B adolescentes.
- C cine.
- D fotografía.

b Hay muchas actividades creativas para niños, pero no se puede…
- A jugar a los videojuegos.
- B pintar.
- C cocinar.
- D actuar.

c En cambio, entre las actividades creativas, sí se puede…
- A jugar en el ordenador.
- B jugar a los videojuegos.
- C hacer cosas con las manos.
- D practicar deporte.

d Hay cursos de verano…
- A en windsurf para principiantes.
- B en buceo para toda la familia.
- C para los que no saben nadar.
- D para instructores expertos.

e Los talleres deportivos ofrecen actividades…
- A en un taller céntrico.
- B en un campo de fútbol.
- C en una variedad de sitios.
- D en un sitio muy pintoresco.

f Los talleres deportivos son…
- A para adultos y jóvenes.
- B solo para jóvenes.
- C para mayores de dieciséis años.
- D solo para los que disfrutan de buena vista.

(Total for Question 1 = 6 marks)

La Habana

2 Contesta las preguntas en español basándote en el texto.

Descubre La Habana

Hace más de tres años que decidí visitar la capital cubana y todavía recuerdo perfectamente el viaje del aeropuerto al hotel en uno de esos curiosos taxis, popularmente conocidos como 'coco-taxi'.

Durante el trayecto, vi parte de lo que ofrece esta ciudad: pintorescas calles con los viejos coches clásicos, una elegante arquitectura colonial y casas pintadas con colores vivos, donde la actividad, la creatividad y la música están siempre presentes.

Decidí conocer el país con unos amigos, combinando la comodidad de un hotel con régimen 'todo incluido' con la libertad que tienes cuando alquilas un coche. Aunque para conocer La Habana Vieja, lo mejor es recorrerla a pie. Así puedes disfrutar de uno de los entornos coloniales mejor conservados de América Latina, con su Catedral, los palacios señoriales… y descubrir lo mejor de este país: los cubanos.

a ¿Cuándo viajó el autor a Cuba? **(1 mark)**
b ¿Cómo viajó allí? **(1 mark)**
c ¿Por qué fue tan memorable el viaje al hotel? Menciona **dos** cosas. **(2 marks)**
d Según el autor, ¿qué ofrece la parte vieja de la ciudad? Menciona **dos** cosas. **(2 marks)**
e Según el autor, ¿por qué tiene esta zona un ambiente especial? **(1 mark)**
f Al autor, ¿qué le impresionó más de su viaje a Cuba? **(1 mark)**

(Total for Question 2 = 8 marks)

EXAM PREPARATION: WRITING

A2 HOLIDAYS, TOURIST INFORMATION AND DIRECTIONS

1 *leer* **Mira el ejercicio 'Mis vacaciones' en la página siguiente. Después lee esta respuesta de Deepanshu al correo electrónico de Ricardo.**

Hola Ricardo

SAMPLE ANSWER

En febrero fui de vacaciones a una estación de esquí en Austria con mi insti. Nos alojamos en un albergue juvenil y viajamos en autocar. ¡Qué incómodo! Lo mejor fue que aprendí a esquiar, pero lo peor fue que me caí en la pista y tuve que ir al hospital.

El albergue estaba en un pueblo pequeño que tenía vistas bonitas. Era pintoresco, pero desafortunadamente, no tenía ni tiendas ni cafeterías. Tampoco había mucho que hacer.

En mi opinión, es mejor alojarse en un hotel dado que hay aire acondicionado. Lo bueno de un camping es que se admiten perros, pero una desventaja es que es ruidoso.

Este año creo que vamos a ir a Pakistán ya que misabuelos viven allí. Me chifla viajar en avión, aunque el vuelo es agotador. Voy a ir de pesca con mi abuelo porque le encanta.

¡Hasta luego!

Deepanshu

2 *escribir* **Mira este plano de la respuesta de Deepanshu. Rellena los espacios en blanco.**

1º párrafo
- ¿Adónde? **1** ———
- Lo **2** ——— de las vacaciones
- Lo **3** ——— de las vacaciones

2º párrafo
- Dónde se encontraba el **4** ———
- Cómo era el **5** ———

3º párrafo
- Opinión sobre alojarse en un **6** ———
- Opinión sobre alojarse en un **7** ———

4º párrafo
- **8** ——— voy a ir este año
- Opinión del **9** ———
- Lo que voy a **10** ———

3 *leer* **Lee otra vez la respuesta de Deepanshu. Busca en el texto…**

a **seis** verbos en tiempo presente
b **seis** verbos en tiempo pretérito
c **cuatro** verbos en tiempo imperfecto
d **dos** expresiones usando el futuro inmediato (**ir** + **a** + **infinitivo**)
e **una** palabra que quiere decir *por desgracia*
f **una** palabra que quiere decir *quedarse*
g **una** palabra que quiere decir *un inconveniente*
h **dos** expresiones que quieren decir *porque*
i **una** expresión que quiere decir *cansa mucho*

4 *escribir* **Completa la Práctica de Examen. Prepara tus propias respuestas.**

EXAM SKILLS

- Look at the Answer Booster and Deepanshu's plan and reply for ideas.
- Think about how you can develop your answer for each bullet point.
- Write a detailed plan. Organise your answer in paragraphs.
- Write your answer and carefully check what you have written.

EXAM SKILLS

Remember, to talk about what you **are going to do** you need to use the **near future tense**. Use the present tense of the verb **ir** + **a** + **infinitivo**.

MÓDULO 1

EXAM PRACTICE: WRITING

A1 LIFE IN THE TOWN AND RURAL LIFE
A2 HOLIDAYS, TOURIST INFORMATION AND DIRECTIONS

Long writing task

Mis vacaciones

Responde a este correo electrónico. Escribe entre 130 y 150 palabras en español. Debes mencionar:

- adónde fuiste de vacaciones el año pasado
- por qué te gustó / no te gustó el pueblo / la ciudad
- las ventajas de diferentes tipos de alojamiento
- qué planes tienes para este verano.

(Total for Question 1 = 20 marks)

¡Hola!

Hace mucho tiempo que no recibo noticias tuyas. Ya habrán terminado las clases en tu colegio, supongo. Me gustaría saber cómo pasas las vacaciones.

¡Hasta pronto!

Un abrazo

Ricardo

Grammar

Corrige las palabras (a)–(j). Deben estar de acuerdo con la frase. ¡Ojo! No es siempre necesario cambiar las palabras.

Siempre me **(a) [encantar]** ir de vacaciones porque yo **(b) [creer]** que es importante desconectarse de vez en cuando. El año pasado, nosotros **(c) [quedarse]** en una ciudad muy **(d) [histórico]**. Me gustó mucho porque había **(e) [mucho]** lugares de interés. Sin embargo, nuestra pensión no estaba muy **(f) [limpio]** y un día mi padre habló con el dueño porque el ascensor no **(g) [funcionar]** y nuestra ducha estaba muy **(h) [sucio]**.
El año que viene mi familia y yo **(i) [volver]** a la misma ciudad, pero trataremos de **(j) [encontrar]** una pensión más adecuada.

(Total for Question 2 = 10 marks)

Answer Booster	Aiming for a solid level	Aiming higher	Aiming for the top
Verbs	**Different time frames**: past, present, future	**Different persons of the verb** **Verbs with an infinitive**: tener que, decidir	**Preterite and imperfect to talk about the past**: Cuando llegamos, era… **Phrases with more than one tense**: creo que voy a visitar…
Opinions and reasons	**Verbs of opinion**: Me chifla(n), me encanta(n), me apasiona(n)… **Reasons**: porque…	**Exclamations**: ¡Qué suerte! **Verbs of opinion for other people**: A mi padre le mola…	**Reasons**: ya que, dado que, puesto que, por eso, así que **Verbs of opinion in the past**: me gustó
Connectives	y, pero, también	además, sin embargo, desafortunadamente, por desgracia	**Balancing an argument**: aunque… por un lado… por otro lado…
Other features	**Qualifiers**: muy, un poco, bastante **Sequencers**: primero, luego, después **Other time phrases**: a menudo, siempre	**Sentences with cuando, donde**: Cuando llegamos… **Negatives**: no… ni… ni…, tampoco…	**Positive/negative phrases**: lo bueno / malo, lo mejor / peor, lo que más / menos me gustó, una desventaja es… **Interesting vocabulary**: veranear, un pinchazo

diecinueve **19**

EXAM PREPARATION: SPEAKING
MÓDULO 1 — A2 HOLIDAYS, TOURIST INFORMATION AND DIRECTIONS

A Picture-based discussion

1 *escuchar* — Mira la foto en la página siguiente y lee las preguntas. Luego, escucha la respuesta de Rosa a la primera pregunta. ¿En qué orden menciona estas cosas? Numera las frases.

- **A** los árboles ___
- **B** una descripción del parque ___
- **C** el mar ___
- **D** el nombre de la ciudad ___
- **E** un arquitecto célebre ___
- **F** las personas en primer plano ___
- **G** el tiempo que hace ___

2 *escuchar* — Escucha la respuesta de Rosa a la segunda pregunta. Rellena los espacios en blanco en esta transcripción.

Me parece que la mujer a la **1** _____ de la foto es bastante joven. Tendrá unos **2** _____ años. Es morena y tiene el pelo bastante corto. Lleva pantalón negro y una chaqueta azul estilo vaquero. Está **3** _____ un libro y unos papeles en la mano. Me **4** _____ que el libro es una guía turística y por eso creo que está de vacaciones, haciendo turismo. Hace mucho sol en la **5** _____ y por eso la mujer lleva gafas de sol. Está **6** _____ y así que creo que está contenta.

3 *escuchar* — Escucha la respuesta de Rosa a la tercera pregunta. Luego escribe **ocho** verbos en el tiempo futuro inmediato que usa Rosa.

4 *escuchar* — Escucha la respuesta de Rosa a la cuarta pregunta. Luego escribe **dos** listas **en español**:

¿Qué cosas positivas menciona Rosa?   ¿Qué cosas negativas menciona?

5 *escuchar* — Escucha la respuesta de Rosa a la quinta pregunta. Según lo que dice Rosa, algunas de estas frases son correctas y otras no. Escoge las **tres** frases que **no** son correctas.

- **A** Si Rosa va de vacaciones a Inglaterra, el viaje no es tan difícil.
- **B** A Rosa le gusta viajar en avión.
- **C** A Rosa no le gusta pasar tiempo en la playa.
- **D** En Inglaterra llueve demasiado.
- **E** A Rosa le gusta mucho hacer vela pero nunca bucea en el mar.
- **F** Rosa generalmente pasa las vacaciones en sitios donde hace calor.

B General conversation

1 *escuchar* — Lee la Conversación general en la siguiente página. Escucha la respuesta del estudiante a la pregunta 1: '*¿Dónde prefieres pasar las vacaciones?*'. Escucha y apunta **tres** ejemplos de cómo Stephen incluye también las opiniones de otras personas.

2 *escuchar* — Ahora, escucha la respuesta de Stephen a la segunda pregunta ('*¿Adónde fuiste de vacaciones el año pasado?*'). Apunta **seis** de los problemas y las dificultades que tuvo Stephen durante las vacaciones que describe.

3 *hablar* — Ahora completa la Práctica de Examen. Trabaja con un compañero. En turnos, haz las preguntas del examinador y del candidato. Usa los tips de conversación y escribe notas relevantes para otras preguntas.

20 *veinte*

MÓDULO 1

EXAM PRACTICE: SPEAKING

A1 LIFE IN THE TOWN AND RURAL LIFE
A2 HOLIDAYS, TOURIST INFORMATION AND DIRECTIONS

A Picture-based discussion

A2 Holidays, tourist information and directions

Mira esta imagen y contesta las preguntas.

1 ¿Qué se puede ver en esta imagen?
2 Describe a la mujer a la izquierda de la imagen, por favor.
3 ¿Qué va a hacer la pareja a la derecha cuando salgan del parque?
4 ¿Crees que el turismo es siempre una cosa positiva para una ciudad?
5 ¿Prefieres ir de vacaciones en tu propio país o en el extranjero? ¿Por qué?

(Total for Task A = 12 marks)

B General conversation

A1 Life in the town and rural life

Prepara tus respuestas a las siguientes preguntas.

1 ¿Dónde prefieres pasar las vacaciones?
2 ¿Adónde fuiste de vacaciones el año pasado?
3 Cuéntame lo que hiciste.
4 ¿Adónde vas a ir de vacaciones este año?
5 Cuando vas de vacaciones, ¿cómo prefieres viajar? ¿Por qué?

EXAM SKILLS

Remember, to talk about what you **are going to do** you need to use the **near future tense**. Use the present tense of the verb ***ir*** + ***a*** + **infinitivo**.

(Total for Task B = 28 marks)

PICTURE-BASED DISCUSSION TIPS: ¿Dónde prefieres pasar las vacaciones?

Lee esta repuesta a la primera pregunta.

Me encanta ir al extranjero porque soy una fanática de la playa.	← Start by saying where you like going for your holidays.
Me gusta mucho tomar el sol, descansar y escuchar música con mi hermana. Además, me chifla hacer deportes acuáticos.	← What do you like doing? Who do you go with?
Cuando voy de vacaciones siempre hago vela y a veces buceo en el mar también.	← Give more information about the activities you enjoy.
Normalmente veraneo con mi familia en Egipto o Grecia, donde el clima es muy caluroso. ¡Qué suerte! Sin embargo lo malo es que es muy caro.	← In your opinion, what are the best and worst things about going to your favourite destinations?

veintiuno 21

MÓDULO 1 — PALABRAS

¿Dónde vives?	Where do you live?		
Vivo en el…	I live in the…	este / oeste / centro…	east / west / centre…
norte / noreste / noroeste…	north / northeast / northwest…	de Inglaterra / Escocia	of England / Scotland
sur / sureste / suroeste…	south / southeast / southwest…	de Gales / Irlanda (del Norte)	of Wales / (Northern) Ireland

¿Qué haces en verano?	What do you do in summer?		
En verano / invierno…	In summer / winter…	nado en el mar	I swim in the sea
chateo en la red	I chat online	salgo con mis amigos / as	I go out with my friends
cocino para mi familia	I cook for my family	toco la guitarra	I play the guitar
descargo canciones	I download songs	trabajo como voluntario / a	I work as a volunteer
escribo correos	I write emails	veo la tele	I watch TV
hago natación / esquí / windsurf	I go swimming / skiing / windsurfing	voy al polideportivo / al parque /	I go to the sports centre / to the
hago una barbacoa	I have a barbecue	a un centro comercial	park / to a shopping centre
juego al baloncesto / fútbol	I play basketball / football	voy de paseo	I go for a walk
monto a caballo / en bici	I go horseriding / cycling		

¿Con qué frecuencia?	How often?		
siempre	always	de vez en cuando	from time to time
a menudo	often	una vez a la semana	once a week
todos los días	every day	dos o tres veces al año	two or three times a year
a veces	sometimes	(casi) nunca	(almost) never

Qué tiempo hace?	What's the weather like?		
Hace buen / mal tiempo.	It's good / bad weather.	El clima es caluroso / soleado.	The climate is hot / sunny.
Hace calor / frío / sol / viento.	It's hot / cold / sunny / windy.	Hay niebla / tormenta.	It's foggy / stormy.
Llueve / Nieva.	It's raining / snowing.	Hay chubascos.	There are showers.
El tiempo es variable.	The weather is changeable.	Está nublado.	It's cloudy.

¿Qué te gusta hacer?	What do you like doing?		
Soy adicto / a a…	I'm addicted to…	estar en contacto con los amigos	being in touch with friends
Soy un(a) fanático / a de…	I'm a … fan / fanatic.	hacer artes marciales	doing martial arts
ya que / dado que / puesto que	given that / since	hacer deportes acuáticos	doing water sports
Prefiero…	I prefer…	ir al cine / a la pista de hielo	going to the cinema / ice rink
Me gusta…	I like…	ir de compras	going shopping
Me encanta / Me mola / Me chifla /	I love…	leer (un montón de revistas)	reading (loads of magazines)
Me flipa / Me apasiona…		usar el ordenador	using the computer
No me gusta (nada)…	I don't like… (at all)	ver películas	watching films
Odio…	I hate…	Prefiero veranear…	I prefer to spend the summer…
A (mi padre) le gusta…	(My dad) likes…	en el extranjero / en España	abroad / in Spain
Nos encanta…	We love…	en la costa / en el campo	on the coast / in the country
bucear	diving	en la montaña / en la ciudad	in the mountains / in the city
estar al aire libre	being outdoors		

¿Adónde fuiste de vacaciones?	Where did you go on holiday?		
hace una semana / un mes / un año	a week / month / year ago	con mi mejor amigo / a	with my best friend
hace dos semanas / meses / años	two weeks / months / years ago	solo / a	alone
fui de vacaciones a…	I went on holiday to…	¿Cómo viajaste?	How did you travel?
Francia / Italia / Turquía	France / Italy / Turkey	Viajé…	I travelled…
¿Con quién fuiste?	Who did you go with?	en autocar / avión	by coach / plane
Fui…	I went…	en barco / coche / tren	by boat / car / train
con mi familia / insti	with my family / school		

¿Qué hiciste?	What did you do?		
primero	first	perdí mi móvil	I lost my mobile
luego	then	saqué fotos	I took photos
más tarde	later	tomé el sol	I sunbathed
después	after	tuve un accidente en la playa	I had an accident on the beach
finalmente	finally	vi un partido	I saw / watched a match
Lo mejor fue cuando…	The best thing was when…	visité el Park Güell	I visited Park Güell
Lo peor fue cuando…	The worst thing was when…	vomité en una montaña rusa	I was sick on a roller coaster
aprendí a hacer vela	I learned to sail	Puedes…	You can…
comí muchos helados	I ate lots of ice creams	descubrir el Museo Picasso	discover the Picasso Museum
compré recuerdos	I bought souvenirs	disfrutar del Barrio Gótico	enjoy the gothic quarter
descansé	I rested	pasear por las Ramblas	walk along Las Ramblas
fui al acuario	I went to the aquarium	subir al Monumento a Colón	go up the Columbus Monument
hice turismo	I went sightseeing	ver los barcos en el puerto	see the boats in the port
llegué tarde al aeropuerto	I arrived at the airport late		

¿Qué tal lo pasaste?	How was it?		
Me gustó / Me encantó.	I liked it / I loved it.	¡Qué desastre! / ¡Qué horror!	What a disaster! / How awful!
Lo pasé bomba / fenomenal.	I had a great time.	¿Qué tiempo hizo?	What was the weather like?
Lo pasé bien / mal / fatal.	I had a good / bad / awful time.	Hizo buen / mal tiempo.	It was good / bad weather.
Fue…	It was…	Hizo calor / frío / sol / viento.	It was hot / cold / sunny / windy.
inolvidable / increíble	unforgettable / incredible	Hubo niebla / tormenta.	It was foggy / stormy.
impresionante / flipante	impressive / awesome	Llovió / Nevó.	It rained / snowed.
horroroso / un desastre	awful / a disaster		

MÓDULO 1

¿Cómo era el hotel? — *What was the hotel like?*

Me alojé / Me quedé… — I stayed…
Nos alojamos / Nos quedamos… — We stayed…
   en un albergue juvenil — in a youth hostel
   en un apartamento — in an apartment
   en un camping — on a campsite
   en un hotel de cinco estrellas — in a five-star hotel
   en un parador — in a state-run luxury hotel
   en una casa rural — in a house in the country
   en una pensión — in a guest house
Fui de crucero. — I went on a cruise.
Estaba… — It was…
   cerca de la playa — near the beach
   en el centro de la ciudad — in the city centre
   en las afueras — on the outskirts
Era… — It was…
   acogedor(a) — welcoming
   antiguo/a — old
   barato/a — cheap
   caro/a — expensive
   grande — big
   lujoso/a — luxurious
   moderno/a — modern
   pequeño/a — small
   ruidoso/a — noisy
   tranquilo/a — quiet
Tenía / Había… — It had / There was / were…
No tenía ni… ni… — It had neither… nor…
No había ni… ni… — There was neither… nor…
Tampoco tenía… — Nor did it have…
   (un) aparcamiento — a car park
   (un) bar — a bar
   (un) gimnasio — a gym
   (un) restaurante — a restaurant
   (una) cafetería — a café
   (una) lavandería — a launderette
   (una) piscina cubierta — an indoor pool
   mucho espacio para mi tienda — lots of space for my tent

¿Cómo era el pueblo? — *What was the town / village like?*

Lo bueno / Lo malo… — The good thing / The bad thing…
   del pueblo… — about the town / village…
   de la ciudad… — about the city…
era que era… — was that it was…
   demasiado / muy / bastante… — too / very / quite…
   animado/a — lively
   bonito/a — pretty
   histórico/a — historic
   pintoresco/a — picturesque
   turístico/a — touristic
Tenía… — It had…
   mucho ambiente / tráfico — lots of atmosphere / traffic
   mucho que hacer — lots to do
   mucha contaminación / gente — lots of pollution / people
   muchos espacios verdes — lots of green spaces
   muchos lugares de interés — lots of places of interest
   muchas discotecas — lots of discos

Quisiera reservar… — *I would like to book…*

¿Hay… — Is / Are there…
   wifi gratis… — free wifi…
   aire acondicionado… — air conditioning…
en el hotel / las habitaciones? — in the hotel / the rooms?
¿Cuánto cuesta una habitación…? — How much does a… room cost?
¿A qué hora se sirve el desayuno? — What time is breakfast served?
¿Cuándo está abierto / a el / la…? — When is the… open?
¿Cuánto es el suplemento por…? — How much is the supplement for…?
¿Se admiten perros? — Are dogs allowed?
Quisiera reservar… — I would like to book…
   una habitación individual / doble — a single / double room
   con / sin balcón — with / without balcony
   con bañera / ducha — with a bath / shower
   con cama de matrimonio — with double bed
   con desayuno incluido — with breakfast included
   con media pensión — with half board
   con pensión completa — with full board
   con vistas al mar — with sea view
¿Para cuántas noches? — For how many nights?
Para… noches — For… nights
   del… al… de… — from the… to the… of…
¿Puede repetir, por favor? — Can you repeat, please?
¿Puede hablar más despacio? — Can you speak more slowly?

Quiero quejarme — *I want to complain*

Quiero hablar con el director. — I want to speak to the manager.
Quiero cambiar de habitación. — I want to change rooms.
El aire acondicionado… — The air conditioning…
El ascensor… — The lift…
La ducha… — The shower…
La habitación… — The room…
   está sucio / a — is dirty
La luz… — The light…
   no funciona — doesn't work
Hay ratas en la cama. — There are rats in the bed.
No hay… — There is no…
Necesito… — I need…
   papel higiénico — toilet paper
   jabón / champú — soap / shampoo
   toallas / (un) secador — towels / a hairdryer
¡Socorro! — Help!
Es inaceptable. — It's unacceptable.
Lo siento / Perdone. — I'm sorry.
El hotel está completo. — The hotel is full.

Mis vacaciones desastrosas — *My disastrous holiday*

Por desgracia / Desafortunadamente — Unfortunately
Por un lado… por otro lado… — On the one hand… on the other hand…
El primer / último día — (On) the first / last day
Al día siguiente — On the following day
Tuve / Tuvimos… — I had / We had…
   un accidente / un pinchazo — an accident / a puncture
   un retraso / una avería — a delay / a breakdown
Tuve / Tuvimos que… — I had to / We had to…
   esperar mucho tiempo — wait a long time
   ir al hospital / a la comisaría — go to the hospital / to the police station
   llamar a una estación de servicio — call a service station
Perdí / Perdimos… — I lost / We lost…
   el equipaje / la cartera — the luggage / the wallet
   la maleta / las llaves — the suitcase / the keys
Cuando llegamos… — When we arrived…
   era muy tarde — it was very late
   estaba cansado/a — I was tired
   la recepción ya estaba cerrada — the reception was already closed
acampar — to camp
decidir — to decide (to)
alquilar bicicletas — to hire bicycles
coger el teleférico — to catch / take the cable car
chocar con un camión — to crash into a lorry
hacer alpinismo — to go mountain climbing
volver — to return
el paisaje — the landscape
la autopista — the motorway
precioso/a — beautiful
aquí / allí — here / there
cerca / lejos — near / far

2 MI VIDA EN EL INSTI

OBJETIVOS DE APRENDIZAJE
- Dar opiniones sobre las asignaturas
- Describir las instalaciones escolares

PUNTO DE PARTIDA 1

B1 SCHOOL LIFE AND ROUTINE

1 *escuchar* Escucha y escribe las asignaturas que faltan. (1–5)

Mi horario

hora	lunes	martes	miércoles	jueves	viernes
08.15	biología	c	inglés	inglés	informática
09.00	a	religión	e	g	i
09.45	RECREO				
10.15	lengua	empresariales	lengua	historia	educación física
11.00	b	biología	f	lengua	j
11.45	RECREO				
12.15	química	d	física	arte dramático	matemáticas
13.00	física	inglés	matemáticas	h	tecnología

2 *leer* Lee las opiniones y mira el horario del ejercicio 1. ¿Cuál es su día preferido?

1. Me encantan los idiomas porque son interesantes e importantes.
2. ¡No me gusta escribir! Prefiero las asignaturas prácticas.
3. No me gustan las ciencias porque son aburridas y difíciles. Mi día preferido es el día que no tengo ciencias.
4. Me chifla el arte dramático porque es creativo y me interesa mucho la historia porque es útil.
5. ¿Mi día favorito? Es el día que tengo las materias fáciles: geografía, religión, música y empresariales.
6. No me gusta nada el insti, pero mi día preferido es el día que no tengo inglés. ¡Odio el inglés!

la lengua = el idioma, el lenguaje, los estudios lingüísticos

> **Verbos como *gustar*** > Página 230
>
> *Interesar* works like *gustar* and *encantar*. It uses a pronoun like *me* or *te*:
>
> *Me interesa el dibujo.*
> *¿Te interesan los idiomas?*
>
> *Odiar* and *preferir* don't need a pronoun:
>
> *¡Odio la tecnología!*
> *¿Prefieres el inglés o el español?*

3 *hablar* Con tu compañero/a, haz diálogos.
- ¿Qué día tienes inglés?
- Tengo inglés los martes. Me interesa el inglés porque es útil, pero no me gustan las ciencias porque son difíciles.
- ¿Cuál es tu día preferido?
- Mi día preferido es el jueves porque tengo educación física. Me chifla porque es práctica y divertida.

(no) me gusta (no) me encanta (no) me interesa	el francés la geografía	porque es	práctico/a, creativo/a, aburrido/a útil, fácil, difícil importante, interesante
(no) me gustan (no) me encantan (no) me interesan	los idiomas las empresariales	porque son	prácticos/as, creativos/as, aburridos/as útiles, fáciles, difíciles importantes, interesantes

MÓDULO 2

4 leer Mira el horario del ejercicio 1. Completa las frases.

1. Los lunes a las doce y cuarto tengo _____.
2. Los martes a las diez y cuarto tengo _____.
3. Los miércoles a la una tenemos _____.
4. Los jueves a las _____ tenemos una clase de lengua.
5. Los viernes a las _____ tenemos informática.
6. Todos los días a las _____ y las _____ hay un recreo.

5 escuchar Escucha y mira el horario del ejercicio 1. Corrige las frases. (1–5)

6 leer Lee las frases. ¿Verdadero o Falso? Escribe V o F.

Educación infantil
0–6 años

Educación primaria
6–12 años

Educación Secundaria
Obligatoria (ESO)
12–16 años

Bachillerato o
formación profesional
16–18+ años

1. Los niños españoles empiezan la educación primaria a los seis años.
2. En los institutos normalmente los alumnos tienen que llevar uniforme.
3. Los alumnos empiezan la educación secundaria más tarde en España que en Inglaterra.
4. La Educación Secundaria Obligatoria generalmente dura seis años en España.
5. A los 16 años los alumnos tienen dos opciones.
6. El bachillerato es obligatorio para todos.

7 escuchar Escucha e identifica las <u>tres</u> letras correctas. Sobra una letra. (1–3)

a muchas aulas
b una biblioteca
c un comedor
d un gimnasio
e una piscina
f un laboratorio
g un campo de fútbol
h un salón de actos
i una pista de tenis
j un patio

8 escuchar Escucha otra vez. ¿Las opiniones son positivas o negativas?
Escribe P (positivo), N (negativo) o P+N (positivo y negativo). (1–3)

Lo bueno / malo es que…
Lo mejor / peor es que…
Lo que más me gusta es / son…
Lo que menos me gusta es / son…

UNIDAD 2

veinticinco 25

PUNTO DE PARTIDA 2

OBJETIVOS DE APRENDIZAJE
- Describir el uniforme y el día escolar
- Utilizar adjetivos

B1 SCHOOL LIFE AND ROUTINE

1 Mira los uniformes. Escribe los artículos de ropa y los colores en español.

Ejemplo: **a** *una camisa blanca*

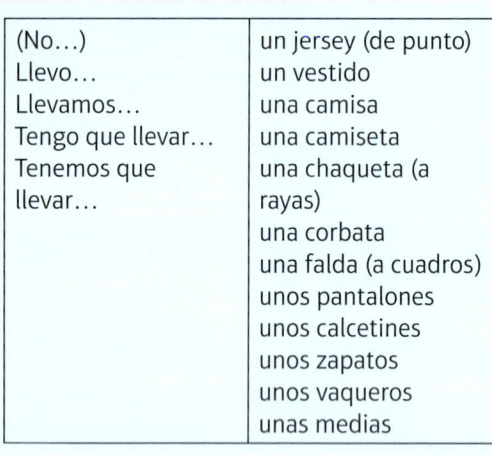

exemplo de uniforme escolar

Zona Cultura
En Chile es muy normal llevar uniforme en las escuelas, públicas y privadas. Normalmente es una chaqueta azul oscuro, pantalones grises y camisa blanca para los chicos, y una falda gris, camisa blanca y medias azules para las chicas. Por eso los alumnos chilenos tienen el apodo 'pingüinos'.

(No…) Llevo… Llevamos… Tengo que llevar… Tenemos que llevar…	un jersey (de punto) un vestido una camisa una camiseta una chaqueta (a rayas) una corbata una falda (a cuadros) unos pantalones unos calcetines unos zapatos unos vaqueros unas medias

Los adjetivos de color

terminación	singular		plural	
	masculino	femenino	masculino	femenino
–o	blanc**o**	blanc**a**	blanc**os**	blanc**as**
–e	verd**e**	verd**e**	verd**es**	verd**es**
consonante	azul	azul	azul**es**	azul**es**

Naranja, *rosa* and *violeta* often do not change, but some people add an –s with plural nouns.

A colour followed by **claro** (light) and **oscuro** (dark) always takes the masculine form:

un**os** calcetines **azul claro**, un**as** medias **azul oscuro**

2 Escucha. Copia y completa la tabla. (1–4)

uniforme (2)	opiniones (2)
1	

gris   morado / violeta   blanco   negro

amarillo   naranja   azul

marrón   rosa   verde   rojo

cómodo   anticuado   bonito

fácil   feo   incómodo

práctico   elegante

MÓDULO 2

3 Lee los textos. ¿Qué significan las palabras en **negrita**?

¿El uniforme te mola?

En mi insti **todos llevamos uniforme** y es superfeo. ¡Qué horror! Tengo que llevar una falda verde oscuro **a cuadros** y **una chaqueta de punto del mismo color**. Pienso que es aburrido y formal, pero mi madre dice que el uniforme **mejora la disciplina** y **da una imagen positiva** de nuestro insti. *Alicia*

Tenemos que llevar uniforme. Llevamos unos pantalones grises, una corbata azul y roja, y una chaqueta negra. Mi amiga dice que limita la individualidad, pero me gusta porque **me ahorra tiempo** por la mañana. Además, es importante porque así **las diferencias económicas no son tan obvias**. *Fran*

4 Con tu compañero/a, haz un diálogo sobre el uniforme.

- ¿Qué llevas en el insti?
- ¿Qué opinas?

■ Tengo que llevar uniforme. Llevo…
■ (No) me gusta porque es… y…

5 Escucha y lee. Luego, escribe las frases y corrige los errores.

- Mayra, ¿cómo vas al insti por la mañana?
- Voy en taxi. Salgo de casa a las siete. ¡Es demasiado temprano!
- ¿A qué hora empiezan las clases?
- Las clases empiezan a las siete y media y terminan a las dos de la tarde.
- ¿Cuántas clases tienes al día?
- Tenemos siete clases al día y cada clase dura cincuenta minutos.
- ¿A qué hora es el recreo?
- Hay dos recreos de veinte minutos, pero no hay hora de comer.
- ¿Qué días tienes ciencias?
- Tengo ciencias los lunes y los miércoles. Me fascinan las ciencias porque me interesa mucho el mundo natural.

Mayra vive en Arequipa en Perú

1 Mayra se levanta a las siete.
2 Va al insti en autobús.
3 Su día escolar dura siete horas y media.
4 Tiene seis clases de cuarenta minutos.
5 Hay dos recreos y una hora de comer.
6 A Mayra no le interesan mucho las ciencias.

6 Habla sobre tu día escolar. Utiliza el diálogo del ejercicio 5 como modelo.

¿Cómo vas al insti?
Voy a pie / andando
Voy en bici
Voy en autobús
Voy en coche
Voy en metro
Voy en taxi
Voy en tren

7 Escribe un párrafo sobre tu uniforme y tu día escolar. Incluye opiniones y razones.

Frases temporales

Los viernes tengo matemáticas.
Por la mañana tenemos dibujo.
Por la tarde hay tres clases.

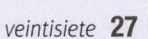

UNIDAD 4

veintisiete 27

1 ¿QUÉ TAL LOS ESTUDIOS?

OBJETIVOS DE APRENDIZAJE
- Hablar de las asignaturas y los profesores
- Utilizar comparativos y superlativos
- Justificar opiniones

B1 SCHOOL LIFE AND ROUTINE

1 *leer* Lee y empareja las opiniones con las razones.

¿Qué asignaturas te gustan?

Sergio
1. Una asignatura que me gusta un montón es el inglés porque…
2. Lo que más me gusta es el dibujo porque…

Cristina
3. Me interesa mucho la biología porque…
4. La física me gusta menos porque…
5. La historia me fascina, pero…

Julián
6. Una asignatura muy buena es la educación física porque…
7. Me chiflan las matemáticas porque…

a **es más práctica y relevante que** las demás ciencias. Vemos temas de la naturaleza, como las células, y hacemos experimentos.

b **no es tan difícil como** el inglés. Para mí, **es la mejor asignatura**. El profe me deja trabajar a mi manera, ¡incluso con música! Me dice que pinto y dibujo muy bien.

c me gusta resolver problemas. **Es mejor que** las otras asignaturas porque **es la asignatura más exacta y lógica**.

d no puedo memorizar las fechas. Soy **la peor** de la clase y no saco buenas notas en las pruebas.

e **es menos complicado que** los otros idiomas que estudio. Además, ya sabemos mucha gramática y mucho vocabulario.

f **es más difícil que** la biología.

g es la asignatura más divertida y activa

2 *escuchar* Escucha y comprueba tus respuestas.

3 *leer* ¿Qué significan las palabras en **negrita**?

4 *hablar* Con tu compañero/a, haz un diálogo. Utiliza el texto del ejercicio 1 como modelo. Da opiniones y razones.
- ¿Qué asignaturas te gustan?
- A mí me chifla(n)… porque… Es la asignatura más *importante*. Otra asignatura que me gusta un montón es… porque…
- ¿Qué asignaturas no te gustan?
- No me gusta mucho la tecnología porque es menos interesante que la informática.

Comparativos y superlativos

Comparativos
más… que
menos… que
mejor que…
peor que…
tan… como…

El español es **más fácil que** el mandarín.
La informática es **tan creativa como** la tecnología.

Superlativos
el/la más…
el/la menos…
el/la mejor…
el/la peor…

Mi profesora de inglés es **la más divertida**.
El español es la asignatura **más interesante**.

EXAM SKILLS

Always give reasons to extend your answers. Then repeat the task with your book closed to improve your performance.

veintiocho

MÓDULO 2

5 Lee y busca las expresiones sinónimas en el texto.

¿Qué tal tus profes?

Me llamo Laura y estoy en 3º de ESO. Mi nuevo profesor de matemáticas me cae bien porque es muy listo y divertido. Tiene buen sentido del humor, así que crea un buen ambiente de trabajo. También es muy trabajador. Nos pone muchos deberes y tiene expectativas altas, pero aprendo mucho con él porque me hace pensar. Antes tenía problemas con el cálculo. Lo peor era que mi profesora de 2º de ESO era muy impaciente y no era nada tolerante.

1. me gusta mucho
2. es gracioso
3. un clima positivo en la clase
4. nos da mucha tarea
5. exige mucho
6. era débil en

6 Lee el texto otra vez. Busca el antónimo de los siguientes adjetivos.

- aburrido
- paciente
- tonto
- severo
- perezoso

Zona Cultura

La **E**ducación **S**ecundaria **O**bligatoria (ESO) tiene cuatro cursos académicos, que se llaman 1º de ESO, 2º de ESO, etc. Generalmente, la ESO se inicia a los 12 años y se acaba con 16 años. Si los alumnos suspenden tres o más asignaturas, tienen que repetir el curso.

el curso académico = el año escolar
suspender = no aprobar

7 Escucha a Andrés. Completa el resumen con las opciones correctas.

La nueva profe de **ciencias / inglés** es mucho más **estricta / simpática** que su profe de antes. La señora Martínez **enseña / explica** muy bien y por eso le resulta **menos / más** difícil comprender. También da **consejos / estrategias** para estudiar mejor. Cree que no va a **aprobar / suspender** sus evaluaciones este año.

las evaluaciones = las pruebas / los exámenes

8 Escribe <u>dos</u> párrafos sobre tus asignaturas y tus profes.

¿Qué tal tus asignaturas y tus profes?
- A mí me chifla(n)… porque es la asignatura más…
- Otra asignatura que me gusta…
- Me gusta menos… porque no es tan… como…
- Me gusta mi profe de… porque…
- Siempre… así que…
- También…
- Nunca…

Mi profesor(a) / profe…
 enseña bien
 explica bien
 tiene buen sentido del humor
 tiene expectativas muy altas
 me hace pensar
 crea un buen ambiente de trabajo
 nos da consejos / estrategias
 nos pone muchos deberes
 nunca se enfada

veintinueve **29**

2 ¡MI NUEVO INSTI!

B1 SCHOOL LIFE AND ROUTINE

OBJETIVOS DE APRENDIZAJE
- Describir tu colegio
- Utilizar negativos
- Comparar *antes* y *ahora*

1 escuchar
Escucha y lee el podcast de Josué. Elige las opciones correctas.

> ¡Hola a todos! ¿Qué hay?
>
> Hoy fue mi primer día de clase en mi nuevo instituto, que se llama IES Martín Galeano. Como ya sabéis, mi mamá tiene un nuevo empleo y ahora vivimos en Gijón.
>
> ¿Cómo es mi insti? Pues, es mixto y público. Hay unos quinientos alumnos y setenta profes. El edificio es bastante pequeño y moderno, muy diferente a mi insti de antes en Quito, que era mucho más grande y antiguo.
>
> Tiene muchas aulas, pero no son parecidas a las aulas de Quito. ¡Todos los muebles (las mesas y la sillas) son verdes! Incluso las pizarras son verdes, y no hay ninguna pizarra interactiva. Sin embargo, hay un salón de actos y una biblioteca bien equipada.
>
> Como estamos en el centro de la ciudad, no hay ningún espacio verde para practicar deporte, ni campo de fútbol, ni pista de atletismo. Lo bueno es que estamos a ciento cincuenta metros de la playa, donde tenemos las clases de educación física. ¡Qué guay!
>
> Tampoco hay comedor, pero no es un problema porque las clases terminan a las dos y ¡vamos a casa para comer!
>
> Todavía no conozco a nadie y no tengo nada que hacer esta tarde porque todavía no tengo deberes, por lo tanto voy a ir a la playa. ¡Hasta luego!

Josué es de Ecuador, pero ahora vive en España.

Gijón, España

IES = *Instituto de Educación Secundaria*
todavía = *aún*

1. Josué tiene *a)* un nuevo trabajo *b)* un nuevo colegio *c)* un nuevo amigo.
2. Su insti de ahora es *a)* grande *b)* antiguo *c)* moderno.
3. La biblioteca escolar tiene *a)* muchos libros *b)* una pizarra interactiva *c)* mesas verdes.
4. Josué practica deporte en *a)* la pista de atletismo *b)* la playa *c)* el campo de fútbol.
5. Come en *a)* la cantina *b)* la clase *c)* casa.
6. Después de comer, Josué va a *a)* hacer los deberes *b)* ir a la playa *c)* ver a sus amigos.

2 escuchar
Escucha y apunta las preguntas en español. Luego contéstalas como Josué. (1–6)

Ejemplo: **1** *¿Cómo se llama tu instituto?*
Se llama IES Martín Galeano.

3 escribir
Escribe un párrafo sobre tu instituto. Contesta a las preguntas del ejercicio 2. Utiliza diferentes expresiones negativas.

Negativos > Página 228

These negatives are often used after the verb as a 'sandwich' with **no** before the verb:

No hago **nada**.
No conozco a **nadie**.
No tenemos **ni** tabletas **ni** ordenadores.
No tiene **ningún** laboratorio.
No tiene **ninguna** pista de tenis.

Nunca can go **before** or **after** the verb. When after, use **no** in front of the verb as well:

Nunca estudia.
No estudia **nunca**.

Tampoco (not either) usually goes in front of the verb:
Tampoco hay piscina.

MÓDULO 2

4 Escucha. Copia y completa la tabla.

	mi escuela primaria	mi insti
Camilo		
Noa		

mi insti

mi escuela primaria

---

antes + imperfecto, ahora + presente > Página 214

antes + **imperfecto**, *ahora* + **presente**:
Antes no **había** donde jugar.
Ahora hay un patio cubierto.

---

5 Con tu compañero/a, compara tu escuela primaria con tu instituto.

● ¿Cómo era tu escuela primaria?
■ Mi escuela primaria era bastante antigua y…
   No había pizarras interactivas ni…
   pero había…
   Tampoco había…
   Antes los recreos eran más largos y los profes eran… pero…

● ¿Cómo es tu insti de ahora?
■ Mi insti de ahora es muy grande y…
   Tiene buenas instalaciones y…
   Las clases son más duras, pero hay más oportunidades para hacer…

En mi escuela primaria En mi insti	(no) había (no) hay	(una) piscina (un) polideportivo (unas) pizarras (interactivas)
Mi escuela primaria Mi insti	(no) tenía (no) tiene	(unas) aulas de informática exámenes / deberes (un) uniforme espacios verdes más tiempo libre más alumnos / profesores más oportunidades para hacer…
El edificio Las instalaciones El día escolar Las asignaturas Las clases	(no) era(n) (no) es (no) son	(in)adecuado / colorido moderno / antiguo más corto / largo más fácil / duro mejor / peor

Use the correct endings!

---

6 Lee el texto. Elige las respuestas correctas.

Jatun Kasa – antes y ahora

Jatun Kasa es una comunidad remota de unas 40 familias en los Andes de Bolivia. Hoy hay un nuevo colegio allí, con seis aulas modernas, servicios y un patio cubierto para el recreo.

Sara, una alumna de 15 años, describe cómo era el colegio antes:

'Bueno, la verdad es que las instalaciones no eran apropiadas para aprender. El aula era estrecha y fría. No había ninguna ventana y el techo estaba roto. Tampoco había mesas ni sillas suficientes – ¡estábamos como sardinas en lata!'

Ramón Darío, profesor, vive ahora en una de las nuevas casas para los profesores:

'Antes era muy difícil vivir allí porque yo tenía una sola habitación. Igual que en el colegio, no había electricidad ni agua corriente. Estaba sucia y había ratas, arañas y serpientes. Ahora mi casa es una de las mejores. Tiene dos habitaciones, una cocina y un baño. Mi mujer y yo estamos supercontentos y trabajamos con ganas.'

1 Jatun Kasa es…
   a una ciudad.
   b un colegio.
   c un pueblo.
   d una persona.

2 Antes el colegio tenía…
   a instalaciones inadecuadas.
   b muchos muebles.
   c ventanas sucias.
   d aulas grandes.

3 Antes el profesor tenía…
   a electricidad y agua corriente.
   b dos habitaciones.
   c muy poco espacio.
   d una mascota.

4 Ahora Ramón está…
   a muy feliz.
   b triste.
   c en otro colegio.
   d cansado.

treinta y uno **31**

3 ¡ESTÁ PROHIBIDO!

B2 SCHOOL RULES AND PRESSSURES

OBJETIVOS DE APRENDIZAJE
- Hablar de las reglas y problemas escolares
- Utilizar verbos más infinitivo
- Hacer ejercicios de escucha más difíciles

1 leer Lee y empareja las fotos con las expresiones. Luego haz una frase para cada foto. Utiliza diferentes expresiones.

Ejemplo: **a** *No se debe usar el móvil en clase.*

¿Cuáles son las normas de tu insti?

mantener limpio el patio   **comer** chicle   **respetar** el turno de palabra   **correr** en los pasillos   **ser** puntual

usar el móvil en clase   **dañar** las instalaciones   **ser** agresivo o grosero   **llevar** piercings en el insti

PRONUNCIACIÓN

ll (came**ll**o) → **ll**evar, pasi**ll**o
u (b**ú**falo) → **u**sar, p**u**ntual, t**u**rno

Verbos más infinitivo

To describe rules, use these structures followed by the **infinitive**:

está prohibido
no se permite
no se debe
hay que
tenemos que

No se permite **ser** agresivo o grosero.

2 escuchar Escucha y escribe las letras del ejercicio 1. ¿La opinión es positiva (P), negativa (N) o positiva y negativa (P+N)? (1–3)

3 hablar Con tus compañeros, haz un debate sobre las normas de tu instituto.

● *Está prohibido llevar piercings en el colegio. Creo que es justo. ¿Qué opinas?*
■ *Sí, estoy de acuerdo.*
▲ *¡Qué va!*
◆ *Yo tampoco estoy de acuerdo. En mi opinión, es injusto. No me gusta esta norma.*

Speak more expressively by using exclamations.
¡Qué va!
¡Qué horror!
¡Qué bien!

32 *treinta y dos*

MÓDULO 2

4 Escucha a Alejandra y a Román. Apunta sus respuestas.

¿Necesitamos normas?

1 ¿Qué opinas del uniforme escolar en general?
   a es una buena idea
   b es feo
   c es caro

2 ¿Cuáles son las normas más importantes de tu instituto?
   a cuidar el material y las instalaciones
   b respetar a los demás
   c llevar el uniforme correcto

3 ¿Qué piensas de las normas de tu instituto?
   a son necesarias
   b son demasiado severas
   c unas son positivas

4 ¿Por qué tenemos reglas?
   a para fomentar la buena disciplina
   b para limitar la libertad de expresión
   c para fastidiar a los alumnos

5 ¿Hay problemas en tu insti?
   a no hay ningún problema
   b sí, a veces
   c muchos

6 ¿Qué es lo mejor de tu insti?
   a las oportunidades después del colegio
   b los amigos
   c las calificaciones

para = con el propósito de
cuentan = importan
restringir = limitar

Careful! Listen until the end of the recording, because Alejandra and Román mention more than one option.
Remember that they may use synonyms. The words that you hear may not be the same as the words in the questions.

exigir = pedir
hacer novillos = no ir a clase
la pandilla = el grupo

5 Lee los textos y escribe la letra correcta. Sobra una opción. ¿Qué significan las palabras en **negrita**?

1 Este año es duro porque en el insti nos exigen más que en otros años. Los profes nos dan mucho trabajo. Nos dicen que **debemos aprobar los exámenes**, pero **estoy superestresado** y **tengo miedo de suspender mis pruebas**. *Adrián*

2 Hay alumnos que sufren intimidación en el insti porque hay otros alumnos que siempre **se burlan de ellos** y no los dejan en paz. ¡No es justo! Se refugian en la biblioteca durante los recreos y a la hora de comer, pero la verdad es que tienen mucho miedo. *Mateo*

3 Hay algunos alumnos que son una mala influencia. Hacen novillos y otros compañeros quieren ser amigos de ellos porque quieren ser parte de su pandilla. **Todos tenemos que sacar buenas notas**, pero **los amigos cuentan más**. *Ivanna*

a el acoso escolar   b las normas estrictas   c la presión del grupo   d el estrés de los exámenes

6 Entrevista a tu compañero/a.
• Utiliza las preguntas del ejercicio 4.
• Usa las ideas de los textos del ejercicio 5.
• Da tus opiniones y razones.

7 Escribe entre 60 y 75 palabras en español sobre 'Mi insti'. Debes utilizar todas las palabras o frases mencionadas.

uniforme escolar   normas   un problema   lo mejor del insti

treinta y tres **33**

4 ¡DESTINO ZARAGOZA!

B3 SCHOOL TRIPS, EVENTS AND EXCHANGES

OBJETIVOS DE APRENDIZAJE
- Hablar de los planes para un intercambio escolar
- Utilizar el futuro próximo
- Preguntar y contestar

1 *escuchar* Escucha y lee el vídeo mensaje de Víctor. Escribe las letras en el orden correcto.

Víctor — Colegio M. Mª Rosa Molas

¡Hola! Te quiero dar la bienvenida al Colegio M. Mª Rosa Molas. Ahora **voy a contestar** a tus preguntas sobre la visita de intercambio.

Vas a llegar el martes a las tres al aeropuerto de Zaragoza. Allí **vamos a estar** todos, y todas las familias anfitrionas también.

El miércoles nos toca ir al colegio. Algunos compañeros **van a ir** en coche, pero nosotros **vamos a ir andando** porque vivimos muy cerca, como la mayoría de los alumnos.

Las clases empiezan a las ocho y para 3º y 4º de ESO terminan a las dos. Por la mañana tenemos tres clases y un recreo a las once menos cinco. Luego hay otras tres clases.

Es obligatorio llevar uniforme (excepto los de bachillerato, que 'van de calle'). Llevamos pantalón o falda gris, polo blanco y jersey azul marino. Pero vosotros **vais a llevar** ropa de calle.

El primer día **vamos a comer** juntos en el comedor, donde comen normalmente los de 1º y 2º de ESO.

Después de la hora de comer, tenemos dos horas de lengua castellana, y luego una hora de inglés, lo que **va a ser** superfácil para vosotros.

El resto de la semana tenemos una programación variada. ¡Seguro que **te va a gustar**!

Zona Cultura
Destino:	ZARAGOZA
Ubicación:	Noreste de España, en el interior
Población:	667 mil habitantes (4ª ciudad de España)
Famosa por:	Su fiesta en honor a la Virgen del Pilar

la ropa de calle = la ropa informal
nos toca ir = tenemos que ir

a b Saludos, Víctor c
d e f

EXAM SKILLS
Don't worry if you don't understand every word. Look at the photos. Decide what they show. Identify information in the text that matches each picture.

2 *leer* Lee el texto del ejercicio 1 otra vez. ¿Qué significan las palabras en **negrita**?

3 *leer* Escribe la programación para el miércoles.

Ejemplo: Por la mañana, vamos a… A las 10:55, …

A la hora de comer, … Por la tarde, …

El futuro próximo ▶ Página 216

Utiliza **el futuro próximo** para decir lo que *vas a hacer*.
Usa el presente de ***ir*** + ***a*** + **infinitivo**:

voy		
vas		
va		visitar
vamos	**a**	comer
vais		salir
van		

34 *treinta y cuatro*

MÓDULO 2

4 Lee el mensaje del ejercicio 1 otra vez.
¿A qué preguntas contesta Víctor? Empareja las mitades de las preguntas.

1 ¿Cuándo vamos   vamos a hacer el miércoles?
2 ¿Qué   empiezan y terminan las clases?
3 ¿Cómo   a llegar a Zaragoza?
4 ¿A qué hora   que llevar?
5 ¿Qué ropa tenemos   vamos a comer?
6 ¿Dónde   vamos a ir al instituto?

Hacer preguntas

To form questions, follow the question word with the verb:

¿Cuándo **vamos a llegar**?
¿Qué **vamos a hacer**?

Simply start 'Yes/No' questions with the verb:
¿**Llevas** uniforme?

Remember to use an inverted question mark ¿ at the start, and an accent on each question word, e.g. d**ó**nde, qui**é**n.

5 Escucha. Copia y completa la tabla en español. (1–3)

Castillo de Loarre

Zaragoza

chocolate con churros

	por la mañana	por la tarde
1 miércoles		
2 jueves		
3 viernes		

los/las demás = los otros/las otras

voy a	llegar…	salir…
vas a	practicar…	ir a…
vamos a	ir (juntos/as) a…	comer…
vais a	pasar todo el día en…	
	hacer una visita guiada de…	
	ver los edificios…	
	ir de excursión el día entero	
	pasarlo bien	
va a	ser guay	

6 Con tu compañero/a, improvisa un diálogo sobre **tu colegio**.

Tu compañero/a es tu corresponsal español/a y quiere saber:

- tu horario escolar
- cómo él/ella va a ir al colegio
- la hora del recreo y la hora de comer
- las clases que va a tener
- la ropa que él/ella va a llevar en tu insti
- las actividades que va a hacer durante el intercambio

7 Escribe un correo a tu estudiante de intercambio. Describe los planes para su próxima visita.

Programación: Intercambio

Primer día: Día en Londres

Mañana
Excursión en barco a Westminster

Tarde
Visita al Palacio de Buckingham

Segundo día: Día en el colegio

Mañana
Asistir a clases

Tarde
Trabajos en grupo
Actividades deportivas

Vary your writing by including general details about your school routine as well as specific plans for the exchange. Use sequencers and time expressions to give structure.

treinta y cinco **35**

5 MIS ACTIVIDADES Y MIS ÉXITOS

OBJETIVOS DE APRENDIZAJE
- Hablar de las actividades y los éxitos
- Utilizar los pronombres de objeto
- Describir la duración de una actividad

B3 SCHOOL TRIPS, EVENTS AND EXCHANGES

1 leer
Lee los textos. Completa las frases.

Amelia
Asisto a mi instituto desde hace tres años y me encanta porque hay muchísimos clubes extraescolares. Voy al club de ajedrez todas las semanas. Juego desde hace cuatro años y se me da muy bien. Me encanta porque te ayuda a pensar estratégicamente. Participamos en torneos nacionales y el año pasado competí y gané un trofeo en mi categoría.

Tomás
Toco la trompeta en el club de jazz de mi insti. Me mola la música Big Band porque te enseña a improvisar y es superdivertida. El verano pasado dimos un concierto para los padres y yo toqué un solo de trompeta. ¡Fue un éxito! Ahora voy a aprender a tocar el saxofón también.

Gael
Me chiflan las artes marciales y soy miembro del club de judo de mi instituto. Practico el judo desde hace nueve años. El trimestre pasado gané el cinturón marrón. ¡Qué guay! Tengo clases particulares para mejorar mi técnica porque quiero lograr el cinturón negro.

solemos ganar = *normalmente ganamos*

1. Amelia va a su colegio ——— ——— tres años.
2. Juega muy bien al ———.
3. En el concierto del verano pasado, Tomás tocó ———.
4. Ahora va ———.
5. Gael ——— ——— desde hace nueve años.
6. Tiene clases para ———.

Desde hace

To say how long you've been doing something use **desde hace** and the **present tense** of the verb:

¿**Desde hace** cuánto tiempo **tocas** el piano?

Toco el piano **desde hace** seis años.

2 escuchar
Escucha y apunta los detalles. (1–3)

a ¿Actividad?
b ¿Desde hace cuánto tiempo?
c ¿Opinión de la actividad?
d ¿Logros?
e ¿Opinión de los clubes en general?

3 hablar
Con tu compañero/a, pregunta y contesta.

- ¿Desde hace cuánto tiempo asistes a este instituto?
- ¿Qué actividades extraescolares haces?
- ¿Desde hace cuánto tiempo (tocas / juegas al / haces)…?
- ¿Participaste en algún (concierto / concurso / torneo)?
- ¿Qué opinas de las actividades extraescolares?

Para mí / En mi opinión / Creo que… las actividades extraescolares…	
son	algo diferente / muy divertidas
te ayudan a	olvidar las presiones del colegio desarrollar tus talentos hacer nuevos amigos
te dan	una sensación de logro más confianza la oportunidad de ser creativo/a la oportunidad de expresarte

MÓDULO 2

4 Escucha y lee. Copia y completa la tabla.

	pasado	presente	futuro
José		club de teatro	
Kiara			

Kiara: ¿Qué actividades extraescolares haces este año, José?

José: Este trimestre voy al club de teatro. **Lo hago** todos los lunes. En marzo fuimos a ver una obra de teatro y en dos meses **la vamos a montar**. Y tú, ¿qué haces?

Kiara: Pues soy miembro del club de periodismo y canto en el coro del colegio. En julio cantamos en un concurso nacional y **lo ganamos**.

José: ¡Qué guay! ¿Vas a seguir con los mismos clubes el próximo trimestre?

Kiara: Sí, por supuesto. **No los voy a dejar** porque me molan. ¿Y tú?

José: Sí, voy a continuar con el club de lectores. El trimestre pasado tuvimos una charla de un escritor que nos leyó una parte de su última novela. ¡Me inspiró mucho!

Kiara: A mí me mola leer novelas. En casa **las leo** todo el tiempo. Voy a ir al club contigo.

José: ¡Genial! También voy a apuntarme al club de Ecoescuela.

Kiara: ¡Qué bien! **Lo hice** el trimestre pasado cuando conseguimos la clasificación como escuela ecológica. ¡Tenemos muchos planes para mejorar el insti!

EXAM SKILLS

Time expressions can help you decide if people are talking about the past, present or future:

Pasado: *el año pasado, el trimestre pasado*
Presente: *ahora, este trimestre*
Futuro: *el próximo trimestre, el año que viene*

The preterite tense is used to refer to past achievements and successes.

Gané…
Participé…
Toqué…
Di…

5 Lee el diálogo otra vez. ¿Qué significan las palabras en negrita?

6 Corrige las palabras (a)–(j). Deben estar de acuerdo con la frase. ¡Ojo! No siempre es necesario cambiar las palabras.

En mi insti hay (a) [mucho] actividades extraescolares. Me (b) [encantar] la fotografía y el diseño y (c) [ser] miembro del club de fotografía desde hace dos años. Saco muchas fotos y luego (d) [lo] edito con mi ordenador. A veces mis amigos y yo (e) [participar] en exposiciones. El trimestre pasado (f) [ganar] el premio a la (g) [mejor] foto de naturaleza. El año pasado también (g) [hacer] natación pero (h) [lo] voy a (i) [dejar] porque (j) [ser] un poco aburrida.

Los pronombres de objeto directo > Página 230

Direct object pronouns replace the **noun** which has just been mentioned and avoid repetition. The pronoun agrees with the noun it replaces:

	masculino	femenino
singular	lo	la
plural	los	las

It usually goes before the verb:

*Toco **el saxofón**. **Lo** toco.*
*Participé en **una competición**. **La** gané.*

With the near future tense, the direct object pronoun can go either at the end of the infinitive or before the present tense of *ir*:

*Voy a hacer**los**.*
***Los** voy a hacer.*

The pattern is the same for other verb + infinitive structures:

*Puedo hacer**lo**.*
***Lo** puedo hacer.*

7 Escribe una entrada en tu blog sobre tus actividades extraescolares. Debes mencionar:

- las actividades extraescolares que haces
- tu opinión sobre los clubs en general
- un concurso, torneo o concierto en que participaste el trimestre pasado
- tus planes para este trimestre o en el futuro

EXAM PRACTICE: LISTENING

B1 SCHOOL LIFE AND ROUTINE
B2 SCHOOL RULES AND PRESSURES
B3 SCHOOL TRIPS, EVENTS AND EXCHANGES

Las asignaturas en el colegio

1 Elena, Luis y Natalia están hablando de las asignaturas en el colegio. Escucha lo que dicen y escribe en español en las casillas adecuadas las asignaturas que estudiaban en el pasado, las que estudian ahora y las que van a estudiar en el futuro.

	En el pasado	Ahora	En el futuro
Ejemplo: Elena	inglés	francés	italiano
Luis			
Natalia			

(Total for Question 1 = 6 marks)

El uniforme escolar

2 Escucha un programa en la radio sobre el uniforme escolar en los colegios españoles. Según el presentador, ¿cuáles son los tres argumentos a favor? Escucha y elige las tres letras correctas.

En los colegios que tienen uniforme…

A los alumnos sacan mejores notas en sus exámenes.
B hay menos acoso escolar.
C el colegio tiene una identidad mas clara.
D los estudiantes toman con más seriedad sus estudios.
E se ahorra dinero.
F se ahorra tiempo.
G mejora la concentración.

EXAM SKILLS

In this type of task, you may not hear the same word as in the question. Instead you often hear a longer description which is summarised in the short statements you are given (A, B, etc.). Beware of the occasional distractor in these questions!

(Total for Question 2 = 3 marks)

Una nueva asignatura en las escuelas primarias

3 Escucha una noticia en la radio española sobre una nueva asignatura que el gobierno quiere introducir en las escuelas. ¿Que dice el periodista? Escribe la letra correcta.

Ejemplo: La nueva asignatura es: __B__

A informática.
B ajedrez.
C teatro.
D educación física.

a Hasta ahora…
  A solo se enseñaba en los institutos de educación secundaria.
  B era obligatoria en colegios privados.
  C era una actividad extraescolar.
  D se empleaba para mejorar la concentración.

b Un estudio reciente encontró mejoras en…
  A la lectura.
  B las matemáticas.
  C las habilidades sociales.
  D los deberes.

c Los expertos que están a favor dicen que mejora…
  A las amistades.
  B el rendimiento escolar.
  C la capacidad de superar dificultades.
  D la creatividad.

d Los opositores dicen que…
  A no tiene tanta importancia como otras asignaturas académicas.
  B las asignaturas creativas también traen beneficios.
  C es más importante aprender inglés.
  D no hay bastantes profesores especializados.

(Total for Question 3 = 4 marks)

EXAM PRACTICE: READING

MÓDULO 2

B1 SCHOOL LIFE AND ROUTINE
B2 SCHOOL RULES AND PRESSURES
B3 SCHOOL TRIPS, EVENTS AND EXCHANGES

Eventos escolares, viajes e intercambios

1 La rutina escolar
Lee el artículo sobre los internados en España.

Clases de refuerzo

Estos centros ofrecen cursos intensivos de refuerzo escolar a aquellos alumnos que lo necesitan. Cada año durante los meses de verano, un millar de jóvenes españoles se enfrenta a la disciplina de estos internados de verano. El objetivo principal de estos programas intensivos es ayudar a superar en septiembre las asignaturas suspensas.

Siete de la mañana: levantarse y desayuno. Ocho de la mañana: clases. Una del mediodía: almuerzo y descanso. Tres de la tarde: estudio. Seis y media de la tarde: deportes. Ocho y media de la tarde: cena… Éste es un ejemplo del estricto horario que tienen los estudiantes. ¿Y los resultados? En la mayoría de los casos, los resultados finales de sus alumnos son positivos.

EXAM SKILLS

You don't need to understand every word of the text. Start by working out the meaning of the question and the four options. Then scan the text for words or phrases with a similar meaning to one of the options.

Elige la opción correcta para cada frase.

a Los cursos en estos centros se ofrecen…
  A en invierno.
  B los fines de semana.
  C durante las vacaciones.
  D todo el año.

b Los alumnos pasan el día…
  A en la playa.
  B estudiando.
  C descansando.
  D en la piscina

c Su rutina diaria…
  A es flexible.
  B es muy variada.
  C tiene horas fijas.
  D es imposible.

d Al final de los cursos, la mayoría de los alumnos tiene…
  A sueño.
  B hambre.
  C éxito.
  D suerte.

(Total for Question 1 = 4 marks)

La vida escolar

2 Lee este extracto. Hace poco tiempo que Apolodoro empezó la escuela.

Apolodoro habla con su padre

Amor y pedagogía by Miguel de Unamuno (abridged and adapted)

Y vuelve Apolodoro de la escuela, y hoy le dice a su padre:
—Papá, ya sé quién es el más inteligente de la escuela…
—¿Y quién es?
—Joaquín es el más inteligente de la escuela, el que sabe más…
—¿Y crees tú, Apolodoro, que la persona que sabe más es la persona más inteligente?
—Claro que es la persona más inteligente…
—Pero uno puede saber menos y ser más inteligente.
—Entonces, ¿en qué se le conoce?
Y el pobre padre, confundido por todo esto, dice: "¡Parece imposible que sea hijo mío! ¡Qué niño tan extraño!"
—Vamos, Apolodoro escribe a tu tía.

Contesta las preguntas en español basándote en el texto. No necesitas escribir frases completas.

a ¿Cuándo exactamente ocurre la conversación entre Apolodoro y su padre? (2 marks)
b Según lo que dice Apolodoro, ¿quién es Joaquín? (1 mark)
c ¿Crees que el padre de Apolodoro está de acuerdo con su hijo? ¿Por qué (no)? (2 marks)
d Al final de la conversación ¿qué tiene que hacer Apolodoro? (1 mark)

(Total for Question 2 = 6 marks)

treinta y nueve 39

EXAM PREPARATION: WRITING

B1 SCHOOL LIFE AND ROUTINE
B2 SCHOOL RULES AND PRESSURES
B3 SCHOOL TRIPS, EVENTS AND EXCHANGES

1 Mira el ejercicio 'Mi instituto' en la página siguiente y contesta estas preguntas.

a ¿Qué tipo de texto tienes que escribir?
- un artículo para la revista de un instituto
- un artículo para un periódico
- una carta
- un correo electrónico
- una entrada en un blog

b ¿Qué tiempo(s) del verbo necesitarás emplear para responder a cada viñeta?
- presente
- futuro / futuro inmediato
- pasado (pretérito / imperfecto)

2 Ahora lee y mira el plano del correo electrónico de Rebekah. Después rellena los espacios en blanco.

1º párrafo
- Cómo son los **1** _____
- Lo **2** _____ del instituto

2º párrafo
- Cómo eran las **3** _____
- Cómo eran los **4** _____
- Por qué **5** _____ mi instituto

3º párrafo
- Opinión de unas **6** _____
- Opinión de la norma sobre **7** _____
- Lo que voy a **8** _____ el año que viene

4º párrafo
- Los planes para el **9** _____ durante la visita de Maya
- Opinión del profesor de **10** _____
- Lo que vamos a hacer por la **11** _____

Hola Maya

SAMPLE ANSWER

Mi instituto es grande y hay edificios modernos, pero también edificios antiguos. Muchos alumnos dicen que hay bastante estrés por los exámenes.

Antes, en mi escuela primaria, las clases eran más fáciles y los profesores eran menos estrictos. No obstante, ahora mi insti nos ofrece más oportunidades y lo prefiero.

En mi opinión, algunas normas son justas y necesarias. Sin embargo, es obligatorio llevar uniforme y creo que esta norma limita mi libertad de expresión. El año que viene voy a hacer el bachillerato y voy a llevar ropa de calle. ¡Qué guay!

El miércoles durante tu visita vamos a ir juntas a clase. Lo que más me gusta de los miércoles es la clase de ciencias porque mi profe es el mejor y enseña muy bien. Por la tarde vamos a ir al club de fotografía, donde vamos a sacar y a editar fotos.

¡Hasta pronto!
Rebekah

EXAM SKILLS

Remember, you can improve your answer by including more than one tense. Can you spot examples of this in the third and fourth paragraphs?

3 Completa la Práctica de Examen. Prepara tus propias respuestas.

EXAM SKILLS

- Look at the Answer Booster and Rebekah's plan for ideas.
- Think about how you can develop your answer for each bullet point.
- Write a detailed plan. Organise your answer in paragraphs.
- Write your answer and carefully check what you have written.

EXAM PRACTICE: WRITING

MÓDULO 2

B1 SCHOOL LIFE AND ROUTINE
B2 SCHOOL RULES AND PRESSURES
B3 SCHOOL TRIPS, EVENTS AND EXCHANGES

Long writing task

Mi instituto

1 La periodista española Maya va a visitar tu instituto. Escribe un correo electrónico a Maya.
  Debes incluir los puntos siguientes:
  - describe tu instituto
  - compara tu instituto actual con la escuela primaria donde estudiaste antes
  - lo que piensas de las normas y por qué
  - lo que vas a hacer con Maya en tu colegio durante su visita.

  Escribe entre 130 y 150 palabras **en español**.

  (Total for Question 1 = 20 marks)

Grammar

Corrige las palabras (a)–(j). Deben estar de acuerdo con la frase.
¡Ojo! No es siempre necesario cambiar las palabras.

Ayer **(a)[ser]** mi primer día de clase en el **(b)[nuevo]** instituto, y estaba un poco nerviosa. Primero nosotros **(c)[conocer]** a **(d)[nuestro]** tutora, que era muy **(e)[simpático]**. Ahora **(f)[tener]** más profesores que en la escuela primaria, y yo no **(g)[recordar]** todos los nombres. Las clases **(h)[acabar]** a las dos y los miércoles por la tarde hay actividades extraescolares **(i)[opcional]**. Mañana creo que **(j)[ir]** a estar mucho más tranquila.

(Total for Question 2 = 10 marks)

Answer booster	Aiming for a solid answer	Aiming higher	Aiming for the top
Verbs	**Different time frames:** past (imperfect), present, near future	**Different persons of the verb:** improvisamos, vamos a escribir **Verbs with an infinitive:** hay que, está prohibido	**More than one tense to talk about the past** (preterite and imperfect) **Unusual verbs:** parecer, desarrollar, enseñar, suspender
Opinions and reasons	**Verbs of opinion:** me interesa(n), me encanta(n), me fastidia(n), pienso que, creo que… **Reasons:** porque…	**Exclamations:** ¡Qué va! ¡Qué horror! **Comparatives:** es más relevante que…	**Opinions:** lo que más me gusta es… , lo peor es…, para mí… **Reasons:** así que, ya que… **Comparatives/Superlatives:** tan… como… , es la asignatura más exigente
Connectives	y, pero, también	además, sin embargo, no obstante	**Linking past and present:** antes… , pero ahora… **Balancing an argument:** por un lado… por otro lado…, aunque…
Other features	**Qualifiers:** muy, un poco, bastante **Time phrases:** el año que viene, el trimestre pasado	**Desde hace:** desde hace tres años **Negatives:** no… ni… ni…, tampoco, nunca, ningún / ninguna	**Object pronouns:** me/te/lo/la/los/las **Interesting phrases:** me permite expresarme, te da la oportunidad de…, recién renovado

cuarenta y uno 41

EXAM PREPARATION: SPEAKING
B1 SCHOOL LIFE AND ROUTINE

A Picture-based discussion

1 **escuchar** — Mira la foto en la página siguiente y lee las preguntas. Luego, escucha la respuesta de Sebastián a la primera pregunta y contesta estas preguntas en español:

- **a** ¿Por qué cree Sebastián que los jóvenes están en el instituto?
- **b** Según Sebastián, ¿qué tipo de música están tocando los jóvenes?
- **c** ¿Por qué cree Sebastián que es una actividad muy popular?
- **d** Escribe en **español** las **cuatro** expresiones que emplea Sebastián para introducir sus impresiones y opiniones.

2 **escuchar** — Escucha la respuesta de Sebastián a la segunda pregunta y escoge las <u>tres</u> frases correctas. Según Sebastián la chica a la izquierda…

- **A** es baja.
- **B** lleva ropa de calle.
- **C** está bien vestida.
- **D** tiene un vestido negro y verde.
- **E** está tocando un instrument musical.
- **F** parece estar segura de sí misma.

3 **escuchar** — Escucha la respuesta de Sebastián a la cuarta pregunta. Rellena los espacios en blanco en esta transcripción.

Me encanta la música porque para mí, es la actividad más **1** _____ y más divertida. No toco **2** _____ instrumento, pero canto en el coro desde hace cinco años. Antes, en mi escuela primaria, **3** _____ un coro muy pequeño, pero **4** _____ en mi insti hay un coro muy grande y muy bueno. El año pasado **5** _____ en un concurso nacional y ganamos. ¡Fue guay! Lo que más me gusta es que te da la oportunidad de **6** _____ tus talentos y de hacer nuevos amigos.

4 **escuchar** — Escucha la respuesta de Sebastián a la quinta pregunta. ¿Cuáles de estas actividades te ofrece el instituto de Sebastián?

- **A** arte
- **B** atletismo
- **C** boxeo
- **D** drama
- **E** música
- **F** natación
- **G** tenis
- **H** ver películas

> This question gives you the ideal opportunity to use the object pronoun **te** (you). Remember that it usually goes in front of the verb:
> **Te** da la oportunidad de expresarte.
> It gives **you** the opportunity to express yourself.

B General conversation

5 **escuchar** — Lee la Conversación general en la siguiente página. Escucha la respuesta del estudiante a la pregunta 3.

Ahora, mira el 'Answer Booster' en la página anterior y apunta <u>seis</u> expresiones que emplea Sebastián para dar una respuesta sólida.

6 **escuchar** — Escucha la respuesta del estudiante a la quinta pregunta. Apunta en español tres aspectos negativos y tres aspectos positivos de llevar uniforme mencionados por el estudiante.

7 **hablar** — Ahora completa la Práctica de Examen. Trabaja con un compañero. En turnos, haz las preguntas del examinador y del candidato. Usa los tips de conversación y escribe notas relevantes para otras preguntas.

> Try to include different tenses in your answer, even if the question doesn't explicitly require it.

EXAM PRACTICE: SPEAKING

MÓDULO 2

B1 SCHOOL LIFE AND ROUTINE
B2 SCHOOL RULES AND PRESSURES
B3 SCHOOL TRIPS, EVENTS AND EXCHANGES

A Picture-based discussion

B1 School life and routine

Mira esta imagen y contesta las preguntas.

1. Describe la foto.
2. Habla de la chica a la izquierda de la imagen.
3. ¿Qué crees que hicieron estos jóvenes antes de empezar a tocar?
4. ¿Qué opinas sobre tocar instrumentos en el colegio?
5. En tu opinión, ¿qué otras actividades escolares deberían ofrecer los colegios? ¿Por qué?

(Total for Task A = 12 marks)

B General conversation

Topic B Education and Employment

Prepara tus respuestas a las siguientes preguntas.

1. ¿Cómo es tu instituto?
2. Describe un día típico en tu instituto.
3. ¿Qué asignaturas te gustan y no te gustan?
4. ¿Qué piensas estudiar el año que viene?
5. ¿Qué opinas del uniforme escolar?

(Total for Task B = 28 marks)

PICTURE-BASED DISCUSSION TIPS: ¿Cómo es tu instituto?

Lee esta repuesta a la primera pregunta.

Mi instituto se llama Anytown High School. ← Start with the name of your school.

Es bastante grande: hay aproximadamente 950 alumnos y 80 profesores. ← How big it is? How many students are there?

El instituto se fundó en 1934 así que los edificios originales son bastante viejos, pero hay también varios edificios modernos como el bloque de ciencias. El año que viene van a construir un nuevo gimnasio. ← Say something about the buildings. If possible, try to use the past and the future tenses.

En general, me gusta mucho el instituto porque los profesores son simpáticos y ayudan mucho. ← Include an opinion and the reasons behind it. Use words such as *ya que, porque, puesto que, dado que*.

Lo mejor del instituto es que todos mis amigos van allí, así que podemos jugar al fútbol juntos durante el recreo. Lo peor es que hay bastante acoso escolar. ← In your opinion, what are the best and worst things about your school?

cuarenta y tres 43

MÓDULO 2 — PALABRAS

¿Te interesa(n)…? — Are you interested in…?

el arte dramático	drama
el dibujo	art / drawing
el español	Spanish
el inglés	English
la biología	biology
el diseño	design
la educación física	PE
la física	physics
la geografía	geography
la historia	history
la informática	ICT
la lengua	language
la química	chemistry
la religión	RE
la tecnología	technology
los idiomas	languages
las empresariales	business studies
las matemáticas	maths
las ciencias	science
la materia / la asignatura	subject
me encanta(n) / me chifla(n)	I love
me interesa(n) / me fascina(n)	I'm interested in / fascinated by
me gusta(n) / no me gusta(n)	I like / I don't like
odio	I hate
prefiero	I prefer
porque es / son	because it is / they are
Mi día preferido es (el viernes).	My favourite day is (Friday).
mi horario	my timetable
¿Qué día tienes…?	What day do you have…?
Tengo inglés los martes.	I have English on Tuesdays.
¿A qué hora tienes…?	What time do you have…?
a la una / a las dos	at one o'clock / at two o'clock
y / menos cuarto	quarter past / to
y / menos cinco	five past / to
y media	half past
la educación infantil / primaria	pre-school / primary education
la educación secundaria	secondary education
el bachillerato	A levels
el bachillerato superior	the upper baccalaureate
la formación profesional	vocational training
el instituto	secondary school

¿Qué tal los estudios? — How are your studies?

La física es más / menos … que…	Physics is more / less … than…
Es mejor / peor que…	It's better / worse than…
tan … como	as … as
fácil / difícil	easy / difficult
divertido/a / aburrido/a	fun / boring
útil / relevante / práctico/a	useful / relevant / practical
creativo/a / relajante	creative / relaxing
exacto/a / lógico/a / exigente	precise / logical / demanding
débil	weak
Mi profesor(a) (de ciencias) es…	My (science) teacher is…
paciente / impaciente	patient / impatient
tolerante / severo/a	tolerant / harsh
listo/a / tonto/a	clever / stupid
trabajador(a) / perezoso/a	hard-working / lazy
simpático/a / estricto/a	nice / strict
Mi profe…	My teacher…
enseña / explica bien	teaches / explains well
tiene buen sentido del humor	has a good sense of humour
tiene expectativas altas	has high expectations
crea un buen ambiente de trabajo	creates a good working atmosphere
nunca se enfada	never gets angry
me hace pensar	makes me think
nos da consejos / estrategias	gives us advice / strategies
nos pone muchos deberes / mucha tarea	gives us lots of homework
el curso académico	academic year
las pruebas / las evaluaciones	tests / assessments
suspender / aprobar	to fail / to pass

¿Cómo es tu insti? — What is your school like?

En mi instituto hay… / Mi instituto tiene…	In my school there is… / My school has…
un salón de actos	a hall
un comedor	a canteen
un campo de fútbol	a football pitch
un patio	a playground
un gimnasio	a gym
una piscina	a pool
una biblioteca escolar	a library
una pista de tenis / atletismo	a tennis court / an athletics track
unos laboratorios	some laboratories
muchas aulas	lots of classrooms
Lo bueno / malo es que…	The good / bad thing is that…
Lo mejor / peor es que…	The best / worst thing is that…
Lo que más me gusta es / son …	What I like most is / are…
Lo que menos me gusta es / son …	What I like least is / are…
no…ningún / ninguna	not a single…
ni…ni…	(n)either…(n)or
nada	nothing / anything
nadie	no-one / anyone
tampoco	not either
Mi insti es…	My school is…
mixto / femenino / masculino	mixed / all girls / all boys
público / privado	state / private
pequeño / grande	small / large
moderno / antiguo	modern / old
En mi escuela primaria había…	In my primary school there was/were…
Mi escuela primaria tenía…	My primary school had…
más / menos…	more / fewer, less
exámenes / deberes / alumnos	exams / homework / pupils
muebles / espacios verdes	furniture / green spaces
tiempo libre	free time
oportunidades / instalaciones	opportunities / facilities
pizarras interactivas / clases	interactive whiteboards / lessons
aulas de informática	ICT rooms
donde jugar	somewhere to play
poco espacio	little space
antes / ahora	before / now
El edificio / El colegio / El día escolar es / era…	The building / The school / The school day is / was…
(in)adecuado/a / corto/a / largo/a	(in)adequate / short / long
Las clases son / eran…	The lessons are / were…
Instituto de Educación Secundaria (IES)	secondary school

Las normas del insti — School rules

Tengo que llevar …	I have to wear …
Tenemos que llevar …	We have to wear …
(No) Llevo …	I (don't) wear …
(No) Llevamos …	We (don't) wear …
Es obligatorio llevar …	It's compulsory to wear
un jersey (de punto)	a (knitted) sweater
un vestido	a dress
una camisa	a shirt
una camiseta	a T-shirt
una chaqueta (a rayas)	a (striped) jacket
una chaqueta de punto	a cardigan
una corbata	a tie
una falda (a cuadros)	a (checked) skirt
unos pantalones	trousers
unos calcetines	socks
unos zapatos	shoes
unos vaqueros	jeans
unas medias	tights

MÓDULO 2

Las normas del insti (contd)	School rules (contd)	llevar piercings	to have piercings
amarillo/a	yellow	Hay que…	It is necessary…
blanco/a	white	ser puntual	to be on time
negro/a	black	respetar el turno de palabra	to wait for your turn to speak
rojo/a	red	mantener limpio el patio	to keep the playground clean
morado/a / violeta	purple	La norma más importante es…	The most important rule is…
naranja	orange	respetar a los demás	to respect others
rosa	pink	Las normas son…	The rules are…
azul	blue	necesarias / demasiado severas	necessary / too strict
verde	green	para fomentar la buena disciplina	for promoting good discipline
gris	grey	para limitar la libertad de expresión	for limiting freedom of expression
marrón	brown	para fastidiar a los alumnos	for annoying the pupils
oscuro / claro	dark / light	sacar buenas / malas notas	to get good / bad grades
a rayas / a cuadros	striped / checked	Estoy de acuerdo.	I agree
bonito / feo	pretty / ugly	¡Qué va!	No way!
cómodo / incómodo	comfortable / uncomfortable	¡Qué horror!	How awful!
anticuado / elegante / formal	old-fashioned / smart / formal	¡Qué bien!	How great!
El uniforme…	Uniform…	Un problema de mi insti es…	One problem in my school is…
mejora la disciplina	improves discipline	el estrés de los exámenes	exam stress
limita la individualidad	limits individuality	el acoso escolar	bullying
da una imagen positiva del insti	gives a positive image of the school	la presión del grupo	peer pressure
ahorra tiempo por la mañana	saves time in the morning	Hay (unos) alumnos que…	There are (some) pupils who…
Está prohibido…	It is forbidden…	se burlan de otros	make fun of others
No se permite…	You are not allowed…	sufren intimidación	are victims of intimidation
No se debe…	You / one must not…	tienen miedo de…	are afraid of…
comer chicle	to chew chewing gum	hacen novillos	skive
usar el móvil en clase	to use your phone in lessons	quieren ser parte de la pandilla	want to be part of the friendship group
dañar las instalaciones	to damage the facilities	son una mala influencia	are a bad influence
ser agresivo o grosero	to be agressive or rude		
correr en los pasillos	to run in the corridors		

¿Cómo es tu día escolar?	What is your school day like?	Las clases empiezan / terminan a las…	Lessons start / finish at …
normalmente	usually	Tenemos … clases al día.	We have … lessons per day.
Salgo de casa a las…	I leave home at…	Cada clase dura … minutos	Each lessons lasts … minutes.
Voy…	I go…	El recreo / La hora de comer… es a la(s)…	Break / Lunch is at…
a pie / andando	on foot / walking		
en bici / en autobús / en coche	by bike / by bus / by car		
en metro / en taxi / en tren	by underground / by taxi / by train		

¿Qué vas a hacer?	What are you going to do?	asistir a clases	attend lessons
Voy / Vas / Vamos a…	I'm going / You're going / We're going to…	practicar el español	practise Spanish
		ir de excursión	go on a trip
llegar / salir / estar	arrive / go out / be	tener una programación variada	have a varied programme
ir en coche / andando	go by car / walk	Va a…	It's going to…
llevar ropa de calle	wear casual clothes / non-uniform	ser fácil / guay	be easy / cool
ir / comer juntos	go / eat together	familia anfitriona	host family
hacer una visita guiada	do a guided tour	acoger	to welcome
ver los edificios	see the buildings		
pasar todo el día en…	spend the whole day in…		

Las actividades extraescolares	Extra-curricular activities	El año / trimestre / verano pasado…	Last year / term / summer…
Toco la trompeta…	I play / I've been playing the trumpet…	participé en un evento especial / un concierto / un concurso / un torneo	I took part in a special event / a concert / a competition / a tournament
Canto en el coro…	I sing / I've been singing in the choir…	gané un trofeo	I won a trophy
Voy al club de…	I go / I've been going to the … club	toqué un solo	I played a solo
Soy miembro del club de…	I am / I've been a member of the … club	conseguimos la clasificación como…	we achieved the award / designation as…
ajedrez / judo / teatro / periodismo	chess / judo / drama / journalism	tuvimos una charla	we had a talk / presentation
lectura / Ecoescuela / fotografía	reading / eco-schools / photography	ganamos una competición nacional	we won a national competition
desde hace … años / meses	for … years / months	dimos un concierto	we gave a concert
Para mí…	For me…	¡Fue un éxito!	It was a success!
Pienso que / Creo que…	I think that…	Este trimestre / El próximo trimestre…	This term / Next term
las actividades extraescolares son…	extra-curricular activities are	voy a	I'm going to…
muy divertidas	a lot of fun	aprender a …	learn to …
algo diferente / un éxito	something different / an achievement	continuar con…	continue with…
te ayudan a…	they help you to…	dejarlo	stop doing it
olvidar las presiones del colegio	forget the pressures of school	apuntarme al club de…	sign up for the … club
desarrollar tus talentos	develop your talents	vamos a…	we are going to…
hacer nuevos amigos	make new friends	montar una obra de teatro	put on a play
te dan…	they give you…	conseguir…	achieve…
una sensación de logro	a sense of achievement		
más confianza	more confidence		
la oportunidad de ser creativo/a	the opportunity to be creative		
la oportunidad de expresarte	the opportunity to express yourself		

3 MI GENTE

OBJETIVOS DE APRENDIZAJE
- Conectar con familia
- Utilizar verbos en el presente

PUNTO DE PARTIDA 1

C4 RELATIONSHIPS WITH FAMILY AND FRIENDS

1 escuchar Escucha y completa la tabla. (1–6)

	Actividad 1	Actividad 2	Persona
1			

hablar por Skype
sacar fotos
mandar mensajes
chatear con mis amigos
descargar canciones y aplicaciones
jugar con mi móvil
ver vídeos o películas
leer mis SMS
compartir mis vídeos favoritos

mi madre
mis abuelos
mi padre
mi hermana

Adjetivos posesivos

singular	plural
mi	mis
tu	tus
su	sus
nuestro/nuestra	nuestros/nuestras
vuestro/vuestra	vuestros/vuestras
su	sus

Nuestro and *vuestro* also have masculine and feminine forms:

nuestros amigos / *nuestras* amigas

vuestros vídeos / *vuestras* canciones

For *usted* and *ustedes* su/sus to mean 'your'.

2 escribir Escribe la forma adecuada del vebo y el adjetivo posesivo correcto.

1. Yo [**hablar**] por Skype con _____ amigos.
2. Y tú, ¿[**sacar**] fotos con ____ móvil?
3. Mi hermano [**ver**] _____ vídeos favoritos.
4. Mis amigos y yo [**descargar**] _____ canciones favoritas.
5. Mi amiga [**jugar**] con ___ móvil.
6. Mis padres [**chatear**] con _____ amigos.
7. Nosotros [**leer**] _____ mensajes.
8. Y vosotros, ¿ [**compartir**] _____ fotos?

3 hablar ¿Qué significan los adjetivos? ¿Cómo se pronuncian?

animado	popular	útil
práctico	necesario	rápido
peligroso	fácil	cómodo

PRONUNCIACIÓN

Words ending in –n, –s or a vowel stress the **penultimate** syllable. Words ending in any other consonant stress the **final** syllable. All other stress patterns are indicated by a tilde. E.g. *difícil, práctico*.

4 escuchar Escucha y comprueba.

46 cuarenta y seis

MÓDULO 3

5 *escuchar* **Escucha y escribe la forma correcta de querer o poder. ¿Qué significan? (1–7)**

Ejemplo: **1** *podemos = ?*

> **EXAM SKILLS**
> To identify the person of the verb, remember that the last letters(s) usually give(s) you a clue.

6 *escribir* **Completa las frases con la forma correcta del presente de poder o querer.**

1. ¿(**querer**) ir de compras con nosotros? ([tú]
2. No (**poder**) ir a la bolera porque tengo que estudiar. [yo]
3. ¿Miguel no viene? No, no (**poder**) venir al partido hoy. [él]
4. ¿(**querer**) ir al centro con nosotros? [vosotros]
5. ¡Sí, (**poder**) ir! ¡Qué guay! [nosotros]
6. Señor Gómez, ¿(**querer**) usted tomar algo en la cafetería? [usted]

> **Poder y querer** > *Página* **210**
>
> **Poder** and **querer** are stem-changing verbs usually followed by the **infinitive**:
>
> p**ue**do   qu**ie**ro
> p**ue**des   qu**ie**res
> p**ue**de   qu**ie**re
> podemos   queremos
> podéis   queréis
> p**ue**den   qu**ie**ren
>
> ¿**Quieres ir** al cine hoy?
> Sí, **quiero** ir pero hoy no **puedo ir**. ¿Mañana?

7 *leer* **Completa las frases en español con las palabras del recuadro. Usa un diccionario si es necesario. Sobran <u>dos</u> opciones. ¿Qué significan?**

1. El marido de tu abuela es tu ———.
2. El hermano de tu padre es tu ———.
3. La mujer de tu padre es tu ———.
4. La hija de tus tíos es tu ———.
5. El hijo de tus padres es tu ———.
6. La abuela de tu padre es tu ———.
7. La hermana de tu padre es tu ———.
8. El hijo de tu hermano es tu ———.

hermano   abuelo   bisabuela   marido   tío

hija   madre   sobrino   prima   tía

8 *escribir* **Copia y completa la tabla:**

masculino	feminino
sobrino	
	prima
	bisabuela
	hija
marido	

> Most words for family members are almost the same for male and female:
> E.g. *sobrino* → *sobrin_?*

cuarenta y siete **47**

PUNTO DE PARTIDA 2

OBJETIVOS DE APRENDIZAJE
- Describir a la gente
- Utilizar correctamente los adjetivos

C4 RELATIONSHIPS WITH FAMILY AND FRIENDS

1 Escuchar
Escucha y escribe la letra correcta. (1–6)

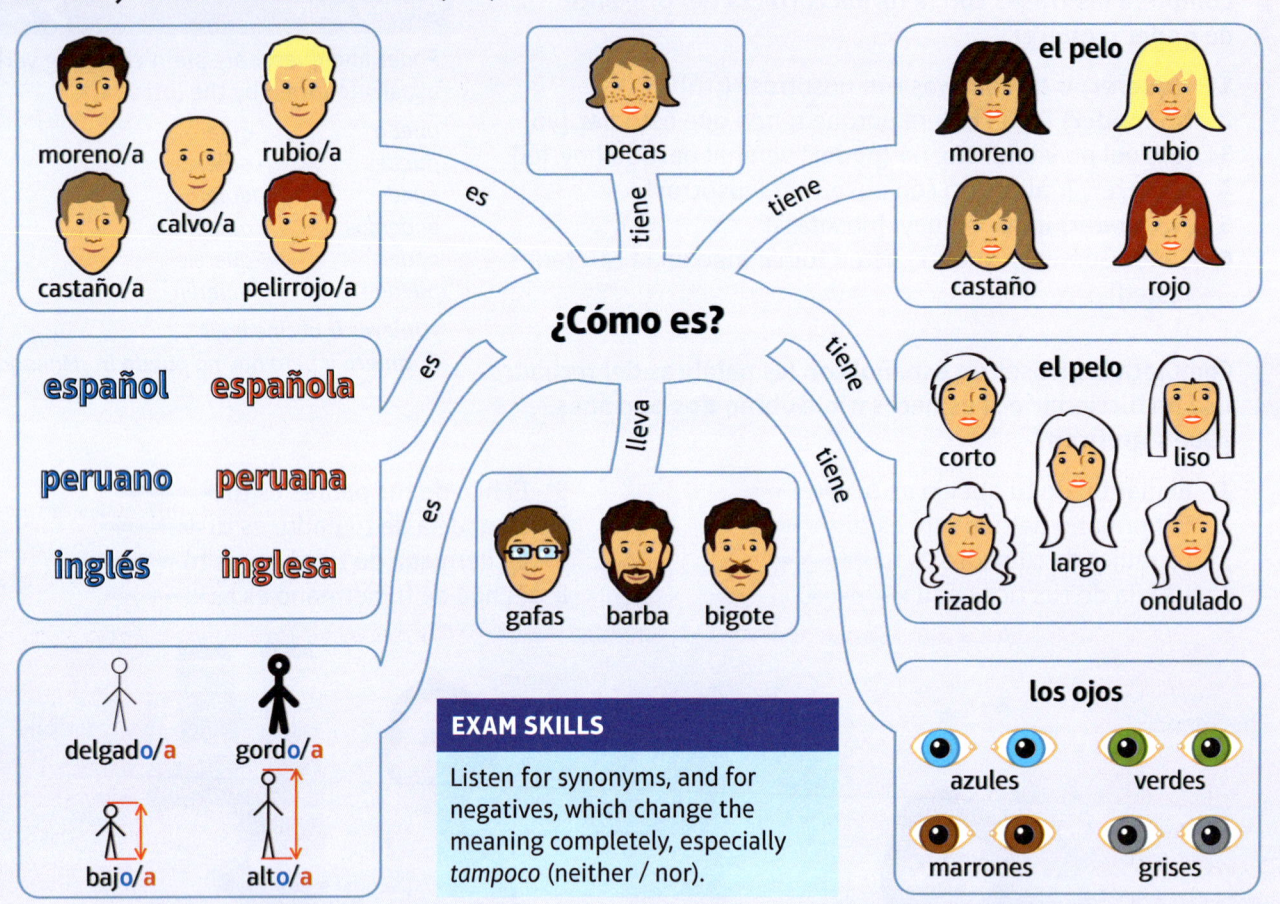

¿Cómo es?

- es: moreno/a, rubio/a, calvo/a, castaño/a, pelirrojo/a
- es: español, española, peruano, peruana, inglés, inglesa
- es: delgado/a, gordo/a, bajo/a, alto/a
- tiene pecas
- lleva: gafas, barba, bigote
- tiene el pelo: moreno, rubio, castaño, rojo
- tiene el pelo: corto, liso, rizado, largo, ondulado
- tiene los ojos: azules, verdes, marrones, grises

EXAM SKILLS

Listen for synonyms, and for negatives, which change the meaning completely, especially *tampoco* (neither / nor).

1. La madre de Lola **a)** es colombiana **b)** tiene el pelo castaño **c)** no es gorda.
2. Su padre **a)** es bajo **b)** es delgado **c)** no tiene pelo.
3. Su hermano menor **a)** tiene 15 años **b)** lleva barba **c)** es más bajo que Lola.
4. Su hermana mayor **a)** tiene una hija **b)** tiene el pelo rubio **c)** tiene los ojos azules.
5. Su abuela **a)** es peruana **b)** lleva ropa verde **c)** tiene 97 años.
6. Lola **a)** tiene pecas **b)** tiene el pelo largo **c)** lleva gafas.

El comparativo: mayor, menor > Página 220

mayor = más grande / más viejo
menor = más pequeño / más joven

2 Leer
Lee el texto. Copia las frases y corrige los errores.

Jesse & Joy es un dúo mexicano de pop latino. Son hermanos. Su padre es mexicano y su madre es estadounidense. Joy es bastante baja y delgada. Tiene el pelo castaño, largo y ondulado, y no lleva gafas.

En el grupo toca la guitarra y canta. Jesse es más alto que su hermana y tiene bigote. Tiene el pelo más corto que Joy y a veces lleva un sombrero.

1. Jesse y Joy son de los EEUU.
2. Joy es más alta que Jesse.
3. Joy canta pero no toca un instrumento.
4. Jesse lleva gafas y siempre lleva un sombrero.
5. Joy tiene el pelo menos largo que Jesse.

MÓDULO 3

UNIDAD 3

3 hablar Describe a un(a) cantante de pop. Tu compañero/a adivina la identidad. Usa el texto del ejercicio 2 como modelo.

EXAM SKILLS
Use comparatives to give more precision to your description.
más… que…   >
menos… que…   <
tan… como…   =

4 leer Completa las frases con los adjetivos antónimos. Sobran <u>cuatro</u> adjetivos.

1 Soy bastante pesimista, pero mi hermano siempre es <u>optimista</u>.
2 Mi profesora de español es _____, pero mi profe de historia es muy serio.
3 Un buen amigo es _____; nunca es infiel.
4 Mi perro es muy travieso, pero a veces también puede ser _____.
5 Normalmente mi padre es _____, pero los fines de semana es un poco perezoso.

simpático
~~optimista~~
bueno
trabajador
generoso
hablador
divertido
inteligente
fiel

Terminación de los adjetivos › Página 224

Adjectives in Spanish usually come after the noun and 'agree' with the noun they describe.
You have seen the –o/a, e and consonant endings already. Adjectives ending in –or/ora and –ista follow a slightly different pattern:

adjective ending	masculine singular	feminine singular	masculine plural	feminine plural
–o/a	seri**o**	seri**a**	seri**os**	seri**as**
–e	inteligent**e**	inteligent**e**	inteligent**es**	inteligent**es**
consonant	fiel	fiel	fiel**es**	fiel**es**
–or/ora	hablad**or**	hablad**ora**	hablad**ores**	hablad**oras**
–ista	optim**ista**	optim**ista**	optim**istas**	optim**istas**

5 hablar Describe tu carácter y el carácter de un(a) amigo/a. ¿Tu compañero/a está de acuerdo?

● ¿Cómo eres? Y tu amigo (David), ¿cómo es?
■ Pienso que soy <u>bastante alto</u>, y tengo… (David) es…

● ¿Cómo eres de carácter?
■ Creo que soy <u>muy hablador</u>. (David) es…

Sí, es verdad.
Sí, estoy de acuerdo.
No, no estoy de acuerdo.
¡Qué va!

6 leer Lee los textos y contesta a las preguntas.

¿Quién tiene…
1 una tía argentina?
2 padres españoles?
3 sobrinos?

¿Quién es…
4 más baja que uno de sus padres?
5 más alta que su hermana?
6 menos paciente que su hermana?

Mi madre tiene siete hermanos. ¡Todos tienen niños! Mi hermana y su marido viven en Berlín con sus tres hijos. Lola, mi hermana, es más pequeña que yo, y mucho más paciente y tranquila. **Luna**

De momento vivo con mi tía porque estudio en Buenos Aires. Ella es argentina y trabaja como médica. No es nunca perezosa. Mis padres son de Valencia y viven allí con mi hermano menor. **Isaac**

Mi padrastro es de Argentina y es ambicioso y trabajador. Es más alto que yo. No tenemos mucho en común, pero es más simpático y comprensivo que mi madre. **Alba**

cuarenta y nueve **49**

1 MIS APLICACIONES FAVORITAS

OBJETIVOS DE APRENDIZAJE
- Hablar de las redes sociales
- Usar *para* más infinitivo
- Extender respuestas, hablando de otros

D5 INFORMATION AND COMMUNICATION TECHNOLOGY

1 escuchar
Escucha y escribe la letra correcta. ¡Ojo! Sobran <u>tres</u> frases. (1–6)

Ejemplo: **1** d

¿Qué aplicaciones usas?

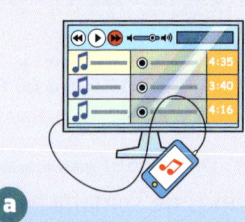

a buscar y descargar música
b controlar mi actividad física 
c pasar el tiempo 
d compartir fotos 
e contactar con mi familia 
f conocer a gente nueva 
g subir y ver vídeos 
h organizar las salidas con mis amigos 
i chatear y mandar mensajes 

1 Uso Instagram para…
2 Uso WhatsApp para…
3 Uso Skype para…
4 Uso Spotify para…
5 Uso YouTube para…
6 Uso Facebook para…

2 escuchar
Escucha otra vez.
Escribe <u>dos</u> razones para cada aplicación. (1–6)

Es / No es…
barato/a	popular	necesario/a
divertido/a	útil	rápido/a
práctico/a	gratis	cómodo/a
fácil de usar	peligroso/a	amplio/a

Para + infinitivo
Use **para** to mean 'in order to…'. It is followed by the **infinitive**:
*Uso Moves **para controlar** mi actividad física.*
*Es una aplicación muy buena **para descargar** música.*

3 hablar
Con tu compañero/a, haz diálogos.

● ¿Qué aplicación usas para <u>compartir fotos</u>?
■ Uso <u>Instagram</u>.

● ¿Por qué te gusta?
■ Me gusta porque es <u>fácil de usar</u>.

EXAM SKILLS
Extend your responses by referring to others, using different parts of the verb.
E.g. *Mis amigos y yo **usamos** WhatsApp para chatear, pero mi madre **usa** Twitter.*

Remember to change the pronoun to say what others like:
E.g. *A mi madre **le** gusta Twitter porque es práctica y rápida.*

MÓDULO 3

4 Escucha y lee. Contesta a las preguntas en español.

Las redes sociales: lo bueno y lo malo

La red social que más me gusta es WhatsApp. Lo bueno es que todos mis amigos la usan, así que es el canal de comunicación más importante en mi vida. Además, uso Netflix para ver mis series favoritas desde mi móvil. La tengo desde hace seis meses y es muy práctica para pasar el rato en el autobús o en casa. Lo único malo es que te engancha.

Mi hermana Jessica está completamente enganchada. Es un problema porque no puede estar sin su móvil – ¡lo utiliza para todo! Le chiflan las fotos y usa varias apps para editar. Personaliza las fotos con efectos y filtros y luego las sube a Instagram.

Mi padre tiene que viajar a menudo a otros países y por eso mis padres usan Skype para estar en contacto. En cada país mi padre usa Duolingo. Dice que es la mejor app para mejorar sus idiomas. Antes mi madre no tenía un Smartphone, pero ahora lo usa para todo. Usa una app para controlar las calorías. ¡Yo pienso que es una pérdida de tiempo!

Alejandro

pasar el rato = pasar tiempo
te engancha = te hace adicto/a
una pérdida de tiempo = inútil

1. Para Alejandro, ¿por qué WhatsApp es el canal de comunicación más importante en su vida?
2. ¿Dónde usa Alejandro Netflix?
3. Según Alejandro, ¿qué problema tiene Jessica con su móvil?
4. ¿Qué hace Jessica con sus fotos? (dos ideas)
5. ¿Para qué usa Duolingo el padre de Alejandro?
6. ¿Para qué usa la madre de Alejandro su móvil, en particular?

5 Lee el texto del ejercicio 4 otra vez. Copia y completa la tabla con frases del texto.

frases positivas	frases negativas
es el canal de comunicación más importante en mi vida	lo único malo es que te engancha

6 Corrige las palabras (a)–(j). Deben estar de acuerdo con la frase. ¡Ojo! No siempre es necesario cambiar las palabras.

(a) [Estar] enganchado de mi móvil y (b) [lo] uso para todo. Twitter (c) [ser] mi red social favorita; (d) [lo] utilizo desde hace seis meses. Mis amigos (e) [usar] Duolingo para (f) [mejorar] su español. Antes yo no (g) [tener] la aplicación Instagram, pero ahora (h) [lo] uso todos los días. Mi amiga Gabriela usa (i) [mucho] aplicaciones; (j) [lo] usa para (k) [personalizar] su móvil.

7 Escribe entre 60 y 75 palabras en español sobre 'Mi aplicación favorita'. Debes utilizar todas las frases mencionadas:

- compartir fotos
- me gusta
- todos los días
- próximo fin de semana

EXAM SKILLS

Improve the flow of your writing. Use direct object pronouns (words for it/them: *lo/la/los/las*) to refer to things you have already mentioned.

2 ¿QUÉ ESTÁS HACIENDO?

OBJETIVOS DE APRENDIZAJE
- Quedar con amigos
- Utilizar el presente continuo
- Improvisar diálogos

C4 RELATIONSHIP WITH FAMILY AND FRIENDS

1 leer — Lee y busca 13 ejemplos del presente continuo

Ejemplo: **1** *¿Qué estáis haciendo?*

Sara Moya Cortés
¡Holaaaaaaaaaaaa a todooooosss! ¿Qué estáis haciendo ahora mismo?

Carlos Santos Bedoya
Estoy escuchando música, estoy tomando el sol en el balcón y estoy esperando a David, que está en la ducha.

Elena Fernández
Rebecca y yo estamos viendo una peli en casa. Mi madre está preparando algo para merendar.

James Baker
¡Hola Sara! Estoy leyendo porque Mateo está repasando para un examen de matemáticas. Y sé que Bea y Tom están haciendo footing. ¿Y los demás? ¿Qué estáis haciendo?

Alfonso Peresín Rojas
Nada especial. Estoy haciendo el vago porque Phil está durmiendo ¡desde hace dos horas ya! 🙂 🙂

Gabriela Reyes Telmo
Yo estoy escribiendo aquí en Facebook para responderte. ¡Ja ja ja! Y tú, Sara, ¿qué estás haciendo?

Sara Moya Cortés
¿Yo? Estoy pensando en salir para dar una vuelta por la Plaza Mayor. ¿Queréis venir conmigo?

la Plaza Mayor, Salamanca

hacer el vago = no hacer nada

2 escuchar — Escucha. Apunta los detalles en español. (1–4)

- ¿Exactamente en qué lugar de Salamanca están?
- ¿Qué están haciendo?

charlar = hablar

3 hablar — Improvisa una conversación con tu compañero/a.

● ¿Qué está haciendo *Carlos*?
■ Pues, está…

Rebecca y Elena	James
Mateo	Bea y Tom
Phil	Gabriela

EXAM SKILLS

When listening or reading, it is important to recognise different forms of verbs.
E.g. estoy escuchando = escucho ahora.
E.g. están comiendo = comen ahora.

El presente continuo ▸ *Página 218*

Use el **presente continuo** to say what you are doing at the moment.
Take the present tense of **estar** and the **gerund** ('-ing' form):

	estar	**gerund**
(yo)	estoy	
(tú)	estás	mir**ando**
(él/ella/usted)	está	beb**iendo**
(nosotros/as)	estamos	escrib**iendo**
(vosotros/as)	estáis	
(ellos/ellas/ustedes)	están	

For the present participle, remove **–ar**, **–er** or **–ir** from the infinitive and add **–ando**, **–iendo**, **–iendo**:
Estoy buscando canciones.
No **estamos haciendo** nada.
Irregular present participles include: **leer** → *leyendo*, **dormir** → *durmiendo*

52 *cincuenta y dos*

MÓDULO 3

4 Escucha. Copia y completa la tabla en español. (1–4)

¿Quieres salir conmigo?

Conmigo, contigo

con + mí = conmigo
con + ti = contigo

¿Quieres ir al cine **conmigo**? No, no quiero ir **contigo**.

	actividad	excusas
1		

No puedo porque…		
tengo que	salir…	cuidar a…
quiero	terminar…	hacer…
	subir…	quedarme en casa…
	visitar a…	hacer el vago
está lloviendo		
estoy	actualizando…	editando…
estamos	viendo…	descansando

5 Lee la conversación. Rellena los espacios en blanco con el verbo correcto.

Lucas: Hola, Ana. ¿Qué estás **1** ———?
Ana: No mucho. Estoy **2** ——— una serie.
Lucas: ¿**3** ——— salir conmigo? Podemos **4** ——— una vuelta por la ciudad.
Ana: Ahora no **5** ——— porque **6** ——— que visitar a mi tía.
Lucas: ¡Qué rollo! Pues, ¿más tarde, entonces?
Ana: ¡Claro que sí! ¿A qué hora quedamos?
Lucas: A las seis.
Ana: Vale. ¿Dónde **7** ———?
Lucas: En la Plaza Mayor, debajo del reloj. ¡Qué bien! Hasta las seis.

quedamos
puedo
viendo
tengo
quieres
haciendo
dar

6 Escucha y comprueba tus respuestas.

el Puente Nuevo, Salamanca

Zona Cultura

Salamanca está en la parte central de España, a 212 kilómetros al oeste de Madrid. Su Plaza Mayor es el punto de encuentro más popular. La gente pasa mucho tiempo allí charlando, paseando, tomando el sol o disfrutando de un helado en una de las cafeterías. Es ideal por la tarde, pero es aún más bonita por la noche, cuando la iluminación es impresionante.

7 Organiza un encuentro en la Plaza Mayor de Salamanca con tu estudiante de intercambio. Utiliza el ejercicio 5 como modelo.

● Hola Víctor. ¿Qué estás haciendo?
■ No mucho. Estoy escuchando música. ¿Por qué?
● ¿Quieres salir? Podemos…

detrás de
delante de
debajo de
enfrente de
al lado de
en (el/la)
encima de

cincuenta y tres **53**

3 LEER ES UN PLACER

OBJETIVOS DE APRENDIZAJE
- Hablar de las preferencias de lectura
- Utilizar conjunciones
- Reconocer frases similares

E2 HOBBIES, INTERESTS, SPORTS AND EXERCISE

1 Escucha. Apunta las dos letras correctas para cada persona. (1–5)

Ejemplo: **1** *a, c*

¿Qué te gusta leer?

- **a** los blogs
- **b** los tebeos / los cómics
- **c** los periódicos
- **d** las revistas
- **e** las poesías
- **f** las novelas de ciencia ficción
- **g** las novelas de amor
- **h** las biografías

2 Escucha otra vez. Apunta la expresión de frecuencia que se menciona. (1–5)

Ejemplo: **1** *una vez a la semana*

¿Con qué frecuencia lees?
cada día / todos los días
a menudo
generalmente
de vez en cuando
una vez a la semana
dos veces al mes
una vez al año
nunca

3 Habla con tu compañero/a.

- ● ¿Qué te gusta leer?
- ■ Me gusta leer <u>revistas</u> y <u>biografías</u>.
- ● ¿Con qué frecuencia lees?
- ■ Leo revistas <u>muy a menudo</u> y biografías <u>de vez en cuando</u>. En este momento (no) estoy leyendo…
- ● ¿Qué no te gusta leer? ¿Por qué no?
- ■ No me gusta leer <u>novelas</u> porque son <u>aburridas</u>.

4 Lee y escribe apuntes. Completa la tabla con palabras en español para las dos personas.

Nombre:	
Preferencias de lectura:	
Frecuencia:	
Formato preferido:	
Razón:	

Mi tía Salomé es el mayor ratón de biblioteca de mi familia. Lee cada noche y le interesan mucho las biografías y las novelas históricas. Prefiere leer libros en papel porque le gusta pasar las páginas a mano y escribir anotaciones.

A mi primo Rafael le encantan los cómics y es un fan del manga. Lee a través de una aplicación en su móvil, lo cual prefiere porque es más práctico. Lee a veces por la mañana cuando está esperando el autobús.

54 *cincuenta y cuatro*

MÓDULO 3

5 Lee las opiniones sobre leer en formato digital. Busca <u>tres</u> ventajas y <u>tres</u> desventajas.

Ejemplo: Ventajas: 1, …, …,
Desventajas: …, …, …

Leer en formato digital…

1 protege el planeta, ya que no malgasta papel.

2 cansa la vista más que leer libros en papel.

3 depende de la energía eléctrica.

4 te permite llevar contigo miles de libros.

5 cuesta mucho menos que leer en formato tradicional.

6 molesta porque no hay numeración de páginas.

molestar = irritar/ enojar/ enfadar

6 Escucha y comprueba tus respuestas.

7 Lee el blog. Busca las opiniones en **negrita** que significan lo mismo que las frases del ejercicio 5.

Ejemplo: **1** *los libros digitales son más ecológicos*

Ebook o libro en papel, ¿cuál es mejor?

¡Hola, ratones de biblioteca! El tema de hoy es: ebook o libro en papel, ¿cuál es mejor?

Primero, yo personalmente prefiero leer en papel, porque me gusta tocar las páginas. Además, **no leo más que una página en formato digital y ya tengo los ojos cansados**, mientras que con un libro de verdad puedo leer horas y horas.

Sin embargo, sé que leer libros electrónicos tiene muchas ventajas. Una ventaja es que **son mucho más fáciles de transportar**, ya que no ocupan espacio. También **los libros digitales son más ecológicos**. Mis amigos fanáticos de lo digital dicen que **son mucho más baratos que los libros tradicionales**.

Por otro lado, **una desventaja de los ebooks es el uso de batería**. Si se te acaba la batería, tienes que recargarla. Otra desventaja es que así **no se pueden numerar las páginas**, y por lo tanto no es muy práctico.

En resumen, pienso que leer es algo muy personal. Si puedo escoger, prefiero en papel, pero también puedo leer perfectamente en ebook. Y vosotros, ¿qué pensáis?

recargar = llenar

8 Escribe un blog sobre las ventajas y desventajas de **los libros en papel**.

Structure your arguments clearly:
- Introducción: **primero**
- Más información: **además**, **también**
- En contra: **sin embargo**, **por otro lado**, **mientras que**
- Justificación: **porque**, **ya que**
- Consecuencia: **por lo tanto**, **así que**
- Conclusión: **en resumen**

Zona Cultura

'El que lee mucho y anda mucho, ve mucho y sabe mucho.' Miguel de Cervantes

Miguel de Cervantes Saavedra (1547–1616) fue un soldado y autor español. Es el autor de la novela más famosa de la literatura española, ***Don Quijote de la Mancha***. Es el libro más editado y traducido de la historia, solo superado por la Biblia.

4 RETRATOS

C4 RELATIONSHIPS WITH FAMILY AND FRIENDS

OBJETIVOS DE APRENDIZAJE
- Describir a la gente
- Utilizar *ser* y *estar*
- Comprender descripciones detalladas

1 *leer* **Lee el texto. Apunta los detalles en español.**

- Nombre:
- Edad:
- Origen:
- Descripción física:
- Carácter:
- Posición:
- Lugar:
- Actividad:
- Emoción:

Ésta es Mafalda. Es una niña de ocho años de Buenos Aires, Argentina. Es morena y baja, con el pelo negro y los ojos marrones. Como persona, es simpática, pensativa y pesimista. En la imagen está sentada en el jardín, con los ojos cerrados. Está escuchando música y sonriendo. Está feliz.

Zona Cultura

Mafalda es un personaje de una tira argentina que se publicó de 1964 a 1973. Su creador fue el humorista gráfico Quino. Mafalda es una niña que está preocupada por la humanidad y la paz mundial, y a menudo está desilusionada por la realidad. Es un cómic muy popular en Latinoamérica, así como en muchos países europeos. Ha sido traducido a más de 30 idiomas.

la tira = *el cómic*

Ser y estar

Ser se usa para:
Característica permanente: *Soy* alto y delagdo.
Origen: ¿*Eres* de Colombia?
Relación: *Es* mi hermana.
Tiempo: *Es* miércoles. *Son* las cinco.
Ocupación: *Somos* mecánicos.

Estar se usa para:
Posición: *Estoy* de pie.
Estado: ¿*Estás* bien?
Lugar: *Está* en Madrid.
Emoción: *Estamos* contentos. ¿Cómo *estáis*?
Acción: *Están* estudiando.

2 *escuchar* **Escucha y escribe la letra correcta. (1–3) Sobran dos personajes (y Mafalda).**

a Miguelito
b Manolito
c Felipe
d Susanita
e Guille

el racimo de plátanos =

3 *escuchar* **Escucha otra vez. ¿Cómo son de carácter? Apunta tres detalles en español para cada personaje. ¿Qué significan?**

Ejemplo: **1** ambicioso, …, …

Es	alegre / ambicioso / cómico / dinámico / egoísta / explosivo / histérico / idealista / modesto / molesto / pensativo / romántico / sincero / tímido / travieso
Tiene	los ojos grandes / pequeños / brillantes el pelo de punta / ondulado la cara redonda / alargada los dientes prominentes / la piel blanca
En la imagen…	
Está	de pie / sentado / al lado izquierdo / derecho de… sonriendo / hablando / mirando feliz / contento / triste

4 *hablar* **Mira la imagen del ejercicio 2. Describe a los dos personajes que quedan. Usa también los adjetivos de carácter.**

● *Se llama… Es… En la imagen está…*

MÓDULO 3

5 leer Lee el texto. Elige las **tres** frases correctas. Corrige las frases incorrectas.

Mi hermana Lorena y yo, ¡qué diferentes somos!

Mientras que yo soy baja y mido 1,60, mi hermana es bastante alta, ya que mide 1,80. No nos parecemos físicamente, pues yo tengo el pelo negro como el carbón y ella es rubia como el sol. Ella tiene los ojos grandes y redondos, mientras que mis ojos son tan pequeños como dos botones.

Por otra parte, yo soy una persona muy enérgica porque no puedo estar sentada y siempre estoy haciendo algo. No obstante, mi hermana es tan tranquila como el agua de un pozo, y no se impacienta nunca con nadie.

Por último, ella es una persona muy ordenada, así que siempre sabe dónde está todo. En cambio, yo paso horas y horas buscando mis cosas porque soy una persona muy caótica.

Sandra y Lorena

1 Lorena es más alta que su hermana, Sandra.
2 Las dos se parecen físicamente.
3 Sandra es una persona activa.
4 Lorena es menos tranquila que su hermana.
5 A Sandra le gusta ordenar sus cosas.
6 Lorena siempre pierde sus cosas.
7 Sandra y Lorena no tienen nada en común.

6 leer Busca ejemplos con **ser** y **estar** en el ejercicio 5. Explica la razón de su uso.

Ejemplo: yo soy baja – ser – característica permanente

7 escuchar Escucha. Completa la tabla en español. (1–2)

	persona	descripción física	carácter	comparaciones / símiles
1	abuela	pelo – fino, blanco, …	alegre, …	piel blanca como el papel, …

la piel = la tez

EXAM SKILLS

Listen out for negatives. They often change the meaning completely.

No se pelea **nunca**.
Nunca se pelea.
No es **ni** gordo **ni** delgado.
Tampoco tiene pecas.

8 escribir Escribe entre 60 y 75 palabras **en español** sobre 'Un miembro de mi familia'. Debes utilizar todas las palabras mencionadas.

amiga   ojos   piel   inteligente

Use similes (*símiles / analogías*) to enrich description.

tan … como…
Es *tan* rubio *como* el sol.
Es *tan* tranquila *como* el agua de un pozo.

cincuenta y siete **57**

5 RELACIONES

C4 RELATIONSHIPS WITH FAMILY AND FRIENDS

OBJETIVOS DE APRENDIZAJE
- Hablar de los amigos y de la familia
- Utilizar verbos de relación
- Hablar en el presente y en el pasado

1 *escuchar* Escucha y lee los textos. Contesta a las preguntas.

¿Te llevas bien con tu familia y tus amigos?

1 **Me llevo muy bien con** mi madre porque es paciente y simpática. Me apoya en todos los momentos difíciles. — Sofía

2 **Me peleo con** mi hermana a menudo porque es tonta y egoísta. — Elena

3 **No me llevo bien con** mis padres porque son muy estrictos. ¡Me dan demasiados consejos! — Gabriel

4 **Me divierto con** mi padre porque tenemos mucho en común. Siempre es optimista y nunca me critica. — Enrique

5 **Mi amigo y yo nos llevamos superbién** porque es muy divertido y me hace reír. — Mateo

6 **Mi amiga y yo nos divertimos** siempre porque es muy graciosa. Además, es fiel y me acepta como soy. — Cristina

¿Quién…
1 tiene los mismos intereses que su padre?
2 no se lleva bien con su hermana?
3 tiene un amigo muy divertido?
4 se pelea con sus padres?
5 comparte sus problemas con su madre?
6 se divierte mucho con su amiga?

2 *leer* Lee los textos del ejercicio 1 otra vez. ¿Qué significan las expresiones en violeta?

3 *hablar* Con tu compañero/a, haz diálogos.
- ¿Te llevas bien con <u>tu madre</u>?
- Sí, me llevo bien con <u>mi madre</u> porque es <u>generosa</u> y <u>siempre me apoya</u>. Y tú, ¿te llevas bien con <u>tus padres</u>?

EXAM SKILLS
Use a variety of adjectives to improve your speaking. Find 10 adjectives in exercise 1.

In addition, use adverbs to add detail:
siempre, a veces, de vez en cuando, nunca

Verbos reflexivos de relación

Some verbs for describing relationships are reflexive:

llevarse
(yo)	me llevo	
(tú)	te llevas	
(él/ella/usted)	se lleva	bien con…
(nosotros/as)	nos llevamos	mal con…
(vosotros/as)	os lleváis	
(ellos/ellas/ustedes)	se llevan	

Me llevo bastante **bien** con mis padres.
Verbs like this include: **pelearse** and **divertirse**

Other verbs use reflexive pronouns to mean 'each other':

conocerse →
Nos conocemos desde hace cinco años.

apoyarse →
Se apoyan en todo.

Zona Cultura

'Deben buscarse los amigos como los buenos libros: pocos, buenos y bien conocidos.'

Mateo Alemán (1547–1615), novelista español

MÓDULO 3

4 Escucha y completa la tabla en español. (1–4)

	dónde se conocieron	cómo es un buen amigo/una buena amiga (**dos** detalles)
1	club de bádminton	

¿Cómo es un buen amigo / una buena amiga?
Un buen amigo / Una buena amiga es alguien que…
te apoya / te ayuda · te escucha
te conoce bien · te hace reír
te acepta como eres · no te critica
te da consejos · nunca te juzga

5 Lee los textos. Contesta a las preguntas para cada texto en español.

¿Cómo conociste a tu mejor amigo/a?

Santi y John

Pues, yo conocí a mi amigo John hace cuatro años en Málaga, cuando él estaba de vacaciones. Nos conocimos en la playa, jugando al fútbol. Como tenemos el deporte en común, nos llevamos muy bien. Es muy alto y bastante delgado. Es moreno con los ojos marrones y el pelo corto y rizado. Es una gran persona, siempre animado y optimista. Aunque vive en Inglaterra, estamos en contacto por MSN. Para mí, un buen amigo es alguien que te conoce bien y nunca te juzga.

Tom y Kiara

Mi mejor amiga es Kiara, mi mujer. La conocí en el colegio, cuando tenía 10 años. Nos hicimos amigos un día en clase. Nos casamos después de la universidad tener un matrimonio.
Kiara es baja y morena, con los ojos verdes. Como persona, es creativa, tolerante y enérgica. Nos llevamos superbién. Bueno, a veces nos llevamos como el perro y el gato porque tenemos opiniones distintas, pero ella es el amor de mi vida. Nos encantan las películas, y por lo tanto vamos cada semana juntos al cine. Para mí, un buen amigo es alguien que te quiere mucho y te ayuda en todo.

casarse = contraer matrimonio

1 ¿Cuándo conoció a su mejor amigo/ su mejor amiga?
2 ¿Dónde lo/la conoció?
3 ¿Qué tienen en común?
4 ¿Cómo se llevan?
5 ¿Cómo es su carácter?
6 En su opinión, ¿cómo es un buen amigo/una buena amiga?

Uso de la preposición 'a'

When the object of the verb is a specific, known person, use the personal 'a':
Conocí **a** mi mejor amigo Félix.   I met my best friend Félix.

Do not use it when the person is not someone you can picture:
Busco **a** mi amigo.   I'm looking for **my** friend.
Busco un amigo.   I'm looking for **a** friend.

6 Escribe un texto sobre un mejor amigo/a. Menciona:
- cómo es un buen amigo en general
- dónde conociste a tu mejor amigo/a
- cómo es tu amigo/a
- por qué os lleváis bien

Para mí, un buen amigo es alguien que…
Conocí a mi (mejor) amigo/a…
Es bastante alto/a. Tiene el pelo…
Como persona, es divertido/a y fiel.
Nos llevamos bien porque…
Nos gusta… / Tenemos… en común y por eso…

EXAM SKILLS

Remember to use the **preterite tense** for completed actions in the past.
Use the **imperfect tense** for describing in the past.

cincuenta y nueve 59

6 RECUERDOS DE LA NIÑEZ

OBJETIVOS DE APRENDIZAJE
- Hablar de la niñez
- Utilizar el imperfecto
- Crear frases extendidas

C5 CHILDHOOD

1 *escuchar* Escucha y lee. Empareja cada recuerdo con la imagen apropiada.

¿Qué es lo que más recuerdas de la niñez?

1 Cuando era niño dormía en una habitación con mi hermano gemelo que tenía literas de metal. ¡Qué ruido hacían! **Jorge**

2 De pequeña, siempre jugaba a mamás y papás. Usaba el pintalabios de mi madre y llevaba su ropa. **Salomé**

3 Recuerdo como mi padre me regañaba porque siempre me subía a los árboles en el jardín. **Gabriela**

4 A menudo olvidaba mis cosas e iba a la escuela sin mi estuche de lápices, mis cuadernos o mi calculadora, lo que a mi maestro no le gustaba nada. **Patricio**

5 Todos los días jugaba a la pelota en la calle con mis amigos. Volvía horas más tarde a casa. ¡Qué cansancio! **Gonzalo**

6 Mi cosa favorita era mi manta de lana. También me encantaba mi pijama que tenía conejos rosados. **Noa**

2 *leer* Lee los textos otra vez. Busca todos los verbos en el imperfecto. ¿Qué significan?

3 *escuchar* Escucha lo que dicen Tomás y Sonia sobre la niñez. Escribe **en español** los aspectos positivos y los aspectos negativos que mencionan. No necesitas escribir frases completas.

	Aspectos positivos	Aspectos negativos
Ejemplo: Sonia	jugaba al escondite	se peleaba con su hermano
Tomás	a_____ b_____	c_____
Sonia	d_____ e_____	f_____

El imperfecto ▶ *Página 214*

Use the **imperfect tense** for past description and also for repeated actions in the past:

Vivía en un pueblo pequeño.
Jugaba al fútbol.

	jug**ar**	hac**er**	viv**ír**
(yo)	jug**aba**	hac**ía**	viv**ía**
(tu)	jug**abas**	hac**ías**	viv**ías**
(él/ella/usted)	jug**aba**	hac**ía**	viv**ía**
(nosotros/as)	jug**ábamos**	hac**íamos**	viv**íamos**
(vosotros/as)	jug**abais**	hac**íais**	viv**íais**
(ellos/ellas/ustedes)	jug**aban**	hac**ían**	viv**ían**

Cuando	(mi cosa favorita) era
era niño/a, pequeño/a, joven	jugaba, hacía, iba, pasaba (todo el día)
tenía (siete) años	
Recuerdo como	me divertía, me peleaba
Siempre / a menudo / a veces	(mi madre) me llevaba / regañaba (mi padre) me leía

60 sesenta

MÓDULO 3

4 leer Lee el blog de Ana. Contesta a las preguntas en español.

> Lo que más recuerdo de mi niñez son los domingos con mis abuelos, cuya casa estaba en el campo cerca de San Sebastián. Cada vez seguíamos la misma rutina; Mientras mi abuelo hacía bricolaje en casa, mi abuela y yo dábamos de comer a las gallinas y a los patos. Luego íbamos a ver las ovejas y las cabras, lo que hacía con mucho gusto, aunque a menudo llovía. En camino a casa, pasábamos el gran árbol de la sabiduría (así se llamaba) y yo paraba siempre para contarle al árbol mis secretos. Por las tardes me sentaba en el sofá con mi abuelo, cuyos libros me fascinaban porque tenía novelas de muchos idiomas diferentes. Recuerdo como me dormía a veces cuando mi abuelo me leía. Después de un domingo con mis abuelos siempre me sentía más feliz y segura de mi misma.

1. ¿De quién es la casa en San Sebastián?
2. ¿Qué animales cuidaban Ana y su abuela?
3. Por lo general, ¿qué tiempo hacía?
4. ¿Qué hacía Ana después de ver las ovejas y las cabras?
5. ¿Por qué le interesaban a Ana los libros de su abuelo?
6. ¿Por que le gustaba a Ana pasar tiempo con sus abuelos?

EXAM SKILLS
Read the questions first to work out the information you need.
You do not have to write in full sentences.

Pronombres relativos: *que, lo que...*

Que refers to a specific person and/or thing(s):
*El hombre **que** está allí es mi hermano.*
*El sillón, **que** era muy antiguo, era de mi abuela.*

Lo que refers to an idea or an action:
*Jugaba al tenis con mi hermano, **lo que** me hacía muy feliz.*
***Lo que** más recuerdo de mi niñez es mi abuelo.*

Pronombres relativos: *cuyo, cuya, cuyos, cuyas*

Cuyo** /**cuya** /**cuyos** / **cuyas denote possession. They always agree with the possession:
*La madre, **cuyo** hijo lleva pantalones negros, es española.*
*El hombre, **cuyas** hijas son todas rubias, es pariente nuestro.*

Find two examples of '*que*' and one of '*lo que*' in exercise 1 on page 60.

5 escuchar Diego entrevista a su abuelo sobre la niñez. Escucha y apunta las preguntas.

6 escuchar Escucha otra vez. Escribe un detalle en español para cada pregunta.

7 hablar Con tu compañero/a, pregunta y contesta a las preguntas del ejercicio 5.

8 escribir Escribe entre 60 y 75 palabras en español sobre 'Mi niñez'. Debes utilizar todas las palabras mencionadas.

| actividad | persona | libro | los domingos |

EXAM PRACTICE: LISTENING

C4 RELATIONSHIPS WITH FAMILY AND FRIENDS
D5 INFORMATION AND COMMUNICATION TECHNOLOGY

La familia

1 Luis está hablando de los miembros de su familia. ¿Qué opina de ellos?
Pon una equis [x] en una casilla solamente, por cada opción.

	Opinión positiva	Opinión negativa	Opinión positiva y negativa
Ejemplo: Su abuelo	X		
a Su hermana			
b Su hermanastro			
c Su padre			
d Su madre			
e Su primo			
f Su tía			

(Total for Question 1 = 6 marks)

La informática

2 Escucha este anuncio de un nuevo lector digital*.
Completa la tabla en español o usando números cuando sea necesario.

el lector digital = ebook reader

Ejemplo: Tamaño del nuevo lector digital: ___más grande___ .

- **a** Precio de una batería: _____. **(1 mark)**
- **b** Tiempo para recargar la batería: _____. **(1 mark)**
- **c** Hacer la letra más grande es: _____. **(1 mark)**
- **d** Los e-books son: **i** _____ .
  y: **ii** _____. **(2 marks)**
- **e** La ventaja más grande: _____. **(1 mark)**

(Total for Question 2 = 6 marks)

Las redes sociales

3 Escucha a esta persona hablando de las redes sociales. ¿Qué dice? Escoge la letra correcta.

A autobús	**B** baratas	**C** caras	**D** falsa
E ideas	**F** móvil	**G** negativo	**H** noticias
I positivo	**J** proyectos	**K** ~~rápidamente~~	**L** sitio
M útil			

Ejemplo: Las redes sociales permiten contactar [K].

- **a** Si quieres comunicarte con tus amigos, las redes sociales son más [ ].
- **b** Puedes enviar un mensaje en cualquier [ ].
- **c** Siempre llevas tu mundo contigo si tienes un [ ].
- **d** En las redes sociales no proyectamos lo [ ].
- **e** La gente solo usa las redes sociales para compartir buenas [ ].
- **f** Cuando usamos las redes sociales nos sentimos activos, pero es una impresión [ ].

(Total for Question 3 = 6 marks)

EXAM PRACTICE: READING

MÓDULO 3

C4 RELATIONSHIPS WITH FAMILY AND FRIENDS
D5 INFORMATION AND COMMUNICATION TECHNOLOGY

En el patio del colegio

1 Lee esta conversación entre Max y Roland.

> Hola. ¿Tú eres de la familia que se ha instalado en la casa al final de la playa?
> Max asintió. —Soy Max.
> El chico, con los ojos verdes penetrantes, le tendió su mano. —Roland. Bienvenido a *ciudad aburrimiento*.
> Max sonrió y aceptó la mano de Roland.
>
> —¿Qué tal la casa? ¿Os gusta?— preguntó Roland.
> —Hay opiniones divididas. A mi padre le encanta. El resto de la familia lo ve diferente— explicó Max.
> —Conocí a tu padre hace unos meses, cuando vino al pueblo— dijo Roland—. Me pareció un tipo divertido.
> Max asintió.
>
> —Es un tipo divertido— corroboró Max—, a veces.
> —¿Por qué habéis venido al pueblo?— preguntó Roland.
> —La guerra— contestó Max—. Mi padre piensa que no es un buen momento para vivir en la ciudad. Supongo que tiene razón.
>
> *El príncipe de la niebla* by Carlos Ruiz Zafón (adaptado)

Completa cada frase con la expresión apropiada y escribe la letra correcta.

a Roland cree que su pueblo es…
  A animado.
  B tranquilo.
  C pesado.
  D turístico.

b La nueva casa…
  A le gusta a Max.
  B no le gusta a Max.
  C les gusta a Max y a su padre.
  D les gusta a Max y a su familia.

c Roland ya ha…
  A conocido a Max antes.
  B visitado la casa de Max.
  C conocido a los padres de Max.
  D conocido al padre de Max.

d Max y su familia han abandonado la ciudad a causa de…
  A la contaminación.
  B la guerra.
  C la brisa marina.
  D las oportunidades de trabajo.

(Total for Question 1 = 4 marks)

La informática

2 Pon una equis en las ocho casillas apropiadas. ¡Ojo! Es posible que unas afirmaciones o personas tengan más de una equis o ninguna.

Problemas tecnológicos

Julia
¡Qué desastre! Ayer dejé caer mi móvil y ahora no puedo hacer llamadas ni mandar SMS. Tampoco puedo navegar por Internet. No sé si se podrá repararlo o no. Afortunadamente puedo mandar emails en mi portátil.

Alfonso
Lo siento. Recibí su documento, pero desafortunadamente lo he borrado sin querer. ¿Quiere usted mandármelo otra vez? Además, ya sé que me ha dado la contraseña para abrir el documento, pero no la recuerdo. Otro problema que tengo es que donde vivimos ahora es imposible comunicarse por móvil porque aquí no recibe señal.

Merche
¿Me puede ayudar, por favor? Tengo muchos problemas: el teclado no funciona y no se ve nada en la pantalla. Es muy importante porque tengo que hacer un trabajo en línea y no puedo usar Internet ni contactar a nadie por email.

		Julia	Alfonso	Merche
Ejemplo:	He roto mi móvil.	X		
A	No puedo imprimir un documento.			
B	Tengo varios problemas con mi ordenador.			
C	No tengo acceso a Internet.			
D	Un documento ha desaparecido de mi ordenador.			
E	No puedo enviar mensajes por móvil.			
F	Tengo problemas con el correo electrónico en mi ordenador.			
G	He olvidado una contraseña.			

(Total for Question 2 = 8 marks)

EXAM SKILLS

It is important to read the **instructions** to questions carefully. The ones above explain that some rows and/or columns in the answer grid may require more than one cross and some will have no crosses at all. Don't automatically assume when you see an answer grid like this that you just need to put one cross on each line.

EXAM PREPARATION: WRITING

D5 INFORMATION AND COMMUNICATION TECHNOLOGY

1 *escribir* **Mira el ejercicio 'La tecnología' en la página siguiente y contesta estas preguntas.**

a ¿Qué tipo de texto tienes que escribir?
- una carta a tu amigo/a español(a)
- una entrada en un blog
- un artículo para la revista de tu colegio
- un artículo para una revista en España
- un mensaje en una red social

b Según la tarea, ¿quién va a leer lo que has escrito?
- un tecnólogo
- un(a) amigo/a en una red social
- personas que leen una revista
- un(a) fanático/a de la tecnología
- personas que usan la tecnología en un instituto

2 *leer* **Lee la respuesta de Martín a la tarea 'La tecnología' y contesta las preguntas abajo.**

SAMPLE ANSWER

Me mola la tecnología y soy un fanático de mi móvil, sobre todo porque me ayuda a organizar y a descargar música. Lo uso todos los días para escuchar música y, además, para mandar mensajes a mis amigos y mi familia.

Claro que las redes sociales son útiles para contactar con la familia y los amigos, pero la semana pasada usé Facebook para buscar y compartir información con mis amigos para un proyecto de historia, así que también sirven para ayudarte con los deberes.

Un pequeño inconveniente de la tecnología es que depende de la energía eléctrica. Un corte de energía puede resultar en una pérdida de tiempo. Además, mi padre dice que leer en pantalla es malo porque cansa la vista.

En mi opinión, no es posible imaginarse la vida en el insti sin Internet. La semana que viene vamos a crear nuestra propia página web. ¡Viva la tecnología!

3 *escribir* **Ahora mira el 'Answer Booster' en la página siguiente y apunta <u>ocho</u> expresiones que emplea Martín para dar una respuesta sólida.**

4 *escribir* **Completa la Práctica de Examen. Prepara tus propias respuestas.**

> **EXAM SKILLS**
> - Look at the Answer Booster and Martin's sample answer for ideas.
> - Think about how you can develop your answer for each bullet point.
> - Write a detailed plan. Organise your answer in paragraphs.
> - Write your answer and carefully check what you have written.

EXAM PRACTICE: WRITING

C4 RELATIONSHIPS WITH FAMILY AND FRIENDS
D5 INFORMATION AND COMMUNICATION TECHNOLOGY

MÓDULO 3

Long writing task

La tecnología

1 Eres un(a) fanático/a de la tecnología.
Escribe un artículo para informar a los lectores de una revista española sobre la importancia de la tecnología.
Debes incluir los puntos siguientes:
- cómo usas tu móvil todos los días
- cómo usaste las redes sociales la semana pasada
- un pequeño inconveniente de la tecnología
- cómo vas a usar la tecnología en el instituto la semana que viene.

Justifica tus ideas y tus opiniones.

Escribe entre 130 y 150 palabras **en español**.

(Total for Question 1 = 20 marks)

Grammar

Corrige las palabras (a)–(j). Deben estar de acuerdo con la frase.
¡Ojo! No es siempre necesario cambiar las palabras.

Mi madre **(a) [trabajar]** en Austria, así que hablamos por Skype durante el fin de semana. Nos **(b) [llevar]** bastante bien porque es **(c) [amable]** y **(d) [divertido]**. Mi **(e) [mejor]** amiga es **(f) [español]**. La **(g) [conocer]** el año pasado cuando ella y yo **(h) [hacer]** un intercambio juntas. Quiero visitarla en las vacaciones, pero no **(i) [poder]** ir ahora porque tengo que **(j) [estudiar]** para mis exámenes.

(Total for Question 2 = 10 marks)

Answer booster	Aiming for a solid answer	Aiming higher	Aiming for the top
Verbs	**Different time frames:** past, present, near future	**Different persons of the verb** **Verbs with an infinitive:** poder, querer, tener que	**Unusual verbs:** apoyar, escoger, conocerse, llevarse, divertirse **Mixed tenses:** present tense and present continuous
Opinions and reasons	**Verbs of opinion:** me interesa(n), me chifla(n), me fastidia(n), pienso que… **Reasons:** porque… Adjectives: simpático, monótono	**Comparatives:** es más paciente que, es más barato que… **Exclamations:** ¡Qué pesado! ¡Qué rico!	**Opinions:** creo que, lo que más/ menos me gusta… **Reasons:** por lo tanto, así que **Comparatives/Superlatives:** no es tan… como…, la persona
Connectives	y, pero, también	además, sin embargo, aparte de eso	**Balancing an argument:** depende, una ventaja…, otra ventaja…, una desventaja…, aunque, mientras que…
Other features	**Qualifiers:** muy, un poco, bastante **Sequencers:** primero, después **Other time phrases:** la última vez que…, a menudo, siempre	**Sentences with** cuando, donde, si: fuimos a…, donde… desde hace **Negatives:** nunca, no… ni… ni… **Para + infinitive:** para ir a un concierto	**Object pronouns:** me/te/lo/la/ los/las **Interesting phrases:** una pérdida de tiempo, una relación amor-odio

EXAM PREPARATION: SPEAKING

C4 RELATIONSHIPS WITH FAMILY AND FRIENDS
D5 INFORMATION AND COMMUNICATION TECHNOLOGY

A Picture-based discussion

1 *escuchar*

Mira la foto en la página siguiente y lee las preguntas. Luego, escucha la respuesta de Anya a la cuarta pregunta.

Rellena los espacios en blanco en esta transcripción.

La última vez que **1** _____ algo con mi familia fue el Día del Padre. Mis padres, mi hermano y yo fuimos en tren a Londres **2** _____ ir a un concierto. Es el tipo de actividad que más **3** _____ gusta a mi padre porque le chifla la música clásica, pero a mí no me interesa nada, así que **4** _____ un poco monótono. Sin embargo, después fuimos a cenar a un restaurante mexicano, donde **5** _____ fajitas y tacos. ¡Qué rico!

2 *escuchar*

Ahora, mira el 'Answer Booster' en la página anterior y apunta <u>seis</u> expresiones que emplea Anya para dar una respuesta fuerte.

3 *escuchar*

Escucha la respuesta de Anya a la quinta pregunta.
Anya usa tres tiempos diferentes. Anota <u>dos</u> detalles para cada uno.

- Cómo van las cosas para ella en este momento.
- Cómo pasó el fin de semana pasado.
- Sus planes para este fin de semana.

B General conversation

4 *escuchar*

Lee la Conversación general en la siguiente página. Escucha la respuesta del estudiante a la pregunta 1. Lee estas frases y corrige los errores. (Hay cuatro.)

a Ana y Jennifer se conocen desde hace siete años.
b Se llevan superbién, pero no tienen mucho en común.
c Ana y Jennifer se parecen físicamente.
d Ana y a Jennifer les gusta llevar ropa de diferentes estilos.
e Ana es una buena amiga, pero a veces no le dice la verdad a Jennifer.

5 *escuchar*

La tercera pregunta es: *¿Qué aplicaciones usas para estar en contacto con tus amigos y con tu familia?*
Escucha la respuesta de la estudiante a esta pregunta.

Ahora, mira el 'Answer Booster' en la página anterior y apunta <u>seis</u> expresiones que emplea la estudiante para dar una respuesta sólida.

6 *escuchar*

La cuarta pregunta es: *¿Estás enganchado/a a tu móvil?*
Escucha la respuesta de la estudiante a esta pregunta.

En su respuesta, claro que la estudiante usa la primera persona singular del verbo.
Pero también usa otras personas. Apunta:

- un ejemplo de la tercera persona singular
- un ejemplo de la tercera persona plural
- un ejemplo de la primera persona plural

EXAM SKILLS

Take every opportunity to refer to others, even when the question asks about you. This is an excellent way to develop your answer.

7 *hablar*

Ahora completa la Práctica de Examen. Trabaja con un compañero. En turnos, haz las preguntas del examinador y del candidato. Usa los tips de conversación y escribe notas relevantes para otras preguntas.

EXAM PRACTICE: SPEAKING

C4 RELATIONSHIPS WITH FAMILY AND FRIENDS

MÓDULO 3

A Picture-based discussion

C4 Relationships with family and friends

Mira esta imagen y contesta las preguntas.

1. ¿Qué se puede ver en esta imagen?
2. Describe al chico en el centro de la foto.
3. ¿Qué crees que va a pasar dentro de unos momentos?
4. ¿Qué hiciste la última vez que celebraste algo con tu familia?
5. ¿Cuáles son tus planes con tus amigos para la semana que viene?

(Total for Task A = 12 marks)

B General conversation

C4 Relationships with family and friends

Prepara tus respuestas a las siguientes preguntas.

1. ¿Te llevas bien con tu familia? ¿Por qué (no)?
2. Háblame de tu mejor amigo o amiga.
3. ¿Qué aplicaciones usas para estar en contacto con tus amigos y con tu familia?
4. ¿Estás enganchado/a a tu móvil?
5. ¿Quiénes son más importantes para ti, tus amigos o tus padres? ¿Por qué?

(Total for Task B = 28 marks)

PICTURE-BASED DISCUSSION TIPS: Describe al chico en el centro de la foto

Lee esta repuesta a la segunda pregunta.

Creo que es el hijo de la familia.	In your opinion, who is this person?
El chico está de pie. Es blanco, tiene el pelo corto y los ojos marrones. Lleva una camiseta blanca.	What does he look like?
Parece que es el cumpleaños del chico, porque hay una tarta de cumpleaños delante de él.	What's happening around him? What can you see?
El chico está mirando la tarta y pensando: "¡Mmm! Parece muy rica."	What is he doing and thinking? Can you think of any expressions?
Por lo visto, el chico está muy feliz porque está sonriendo. Creo que estará contento porque es un día muy especial.	How do you think he is feeling?

sesenta y siete **67**

MÓDULO 3 — PALABRAS

¿Qué aplicaciones usas? / What apps do you use?

Uso … para…	I use … (in order) to…
ver mis series favoritas	watch my favourite series
organizar las salidas con mis amigos	organise to go out with my friends
controlar mi actividad física / las calorías	monitor my physical activity / my calorie intake
contactar con mi familia	get in touch with my family
chatear con mis amigos	chat with my friends
La tengo desde hace … meses.	I've had it for … months
Es una aplicación buena para…	It's a good app for…
buscar y descargar música	looking for and downloading music
pasar el tiempo / el rato	passing the time
sacar / editar / personalizar fotos	taking / editing / personalising photos
compartir / subir fotos	sharing / uploading photos
estar en contacto	keeping in touch
conocer a nueva gente	meeting new people
subir y ver vídeos	uploading and watching videos
chatear y mandar mensajes	chatting and sending messages
Es / No es…	It is / It isn't…
una red social	a social network
amplio/a	extensive
cómodo/a	convenient
divertido/a	fun
necesario/a	necessary
peligroso/a	dangerous
práctico/a	practical
rápido/a	quick
fácil de usar	easy to use
popular	popular
útil	useful
gratis	free
un canal de comunicación	a channel / means of communication
una pérdida de tiempo	a waste of time
Soy / Es adicto/a a…	I am / He/She is addicted to…
Estoy / Está enganchado/a a…	I am / He/She is hooked on…
Lo único malo es que…	The only bad thing is that …
te engancha	it gets you hooked

¿Qué estás haciendo? / What are you doing?

Estoy…	I am…
actualizando mi página de Facebook	updating my Facebook page
editando mis fotos	editing my photos
Estás / Está / Están…	You are / He/She is / They are…
escuchando música	listening to music
esperando a (David)	waiting for (David)
descansando	relaxing
pensando en salir	thinking about going out
preparando algo para merendar	preparing something for tea
repasando para un examen	revising for an exam
tomando el sol	sunbathing
haciendo footing	jogging
haciendo el vago	lazing about
leyendo	reading
viendo una peli	watching a film
escribiendo	writing
¿Quieres salir conmigo?	Do you want to go out with me?
No puedo porque…	I can't because…
está lloviendo	it's raining
tengo que…	I have to…
salir	go out
visitar a (mi abuela)	visit (my grandmother)
cuidar a (mi hermano)	look after (my brother)
hacer los deberes	do homework
quiero…	I want to…
subir mis fotos a…	upload my photos to…
quedarme en casa	stay at home
¡Qué rollo!	What a pain!
¿A qué hora quedamos?	What time shall we meet?
¿Dónde quedamos?	Where shall we meet?
en la Plaza Mayor	in the main square
debajo de	underneath
detrás de	behind
delante de	in front of
enfrente de	opposite
al lado de	next to

¿Qué te gusta leer? / What do you like reading?

los blogs	blogs
los tebeos / los cómics	comics
los periódicos	newspapers
las revistas	magazines
las poesías	poems
las novelas de ciencia ficción	science fiction novels
las novelas de amor	romantic novels
las historias de vampiros	vampire stories
las biografías	biographies

¿Con qué frecuencia lees? / How often do you read?

cada día / todos los días	every day
a menudo	often
generalmente	generally
de vez en cuando	from time to time
una vez a la semana	once a week
dos veces al mes	twice a month
una vez al año	once a year
nunca	never

¿Qué es mejor, leer en papel o en la red? / What is better, reading paper books or online?

Leer en formato digital…	Reading in digital format…
protege el planeta	protects the planet
no malgasta papel	doesn't waste paper
cansa la vista	tires your eyes
depende de la energía eléctrica	relies on electricity
te permite llevar contigo miles de libros	allows you to take thousands of books with you
cuesta mucho menos	costs a lot less
fastidia porque no hay numeración de páginas	is annoying because there is no page numbering
Los libros electrónicos / Los ebooks…	Electronic books / ebooks…
son fáciles de transportar	are easy to transport
son más ecológicos / baratos	are more environmentally-friendly / cheaper
no ocupan espacio	don't take up space
Una desventaja es…	One disadvantage is…
el uso de batería	the battery use
Me gusta / prefiero…	I like / I prefer…
tocar las páginas	to touch the pages
pasar las páginas a mano	to turn the pages by hand
escribir anotaciones	to write notes
leer horas y horas	to read for hours and hours
un ratón de biblioteca	a bookworm
un fan del manga	a manga fan
un libro tradicional	a traditional book
un libro de verdad	a real book

MÓDULO 3

La familia / Family

el padre / la madre	father / mother
el padrastro / la madrastra	step-father / step-mother
el hermano / la hermana	brother / sister
el hermanastro / la hermanastra	step-brother / step-sister
el abuelo / la abuela	grandfather / grandmother
el bisabuelo / la bisabuela	great grandfather / great grandmother
el tío / la tía	uncle / aunt
el primo / la prima	male cousin / female cousin
el sobrino / la sobrina	nephew / niece
el marido / la mujer	husband / wife
el hijo / la hija	son / daughter
el nieto / la nieta	grandson / granddaughter
mayor / menor	older / younger

¿Cómo es? / What is he/she like?

Tiene los ojos… / He/She has … eyes
- azules / verdes / marrones / grises — blue / green / brown / grey
- grandes / pequeños / brillantes — big / small / bright

Tiene el pelo… / He/She has… hair
- moreno / rubio / castaño / rojo — dark brown / blond / mid-brown / red
- corto / largo — short / long
- rizado / liso / ondulado — curly / straight / wavy
- fino / de punta — fine / spiky

Tiene… / He/She has…
- la piel blanca / morena — fair / dark skin
- la cara redonda / alargada — a round / oval face
- los dientes prominentes — big teeth
- pecas — freckles

Lleva… / He/She wears / has…
- gafas — glasses
- barba — a beard
- bigote — a moustache

Es… / He/She is…
- alto/a / bajo/a — tall / short
- delgado/a / gordito/a / gordo/a — slim / chubby / fat
- calvo/a — bald
- moreno/a — dark-haired
- rubio/a — fair-haired
- castaño/a — brown-haired
- pelirrojo/a — a redhead
- español / española — Spanish
- inglés / inglesa — English
- peruano / peruana — Peruvian

Mide 1,60. — He/She is 1m 60 tall.
No es ni alto ni bajo. — He/She is neither tall nor short.
(No) Nos parecemos físicamente. — We (don't) look like each other.

¿Cómo es de carácter? / What is he/she like as a person?

Como persona, es… / As a person, he/she is…
- optimista / pesimista — optimistic / pessimistic
- simpático/a / antipático/a — nice / nasty
- trabajador(a) / perezoso/a — hard-working / lazy
- generoso/a / tacaño/a — generous / mean
- hablador(a) / callado/a — chatty / quiet
- divertido/a / gracioso/a / serio/a — fun / funny / serious
- fiel / infiel — loyal / disloyal
- feliz / triste — happy / sad
- ordenado/a / caótico/a — tidy / chaotic
- enérgico/a / animado/a / tranquilo/a — energetic / lively / calm
- pensativo/a — thoughtful
- comprensivo/a — understanding
- honesto/a — honest
- alegre — cheerful
- molesto/a — annoying
- ambicioso/a — ambitious
- egoísta — selfish

Está feliz / triste. — He/She is happy / sad.

¿Te llevas bien con tu familia? / Do you get on well with your family?

(No) Me llevo bien con…porque… / I (don't) get on well with… because…
- me apoya — he/she supports me
- me acepta como soy — he/she accepts me as I am
- nunca me critica — he/she never criticises me
- tenemos mucho en común — we have a lot in common

Me divierto con… — I have a good time with…
Me peleo con… — I argue with…
Nos llevamos superbién. — We get on really well.
Nos llevamos como el perro y el gato. — We fight like cat and dog.
Nos divertimos siempre. — We always have a good time.

¿Cómo es un buen amigo / una buena amiga? / What is a good friend like?

Un buen amigo es alguien que… / A good friend is someone who…
- te apoya — supports you
- te escucha — listens to you
- te conoce bien — knows you well
- te acepta como eres — accepts you as you are
- te quiere mucho — likes / loves you a lot
- te da consejos — gives you advice
- te hace reír — makes you laugh
- no te critica — doesn't criticise you
- nunca te juzga — never judges you

Conocí a mi mejor amigo/a… — I met my best friend…
Nos conocimos — We met / got to know each other
Nos hicimos amigos — We became friends
nos casamos — we got married
Es el amor de mi vida. — He/She is the love of my life.
Tenemos … en común. — We have … in common.
nos gustan (las mismas cosas) — we like (the same things)
nos encantan (las películas) — we love (films)

Recuerdos de la niñez / Memories of childhood

Cuando… / When…
- era niño/a / pequeño/a / joven — I was a child / little / young
- tenía (siete) años — I was (seven) years old

recuerdo como… / I remember how…
- hacía… / iba… — I used to do… / I used to go…
- jugaba (al escondite / a la pelota) — I used to play (hide and seek / ball)
- llevaba… — I used to wear…
- me divertía… — I used to have fun…
- me encantaba… — I used to love…
- me peleaba con (mi hermano gemelo) — I used to fight with (my twin brother)
- me subía a los árboles — I used to climb trees
- olvidaba (mi estuche) — I used to forget (my pencil case)
- pasaba todo el día… — I used to spend the whole day…
- tenía (literas) — I used to have (bunk beds)
- mi cosa favorita era… — my favourite thing was…
- mi madre / padre… — my mother / father…
  - hacía bricolaje — used to do odd jobs / DIY
  - me leía — used to read to me
  - me llevaba… — used to take me…
  - me regañaba — used to tell me off

sesenta y nueve **69**

4 INTERESES E INFLUENCIAS

OBJETIVOS DE APRENDIZAJE
- Hablar de las actividades de ocio
- Usar verbos como *jugar* en el presente

PUNTO DE PARTIDA 1

E2 HOBBIES, INTERESTS, SPORTS AND EXERCISE

1 escuchar Escucha y lee. Rellena los espacios en blanco.

¿Qué haces en tus ratos libres?

Tengo **1** ———— pasatiempos. Después del insti toco la **2** ———— y también juego al futbolín y a los **3** ————. Los fines de semana normalmente **4** ———— con mis amigos. A veces vamos al polideportivo, donde **5** ———— al squash y montamos en **6** ————. El problema es que no tengo **7** ———— dinero. Mis padres me dan **8** ———— euros a la semana, pero gasto mi paga en saldo para el **9** ————. De vez en cuando compro **10** ———— también.

Alex, 16

quedar con = *encontrarse con*

2 hablar Con tu compañero/a, haz un diálogo.
- ¿Qué haces después del insti?
- ¿Adónde vas los fines de semana?
- ¿Tus padres te dan dinero? ¿Cuánto?
- ¿Qué haces con la paga?

Después del insti Los fin semana Cuando tengo tiempo,	voy de compras toco la flauta / trompeta monto en bici / monopatín juego al billar / futbolín
Mis padres me dan… Mi madre/padre me da…	a la semana al mes
Gasto mi paga en También compro	saldo para el móvil ropa, joyas y maquillaje zapatillas de marca videojuegos y revistas

3 escribir Escribe entre 60 y 75 palabras en español sobre 'Mis ratos libres'. Debes utilizar todas las frases mencionadas.

- después del insti
- los sábados
- mis amigos y yo
- dinero

El verbo *jugar* > Página 210

Jugar is a stem-changing verb:

	jug**ar**
(yo)	j**ue**go
(tú)	j**ue**gas
(él/ella/usted)	j**ue**ga
(nosotros/as)	jugamos
(vosotros/as)	jugáis
(ellos/ellas/ustedes)	j**ue**gan

4 leer Lee el texto y escribe V (verdadero), F (falso) o NM (no se menciona en el texto).

1. Los padres españoles son más generosos que los italianos.
2. Al menos la mitad de los niños de cinco a quince años recibe "la paga".
3. Los menores de cinco años no reciben dinero.
4. Algunos hijos reciben más de €200 al mes.

Los padres españoles, entre los más generosos

Según los resultados de una encuesta, los padres españoles son de los más generosos de Europa.
- Los españoles son los terceros de Europa en dar más cantidad de paga a sus hijos, después de los italianos y franceses.
- El 41% de los niños españoles de entre 5 y 15 años reciben de cinco a diez euros por semana.
- Un 13,8% de niños mayores de 15 años reciben más de cincuenta euros a la semana.

al menos = *como mínimo*
la mitad = $\frac{1}{2}$

MÓDULO 4

5 leer Empareja el deporte con el dibujo correcto.

Ejemplo: **1** *e*

Juego / Jugué al…
1 baloncesto
2 fútbol
3 rugby
4 bádminton
5 ping-pong
6 hockey

Hago / Hice…
7 gimnasia
8 atletismo
9 equitación
10 natación
11 ciclismo
12 remo

6 escuchar Escucha y escribe la letra del deporte que mencionan <u>en el pasado</u>.
¡Ojo! Cada persona menciona <u>dos</u> o <u>tres</u> deportes. (1–6)

Ejemplo: **1** *g*

7 leer Lee el texto. Luego escribe <u>ocho</u> frases en español. ¡Ojo! Tienes que usar la forma de 'él/ella'.

Ejemplo: Darío **hace** *deporte casi todos los días.*

Darío, 29

Hago deporte casi todos los días ya que es muy sano. Me chifla hacer judo y también juego al pádel desde hace dos años. Tenemos un partido todas las semanas. Sin embargo, nunca voy al gimnasio, puesto que no me interesa nada hacer entrenamiento con pesas.

En septiembre participé en un triatlón Ironman en Mallorca. Primero nadé casi dos kilómetros en el mar. ¡Qué frío! Luego recorrí 90 kilómetros en bici y finalmente corrí más de 21 kilómetros por la playa de Alcúdia. ¡Fue alucinante! No gané, pero lo importante es participar, ¿no?

Zona Cultura
El pádel es muy popular en España y Latinoamérica. Este deporte de raqueta, que fue inventado en México, se juega con una pala especial y una pelota.

8 hablar Con tu compañero/a, habla del deporte.
• ¿Qué deportes practicas?
• ¿Qué deportes no haces nunca?
• ¿Qué actividad deportiva hiciste recientemente?
• ¿Qué tal fue?

Hago / Juego… ya que es sano / emocionante / fácil…
También…
Sin embargo, … porque es…
(En febrero) participé / hice / jugué…
(No)…

setenta y uno **71**

UNIDAD 2

PUNTO DE PARTIDA 2

OBJETIVOS DE APRENDIZAJE
- Hablar de los programas y las películas
- Usar los adjetivos de nacionalidad

D4 THE MEDIA

1 escuchar Escucha. Copia y completa la tabla en español. (1–5)

- ¿Eres teleadicto/a?
- Sí, soy teleadicto/a.
- No, no soy teleadicto/a.

	¿teleadicto/a?	le gusta	no le gusta
1	✓	h – informativo	…

- a – un concurso
- b – un programa de deportes
- c – un reality
- d – un documental
- e – un culebrón / una telenovela
- f – una comedia
- g – una serie policíaca
- h – el telediario / las noticias

2 hablar Con tu compañero/a, haz diálogos.
- ¿Eres teleadicto/a?
- ¿Qué tipo de programas te gustan? ¿Por qué?
- ¿Cuál es tu programa favorito?
- ¿Qué tipo de programas no te gustan? ¿Por qué?

Es	muy	aburrid**o**/**a**/**os**/**as**
Son…	bastante	adictiv**o**/**a**/**os**/**as**
	más… que…	divertid**o**/**a**/**os**/**as**
	menos… que…	entretenid**o**/**a**/**os**/**as**
		tont**o**/**a**/**os**/**as**
		informativ**o**/**a**/**os**/**as**
		mal**o**/**a**/**os**/**as**
		conmovedor(**a**)(**s**)
		emocionant**e**(**s**)
		interesant**e**(**s**)

3 escribir Escribe una entrada para un foro de entre 60 y 75 palabras sobre 'La tele'. Debes utilizar todas las palabras mencionadas.

- teleadicto/a
- más
- favorito
- nunca

When giving your opinion about a type of programme, remember to use the definite article and the plural form of the noun:

un concurso → Me chiflan **los** concurso**s**.
una telenovela → No me gusta ver **las** telenovela**s**.
El telediario is always singular in Spanish.

MÓDULO 4

UNIDAD 3

4 escuchar Escucha y apunta la nacionalidad correcta en español. (1–8)

Ejemplo: **1** *italiana*

Premios Festival de Izarra

1. Mejor película de amor.
2. Mejor película de terror.
3. Mejor película de acción / aventuras.
4. Mejor película de animación.
5. Mejor película de ciencia ficción.
6. Mejor película de fantasía.
7. Mejor actor.
8. Mejor director.

Los adjetivos de nacionalidad > Página 224

Adjectives of nationality do not start with a capital letter in Spanish.

Those ending in a **vowel** usually follow the regular pattern:

| italian**o** | italian**a** | italian**os** | Italian**as** |

Adjectives of nationality ending in a **consonant** follow an irregular pattern (the same pattern as adjectives ending in *–or*, like *hablador*):

–l	español	español**a**	español**es**	español**as**
–n	alemán	aleman**a**	aleman**es**	aleman**as**
–s	inglés	ingles**a**	ingles**es**	ingles**as**

americano | alemán
argentino | danés
brasileño | español
británico | francés
chino | holandés
griego | inglés
italiano | irlandés
mexicano | japonés
sueco | portugués

5 leer Lee el texto. Escribe la letra correcta para cada pregunta.

Soy una fanática de las películas extranjeras y mi actor favorito es el mexicano Gael García Bernal. ¡Qué buen actor es! También es muy dinámico e idealista. Me chiflan las pelis de Escandinavia, sobre todo los misterios daneses y suecos. Sin embargo, no me gustan las películas de dibujos animados japoneses porque son un poco infantiles.

Voy al cine todos los sábados por la noche, y la semana pasada vi una película de Bollywood con mi mejor amiga, que es china. Me gustó, pero era un poco larga. Después fuimos a un restaurante turco. ¡Fue una noche muy cosmopolita!

Paula

1. Paula prefiere el cine…
2. Le gustan las pelis de Dinamarca y…
3. Paula va al cine cada…
4. Piensa que la peli… demasiado.
5. Luego… con su amiga.

A costó	E noche	I internacional
B duró	F cenó	J subtitulado
C semana	G español	
D Suecia	H Suiza	

6 escribir Escribe entre 60 y 75 palabras en español sobre 'El cine'. Debes utilizar todas las palabras o frases mencionadas.

fanático/a | actor/actriz | sábado pasado | después

setenta y tres 73

1 ¿QUÉ SUELES HACER?

OBJETIVOS DE APRENDIZAJE
- Hablar de lo que hago normalmente
- Usar el verbo *soler* más infinitivo
- Identificar las frases correctas en ejercicios de lectura

E2 HOBBIES, INTERESTS, SPORTS AND EXERCISE

1 escuchar Lee el artículo. Luego escucha y apunta los detalles para cada persona en español. (1–6)
- su nombre
- el número de la actividad
- ¿con qué frecuencia?
- ¿cuándo?

los (lunes)
por la mañana / tarde / noche
después del insti
a la hora de comer
mientras desayuno / como

Los pasatiempos de los jóvenes españoles

Según una encuesta del Instituto de la Juventud, en España los jóvenes suelen tener una media de 27,1 horas de tiempo libre a la semana.

Las diez actividades de ocio más populares son:

1. usar el ordenador
2. salir con amigos
3. escuchar música
4. ver la tele
5. descansar
6. leer periódicos o revistas
7. escuchar la radio
8. leer libros
9. hacer deporte
10. ir al cine

soler + infinitivo > Página 210

To say what you usually do or tend to do, you can use **soler** + **infinitive**:

Suelo salir con amigos.
Solemos ver la tele.

Soler is a stem-changing verb:

(yo)	s**ue**lo
(tú)	s**ue**les
(él/ella/usted)	s**ue**le
(nosotros/as)	solemos
(vosotros/as)	soléis
(ellos/ellas/ustedes)	s**ue**len

2 hablar Con tu compañero/a, haz diálogos.
- ● ¿Cuándo sueles escuchar música?
- ■ *Suelo escucharla por la noche.*
- ● ¿Con qué frecuencia haces deporte?
- ■ *Lo hago…*

Los pronombres de objeto directo > Página 230

Avoid repetition by using direct object pronouns: **lo/la/los/las**. These usually come before the verb, but can be added to the end of an infinitive:

¿Cuando ves la tele?
La veo por la noche.
but   Suelo ver**la** por la noche.

3 escuchar Escucha y apunta en español: (a) ¿qué actividades hacen? (b) ¿por qué? (1–4)

Ejemplo: **1** (a) toco el saxofón…
         (b) necesito…, ….

4 escribir Corrige las palabras (a)–(j). Deben estar de acuerdo con la frase. ¡Ojo! No es siempre necesario cambiar las palabras.

Yo **(a) [ser]** un fanático de los videojuegos. Mi madre dice que son muy **(b) [adictivo]** porque no **(c) [poder]** resistirme. También **(d) [soler]** hacer mucho deporte – monto en bici, **(e) [hacer]** footing y mi hermano y yo **(f) [jugar]** al balonmano. Soy una persona muy **(g) [activo]** y además, me encanta **(h) [estar]** al aire libre. Me gusta comprar revistas en **(i) [inglés]** cuando tengo dinero, pero no **(j) [lo]** leo a menudo.

Es	divertido	informativo
	relajante	sano
Soy	creativo/a	sociable
	perezoso/a	activo/a
	adicto/a a…	
Me ayuda a	relajarme	
	olvidarme de todo	
Me hace	reír	
Me encanta	estar al aire libre	
Necesito	practicar…	
	salir / comunicarme (con otra gente)	
Mi pasión es	la lectura	el deporte
	la música	

74 setenta y cuatro

MÓDULO 4

5 leer Lee el texto. Identifica las cuatro frases correctas.

Silvano, 15 Puerto Plata

En la República Dominicana hay una gran variedad de pasatiempos. Mi padre juega al dominó desde hace muchos años (es muy popular aquí) y recientemente participó en un torneo. ¡Ahora es el campeón de nuestra región! Mucha gente suele practicar deporte también, sobre todo el béisbol.

Sin embargo, a mí me interesa más la música. Mi madre adora a Juan Luis Guerra, un cantante muy conocido por la bachata y el merengue (dos estilos de música y baile tradicionales), pero yo suelo escuchar el R 'n' B. Mis hermanos y yo tenemos nuestra propia banda – yo toco la batería, José toca el teclado y Félix canta.

Soy fan de Bruno Mars. Su música es una mezcla de muchos estilos distintos y tiene una voz hermosa. Asistí a un concierto suyo cuando visitó Santo Domingo, nuestra capital, durante su gira mundial. El espectáculo fue increíble y cuando entró en el escenario, el público empezó a gritar y a aplaudir. Cantó todas mis canciones favoritas y fue una noche inolvidable.

MAR CARIBE
el dominó
Bruno Mars

1. Su padre es un buen jugador de dominó.
2. El béisbol no es muy popular.
3. Juan Luis Guerra toca un instrumento.
4. Silvano y su madre prefieren diferentes estilos de música.
5. Silvano tiene tres hermanos.
6. La música de Bruno Mars es muy variada.
7. Bruno Mars empezó su gira en la República Dominicana.
8. Los espectadores disfrutaron del concierto.
9. Silvano cantó mucho en el concierto.

EXAM SKILLS

To identify the correct statements, look at each one and decide whether:
1. The statement gives information that doesn't quite match the text. (not correct!)
2. The statement gives information that is not mentioned in the text. (not correct!)
3. The statement is true, but it uses different words from the words in the text. (correct!)

6 leer Lee el texto otra vez y contesta a las preguntas en español.

1. ¿Quién ganó el torneo de dominó?
2. ¿Qué son la bachata y el merengue?
3. ¿Cuál de los tres hermanos es el cantante del grupo?
4. ¿Por qué admira Silvano a Bruno Mars?
5. ¿Dónde tuvo lugar el concierto al que Silvano asistió?
6. ¿Por qué a Silvano le encantó el concierto? Da dos ideas.

7 escribir Escribe entre 130 y 150 palabras en español. Escribe un texto sobre los pasatiempos y la música en tu país. Debes mencionar:

- qué pasatiempos son populares en tu país
- qué hacen tus amigos en su tiempo libre
- qué tipo de música te gusta
- un concierto (real o imaginario) al que asististe

el soul   el rap   el funk
el dance   el hip-hop el pop
el rock   el jazz   la música clásica
la música electrónica

Use a variety of preterite tense verbs:
- Say what you did — *Saqué muchas fotos.*
- Talk about other people — *El público cantó.*
- Give your opinion — *Fue inolvidable.*

setenta y cinco 75

2 ¡FANÁTICO DEL DEPORTE!

E2 HOBBIES, INTERESTS, SPORTS AND EXERCISE

OBJETIVOS DE APRENDIZAJE
- Hablar del deporte
- Usar el presente, el imperfecto y el pretérito indefinido
- Identificar diferentes tiempos verbales

1 escuchar Escucha y lee. Escribe el nombre correcto.

¿Qué dicen los alumnos de 4º de ESO de sus pasiones deportivas?

Cuando tenía diez años jugaba al balonmano, pero ya no juego. Ahora soy miembro de un club de natación y entrenamos todos los días. ¡Me flipa! También hago tiro con arco de vez en cuando.
Rocío

Cuando era más joven hacía gimnasia e iba a clases de equitación. Ya no hago equitación porque es caro, pero todavía hago gimnasia y soy miembro de un equipo. A veces voy de pesca con mi padre. ¡Es guay!
Diego

Soy muy deportista. Voy al gimnasio todos los días, juego al baloncesto, hago kárate… ¡Soy un fanático del deporte! Antes jugaba al fútbol y era aficionado del Athletic de Bilbao, pero ya no me interesa.
Joaquín

Cuando era más pequeña, iba a clases de judo, pero ahora prefiero deportes como la escalada y el parkour. ¡Soy adicta a la adrenalina! También soy miembro de un club de piragüismo, y en verano hago submarinismo.
Gloria

1 Hago dos deportes acuáticos.
2 Voy a la piscina a menudo.
3 Ya no practico artes marciales.
4 Me molan los deportes de riesgo.
5 ¡El deporte es mi vida!
6 Antes montaba a caballo.

Ya no / Todavía

Use **ya no** to say that you **no longer** do something:
   Ya no juego al fútbol.

Use **todavía** to say that you **still** do something:
   Todavía hago judo.

2 leer Lee los textos otra vez. Apunta los deportes mencionados. ¿Presente o imperfecto?

Ejemplo: balonmano (imperfecto), …

3 hablar Con tu compañero/a, haz diálogos.
- ¿Eres muy deportista?
- ¿Qué deportes hacías cuando eras más joven?
- ¿Qué deportes haces ahora?
- ¿Eres miembro de un club / un equipo?
- ¿Cuándo entrenas?
- ¿Eres aficionado/a de un equipo?

Cuando era más joven tenía (ocho) años	Ahora (no) Ya no Todavía	
(no) era	soy	deportista miembro de… aficionado/a de… un(a) fanático/a de…
jugaba	juego	al balonmano
hacía	hago	piragüismo
iba	voy	a clases de…

El presente, el imperfecto y el pretérito indefinido

Use the **present tense** to talk about what usually happens and what things are like now:
   A veces **juego** al tenis.   **Soy** miembro de un club.

Use the **imperfect tense** for repeated actions in the past, and for descriptions:
   Mis abuelos **hacían** esquí a menudo.
   Mi hermano **era** aficionado del Barça.

Use the **preterite tense** for single completed actions in the past:
   Jugamos un partido ayer.   **Gané** un trofeo.

76 setenta y seis

MÓDULO 4

4 Escucha. Copia y completa la tabla en español. (1–5)

	deporte en el pasado	detalles	deporte ahora	detalles
1	baloncesto	3 veces…		

EXAM SKILLS

Listen carefully to work out whether the sports are mentioned in the present or the imperfect.

Remember that 'I' form regular verbs end in –aba or –ía in the imperfect.

Also, listen out for time markers such as *antes*, *todavía*, *ahora*, etc.

5 Lee el texto y escribe los verbos correctos. Luego escucha y comprueba tus respuestas.

Ejemplo: **1** *era*

Cuando **1** (**ser**) más joven, **2** (**hacer**) gimnasia dos veces a la semana. También **3** (**ir**) a clases de patinaje sobre hielo.

Me chifla la gimnasia y todavía la **4** (**hacer**), pero ya no **5** (**patinar**). Ahora mi pasión es el fútbol y **6** (**jugar**) en un equipo. **7** (**Ser**) delantera y **8** (**soler**) entrenar cada domingo. Hace dos semanas **9** (**marcar**) mi primer gol de la temporada en un partido contra otro equipo de mi ciudad.

Mi hermano y yo **10** (**ser**) hinchas del Barça y nuestro jugador preferido es Lionel Messi. ¡Es un crack! Messi **11** (**ganar**) el Balón de Oro por primera vez en 2009, pero su punto culminante fue cuando **12** (**batir**) el récord de mayor cantidad de goles en un año.

Begoña, 15

el/la hincha = *el/la aficionado/a*

EXAM SKILLS

Take care to choose the correct **tense** and **person** of the verb.

Watch out for irregular verbs in the **imperfect** tense:
ser → *era*   ir → *iba*

Remember that some verbs have a spelling change in the 'I' form of the **preterite** (e.g. marcar, jugar).

6 Escribe un texto sobre el deporte. Usa el texto del ejercicio 5 como modelo.

Menciona:
- qué deportes hacías en el pasado
- qué deportes (no) haces ahora
- tu equipo / deportista preferido
- el punto culminante de su carrera

Cuando era…
Todavía…, pero ya no… Ahora… Soy miembro…
Mi… preferido/a es…
Su punto culminante fue cuando (ganó / batió)…

7 Lee el texto y luego apunta los detalles en español.

Estrella del boxeo con orígenes humildes

Ganador de docenas de títulos mundiales, hoy es uno de los boxeadores más ricos del mundo. Pero la vida no era siempre así para Manny Pacquiao, que nació en Filipinas en 1978. Con seis hijos, sus padres eran muy pobres, y con solo 14 años Pacquiao decidió escaparse de casa. Fue a Manila, donde vivía en las calles y dormía en una caja de cartón. Vendía pan y donas en la calle, y de esta manera ganaba suficiente dinero para sobrevivir.

1 Profesión:
2 Lugar de nacimiento:
3 Número de hermanos:
4 Edad cuando se fue a Manila:
5 Alojamiento en Manila:
6 Cómo sobrevivía:

3 #TEMAS DEL MOMENTO

OBJETIVOS DE APRENDIZAJE
- Hablar de los temas del momento
- Usar el pretérito perfecto
- Usar palabras que tienen varios significados

D4 THE MEDIA

1 leer Lee los tuits. ¿Qué significan las frases en violeta?

Juana @JMtopbajista
#temasdelmomento ¿**Has leído** la última novela de Ruiz Zafón? Ya **ha vendido** más de un millón de ejemplares y es fenomenal.

Aitor @AitorP-Getxo
#temasdelmomento En mi página de Facebook **he compartido** las fotos del cumpleaños de Joseba. También **he subido** un vídeo. ¡Fiesta genial!

Daniela @DaniJsevilla
No he visto todavía la nueva peli de Jennifer Lawrence, pero mis padres me **han comprado** el CD de la banda sonora. ¡Me flipa! #temasdelmomento

Marina López @mariluzL
¿Ya **has oído** la nueva canción de Paloma Faith? **La he descargado** y creo que es preciosa. #temasdelmomento

Ignacio Torres @NachoTgamer
¿**Has jugado** al videojuego *Gladiador Valiente 3*? #temasdelmomento Yo **no lo he probado** todavía porque ¡mi hermano me **ha roto** la consola!

la banda sonora = la música de una película, videojuego, etc.

2 escuchar Escucha. Copia y completa la tabla en español. (1–6)

	¿has…?	✓/✗	detalles
1	comprado la nueva edición de…	✗	he gastado todo…

Listen out for five examples of the perfect tense with verbs that you didn't see in exercise 1. Can you spot them?

3 hablar Con tu compañero/a, haz diálogos sobre:
- los últimos videojuegos / libros / diseños de moda / programas
- las últimas películas / canciones / revistas / aplicaciones / noticias

● ¿Ya has (descargado / visto)…?
■ Sí, ya (lo/la) he (descargado / visto) y creo que es…
■ No, no (lo/la) he… todavía porque…

Ya / Todavía con el pretérito perfecto

When used with the perfect tense:
- **ya** means **already**
- **todavía** means **yet**

¿**Ya** has visto la nueva peli?
Sí, **ya** la he visto.
No, no la he visto **todavía**.

El pretérito perfecto ▶ *Página 219*

This is used to talk about what you have done.
Use the present tense of the verb **haber** + **past participle**:

(yo)	he	
(tú)	has	escuch**ado**
(él/ella/usted)	ha	vend**ido**
(nosotros/as)	hemos	compart**ido**
(vosotros/as)	habéis	
(ellos/ellas/ustedes)	han	

To form the past participle, remove the *-ar, -er* or *-ir* from the infinitive and add:
- **-ado** (*-ar* verbs)
- **-ido** (*-er*/*-ir* verbs)

Some past participles are irregular:

escribir	→	escrito
poner	→	puesto
hacer	→	hecho
romper	→	roto
morir	→	muerto
ver	→	visto

setenta y ocho

MÓDULO 4

4 leer Lee la página web y las frases 1–6. Escribe C (cine), V (videojuegos) o T (televisión).

Estrenos de la semana

Cine

Esta semana se ha estrenado la nueva película de aventuras *Dina*, que ya ha ganado varios premios. **Cuenta la historia de una chica** que quiere ser espía. **La mezcla de** comedia y misterio y la banda sonora muy original son aspectos positivos, pero el argumento **es débil** y los efectos especiales son decepcionantes.

Videojuegos

El nuevo título multijugador *Gladiador Valiente 3* acaba de **salir al mercado**. Disponible para diferentes plataformas, este juego de acción tiene gráficos de alta calidad, aunque también tiene una melodía irritante y los personajes principales son **poco plausibles**. Sin embargo, tiene un buen argumento, y las animaciones parecen muy naturales.

Televisión

Acaba de estrenarse la nueva temporada de la comedia *Big Bang Theory*, la serie americana que **ha tenido mucho éxito** en todo el mundo. Sigue las vidas de los siete protagonistas, con situaciones hilarantes, como siempre. **Recomendamos** que la veas **en versión original**.

estrenarse = empezar
el argumento = la historia

1. Buen aspecto visual.
2. Es muy popular en diferentes países.
3. No me gustan los personajes.
4. Combina el suspense con el humor.
5. Es mejor verla en inglés.
6. Banda sonora malísima.

Acabar de + infinitivo

You use the perfect tense to say what you have done. However, to say what you have just done use the present tense of **acabar de** + **infinitivo**:

He visto un buen documental.

but **Acabo de ver** un buen documental.

5 leer Lee la página web otra vez. Busca las expresiones sinónimas **en negrita** de las frases siguientes.

1. ha sido muy popular
2. difíciles de creer
3. no doblada a otro idioma
4. estar a la venta
5. no es fuerte
6. la combinación de
7. trata de una niña
8. aconsejamos

6 escuchar Escucha y apunta los detalles en español. (1–5)

Ejemplo: **1** ver una nueva telenovela – buen argumento…

- ¿Qué acaban de hacer?
- ¿Cuál fue su opinión?

7 hablar Con tu compañero/a, habla de un videojuego, un programa o una película.
- ¿Qué acabas de hacer?
- ¿Qué tipo de videojuego / programa / película es?
- ¿De qué trata?
- ¿Te gustó? ¿Por qué (no)?

Acabo de ver / jugar a…	
Es un/una…	
Cuenta la historia de…	
Trata de…	
Combina el misterio / la comedia / la acción con…	
El argumento La banda sonora El protagonista	es bueno/a, fuerte, débil, guapo

Los personajes
Los gráficos
Los efectos especiales
Los actores
Las animaciones
Las canciones
	son
	    buenos/as, estupendos/as
	    guapos/as, guay
	    impresionantes
	    interesantes
	    malos/as, originales
	    naturales, repetitivos/as

setenta y nueve **79**

4 EN DIRECTO

OBJETIVOS DE APRENDIZAJE
- Discutir las diversiones y los espectáculos
- Usar *algunos / ciertos / otros / muchos / demasiados / todos*
- Adaptar un modelo para hacer nuevos diálogos

E1 SPECIAL OCCASIONS

1 leer Lee los anuncios y contesta a las preguntas en español.

Nuevo espectáculo de baile

La compañía de danza flamenca *Flamencomás* pone en escena su nuevo espectáculo *Alma Ajena* en el teatro Lope de Vega. Una experiencia auténtica de cante, toque y baile flamenco.

Horario: 19.45 y 22.15 (todos los días excepto los lunes)

Duración: 1 hora y media

Entradas: 40 € (bebida incluida)

¡El Circo Mil Sueños ha vuelto!

El Circo Mil Sueños presenta *Viaje a Venus* en la plaza de toros de Santa María. En un espectáculo de dos horas, cincuenta acróbatas, ilusionistas, contorsionistas y bailarines nos llevan a otro planeta. Funciones a las 15.00 y 19.30.

Tarifas: 32 € (20 € menores de 18 años)

Cine de verano

Con la llegada del calor vuelve el festival de cine al aire libre. Disfruta de más de 140 películas de todos los géneros en una pantalla gigante. Algunos de los mejores estrenos del año, incluso *Star Wars Episodio IX*. A diario a las 20.15 / 22.45 hasta el 12 de septiembre.

Entrada general – **7 €**
Carné de estudiante – **5 €**
Abono 10 sesiones – **60 €**

1. ¿De qué tipo de baile es el espectáculo?
2. ¿Cuántas sesiones hay al día?
3. ¿Dónde tiene lugar el circo?
4. ¿Cuánto cuesta una entrada para niños?
5. ¿Cuándo termina el festival de cine de verano?
6. ¿Cuántas películas distintas ponen?

2 escuchar Escucha. Rellena los espacios en blanco. (1–2)

- ¿Qué vamos a hacer a _____?
- ¿Tienes ganas de ir b _____?
- Depende. ¿Qué ponen?
- c _____. Es d _____.
- ¿Cuánto cuesta?
- Son e _____ euros.
- Vale. ¿A qué hora empieza?
- Empieza a las f _____ y termina a las g _____.
- De acuerdo.

- Dos entradas para h _____, por favor.
- ¿Para qué sesión?
- Para la sesión de las i _____.
- Lo siento, no quedan entradas.
- Pues, para la sesión de las j _____.
- Muy bien.
- ¿Hay un descuento para estudiantes?
- Sí. ¿Tiene su carné de estudiante?
- Aquí tiene.

To say what you <u>are going to do</u>, remember to use **ir** + **infinitive** (the near future):

¿Qué **vamos a hacer**?

Voy a ir al cine.

To say what you <u>fancy / feel like doing</u>, use **tener ganas de** + **infinitive**:

Tengo ganas de ver la tele.

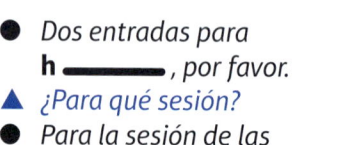

esta tarde / noche mañana / pasado mañana el (viernes)	
ir al	cine / teatro / circo
ir a	un concierto / un festival / un espectáculo
es	un musical una película / obra de…

MÓDULO 4

3 hablar Con tu compañero/a, inventa diálogos. Usa el ejercicio 2 como modelo. Habla de los anuncios del ejercicio 1 o inventa los detalles.

> ¿Qué ponen? means 'What's on?' when talking about cinema, etc.
> To talk about a concert use ¿Quién canta / toca?
> How would you change the dialogue to talk about a football match?

4 leer Lee las opiniones. ¿Quién habla? Escribe B (Berto) o Y (Yolanda).

Prefiero ver las pelis en casa. **Berto**

Prefiero ir al cine. **Yolanda**

a Las palomitas que venden están ricas.

b El ambiente es mejor con muchas personas.

c Es mejor porque no tienes que hacer cola.

d Hay demasiadas personas y los otros espectadores me molestan.

e Me encanta porque ponen tráileres para todas las nuevas pelis.

f No me gusta, dado que los asientos no son cómodos.

g La imagen es mejor en la gran pantalla.

h Las entradas son muy caras.

i Si vas al baño te pierdes una parte.

la cola = la fila
el baño = el aseo

5 escuchar Escucha. Copia y completa la tabla. (1–4)

	prefiere…	opiniones del ejercicio 4	otros detalles
1	ir a un concierto	b, …	puedes comprar…

algunos / ciertos / demasiados / muchos / otros / todos

algunos/as (some)   **ciertos/as** (certain)
otros/as (other)   **muchos/as** (many/lots of)
demasiados/as (too many)   **todos/as** (all/every)

Todos/as is followed by **los/las**:
Me gustan **todas las** películas.

6 escuchar Escucha otra vez y mira la gramática. ¿Qué palabras menciona cada persona?

Ejemplo: **1** *muchos, …*

7 escribir Corrige las palabras (a)–(j). Deben estar de acuerdo con la frase.
¡Ojo! No es siempre necesario cambiar las palabras.

En el pasado mi marido y yo **(a)** [ir] al cine **(b)** [todo] los miércoles, pero desgraciadamente no hemos **(c)** [ver] nada recientemente. Lo malo es que hay **(d)** [demasiado] personas los miércoles porque las entradas **(e)** [soler] ser más **(f)** [barato]. Ahora preferimos el teatro y acabamos de **(g)** [ver] una nueva obra en **(h)** [alemán]. Trata de una ama de casa que no **(i)** [estar] satisfecha con su vida. Fue muy entretenida y nos **(j)** [encantar].

ochenta y uno **81**

5 MODELOS A SEGUIR

OBJETIVOS DE APRENDIZAJE
- Hablar de quién te inspira
- Usar varios tiempos verbales para hablar del pasado
- Hablar de las fechas

C3 ROLE MODELS

1 **escuchar** Escucha y elige la respuesta correcta. (1–4)

¿Crees que los famosos son buenos modelos a seguir?

1 La cantante Taylor Swift es un buen modelo a seguir porque…
   a tiene mucho talento.
   b tiene mucho éxito.
   c usa su fama para ayudar a otros.

2 El actor Ryan Gosling es un buen modelo a imitar porque…
   a apoya varias organizaciones benéficas.
   b trabaja en defensa de los animales.
   c recauda fondos para Amnistía Internacional.

3 La actriz Angelina Jolie es un buen modelo a seguir porque…
   a lucha contra la pobreza.
   b lucha contra el racismo.
   c lucha por los derechos de los refugiados.

4 Muchos futbolistas son malos modelos a seguir porque…
   a malgastan su riqueza.
   b se comportan mal en el campo de fútbol.
   c se meten en problemas con la policía.

2 **leer** Has oído estas expresiones en el ejercicio 1. ¿Qué significan?

a organizaciones que ayudan a las víctimas de desastres naturales
b apoya muchos proyectos de educación
c apoya varias campañas para mejorar las condiciones de vida
d hace mucho para combatir la injusticia en el mundo
e un buen modelo a seguir es alguien que ayuda a los demás
f los jóvenes imitan su comportamiento

3 **escuchar** Empareja las fotos con los textos. ¿A quién se refiere el texto que sobra?
Escucha y comprueba tus respuestas.

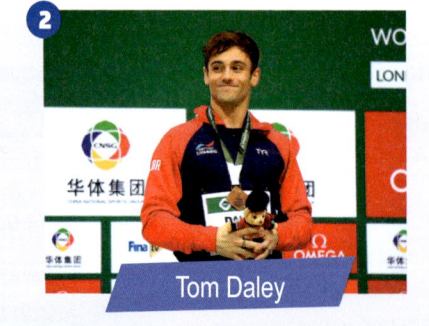

1 Rigoberta Menchú
2 Tom Daley
3 Emma Watson

a Es un joven nadador que ha ganado varias medallas de oro. Además, ha hablado abiertamente de su vida e inspira a muchos jóvenes.

b Tiene mucho talento como cantante. Ha creado la *Fundación Pies Descalzos* para ayudar a los niños pobres de Colombia.

c Lucha por la justicia social en Guatemala. Ha ganado el Premio Nobel de la Paz por su trabajo como activista.

d Lucha por los derechos de la mujer y es embajadora de buena voluntad de la ONU. Ha tenido mucho éxito como actriz.

4 **hablar** Con tu compañero/a, habla de los modelos a seguir.

- ¿En qué consiste un buen modelo a seguir?
- Da un ejemplo de un buen modelo a seguir.
- ¿Y un mal modelo a seguir?

- *Un buen modelo a seguir es alguien que…*
- *En mi opinión… es un buen modelo a seguir porque…*
- *Creo que… es un mal modelo a seguir…*

82 ochenta y dos

MÓDULO 4

5 Escucha. Apunta los detalles en español.

¿A quién admiras?
Malala Yousafzai

- Cualidades: valiente, ...
- Lucha por: _____
- Infancia: _____
- 2009: _____
- 2012: _____
- 2013: _____
- 2014: _____

We say the year in Spanish as if it is a number. For example, 1995 is 'one thousand nine hundred and ninety-five'.
1995   mil   novecientos   noventa y cinco
2001   dos mil   uno
2017   dos mil   diecisiete

6 Lee los textos. ¿Qué significan las palabras en **negrita**? Luego contesta a las preguntas en español para las <u>dos</u> personas.

Mi inspiración es el tenista Rafa Nadal, dado que tiene todas las **cualidades** importantes de un buen deportista: talento, dedicación, perseverancia y resistencia física y mental. Nació en Mallorca en 1986 y de niño practicaba varios deportes. Sin embargo, su pasión era el tenis, y a los 15 años **empezó** su carrera profesional.

A pesar de todas las **lesiones** físicas que ha sufrido, Nadal ha batido varios récords, y fue el primer jugador en ganar nueve veces el mismo torneo de Grand Slam. También ha ganado más títulos que **cualquier** otro español, y en 2008 ganó una medalla de oro en los Juegos Olímpicos de Pekín.

Más que nada, admiro a Nadal porque es buena persona, y porque en 2007 estableció la *Fundación Rafa Nadal* para ayudar a los **niños desfavorecidos** en España y en la India.

Bea

Mi ídolo no es ni rico ni famoso, pero es una persona cariñosa, honrada y muy fuerte que no teme nada. Y como todos los héroes anónimos, no ha ganado **ningún** premio. Es mi abuela, Conchita Jiménez.

De pequeña vivía en Canarias, donde conoció a mi abuelo cuando tenía diez años. Se casaron ocho años más tarde, pero con solo 25 años se quedó **viuda** con cuatro hijos pequeños cuando mi abuelo murió en un accidente marítimo.

Su vida no ha sido fácil, y ha sufrido varias **enfermedades** graves. Sin embargo, siempre ha superado sus problemas para ayudar a otras personas, y en los últimos 25 años **ha acogido temporalmente** a un centenar de niños en casa.

Sobre todo, admiro a mi abuela porque siempre **sonríe** y nunca es egoísta. Solo piensa en los demás.

Enrique

temer = *tener miedo de*

1 ¿Qué cualidades tiene?
2 ¿Cómo era su infancia?
3 ¿Qué problemas ha tenido?
4 ¿Qué ha hecho a pesar de sus problemas?
5 ¿Qué premios o títulos ha ganado?
6 ¿Por qué es un buen modelo a seguir, sobre todo?

Diferentes tiempos verbales para hablar del pasado ▶ *Páginas 212, 214, 219*

Use the **imperfect tense** for <u>repeated actions</u> in the past, and for <u>descriptions</u>:
   Vivía en Pakistán.   No ***era*** justo.

Use the **preterite tense** for saying what they <u>did</u>:
   Ganó un premio.

Use the **perfect tense** for saying what they <u>have done</u>:
   Ha superado muchos problemas.

7 Lee los textos otra vez. Busca <u>cuatro</u> ejemplos de cada tiempo verbal.
- El imperfecto
- El pretérito indefinido
- El pretérito perfecto

ochenta y tres **83**

EXAM PRACTICE: LISTENING

E1 SPECIAL OCCASIONS
E2 HOBBIES, INTERESTS, SPORTS AND EXERCISE
D4 THE MEDIA

Entrevista con una cantante mexicana

1 Escucha esta entrevista con Mariluz, una cantante mexicana. Pon una equis en las seis casillas adecuadas.

Ejemplo: El concierto es…

	A	gratis.
X	B	benéfico.
	C	violento.
	D	increíble.

a Mariluz ha organizado el concierto

	A	para recaudar fondos para su familia.
	B	porque quiere abandonar su país.
	C	para apoyar a los refugiados.
	D	porque quiere escribir canciones.

b Mariluz quiere ayudar a personas…

	A	que son responsables.
	B	que están organizados.
	C	que viven en Buenos Aires.
	D	que son víctimas de la violencia.

c Lo más importante para ella es

	A	cantar en directo.
	B	escribir canciones.
	C	grabar discos.
	D	vender su álbum.

d Quiere dar las gracias a las personas que…

	A	han abandonado su país.
	B	han comprado su música.
	C	han recaudado fondos.
	D	han tocado en su banda.

e Su nueva gira empieza…

	A	el dos de febrero.
	B	en un teatro de Buenos Aires.
	C	el doce de febrero.
	D	con una nueva canción.

f Según Mariluz, su nueva gira

	A	se parece a su última gira.
	B	tendrá una banda de cinco músicos.
	C	va a terminar en Buenos Aires.
	D	será más espectacular que la última.

(Total for Question 1 = 6 marks)

Mi ídolo

2 Escucha un programa en que jóvenes españoles hablan de sus ídolos. ¿Qué dice Omar?
Completa la tabla en español o usando números cuando sea necesario.

Ejemplo: Su trabajo: _director de televisión_ .

a Año en que murió: _____ .
b Cómo murió: _____ .
c Tipo de programa que creó: _____ .
d Es el ídolo de Omar porque es _____ .
e Categorías de personas que ha ayudado: _____
 y: _____ .

(Total for Question 2 = 6 marks)

84 ochenta y cuatro

MÓDULO 4

EXAM PRACTICE: READING

E1 SPECIAL OCCASIONS
E2 HOBBIES, INTERESTS, SPORTS AND EXERCISE
D4 THE MEDIA

Visita Fort Bravo, ¡más que un parque temático!

1 Lee la página web de unos decorados de cine* en España que están abiertos al público.

Fort Bravo / Texas Hollywood son los decorados de cine estilo western más grandes de Europa, que se encuentran situados en pleno desierto de Tabernas, Almería. Se construyeron a principios de los años sesenta para la filmación de las numerosas películas de Sergio Leone, los famosos *spaguetti-western*, y todavía filmamos películas, spots publicitarios y videoclips.

Abrimos desde las 9.00 hasta las 20.00. En su visita va a descubrir un auténtico poblado de madera del Viejo Oeste americano, un típico pueblo mexicano y un poblado indio. Puede disfrutar de un día inolvidable paseando por sus calles y viendo el espectáculo de cowboys con peleas de salón, asalto al banco y baile de cancán con trajes típicos. También hay alquiler de caballos y estudio fotográfico. Disponemos de Saloon-Bar, restaurante y tienda de recuerdos, y puede dormir en el Oeste en nuestras cabañas de madera rurales totalmente equipadas.

* *los decorados de cine = sets de filmación*

Contesta a las preguntas en español. No tienes que escribir frases completas.

a ¿Dónde está Fort Bravo?
b ¿Cuándo empezó la producción de películas allí?
c ¿Qué tipo de películas produjo Sergio Leone?
d ¿Cuál es el horario para los visitantes?
e ¿Qué ropa llevan las bailarinas de cancán?
f ¿Qué tipo de alojamiento ofrece Fort Bravo?

EXAM SKILLS
Start by working out what information you are asked to give. In your answers you should be able to 'lift' words from the text.

(Total for Question 1 = 6 marks)

El deporte

2 Lee esta conversación entre Sara y sus amigas.

— Me gusta el fútbol, pero creo que los estudios son más importantes —dijo Dasha.
— Yo prefiero el fútbol —suspiró Eva— pero mi padre no me deja salir de casa por las tardes porque dice que tengo que estudiar.
—Tienes que ser razonable, Eva —intervino Mónica. —A todas nosotras nos encantaría poder entrenar todos los días y jugar fenomenal en los play-off, pero hay que aceptar que no podemos hacerlo todo.
— Además —añadió Vicky— las jugadoras de los otros equipos también tienen exámenes, así que están en la misma situación que nosotras.
— No exactamente —murmuró Sara— porque las chicas de los otros equipos ya juegan mejor que nosotras, así que debemos entrenar más que ellas.
—Bueno, considerando que es nuestro primer año, lo hemos hecho muy bien —razonó Dasha.

Sara y las Goleadoras: El último gol
by Laura Gallego (abridged and adapted)

Contesta las preguntas en español basándote en el texto. Pon la letra adecuada en la casilla.

A bien	D exámenes	G fútbol	J peor	M tarea
B estudiar	E femenino	H mal	K razonable	
C estudios	F fenomenal	I mejor	L situación	

Ejemplo: Sara y sus amigas juegan con un equipo de fútbol…	F
a Dasha cree que lo más importante no es el…	
b Eva no tiene permitido salir por las tardes porque tiene que hacer sus…	
c Mónica cree que hay que ser…	
d Vicky dice que las chicas que juegan con otros equipos también tendrán…	
e Sara piensa que las jugadoras de su equipo deben entrenar más porque juegan…	
f Dasha cree que a fin de cuentas no lo han hecho…	

EXAM SKILLS
Written dialogues often include words like 'she said' or 'he added'. These may include **añadir** (to add), **gritar** (to shout), **suspirar** (to sigh), **decir** (to say), **intervenir** (to intervene), **murmurar** (to murmur) and **razonar** (to reason).

(Total for Question 2 = 6 marks)

ochenta y cinco **85**

EXAM PREPARATION: WRITING

E1 SPECIAL OCCASIONS
E2 HOBBIES, INTERESTS, SPORTS AND EXERCISE
D4 THE MEDIA

1 Mira la tarea 'El deporte' en la página siguiente y contesta estas preguntas.

¿Qué tipo de texto tienes que escribir?
- una carta a tu amigo/a español(a)
- una entrada en un blog
- un informe para la revista de tu colegio
- un artículo para una revista española
- un mensaje en una red social

2 Lee la respuesta de Rahma. Después mira 'Answer Booster' en la página siguiente y apunta <u>ocho</u> expresiones empleadas para dar una respuesta sólida.

> **SAMPLE ANSWER**
>
> Soy muy deportista, dado que soy una persona competitiva y enérgica. El deporte me ayuda a desconectar, y además es muy sano. Soy miembro de un club de natación desde hace cinco años y también me flipan los deportes de equipo ya que me ayudan a hacer nuevos amigos.
>
> Cuando tenía doce años jugaba en el equipo de netball de mi instituto. Jugaba en posición de guardameta. También hacía gimnasia, pero ya no la hago.
>
> A mi modo de ver, los deportistas son buenos modelos a seguir porque tienen mucha disciplina. Admiro a la campeona olímpica Jessica Ennis-Hill puesto que tiene mucho talento. Su mayor triunfo fue cuando ganó la medalla de oro en los Juegos Olímpicos de Londres.
>
> Me mola ver los partidos de fútbol en directo, y el sábado voy a ir a Old Trafford con mi padre. ¡Qué guay! Vamos a llevar nuestras bufandas y el ambiente va a ser fenomenal.

3 Mira este plano del informe sobre 'El deporte' que ha escrito Rahma. Rellena los espacios en blanco.

1º párrafo
- Por qué me gusta el **1** _____
- Cuánto tiempo hace que practico la **2** _____
- Por qué me gustan los deportes de **3** _____

2º párrafo
- Los deportes que yo **4** _____ cuando era más joven
- La **5** _____ en que jugaba en el equipo de netball

3º párrafo
- Mi opinión de los **6** _____
- Por qué **7** _____ a Jessica Ennis-Hill
- Su mayor **8** _____

4º párrafo
- Los **9** _____ de fútbol que me gustan más
- Lo que voy a hacer el **10** _____

4 Completa la Práctica de Examen. Prepara tus propias respuestas.

> **EXAM SKILLS**
> - Look at the Answer Booster and Rahma's plan for ideas.
> - Think about how you can develop your answer for each bullet point.
> - Write a detailed plan. Organise your answer in paragraphs.

EXAM PRACTICE: WRITING

MÓDULO 4

E1 SPECIAL OCCASIONS
E2 HOBBIES, INTERESTS, SPORTS AND EXERCISE
D4 THE MEDIA

Long writing task

El deporte

1 Eres un(a) fanático/a del deporte. Escribe un informe para una revista española para convencer a los lectores de la importancia del deporte.

Debes incluir los puntos siguientes:
- por qué el deporte es importante para ti
- qué deportes practicabas en el pasado
- por qué los deportistas son buenos modelos a seguir
- un evento deportivo al que vas a asistir en el futuro.

Justifica tus ideas y tus opiniones.

Escribe entre 130 y 150 palabras **en español**.

(Total for Question 1 = 20 marks)

Grammar

Corrige las palabras (a)–(j). Deben estar de acuerdo con la frase. ¡Ojo! No es siempre necesario cambiar las palabras.

Ver la tele **(a) [ser]** el pasatiempo favorito de **(b) [mucho]** gente. Aunque a mucha gente le **(c) [gustar]** ver los realitys, los españoles todavía **(d) [preferir]** los programas **(e) [deportivo]**. Sin embargo, una excepción **(f) [notable]** tiene que **(g) [ser]** La Voz. Este concurso musical ha **(h) [tener]** un éxito enorme en todo el mundo y ha **(i) [ganar]** muchos premios en **(j) [otro]** países.

(Total for Question 2 = 10 marks)

Answer booster	Aiming for a solid answer	Aiming higher	Aiming for the top
Verbs	**Different timeframes:** past (preterite or imperfect), present, near future	**Different persons of the verb** **Verbs with an infinitive:** tener ganas de, soler, acabar de	More than one tense to talk about the past (preterite, imperfect and perfect)
Opinions and reasons	**Verbs of opinion:** me chifla(n), me interesa(n)… **Reasons:** porque…	**Exclamations:** ¡Qué guay! **Comparatives:** más… que…, menos… que…	**Opinions:** creo que, a mi modo de ver, en mi opinión **Reasons:** dado que, por eso, por lo tanto, así que, como **Comparatives:** tan… como
Connectives	y, pero, también	sin embargo, por desgracia, por ejemplo, sobre todo	ya no, todavía **Balancing an argument:** aunque, por un lado… por otro lado…
Other features	**Negatives:** no, nunca **Qualifiers:** muy, un poco, bastante **Adjectives:** emocionante, original **Time phrases:** hace dos semanas	**Sentences with cuando, donde:** Cuando tenía… **Negatives:** ni… ni…, tampoco… **para + infinitive:** para ayudar	**Object pronouns:** lo/la/los/las **Specialist vocabulary:** el / la guardameta, la campeona **Interesting phrases:** me ayuda a desconectar, la gran pantalla

EXAM PREPARATION: SPEAKING
E2 HOBBIES, INTERESTS, SPORTS AND EXERCISE

A Picture-based discussion

1 *escuchar* **Mira la foto en la página siguiente y lee las preguntas. Luego, escucha la respuesta de Ben a la cuarta pregunta. Rellena los espacios en blanco en esta transcripción.**

En mi opinión, **1** _____ deportistas son buenos modelos a seguir, pero otros no. Por ejemplo, creo que el futbolista **2** _____ Cristiano Ronaldo es el mejor modelo a seguir porque es dinámico y muy trabajador. Es un **3** _____ rápido que no es ni egoísta ni agresivo. **4** _____ es arrogante. Ha jugado en equipos como el Sporting, el Manchester United y el Real Madrid, y ha batido muchos récords. Por ejemplo, en **5** _____ marcó sesenta y nueve goles. Sobre todo, admiro a Ronaldo **6** _____ que es muy generoso y siempre usa su fama para ayudar a otras personas. Por eso es mi inspiración.

2 *leer* **Mira el 'Answer Booster' en la página anterior y apunta seis expresiones que emplea Ben para dar una respuesta sólida.**

3 *escuchar* **Escucha la respuesta de Ben a la quinta pregunta. Después, contesta estas preguntas en español.**

- a ¿Cuándo entrena Ben?
- b ¿En qué día se celebró la competición?
- c ¿Dónde tuvo lugar la competición?
- d ¿Cómo era el ambiente?
- e ¿En cuántas carreras participó Ben?
- f ¿Cuál fue el resultado de la primera carrera?
- g ¿Y la segunda?
- h ¿Qué recibió Ben?
- i ¿Qué hizo su madre?

B General conversation

4 *escuchar* **Lee la Conversación general en la siguiente página. Escucha la respuesta del estudiante a la pregunta 1. ¿En qué orden menciona estas cosas?**

- a el instrumento que toca ahora
- b el instrumento que tocaba antes
- c su cantante favorito
- d qué tipo de persona es
- e adónde va a ir
- f lo que acaba de hacer

5 *escuchar* **La segunda pregunta es: *¿Eres teleadicta?* Escucha la respuesta de la estudiante a esta pregunta.**

La estudiante ofrece también información que podría contestar a varias otras preguntas. Escoge de la lista las cinco preguntas apropiadas.

- a ¿Cuál es tu programa favorito?
- b ¿Cuándo ves la tele?
- c ¿Dónde ves la tele?
- d ¿Hay algún tipo de programa que no te guste?
- e ¿Qué programas vas a ver esta noche?
- f ¿Qué programas viste el fin de semana pasado?
- g ¿Qué tipo de programas prefieres?
- h ¿Tienes un actor preferido?

6 *escuchar* **La tercera pregunta es: *¿Prefieres ver películas en casa o en el cine?* Escucha la respuesta de la estudiante a esta pregunta.**

Ahora, mira el 'Answer Booster' en la página anterior y apunta seis expresiones que emplea la estudiante para dar una respuesta fuerte.

7 *hablar* **Ahora completa la Práctica de Examen. Trabaja con un compañero. En turnos, haz las preguntas del examinador y del candidato. Usa los tips de conversación y escribe notas relevantes para otras preguntas.**

88 ochenta y ocho

EXAM PRACTICE: SPEAKING

MÓDULO 4

E1 SPECIAL OCCASIONS
E2 HOBBIES
D4 THE MEDIA

A Picture-based discussion

C3 Role models

Mira esta imagen y contesta las preguntas.

1. ¿Qué se puede ver en esta imagen?
2. Describe al hombre a la izquierda de la foto.
3. ¿Qué crees que va a pasar dentro de unos minutos?
4. ¿Crees que los deportistas son buenos modelos a seguir?
5. Háblame de la última vez que practicaste un deporte.

(Total for Task A = 12 marks)

B General conversation

E2 Hobbies, interests, sports and exercise

Prepara tus respuestas a las siguientes preguntas.

1. ¿Qué te gusta hacer en tus ratos libres?
2. ¿Eres teleadicta?
3. ¿Prefieres ver películas en casa o en el cine?
4. Háblame de la última vez que fuiste al cine.
5. ¿Qué planes tienes para este fin de semana?

(Total for Task B = 28 marks)

PICTURE-BASED DISCUSSION TIPS: ¿Qué se puede ver en esta imagen?

Lee esta repuesta a la primera pregunta.

En la foto hay tres hombres. Están haciendo atletismo. ← Who are they? What are they doing?

A la derecha hay un joven con camiseta de color azul. Lleva un número en la camiseta, pero no se puede leerlo. Tiene el pelo castaño, corto y rizado. ← Describe one person.

Creo que es muy serio y ambicioso. ← What can you say about his or her personality?

En mi opinión, los hombres están participando en un maratón en una ciudad. Pienso que el chico en el centro va a ganar. ← Give more details about the activity they are doing.

Hace buen tiempo, y por eso creo que es verano. ← What is the weather like? What season might it be?

ochenta y nueve **89**

MÓDULO 4 — PALABRAS

La paga / Pocket money
Mis padres me dan…	My parents give me…
Mi madre / padre me da…	My mum / dad gives me…
…euros a la semana / al mes	…euros a week / a month
Gasto mi paga en…	I spend my pocket money on…
También compro…	I also buy…
saldo para el móvil	credit for my phone
ropa / joyas / maquillaje	clothes / jewellery / make-up
zapatillas de marca	designer trainers
videojuegos / revistas	computer games / magazines

Mis ratos libres / My free time
las actividades de ocio	leisure activities
Tengo muchos pasatiempos.	I have lots of hobbies.
A la hora de comer…	At lunchtime…
Cuando tengo tiempo…	When I have time…
Después del insti…	After school…
Los fines de semana…	At weekends…
Mientras desayuno / como…	Whilst I have breakfast / lunch…
juego al billar / futbolín	I play billiards / table football
monto en bici / monopatín	I ride my bike / I skateboard
quedo con mis amigos	I meet up with friends
voy de compras	I go shopping
mi pasión es la música / la lectura	my passion is music / reading
Suelo…	I tend to / I usually …
descansar	rest
escuchar música / la radio	listen to music / the radio
hacer deporte	do sport
ir al cine	go to the cinema
leer libros / revistas / periódicos	read books / magazines / newspapers
salir con amigos	go out with friends
usar el ordenador	use the computer
ver la tele	watch TV
Es divertido / relajante / sano	It's fun / relaxing / healthy
Soy creativo/a / perezoso/a / sociable	I'm creative / lazy / sociable
Soy adicto/a a…	I'm addicted to…
me ayuda a relajarme	it helps me to relax
me ayuda a olvidarme de todo	it helps me to forget everything
me hace reír	it makes me laugh
necesito comunicarme / relacionarme con otra gente	I need to have contact with other people

La música / Music
Me gusta el soul / el rap / el dance / el hip-hop / el pop / el rock / el jazz / la música clásica / electrónica	I like soul / rap / dance / hip-hop / pop / rock / jazz / classical / electronic music
asistir a un concierto	to attend a concert
cantar (una canción)	to sing (a song)
tocar el teclado / el piano /	to play the keyboard / the piano /
la batería / la flauta / la guitarra / la trompeta	the drums / the flute / the guitar / the trumpet
mi cantante preferido/a es…	my favourite singer is…
un espectáculo	a show
una gira (mundial)	a (world) tour

El deporte / Sport
Soy / Era…	I am / I used to be…
(bastante / muy) deportista	(quite / very) sporty
miembro de un club / un equipo	a member of a club / a team
aficionado/a / hincha de…	a fan of…
un(a) fanático/a de…	a … fanatic
juego al…	I play…
jugué al…	I played…
jugaba al…	I used to play…
bádminton / baloncesto	badminton / basketball
béisbol / balonmano	baseball / handball
críquet / fútbol	cricket / football
hockey / ping-pong	hockey / table tennis
rugby / tenis / voleibol	rugby / tennis / volleyball
hago…	I do…
hice…	I did…
hacía…	I used to do…
baile / boxeo / ciclismo	dancing / boxing / cycling
deportes acuáticos	water sports
entrenamiento con pesas	weight lifting
equitación / escalada	horseriding / climbing
gimnasia / judo	gymnastics / judo
kárate / natación	karate / swimming
patinaje sobre hielo	ice skating
piragüismo / remo	canoeing / rowing
submarinismo	diving
tiro con arco	archery
voy…	I go…
fui…	I went…
iba…	I used to go…
a clases de…	to … classes
de pesca	fishing
ya no (juego)…	(I) no longer (play)…
todavía (hago)…	(I) still (do)…
batir un récord	to break a record
correr	to run
entrenar	to train
jugar un partido contra…	to play a match against…
marcar un gol	to score a goal
montar a caballo	to go horseriding
participar en un torneo	to participate in a tournament
patinar	to skate
mi jugador(a) preferido/a es…	my favourite player is…
su punto culminante fue cuando…	the highlight (of his/her career) was when…
el campeón / la campeona	the champion
la temporada	the season

La tele / TV
(No) Soy teleadicto/a.	I'm (not) a TV addict.
Mi programa favorito es…	My favourite programme is…
un concurso	a game / quiz show
un programa de deportes	a sports programme
un reality	a reality TV show
un documental	a documentary
un culebrón / una telenovela	a soap
una comedia	a comedy
una serie policíaca	a crime series
el telediario / las noticias	the news
Me gustan las comedias.	I like comedies.
Es / Son…	It is / They are…
aburrido/a/os/as	boring
adictivo/a/os/as	addictive
divertido/a/os/as	fun
entretenido/a/os/as	entertaining
tonto/a/os/as	silly
informativo/a/os/as	informative
malo/a/os/as	bad
conmovedor(a)(s)	moving
emocionante(s)	exciting
interesante(s)	interesting

90 noventa

MÓDULO 4

Las películas / Films

un misterio	a mystery
una película de amor	a love film
una película de terror	a horror film
una película de acción	an action film
una película de aventuras	an adventure film
una película de animación	an animated film
una película de ciencia ficción	a sci-fi film
una película de fantasía	a fantasy film
una película extranjera	a foreign film

Nacionalidades / Nationalities

americano/a	American
argentino/a	Argentinian
brasileño/a	Brazilian
británico/a	British
chino/a	Chinese
griego/a	Greek
italiano/a	Italian
mexicano/a	Mexican
sueco/a	Swedish
turco/a	Turkish
alemán/alemana	German
danés/danesa	Danish
español(a)	Spanish
francés/francesa	French
holandés/holandesa	Dutch
inglés/inglesa	English
irlandés/irlandesa	Irish
japonés/japonesa	Japanese
portugués/portuguesa	Portuguese

Temas del momento / Trending topics

he compartido…	I have shared…
he comprado…	I have bought…
he jugado…	I have played…
he leído…	I have read…
he oído…	I have heard…
he roto…	I have broken…
he subido…	I have uploaded…
¿Has probado…?	Have you tried…?
mi hermano ha descargado…	my brother has downloaded…
se ha estrenado…	…has been released.
la nueva canción	the new song
el último libro	the latest book
Ya lo/la/los/las he visto.	I have already seen it/them.
No lo/la/los/las he visto todavía.	I haven't seen it/them yet.
acabo de ver / jugar a…	I have just seen / played…
cuenta la historia de…	it tells the story of…
trata de…	it's about…
combina el misterio con la acción	it combines mystery with action
el argumento es fuerte / débil	the plot is strong / weak
la banda sonora es buena / mala	the soundtrack is good / bad
los actores…	the actors…
los efectos especiales…	the special effects…
los gráficos…	the graphics…
los personajes…	the characters…
las animaciones…	the animations…
las canciones…	the songs…
son guapos/as / guay	are good looking / cool
son estupendos/as / impresionantes	are great / impressive
son originales / repetitivos/as	are original / repetitive

Ir al cine, al teatro, etc. / Going to the cinema, theatre, etc.

¿Qué vamos a hacer…	What are we going to do…
esta tarde?	this afternoon / evening?
esta noche?	tonight?
mañana / el viernes?	tomorrow / on Friday?
pasado mañana?	the day after tomorrow?
¿Tienes ganas de ir?…	Do you fancy going…
a un concierto / un festival?	to a concert / a festival?
a un espectáculo de baile?	to a dance show?
al cine / al teatro / al circo?	to the cinema / theatre / circus?
¿Qué ponen?	What's on?
Es una película / obra de…	It's a … film / play
¿A qué hora empieza / termina?	What time does it start / finish?
Empieza / Termina a las…	It starts / finishes at…
Dos entradas para…, por favor.	Two tickets for …, please.
para la sesión de las…	for the … showing / performance
No quedan entradas.	There are no tickets left.
¿Hay un descuento para estudiantes?	Is there a discount for students?
Aquí tiene mi carné de estudiante.	Here is my student card.

¿En el cine o en casa? / At the cinema or at home?

(No) Me gusta ir al cine porque…	I (don't) like going to the cinema because…
Prefiero ver las pelis en casa porque…	I prefer watching films at home because…
el ambiente es mejor	the atmosphere is better
hay demasiadas personas	there are too many people
la imagen es mejor en la gran pantalla	the picture is better on the big screen
las entradas son muy caras	the tickets are very expensive
las palomitas están ricas	the popcorn is tasty
los asientos no son cómodos	the seats aren't comfortable
los otros espectadores me molestan	the other spectators annoy me
ponen tráilers para las nuevas pelis	they show trailers for new films
si vas al baño te pierdes una parte	if you go to the toilet you miss part of it
tienes que hacer cola/fila	you have to queue
una corrida de toros	a bull fight
en directo	live

Los modelos a seguir / Role models

Admiro a…	I admire…
Mi inspiración / ídolo es…	My inspiration / idol is…
…es un buen / mal modelo a seguir	…is a good / bad role model
Un buen modelo a seguir es alguien que…	A good role model is someone who…
apoya a organizaciones benéficas	supports charities
recauda fondos para…	raises money for…
tiene mucho talento / éxito	is very talented / successful
trabaja en defensa de los animales	works in defence of animals
usa su fama para ayudar a los demás	uses his / her fame to help others
malgastan su riqueza	they waste their wealth
se comportan mal	they behave badly
se meten en problemas con la policía	they get into trouble with the police
es amable / cariñoso/a / fuerte	he/she is nice / affectionate / strong
lucha por / contra…	he/she fights for / against…
la pobreza / el racismo	poverty / racism
los derechos de la mujer	women's rights
los derechos de los refugiados	the rights of refugees
los niños desfavorecidos	underprivileged children
la justicia social	social justice
a pesar de sus problemas…	despite his/her problems…
ha batido varios récords	he/she has broken several records
ha creado…	he/she has created…
ha ganado … medallas / premios	he/she has won … medals / awards
ha sufrido varias enfermedades	he/she has suffered several illnesses
ha superado sus problemas	he/she has overcome his/her problems
ha tenido mucho éxito como…	he/she has had lots of success as…
siempre sonríe	he/she always smiles
solo piensa en los demás	he/she only thinks of other people

5 CIUDADES

OBJETIVOS DE APRENDIZAJE
- Hablar de los lugares de la ciudad
- Pedir y entender direcciones

PUNTO DE PARTIDA 1

A2 HOLIDAYS, TOURIST INFORMATION AND DIRECTIONS

1 *leer* Lee los textos. Pon los dibujos en el orden correcto. ¡Ojo! No hay dibujo para todos los lugares mencionados.

1. En mi ciudad hay un cine y una piscina. También hay muchas tiendas y unos museos, pero no hay ni mercado ni biblioteca. Tampoco hay pista de hielo.
2. Vivo en un pueblo tranquilo donde solo hay una iglesia, un parque y una oficina de correos. También hay un castillo en ruinas, pero no hay ni bolera ni ayuntamiento.
3. Mi ciudad tiene un centro comercial con muchos restaurantes y bares. Está en la costa, así que hay playas y un puerto también. Desafortunadamente, no hay polideportivo.

2 *escribir* Escribe una lista en español de los lugares del ejercicio 1.

3 *escuchar* Escucha y mira los dibujos. ¿Hay uno, unos o muchos? (1–3)

Ejemplo: **1** e ✓✓, …, …

Hay	un / una ✓
	unos / unas ✓✓
	muchos / muchas ✓✓✓
No hay	--- ✗

4 *leer* Lee y empareja las preguntas y respuestas.

1. ¿Dónde vives?
2. ¿Dónde está?
3. ¿Cómo es tu ciudad?
4. ¿Qué hay en tu ciudad?
5. ¿Te gusta vivir allí?

a. Está bien porque siempre hay algo que hacer.
b. Hay muchos lugares de interés.
c. Está situada en el sur del país.
d. Vivo en Córdoba.
e. Es una ciudad bastante grande, turística y muy bonita.

Remember:
No hay **ni** un polideportivo **ni** una plaza mayor.
Tampoco hay un teatro.

5 *hablar* Con tu compañero/a, pregunta y contesta a las preguntas del ejercicio 4.

Vivo en	Manchester, Cardiff,	una ciudad un pueblo	grande pequeño/a	y/e pero	histórico/a tranquilo/a turístico/a bonito/a	moderno/a ruidoso/a industrial feo/a
Está situado/a en	el norte / el sur / el este / el oeste		de Inglaterra / Gales / Escocia / Irlanda (del Norte)	cerca de…		
En… hay Mi ciudad tiene	un ayuntamiento una bolera / unos bares unas pistas de tenis		pero no hay	teatro muchos espacios verdes		
(No) me gusta porque	(no) hay mucho que hacer / siempre hay algo que hacer / no hay nada que hacer					

92 *noventa y dos*

MÓDULO 5

UNIDAD 1

6 escribir Escribe un párrafo sobre tu ciudad o pueblo.

> **y → e**
> Use **e** to mean 'y' ('and') when the next word begins with *i-* or *hi-*:
> Vivo en una ciudad pequeña **e** histórica.

7 leer Pon la conversación en el orden correcto.

a De nada.

b ¿Dónde está?

c Perdón. ¿La Plaza Mayor está lejos de aquí?

d Muchas gracias.

e No, está muy cerca.

f Toma la primera calle a la izquierda. Luego sigue todo recto y está a la derecha.

¿Para ir al / a la…?
¿Por dónde se va al / a la…?

Sigue todo recto	⬆
Gira a la derecha / a la izquierda	↱ ↰
Toma la primera calle a la derecha / la segunda calle a la izquierda / la tercera calle a la derecha	
Pasa el puente / los semáforos	

¿Dónde está el / la…?
¿El / La … está cerca / lejos?

Cruza la plaza / la calle	
Coge el autobús número 37	
Está cerca / lejos	
en la esquina	
al final de la calle	
al lado del museo ✗	
enfrente de la piscina ✗	
a la derecha	
a la izquierda	
a mano derecha	
a mano izquierda	

8 escuchar Escucha y mira el mapa. Escribe la letra correcta (a–f). (1–6)

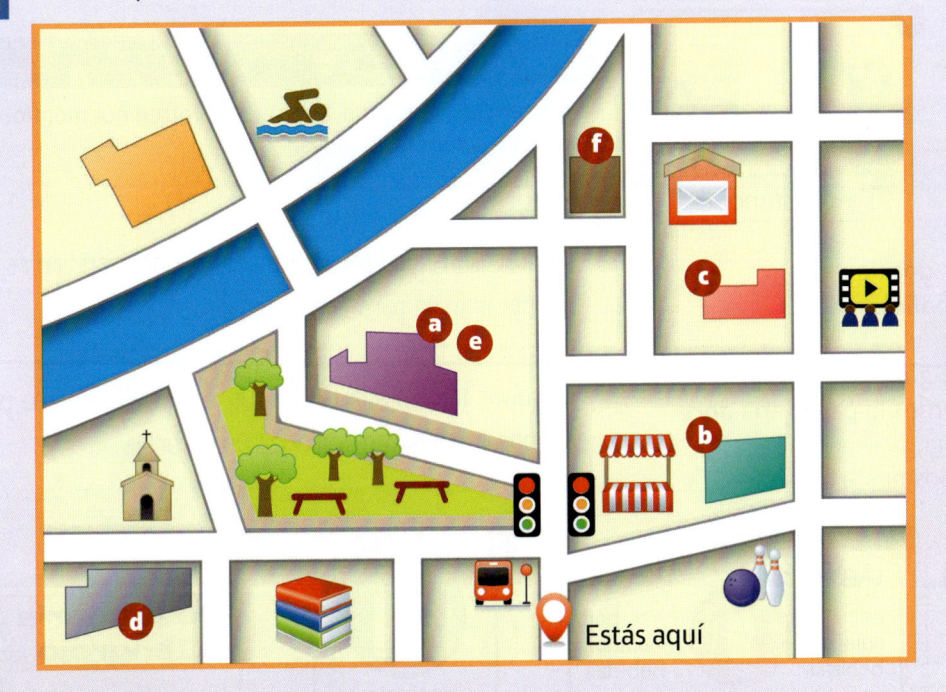

Contracciones
Careful!
a + el = al
de + el = del

El imperativo ▸ Página 235

Positive commands to one person (tú):
girar → (tú) giras → ¡Gira!
tomar → (tú) tomas → ¡Toma!
pasar → (tú) pasas → ¡Pasa!
cruzar → (tú) cruzas → ¡Cruza!
coger → (tú) coges → ¡Coge!
seguir → (tú) sigues → ¡Sigue!

9 hablar Con tu compañero/a, pregunta y contesta. Utiliza el mapa.
● ¿Dónde está la iglesia / el mercado / la biblioteca / el cine / la bolera?

noventa y tres 93

PUNTO DE PARTIDA 2

OBJETIVOS DE APRENDIZAJE
- Hablar de las tiendas
- Comprar recuerdos

E3 SHOPPING AND MONEY MATTERS

1 leer ¿Qué se compra en estas tiendas? Copia y completa la tabla en español.

tienda	cosa
la panadería	pan
la zapatería	
la frutería	
la papelería	
la cafetería	
la joyería	
la carnicería	
la pastelería	
la pescadería	
la librería	

EXAM SKILLS

Spotting links between words helps you understand unfamiliar words in the exam. Look at the examples in the table. Try to work out what these shops are without a dictionary.

2 escuchar Escucha. ¿Adónde van? Escribe la letra correcta. (1–6)

a la estación de trenes
b el banco 
c la tienda de ropa 
d la peluquería 
e la farmacia 
f el estanco 

EXAM SKILLS

In listening exams, the exact word is often not mentioned, so listen carefully for clues.

3 escribir Lee la lista de Carolina, ¿adónde va? Escribe los lugares en español.

- buscar un regalo para mi madre (¿unos pendientes?)
- comprar fruta para la ensalada
- recoger la tarta de cumpleaños para la fiesta
- devolver la camiseta nueva que compré la semana pasada
- comprar sellos para mandar unas cartas

4 escribir Escribe frases para cada lugar.
Ejemplo: **1** De lunes a viernes la panadería **abre** a las ocho y **cierra** a la una.
Por la tarde **abre** de las dos hasta las siete…

1 Panadería El Faro
Horario comercial:
lunes–viernes
08.00–13.00
14.00–19.00
sábados
09.00–13.00

2 Heladería San Isidro
bar   bar
helados helados
bebidas bebidas
lunes–viernes 11.00–21.00
sábados y domingos 13.00–23.00
no cierra a mediodía

3 Centro comercial
Horario
lunes–sábado 10.00–22.00
cerrado domingos y festivos

4 Pescadería Cangrejo
Horas de apertura:
abierto todos los días 8.15–14.00
fines de semana 07.30–12.30

MÓDULO 5

UNIDAD 3

5 ¿Cuánto cuesta? Pregunta y contesta.
- Creo que el llavero cuest**a** tres euros noventa y cinco (céntimos). ¿Y tú?
- Sí, yo también. En mi opinión, los pendientes cuest**an** cincuenta y seis euros.

a el abanico
b el queso
c el llavero
d el oso de peluche
e la gorra
f la taza
g los pendientes
h las golosinas
i las pegatinas

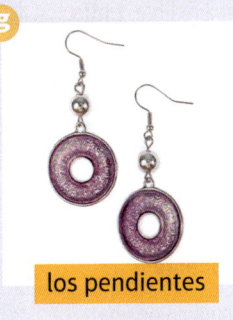

23,50 €	56,00 €
3,95 €	4,99 €
15,75 €	9,50 €
12,25 €	1,45 €
2,50 €	

6 Escucha y comprueba tus respuestas. Escribe la letra correcta y el precio. (1–9)

Prices can be said in different ways:
- ocho euros **y** cincuenta y cinco
- ocho **con** cincuenta y cinco
- ocho euros cincuenta y cinco

7 Escucha y lee. Escribe las palabras que faltan en español. (1–2)

- Buenos días. ¿Me puede ayudar? Quiero comprar **a** _____.
- Muy bien. ¿Para quién es?
- Es para **b** _____.
- Vale. ¿De qué color?
- **c** _____, por favor.
- De acuerdo. Aquí tiene.
- ¿Tiene uno / una / unos / unas **d** _____, por favor?
- Sí, por supuesto.
- Gracias. ¿Cuánto es / son?
- **e** _____.
- Solo tengo un billete de cincuenta / cien euros.
- No pasa nada, tengo cambio.

la forma *Usted*

Use the **usted** (formal) verb form with an adult you don't know well. It is the same verb form as 's/he' (3rd person) singular:

¿(Usted) Me **puede** ayudar?

Aquí **tiene** (Usted).

Only say the word 'Usted' for emphasis or clarity.

Adjetivos

Note the agreement of the adjectives:

Un**a** taz**a** blanc**a**

Un**as** golosin**as** amarill**as**

8 Con tu compañero/a, haz diálogos. Utiliza los siguientes detalles.

hermano	madre	amiga	hermana
azul	morado	rojo	blanca
más pequeño	más barato	más largo	más grande
13,25 €	9,75 €	35,95 €	18,40 €

noventa y cinco **95**

1 ¿CÓMO ES TU ZONA?

A2 HOLIDAYS, TOURIST INFORMATION AND DIRECTIONS

OBJETIVOS DE APRENDIZAJE
- Describir una región
- Utilizar *se puede* y *se pueden*
- Hacer y contestar a preguntas

1 *escuchar* Escucha y lee. Escribe la ciudad correcta para cada frase.

¿Cómo es tu zona?

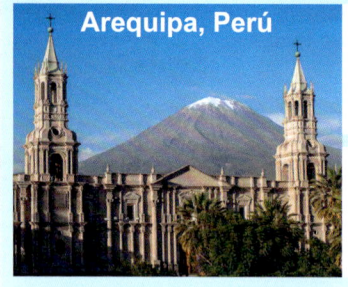

Arequipa, Perú

Arequipa está rodeada de tres volcanes y tiene unos impresionantes paisajes naturales. Es un oasis verde entre el desierto y la sierra donde siempre brilla el sol. Me encanta el clima soleado. Solo llueve un poco en verano, así que se puede pasar mucho tiempo al aire libre. **Lidia**

Coroico, Bolivia

Vivo en Coroico, un pueblo situado en un valle de la cordillera de los Andes. Es una región muy húmeda con mucha neblina, pero es un paraíso de selva subtropical, ríos y bosques, perfecto para los que quieren caminar o ir en bici. **Alberto**

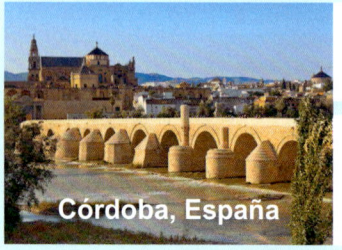

Córdoba, España

Córdoba es mi ciudad natal y me gusta mucho. Las varias influencias culturales (árabe, romana y judía) la hacen acogedora y atractiva, y se pueden visitar edificios de estilos muy diferentes. **Vicente**

La verdad es que en Valencia tenemos de todo: el bullicio de una ciudad, pero al lado del mar Mediterráneo. Mi lugar favorito es la Ciudad de las Ciencias, donde se pueden alquilar bolas de agua para pasear por los lagos artificiales. **Mariana**

Valencia, España

el bullicio = el ruido / el alboroto

1 Aquí se puede apreciar la arquitectura variada.
2 Aquí se pueden practicar senderismo y ciclismo.
3 Aquí se puede disfrutar del ambiente urbano y de la costa al mismo tiempo.
4 El clima es seco en invierno, otoño y primavera.
5 Es una zona muy montañosa y pintoresca, donde llueve a menudo.
6 Aquí se puede aprovechar el buen tiempo.

2 *leer* Lee los textos de nuevo. Haz **dos** listas en español. ¿Qué significan las palabras?
- <u>diez</u> palabras relacionadas con la geografía física
- <u>cuatro</u> palabras relacionadas con el clima

3 *escuchar* Escucha. Toma apuntes sobre los temas abajo. Utiliza el vocabulario de la caja de ayuda. (1–4)
  a Ciudad:
  b Geografía:
  c Clima:
  d <u>Dos</u> actividades:

4 *escribir* Busca información y escribe un texto sobre una de estas ciudades.

Sevilla   Palma de Mallorca   La Habana   Santiago de Compostela

se puede / se pueden + infinitivo

Use these to say 'you can…':
(Singular noun) *Se puede visitar la galería de arte.*
(Plural noun) *Se pueden probar platos típicos.*

Está	situado/a en un valle / una colina al lado del río
	rodeado/a de sierra
	lleno/a de bosques
	a… metros sobre el nivel del mar
El clima es	soleado, caluroso, seco, frío, templado
Hay	riesgo de tormentas
	mucha marcha
Es	famoso/a por (la Alhambra)
	conocido/a por (sus playas)
Aquí se puede	subir a la torre
	esquiar en invierno
	hacer un recorrido en autobús
	disfrutar de las vistas
	viajar en el AVE
Aquí se pueden	probar platos típicos
	practicar deportes acuáticos

96 *noventa y seis*

MÓDULO 5

5 Estás en la oficina de turismo. Empareja las mitades de las preguntas. Escribe frases completas.

1 ¿Me puede dar más información…
2 ¿Cuándo abre…
3 ¿Cuánto cuesta una…
4 ¿Dónde se pueden…
5 ¿A qué hora…
6 ¿Hay visitas guiadas…
7 ¿Me puede dar…
8 ¿Me puede recomendar…

un plano de la ciudad?
la cueva?
sale el autobús?
entrada?
sacar las entradas?
un restaurante típico?
a caballo o en Segway?
sobre la excursión a la Cueva de los Murciélagos?

6 Escucha el diálogo y comprueba tus respuestas.

7 Estás en la oficina de turismo en Córdoba. Con tu compañero/a, haz diálogos.

- [Una excursión - más información]
- *Sí, por supuesto.*
- [El horario. (¿Cuándo abre / empieza(n)?)]
- *Abre a las / Empieza(n) a las…*
- [El precio]
- *Cuesta…*
- [Las entradas - ¿dónde?]
- *Aquí en la oficina de turismo.*
- [La salida del autobús – ¿a qué hora?]
- *Sale…*
- [Otra cosa – folleto, plano de la ciudad]
- *Aquí tiene*

Excursión	Día / Horario	Tarifa
Cueva de los Murciélagos	ma.–vi. 12.30–17.00	6 €
Castillo de Almodóvar	lu.–do. 10.00–15.00	7 €
Visitas guiadas (a caballo, en bici, en Segway)	todos los días, cada dos horas, a las 10, 12…	40 €
Costa del Sol (Málaga)	cada hora diariamente 9–18	27 €

8 Lee el texto. Contesta a las preguntas utilizando frases completas.

24 horas en Córdoba. ¡Todo es posible!

Por la mañana: ¡Merece la pena madrugar! A primera hora hace menos calor y se puede aprovechar para visitar la Mezquita, que hasta las 9.30 es gratis. Luego puedes bajar al río Guadalquivir y contemplar la ciudad desde el puente romano. Para desayunar, podemos comer unos *jeringos* (o churros) en la churrería de la plaza del Campo Santo de los Mártires. Después es hora de descansar en los baños árabes Hammam Al Ándalus.

Al mediodía: Tenemos la taberna Casa Santos y sus tortillas, hechas con cinco kilos de patatas y treinta huevos, quizá las más grandes y las mejores del mundo.

Por la tarde: Conocer el barrio más popular de Córdoba: la Judería, un laberinto de calles estrechas. La más pintoresca es la calleja de las Flores. Al fondo hay una plaza con una fuente que es un imán para los aficionados a la fotografía.

Por la noche: El espectáculo ecuestre que se ofrece en las Caballerizas Reales es algo que no te puedes perder.

calleja de las Flores

la Mezquita

1 ¿Cuándo se puede visitar la Mezquita sin pagar?
2 ¿Dónde se puede desayunar?
3 ¿Qué se puede hacer en los baños árabes?
4 ¿Qué se puede comer en la taberna Casa Santos?
5 ¿Qué se puede hacer en la calleja de las Flores?
6 ¿Qué animales se pueden ver por la noche?

noventa y siete

2 ¿QUÉ HAREMOS MAÑANA?

OBJETIVOS DE APRENDIZAJE
- Hacer planes
- Utilizar el futuro
- Entender la geografía de España

D2 WEATHER AND CLIMATE

1 leer
Lee el texto y elige las <u>tres</u> frases correctas.
¿Qué significan las expresiones en **negrita**?

> San Cristóbal de la Laguna, 7 de junio
>
> ¡Hola mamá!
>
> Ya estoy muy a gusto en casa de Elena. ¡Su familia es guay! La zona donde viven es muy bonita, pero también es bastante lluviosa. ¡No ha dejado de llover en dos días! Por lo tanto, todavía no he visto mucho de Tenerife, pero mañana **el papá de Elena nos llevará** al Pico del Teide, donde **subiremos en teleférico**. Elena me dice que **pasaremos entre las nubes** para llegar a la cumbre. Aunque es verano, **habrá nieve** en la sierra. ¡Será genial! Luego **bajaremos a pie** para disfrutar del paisaje. **Sacaré muchas fotos** y **las subiré** a mi Facebook. **Te enviaré** un comentario mañana por la noche. Hoy, si sale el sol, **iremos a la playa**. ¿Qué tiempo hace allí en Cartagena?
>
> Buenas noches, mamá. :)

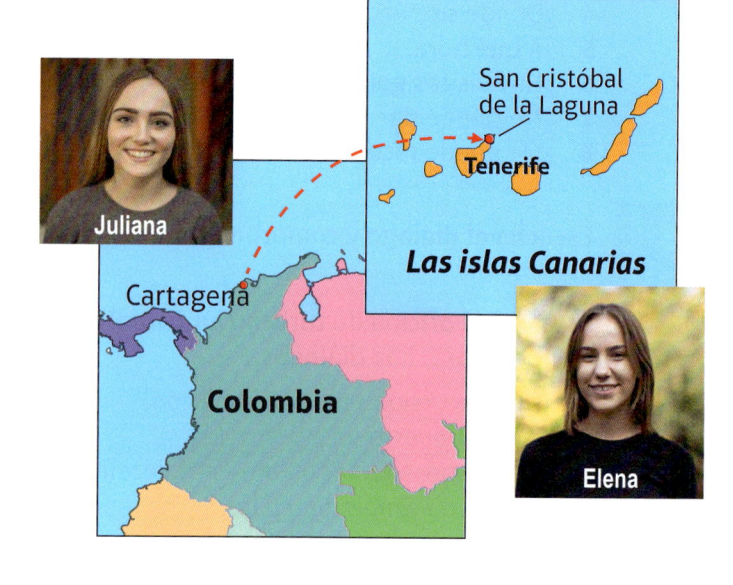

1. Juliana está muy feliz en casa de Elena.
2. Siempre hace buen tiempo en San Cristóbal de la Laguna.
3. Juliana y Elena irán de excursión en barco.
4. Mañana Juliana y Elena irán a la montaña.
5. Juliana escribirá otro mensaje a su madre.
6. Hoy hará sol.

2 escuchar
Escucha. Escribe los apuntes en español. (1–4)
Ejemplo: **1** buen tiempo, excursión en barco

está despejado = no hay nubes

3 hablar
Con tu compañero/a, habla de los planes posibles.
- ¿Qué haremos el lunes?
- *Si hace sol, jugaremos al tenis.*
- ¡Qué bien! ¿Y si llueve?
- *Iremos al cine.*

lunes	☀	jueves	🌡☀
martes	🌡❄	viernes	🌧
miércoles	👎		

El futuro > Página 216

Add these endings to the **infinitive stem** of regular –ar, –er and –ir verbs:

visitar**é**	visitar**emos**
visitar**ás**	visitar**éis**
visitar**á**	visitar**án**

A few verbs have an **irregular stem** in the **future tense**:

hacer → **har**é   poder → **podr**é
tener → **tendr**é   salir → **saldr**é
decir → **dir**é   haber (hay) → **habr**á

Si + present, + future
Si **hace** calor, **nadaremos** en el mar.
If **it's** hot, **we'll swim** in the sea.

98 *noventa y ocho*

MÓDULO 5

4 Escucha y lee. Corrige las frases incorrectas.

E: Bueno, ¿qué haremos el resto de la semana? Ya has visto el Pico del Teide y el parque nacional…
J: Sí, ¡fue genial! También hemos pasado un día en la playa.
E: Pues, mira. Hoy es martes. Según el pronóstico del tiempo, hará viento en la costa, así que será mejor ir al zoo que a la playa. ¿Qué te parece?
J: ¡Qué bien! Quiero ver los monos. Mañana parece que lloverá bastante.
E: ¿Por qué no vamos a la Cueva del Viento? El tiempo no nos importará allí.
J: Buena idea. ¿Y el jueves?
E: Será muy variable, según el pronóstico. Habrá nubes y claros, con chubascos. Bueno, iremos a Santa Cruz. Si no hace viento, podremos hacer paddle surf, y si hace demasiado viento, haremos piragüismo.
J: ¡Qué guay! Me encantan los dos.
E: El viernes será tu último día.
J: ¡Qué triste!
E: Sí, pero iremos al centro comercial y podrás comprar regalos para tu familia.
J: De acuerdo.

Santa Cruz de Tenerife

1 Juliana todavía no ha ido a la playa.
2 Hoy Juliana y Elena irán a la playa.
3 Mañana irán a la Cueva del Viento porque hará buen tiempo.
4 El jueves no saldrán porque el tiempo será variable.
5 A Juliana no le gustan los deportes acuáticos.
6 El viernes no habrá tiempo para ir de compras.

4 Estás en España. Escribe una entrada en el blog de tu clase.

Menciona:
- qué ya has visitado
- qué harás, si hace mal tiempo
- tus planes para el último día

Ya he visitado…Todavia no he visto
Si llueve, … Sin embargo, si hace buen tiempo…
El último día…

6 Escucha el pronóstico meteorológico. Escribe las letras correctas.

¿Qué tiempo hará en…?
1 el sur
2 la costa cantábrica
3 el norte
4 el este
5 las Baleares

Habrá…
a una ola de calor
b truenos y relámpagos
c temperaturas más altas
d temperaturas más bajas
e granizo
f brisas fuertes
g intervalos soleados

Las temperaturas…
h estarán a los…grados
i bajarán

El tiempo…
j se despejará
k cambiará
l lloverá

España tiene 17 *comunidades autónomas*.

3 DE COMPRAS

E3 SHOPPING AND MONEY MATTERS

OBJETIVOS DE APRENDIZAJE
- Comprar ropa y regalos
- Utilizar los adjetivos demostrativos
- Explicar las preferencias

1 Escucha y lee. Pon las frases en el orden correcto. Ej. 5, …

Aquí tienen de todo. ¿Por dónde quieres empezar?

Primero quiero devolver algo.

*Perdone, señora. Ayer compré **esta camiseta**, pero tiene un agujero. ¿Puede reembolsarme el dinero, por favor?*

Aquí tiene el recibo. No quiero otra camiseta. ¿Qué me recomienda?

*No, gracias ¿Me puedo probar **esta falda amarilla**?*

Elena, ¿qué te parece?

No, lo siento. Pero podemos hacer un cambio.

*¿Qué tal **este cinturón** de cuero?*

*Bueno, **esta falda** me la llevo. ¡Y sandalias también! Ahora iré a una tienda de regalos para mi familia*

¡Qué bonitos!

*Por supuesto. ¿Qué talla tiene? ¿La 36? ¿Y qué tal con **aquellos zapatos negros**?*

*La falda te queda muy bien, pero **esos zapatos** te quedan demasiado grandes. Prefiero **estas sandalias**.*

1. La falda le queda muy bien a Juliana.
2. La tendera le recomienda un cinturón de cuero.
3. La tendera no puede reembolsarle el dinero.
4. Juliana quiere probarse una falda amarilla.
5. Juliana quiere devolver una camiseta.
6. Juliana se lleva la falda y unas sandalias.
7. Los zapatos negros no le quedan bien.
8. La tendera le ofrece un cambio.

2 Lee la historia del ejercicio 1 otra vez. ¿Qué significan las palabras en negrita?

Adjetivos demostrativos

singular		plural	
masculino	**femenino**	**masculino**	**femenino**
est**e** bolso	est**a** corbata	est**os** bolsos	est**as** corbatas
es**e** bolso	es**a** corbata	es**os** bolsos	es**as** corbatas
aqu**el** bolso	aqu**ella** corbata	aqu**ellos** bolsos	aqu**ellas** corbatas

3 Escucha. Copia y completa la tabla en español. (1–4)

en rebajas = con un descuento
el suéter = el jersey

	objeto	problema	solución
1			

4 Con tu compañero/a, haz diálogos. Utiliza las palabras de la caja azul.

1
– qué compraste, el problema, ¿reembolso?
– ✓ ¿recibo?
– recibo.
– dinero.
– 👍👋

2
– qué compraste, el problema, ¿reembolso?
– ✗, cambio
– ¿recomendación?
– ¿esta camiseta?
– 🙂, ✓ …

está	roto/a
es demasiado	estrecho/a, largo/a
tiene	una mancha, un agujero
le falta	un botón

100 *ciento*

MÓDULO 5

5 leer ¿Quién dice las siguientes frases? Escribe el nombre correcto.

¿Te gustan los centros comerciales?

Bruno
A mí me mola ir de tiendas con mis amigos. Solemos ir al nuevo centro comercial. Tiene prácticamente todas las tiendas que necesitas y grandes almacenes donde se puede comprar de todo, incluso artículos de marca en las tiendas de diseño. Prefiero ir allí que al centro porque es un buen sitio para pasar la tarde con mis amigos.

Iker
Odio los centros comerciales porque siempre hay demasiada gente. La última vez que fui de compras en la ciudad hacía mucho calor y tuve que hacer cola en todas las tiendas. Fue una absoluta pérdida de tiempo. Desde entonces compro todo por Internet porque es mucho más cómodo. Hago mis compras sin salir de casa. ¡Es genial!

Fabiana
Me encanta la ropa alternativa y por eso nunca me ha gustado comprar en las cadenas. Tengo un estilo muy diferente, y por eso busco lo que necesito en tiendas de segunda mano. Allí siempre puedes encontrar gangas y ropa con mucha originalidad.

Clara
Prefiero comprar cosas por Internet porque creo que hay más variedad que en las tiendas. Además, los precios son más bajos y hay más ofertas. No obstante, como no se pueden probar las cosas antes de comprar, hay que devolverlas a menudo. ¡Qué rollo!

grandes almacenes = grandes tiendas
las gangas = las ofertas

1. Es más económico comprar en la red.
2. Ir de compras con tus amigos es muy divertido.
3. No compro ropa de moda.
4. Me gusta comprar por Internet, pero hay inconvenientes también.
5. Me gustan los centros comerciales.
6. Es mucho más práctico comprar por Internet.

6 escuchar Roberto y Paula hablan de las compras. Escribe en español los aspectos positivos y negativos que mencionan. **No necesitas escribir oraciones completas.**

	Aspectos positivos	Aspectos negativos
Ejemplo: Roberto	buen ambiente	demasiada gente
Paula	a ..... b	c .....
Roberto	d	e ..... f .....

7 hablar Con tu compañero/a, pregunta y contesta.

- ¿Adónde vas de compras normalmente?
- ¿Dónde prefieres comprar? ¿Por qué?
- ¿Te gusta comprar por Internet? ¿Por qué?
- ¿Adónde fuiste de compras la última vez y qué compraste?
- ¿Vas a ir de compras el próximo fin de semana?

Normalmente voy Suelo ir	a los centros comerciales al centro de la ciudad	
Prefiero comprar Me gusta comprar Odio comprar	en	(las) cadenas (los) grandes almacenes (las) tiendas de diseño (las) tiendas de segunda mano	porque...
	por	Internet	
La última vez que fui de compras	compré... y...	
El próximo fin de semana	voy a... para comprar...	

EXAM SKILLS
Always justify your opinions and reasons. Use exercise 5 to explain your preferences.

ciento uno **101**

4 LOS PROS Y LOS CONTRAS DE LA CIUDAD

A1 LIFE IN THE TOWN AND RURAL LIFE

OBJETIVOS DE APRENDIZAJE
- Hablar de lo bueno y lo malo de la ciudad
- Utilizar el condicional
- Utilizar sinónimos y antónimos

1 escuchar Escucha. Escribe las <u>dos</u> letras correctas. (1–4)

Lo mejor de vivir en la ciudad es que…

a es tan fácil desplazarse.

b hay tantas diversiones.

c las tiendas están tan cerca.

d hay muchas posibilidades de trabajo.

Lo peor es que…

e el centro es tan ruidoso.

f se lleva una vida tan frenética.

g hay tanto tráfico.

h la gente no se conoce.

2 leer ¿Qué <u>dos</u> cosas cambiaría cada persona? Apunta los datos e indentifica dos verbos en condicional en cada texto.

> La vida aquí en la ciudad es bulliciosa, pero a mí me gusta. Tienes todas las tiendas a poca distancia y es imposible aburrirse. También es fácil encontrar empleo. Lo único que cambiaría sería el centro. Introduciría más zonas peatonales y renovaría algunos edificios antiguos. **Julio**

> Se dice que en la ciudad no hay un gran sentido de comunidad, pero yo conozco a todos mis vecinos. Por otro lado, opino que la gente siempre tiene prisa. Por mi parte, pondría más áreas de ocio, donde la gente podría descansar. También plantaría más árboles. **Valentina**

> Se lleva una vida muy relajada en el campo. ¡Es tan tranquila! No hay tanto que hacer, pero diría que tienes todo lo necesario para vivir bien. Sin embargo, el transporte público no es fiable y por eso hay tantos coches. Mejoraría el sistema de transporte público y sería gratis para todos. **Ariana**

> Aunque vivo en el campo, ahora hay una red de transporte público muy buena y no hay tantos atascos como antes. Sin embargo, las tiendas están demasiado lejos y por eso construiría un nuevo centro comercial. Otro problema es que hay bastante desempleo. Invertiría en el turismo rural porque crearía una mejor oferta de empleo. **Hugo**

El condicional ▶ Página 220

You already know **me gustaría**. To form the **conditional**, add the imperfect endings of –er/–ir verbs to the **infinitive**:

mejorar**ía**	mejorar**íamos**
mejorar**ías**	mejorar**íais**
mejorar**ía**	mejorar**ían**

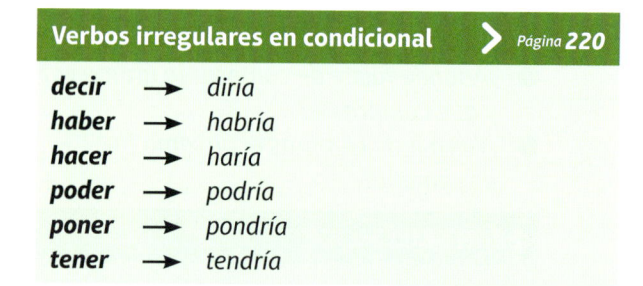

Verbos irregulares en condicional ▶ Página 220

decir	→	diría
haber	→	habría
hacer	→	haría
poder	→	podría
poner	→	pondría
tener	→	tendría

MÓDULO 5

3 leer Busca en el texto del ejercicio 2 frases sinónimas a las frases del ejercicio 1.

Ejemplo: **a** *Es tan fácil desplazarse.*
→ *Hay una red de transporte público muy buena.*

tan..., tanto.., tantos

tan + adjetivo | **tan** tranquilo
tanto/a + sustantivo singular | **tanta** contaminación
tantos/as + sustantivo plural | **tantos** problemas

4 leer Busca en el texto del ejercicio 2 frases antónimas a las frases del ejercicio 1.

Ejemplo: **a** *El transporte público no es fiable.*

5 escuchar Escucha y apunta en español (a) <u>tres</u> problemas y (b) <u>seis</u> soluciones.

Ciudad de Panamá

6 hablar Con tu compañero/a, habla de donde vives.

● ¿Qué es lo mejor del lugar donde vives?
■ Lo mejor es que <u>las tiendas están tan cerca</u> y…
● ¿Qué es lo peor?
■ Lo peor es que <u>hay tanto tráfico</u> y…
● ¿Cómo cambiarías tu zona?
■ <u>Mejoraría el sistema de transporte público</u> y…

7 escuchar Escucha. Copia y completa la tabla en español. (1–4)

	problema del pasado	cambio positivo	otro cambio necesario
1			

EXAM SKILLS

Listen out for familiar language in different tenses. For example:
Past problems – *imperfect tense*
Improvements made – *perfect tense*

han mejorado   han introducido
han renovado   han construido
han creado   han plantado
han abierto

8 leer Lee el artículo. Contesta a las preguntas en español.

Mi ciudad se llama Bilbao. Antes era muy industrial, pero ahora es un lugar muy atractivo para vivir. Lo mejor es que hay mucho que ver en la ciudad, como por ejemplo el famoso Museo Guggenheim. Todavía es ruidosa, pero han creado muchas áreas de ocio que son muy tranquilas. Han mejorado la red de transporte e incluso han introducido un sistema de alquiler de bicis. Es tan fácil desplazarse que se puede coger el metro o el tranvía para pasar un día en un pueblo en la costa.

1 ¿Cómo ha cambiado Bilbao?
2 ¿Qué hay que ver en la ciudad?
3 ¿Qué problema hay todavía?
4 ¿Cómo han mejorado la ciudad? (Da **tres** ideas).
5 Menciona una ventaja de la nueva red de transporte.

9 escribir Escribe un artículo de 130–150 palabras sobre el lugar donde vives. Debes mencionar:

- lo mejor de tu pueblo / ciudad
- un problema que había
- qué ha mejorado recientemente
- qué harías para mejorarlo / la

Lo mejor de mi pueblo es que…
Antes (no) había… / era… / estaba…
Han renovado / construido…
Mejoraría… / Crearía…

ciento tres **103**

5 ¡DESTINO AREQUIPA!

D3 TRAVEL AND TRANSPORT

OBJETIVOS DE APRENDIZAJE
- Describir una visita del pasado
- Combinar diferentes tiempos verbales
- Comprender y usar expresiones idiomáticas

1 *escuchar* Escucha y lee. Busca ejemplos de acciones acabadas, descripción en el pasado, planes para el futuro.

Aventura sudamericana

El estudiante Lucas Walker nos cuenta cómo va su año sabático, y su visita a Arequipa en el sur del país.

¿Qué tal tu visita a Arequipa, Lucas?
¡Fue fenomenal! Me quedé impresionado con la ciudad. Vimos lugares interesantes como el monasterio de Santa Catalina. Tuvimos un guía que nos hizo un recorrido y nos ayudó a entender toda la historia.

¿Visitaste la ciudad a pie?
Sí, recorrí a pie el centro histórico, donde vi la plaza de Armas y la Catedral Blanca. Y en el Mundo Alpaca compré tantas cosas que ¡casi me quedé sin dinero!

Otro día alquilé una bici de montaña. Subimos en grupo al pie del volcán Misti, donde había unas vistas maravillosas. Luego bajamos en bici de la montaña a la ciudad. ¡Fue una experiencia única, pero al final de cada día estaba muy cansado!

¿Cómo era la ciudad?
Era muy acogedora porque la gente era muy abierta y comunicativa. Aprendí mucho sobre la cultura peruana.

¿Qué tal la comida?
La comida estaba muy buena. Comí de todo: pollo, patatas (o papas, como se llaman en Perú) y rocoto relleno.

¿Qué es lo que más te gustó?
Lo que más me gustó fue el clima porque hizo mucho sol. Lo que menos me gustó fueron los taxis. Eran baratos, pero iban demasiado rápido. ¡Qué miedo!

¿Vas a volver algún día?
Por supuesto que volveré algún día. Primero voy a visitar otras ciudades. Creo que voy a ir a Trujillo, en el norte de Perú, donde aprenderé a hacer surf. Luego quiero viajar a Colombia y a Ecuador. Allí trabajaré unas semanas como voluntario en un orfanato.

Lucas Walker — *la gente peruana*
la alpaca — *el volcán Misti*

- Acciones acabadas (5): … 1 *vimos lugares interesantes* , …
- Descripción en el pasado (4): …
- Planes futuros (4): …

el rocoto relleno =

Usar el pretérito y el imperfecto ▶ Página 212, 214

Use the **preterite** for completed actions:
Comí de todo.

Use the **imperfect** to describe and for repeated actions in the past:
La ciudad era acogedora.

Zona Cultura
Arequipa, 'la Ciudad Blanca'

2 *leer* Lee la entrevista otra vez. Luego identifica las **cuatro** frases correctas.

1. Lucas visitó el monasterio de Santa Catalina con un guía.
2. A Lucas le gustó mucho la ciudad de Arequipa.
3. Cogió un autobús turístico para visitar la ciudad.
4. No comió rocoto relleno porque es vegetariano.
5. No le gustó el clima porque hizo mucho calor.
6. Lucas tiene la intención de regresar a Perú en el futuro.
7. Primero Lucas visitará otra ciudad en Perú.

Destino: AREQUIPA
Ubicación: Sur de Perú, en el interior
Población: 1,3 millones (2ª ciudad de Perú)
Famosa por: el volcán Misti
la arquitectura blanca
los textiles de alpaca

MÓDULO 5

3 Escucha y escribe las letras correctas. Sobran <u>tres</u> opciones. (1–3)
Escucha otra vez. ¿La opinión es positiva (P) o negativa (N)?

- a los museos
- b la comida
- c la música y la cultura
- d el ambiente
- e la gente
- f el transporte
- g el idioma
- h la arquitectura
- i las compras

la plaza de Armas, Arequipa

Idiomatic expressions with *quedarse*

Quedarse literally means 'to stay':
Me quedé en un hotel.

Idiomatic expressions with ***quedarse***:
Me quedé sin dinero.

Can you work out what these expressions mean?
Me quedé sin palabras.
Me quedé dormido.
Me quedé jugando al fútbol todo el día.
Me quedé enamorado de la ciudad.

4 Con tu compañero/a, habla de una visita a una ciudad.

- ¿Adónde fuiste?
- ¿Cuánto tiempo pasaste allí?
- ¿Qué tal tu visita a <u>Londres</u>?
- ¿Visitaste la ciudad a pie?
- ¿Qué tiempo hizo?
- ¿Qué tal la comida?
- ¿Qué es lo que más te gustó?

- ¿Vas a volver?

- *Fui a <u>Londres</u>.*
- *Pasé…*
- *¡Fue <u>genial</u>! Vi… Fui a…*
- *Visité… a pie / Cogí… / Alquilé…*
- *Hizo…*
- *La comida estaba…*
- *Lo que más me gustó fue / fueron…*
  pero lo que menos me gustó…
- *Sí, volveré… Creo que… Quiero….*

5 Corrige las palabras (a)–(j). Deben estar de acuerdo con la frase. ¡Ojo! No es siempre necesario cambiar las palabras.

El año pasado mis compañeros y yo **(a)** [visitar] Santander, una ciudad en el norte de España. **(b)** [Ver] muchos lugares interesantes. La profesora nos **(c)** [hacer] una visita guiada y aprendimos mucho. La comida **(d)** [estar] riquísima pero lo que más me **(e)** [gustar] fue el windsurf. ¡ **(f)** [Ser] fenomenal! Un día yo **(g)** [volver] pero el año que viene, creo que **(h)** [ir] a ir a Italia. La gente italiana me parece muy **(i)** [abierto] y quiero **(j)** [aprender] italiano.

Zona Cultura

Aunque se habla español en Perú, hay unas palabras diferentes.

Por ejemplo:

España	Perú
coche	carro
patata	papa
cobaya	cuy
zumo de naranja	jugo de naranja
ordenador	computadora
móvil	celular
plaza Mayor	plaza de Armas

6 NECESITO AYUDA

A3 SERVICES

OBJETIVOS DE APRENDIZAJE
- Pedir ayuda e información
- Usar los pronombres demostrativos y posesivos
- Comprender información al teléfono

1 leer Lee y escribe el número correcto para cada persona. Luego empareja con la foto correcta.

- Tengo que recoger mis maletas. **Jordi**
- Me gustaría cambiar unos cheques de viaje. **Ernesto**
- Tengo que enviar una carta. **Mustafa**
- Quiero denunciar un robo – me han robado el bolso. **Ágata**
- Necesito hacer una llamada pero no tengo mi móvil. **Clara**
- Mi tarjeta de débito no funciona. **Bea**

1. ¿Dónde está **la cabina telefónica** más cerca?
2. Contactaré con **el banco** mañana.
3. ¿A qué hora cierra **la casa de cambio**?
4. ¿Cómo llego a **la oficina de objetos perdidos**?
5. Voy a ir a **la comisaría** inmediatamente.
6. ¿Hay **un buzón** por aquí?

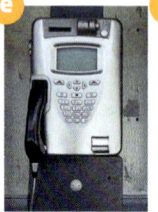

2 escuchar Escucha y verifica. Luego escribe la letra correcta para cada persona. (1–6)

1. Jordi dejó su maleta en la estación de…
2. El anillo de Ágata tiene mucho…
3. Ayer Ernesto fue de…
4. Mustafa manda una carta al…
5. Bea va a pedir… dinero para comprar gasolina.
6. El coche de Clara se ha…

A	mecánico	G	extranjero
B	mucho	H	prestado
C	valor	I	autobuses
D	chocado	J	compras
E	paseo	K	averiado
F	ferrocarril	L	estilo

3 escuchar Escucha esta llamada telefónica y lee el formulario. Corrige los <u>ocho</u> errores.

Reporte policial - DENUNCIA DE ROBO

| Apellidos: | *López Gimeno* | Nombre: | *Salma* |
| Dirección: | *C/Concha 87, 3°A, Bilbao* | Teléfono: | *954 90 87 36* |

Detalles del robo

Objeto robado:	*mochila*	Material:	*algodón*
Contenidos:	*llaves, móvil, cepillo*	Color/estilo:	*azul, rayada*
Lugar:	*delante del ayuntamiento*	Hora:	*11:15*
Otros detalles:	*Ladrón llevaba chándal gris, corte de pelo – Brad Pitt*		

Imprimir formulario

no cuelgue = *espere (al teléfono)*
no hay de qué = *de nada*

MÓDULO 5

4 Corrige las palabras (a)–(j). Deben estar de acuerdo con la frase. ¡Ojo! No es siempre necesario cambiar las palabras.

Me han (a) [robar] el coche. (b) [Este] mañana mi mujer y yo (c) [ir] al parque zoológico con (d) [nuestro] dos hijas. Cuando llegamos (alrededor de las diez y media) yo (e) [aparcar] el coche y luego fuimos a la taquilla para (f) [comprar] las entradas. Por desgracia había (g) [tanto] gente que tuvimos que hacer cola. La visita era muy divertida pero cuando nosotros (h) [volver] al aparcamiento más tarde, el coche ya no (i) [estar] allí. Lo peor era que guardaba mi portátil en el maletero. ¿Qué (j) [decir] mi jefe mañana?

EXAM SKILLS

In this task, many of the words in brackets are verbs. Look for clues to help you decide:
- which **person** is required (*mi mujer y yo*)
- which **tense** is required (*mañana*)
- whether the verb must stay in the infinitive form.

Past tense verbs may need to be in the **preterite**, the **imperfect** or the **perfect** tense.

5 Escucha y lee. Luego completa la tabla para los cuatro diálogos. (1–4)

En la oficina de objetos perdidos

	objeto perdido	dónde perdido	cuándo perdido	descripción	✓ / ✗
1	monedero				

■ *Buenas tardes. ¿En qué puedo ayudarle?*
● *He perdido mi monedero. Creo que lo dejé en el metro ayer.*
■ *¿Cómo es/son?*
● *Es/Son de cuero negro.*
■ *Un momento, por favor. ¿Es este su monedero?*
● *Sí/No, ese (no) es el mío.*

¿Es **este**	su	abrigo colgante
¿Es **esta**	su	sudadera cartera
¿Son **estos**	sus	guantes
¿Son **estas**	sus	zapatillas deportivas

Sí / No,	**ese** (no) es	**(el) mío**
	esa (no) es	**(la) mía**
	esos (no) son	**(los) míos**
	esas (no) son	**(las) mías**

Los pronombres demostrativos y posesivos   ▶ *Página 231*

Demonstrative pronouns ('this one', 'those ones' etc) are identical to demonstrative adjectives, but are used to avoid repetition of the noun:
¿Cuál es tu reloj – **ese** *o* **aquel***?*
Me gustan **estas** *botas pero prefiero* **esas***.*
Demonstrative pronouns can also be written with an accent on the first *e* (*éste*, *ésas*, etc).

Possessive pronouns ('mine', 'hers' etc) are also used to avoid repetition. They must also agree with the noun they are replacing:

singular	plural
(el) mío / (la) mía	*(los) míos / (las) mías*
(el) tuyo / (la) tuya	*(los) tuyos / (las) tuyas*
(el) suyo / (la) suya	*(los) suyos / (las) suyas*
(el) nuestro / (la) nuestra	*(los) nuestros / (las) nuestras*
(el) vuestro / (la) vuestra	*(los) vuestros / (las) vuestras*
(el) suyo / (la) suya	*(los) suyos / (las) suyas*

The definite article (*el/la/los/las*) is often omitted after the verb *ser*.
¿Este paraguas es **tuyo***?   No,* **el mío** *es más grande.*

6 Con tu compañero/a, inventa diálogos. Cambia los detalles del ejercicio 5.

7 Lee la página web. Contesta a las preguntas en español.

BANCO DOS REYES

Atención al Cliente – Puedes llamar a nuestro número de *Atención al Cliente* marcando el número 908 363 738. El horario de funcionamiento es de lunes a viernes de 8:00 a 20:00. Fuera de estas horas puedes dejar un mensaje en el contestador o usar el formulario de contacto.

Ayuda urgente – Si has sufrido el robo de una tarjeta de crédito / débito, o si la has perdido, hay que cancelarla de forma inmediata. Elige la manera que más te convenga:
- Llama al número de emergencia 24 horas – **900 771 144** (número gratuito).
- Entra con tu número de cuenta y tu contraseña en la banca online. Selecciona "*bloquear tarjetas*".
- Usa la app DosReyes y haz clic en "*mis tarjetas*". (También te permite apagar y encender tus tarjetas temporalmente).

Quejas y reclamaciones – Para iniciar una queja o reclamación, hay que mandar un email a quejas@bancodosreyes.es.

1 ¿A qué hora abre el servicio de *Atención al Cliente*?
2 ¿Cómo puedes contactar con este servicio cuando está cerrado?
3 ¿Qué debes hacer enseguida si te han robado la tarjeta?
4 ¿Cuánto cuesta una llamada al número de emergencia?
5 ¿Qué dos datos necesitas para poder usar la banca online?
6 ¿Qué debes hacer si quieres quejarte?

EXAM PRACTICE: LISTENING

A1 LIFE IN THE TOWN AND RURAL LIFE
A2 HOLIDAYS, TOURIST INFORMATION, DIRECTIONS
E3 SHOPPING AND MONEY MATTERS

En la ciudad

1 ¿Qué sitios buscan estas personas? Pon una X en las casillas adecuadas.

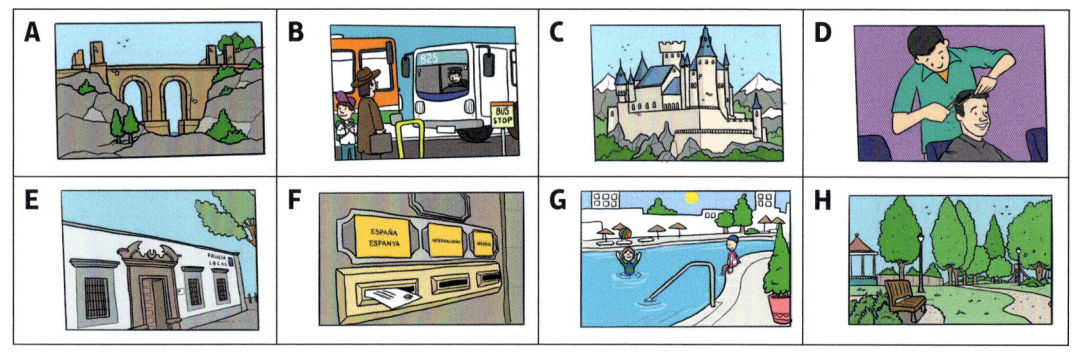

A B C D
E F G H

(Total for Question 1 = 4 Marks)

	A	B	C	D	E	F	G	H
Ejemplo		X						
a								
b								
c								
d								

En el centro comercial

2 ¿Qué ha pasado antes, qué pasa ahora y que pasará en el futuro? Pon una equis X en una casilla solamente, por cada opción.

		Pasado	Presente	Futuro
Ejemplo:	Llegar tarde		X	
a	Tiendas cerrando			
b	Hacer cola			
c	Compras exitosas			
d	Hacer la compra por Internet			
e	Muy cansado			
f	Centro comercial más grande			

(Total for Question 2 = 6 marks)

La ciudad de Medellín, Colombia

3 Recientemente, la ciudad colombiana de Medellín ganó un premio por ser la ciudad más innovadora del mundo. Escucha el diálogo entre dos jurados y escribe los aspectos positivos y negativos que mencionan.

		Aspectos positivos		Aspectos negativos
Ejemplo:		Se ha transformado mucho		Capital de la droga antes
Señora González	a	....	c	....
	b	....		
Señor Pedraza	d	....	f	....
	e	....		

(Total for Question 3 = 6 marks)

EXAM PRACTICE: READING

MÓDULO 5

A1 LIFE IN THE TOWN AND RURAL LIFE
A2 HOLIDAYS, TOURIST INFORMATION AND DIRECTIONS
E3 SHOPPING AND MONEY MATTERS

Las ciudades del mundo

1 Lee el artículo.

La mejor ciudad del mundo para vivir está en España: es Palma de Mallorca, según el diario británico The Times.

'La capital de las islas Baleares tiene playas a las que se puede llegar andando y un clima excepcional', concluye The Times. Palma supera a rivales como Toronto en Canadá (el mejor destino para los urbanitas), Auckland en Nueva Zelanda (la mejor ciudad marítima), Hoi An en Vietnam (el número uno de la gastronomía) y Berlín.

El equipo de periodistas especializados en viajes de The Times ha utilizado diversas estadísticas sobre la calidad de vida, las infraestructuras, el clima y la facilidad de 'asimilación' de los británicos. El diario describe Palma como 'una de las ciudades más pintorescas de España', y también la recomienda para unas vacaciones o para vivir.

Los primeros países de la lista son Estados Unidos (con diez ciudades entre las cincuenta elegidas), Francia (con cinco), España, Italia y Australia (con cuatro cada una).

Contesta las preguntas en español basándote en el texto. Pon la letra adecuada en la casilla.

A	bonitas	F	entorno	K	pintoresco
B	británico	G	español	L	vida
C	cerca	H	lejos	M	vivir
D	clima	I	infraestructura		
E	comida	J	mar		

Ejemplo: *Palma es la mejor ciudad del mundo para…*	**M**
A Una de las ventajas de Palma es que hay playas muy…	
B Hoi An es la ciudad número uno en cuanto a la calidad de su…	
C Auckland es la mejor ciudad para vivir si te gustar el…	
D La lista de las mejores ciudades ha sido publicada en un periódico…	
E Un criterio que se ha utilizado para escribir la lista es el…	
F El periódico dice que Palma es una de las ciudades españolas más…	

(Total for Question 1 = 6 marks)

El alquiler de bicicletas

2 Lee el artículo.

Un ejecutivo con traje y corbata pedalea, camino de su trabajo. Al otro lado de la marcha, una joven con mochila se dirige en bici a su primera clase de la mañana en la universidad. ¿Amsterdam? No, Bilbao.

¿Cómo sabemos que el uso de la bici está en alza? Las cifras de alquiler de las bicicletas públicas dan una pista: el pasado octubre se alquilaron en Bilbao 27.000 bicis frente a las 17.000 del mismo mes de 2011.

Pero, ¿por qué las bicicletas han tomado este año la ciudad? En Bilbao dicen que es una forma de ahorrar el billete del autobús o el metro.

De los datos de alquiler de bicis se puede obtener un perfil del ciclista urbano: joven y hombre, en la mayoría de los casos. Otro factor es la climatología. En mayo se alquilaron 27.012 bicis, por las 11.666 de febrero. También creen algunos que el boom del uso de la bici responde a la ecología, es decir, al respeto al medio ambiente.

Contesta a las preguntas en español. No tienes que escribir frases completas.

A ¿De qué ciudad trata el artículo?
B ¿Adónde van en bici los ciudadanos? Escribe **dos** detalles.
C Según el artículo, ¿por qué prefieren ir en bici?
D ¿Cómo es el típico ciclista urbano?
E ¿Qué otros factores afectan al alquiler de bicis? (**dos** factores)

(Total for Question 2 = 7 marks)

ciento nueve **109**

EXAM PREPARATION: WRITING

A1 LIFE IN THE TOWN AND RURAL LIFE
A2 HOLIDAYS, TOURIST INFORMATION AND DIRECTIONS
E3 SHOPPING AND MONEY MATTERS

1 **Mira el ejercicio 'Mi región' en la página siguiente y contesta estas preguntas. ¿Qué tiempo(s) del verbo necesitarás emplear para responder a cada viñeta?**
- presente
- futuro / futuro inmediato / condicional
- pasado (pretérito / imperfecto)

2 **Lee la respuesta de George abajo.**

a Mira el 'Answer Booster' en la página siguiente y apunta <u>ocho</u> expresiones que emplea George para dar una respuesta sólida.

A Mi ciudad natal es Newcastle, la ciudad más grande del noreste de Inglaterra. Es una ciudad genial aunque tiene un clima bastante frío y variable. A pesar del tiempo, la ciudad acoge a muchos visitantes todos los años, quizás porque la gente es muy alegre y abierta.

SAMPLE ANSWER

B Newcastle ofrece muchas posibilidades para los turistas. Se puede salir a la montaña, y las familias con niños pueden disfrutar de un día interesante en el Centro de Ciencias de la Vida.

C Recientemente han mejorado el sistema de transporte, así que ahora es una ciudad bien conectada con otras ciudades importantes. Además, han renovado varios edficios antiguos, incluso el centro comercial.

D Desde mi punto de vista, ahora se debería construir más casas y crear más oportunidades de empleo en Newcastle para los jóvenes. También introduciría más zonas peatonales y pondría más espacios verdes en el centro para hacerlo todavía más pintoresco y acogedor.

3 **b** ¿En qué párrafo se mencionan estas cosas? Contesta A, B, C o D.
1. Lo que hay para visitantes
2. Cómo son los habitantes
3. Lo que han hecho en los últimos años para mejorar la infraestructura
4. Lo que se podría hacer en el futuro para mejorar la infraestructura
5. Una descripción de la ciudad
6. El lugar donde nació el autor
7. Lo que se podría hacer para que el centro parezca más atractivo
8. Un lugar donde se puede pasar un día agradable
9. El tiempo que hace en la región
10. Cómo solucionar el problema del paro juvenil en la región
11. Una excursión al campo
12. Posibilidades para ir de compras

4 **Completa la Práctica de Examen. Prepara tus propias respuestas.**

EXAM PRACTICE: WRITING

MÓDULO 5

A1 LIFE IN THE TOWN AND RURAL LIFE
A2 HOLIDAYS, TOURIST INFORMATION AND DIRECTIONS
E3 SHOPPING AND MONEY MATTERS

Long writing task

Mi región

1 Te gusta mucho la región donde vives.
Escribe un artículo para convencer a los lectores de la importancia de mejorar tu zona.
Debes incluir los puntos siguientes:
- qué tiempo hace nrmalmente en verano y en invierno
- lo que hay en tu zona para los turistas
- cómo han mejorado la zona recientemente
- tus ideas para mejorar su ciudad / pueblo en el futuro.

Justifica tus ideas y tus opiniones. Escribe entre 130 y 150 palabras **en español**.

(Total for Question 1 = 20 marks)

Grammar

Corrige las palabras (a)–(j). Deben estar de acuerdo con la frase.
¡Ojo! No es siempre necesario cambiar las palabras.

Mi ciudad era horrible porque **(a) [haber]** tanta contaminación, pero han **(b) [introducir]** un **(c) [nuevo]** sistema para controlar el tráfico y ahora no hay **(d) [tanto]** coches. Me gusta **(e) [vivir]** aquí porque hay mucho que **(f) [hacer]**, y **(g) [todo]** las tiendas están cerca. Sin embargo, en el futuro **(h) [vivir]** en **(i) [otro]** ciudad, dado que la ciudad **(j) [tener]** un gran problema con el desempleo.

(Total for Question 2 = 10 marks)

Answer booster	Aiming for a solid level	Aiming higher	Aiming for the top
Verbs	**Different time frames:** past, present, near future **Different types of verbs:** regular, irregular, reflexive, stem-changing	**Different persons of the verb** **Verbs with an infinitive:** se puede(n), querer, soler, acabar de	**A wide range of tenses:** present, preterite, imperfect, perfect, future, conditional **Less common verbs:** disfrutar de, desplazarse
Opinions and reasons	**Verbs of opinion:** me chifla(n), me encanta(n), pienso que…, creo que… **Reasons:** porque…	**Exclamations:** ¡Qué pena! ¡Qué rollo! **Comparatives:** más bajo que	**Opinions:** desde mi punto de vista, a mi modo de ver, para mí **Reasons:** ya que, dado que, puesto que, así que, por lo tanto
Connectives	y, pero, también	además, sin embargo, por desgracia, sobre todo, incluso	todavía **Balancing an argument:** por un lado… por otro lado, lo bueno es, un inconveniente es… aunque, a pesar de…
Other features	**Qualifiers:** muy, un poco, poco, bastante, demasiado **Adjectives:** pintoresco/a, lluvioso/a, conocido/a	**Sentences with** cuando, donde, si: Si hace buen tiempo,… Tan, tanto/a/os/as: es tan tranquilo/a, no hay tantos coches	**Positive/Negative phrases:** lo bueno / malo / mejor / peor **Specialist vocabulary:** gangas, la mayoría, zona peatonal **Idioms:** me quedé enamorado/a de la ciudad

ciento once 111

EXAM PREPARATION: SPEAKING

A1 LIFE IN THE TOWN AND RURAL LIFE
A2 HOLIDAYS, TOURIST INFORMATION AND DIRECTIONS
E3 SHOPPING AND MONEY MATTERS

A Picture-based discussion

1 escuchar

Mira la foto en la página siguiente y lee las preguntas. Luego, escucha la respuesta de una estudiante a la cuarta pregunta. Rellena los espacios en blanco en esta transcripción.

Me gusta mucho **1** _____ a los mercados. Lo bueno es que siempre puedes **2** _____ gangas. Los precios suelen ser más bajos que en las tiendas, y a menudo **3** _____ negociar el precio. Además, a mi modo de ver, **4** _____ ropa más variada e interesante en los mercados. No obstante, un inconveniente es que no es tan fácil **5** _____ las cosas y tampoco hay donde **6** _____ la ropa. Sin embargo, me chifla el bullicio de los mercados, sobre todo en Navidad, cuando siempre hay mucho ambiente.

2 escuchar

Mira el 'Answer Booster' en la página anterior y apunta <u>seis</u> expresiones que emplea la estudiante para dar una respuesta sólida.

3 escuchar

Escucha la respuesta de la estudiante a la quinta pregunta. Apunta sus repuestas en español.

a ¿Cuándo?
b Dónde?
c ¿Por qué?
d ¿Qué compró?
e ¿Cuál fue el problema? (dos detalles)
f ¿Cómo fue resuelto?

B General conversation

4 escuchar

Lee la Conversación general en la siguiente página. Escucha la respuesta del estudiante a la pregunta 1 y escoge los cinco aspectos que menciona.

a el tiempo que hace
b geografía
c edificios
d por qué es especial
e una visita en el pasado
f comida
g un evento anual
h inconvenientes

5 escuchar

La tercera pregunta es: ¿Qué es mejor, vivir en la ciudad o el campo? Escucha la respuesta de la estudiante, apunta las ventajas y desventajas de vivir en el campo y en la ciudad.

6 leer

Ahora mira el 'Answer Booster' en la página anterior y apunta seis expresiones que emplea la estudiante para dar una respuesta sólida.

7 hablar

Ahora completa la Práctica de Examen. Trabaja con un compañero. En turnos, haz las preguntas del examinador y del candidato. Usa los tips de conversación y escribe notas relevantes para otras preguntas.

ciento doce

MÓDULO 5

EXAM PRACTICE: SPEAKING

A1 LIFE IN THE TOWN AND RURAL LIFE
A2 HOLIDAYS, TOURIST INFORMATION AND DIRECTIONS
E3 SHOPPING AND MONEY MATTERS

A Picture-based discussion

E3 Shopping and money matters

Mira esta imagen y contesta las preguntas.

Shopping and money matters

1. Describe la imagen.
2. ¿Qué hace la mujer en el centro de la foto?
3. ¿Qué harán estas personas después de hacer sus compras?
4. ¿Qué opinas tú de comprar en los mercados?
5. Háblame de un problema que tuviste cuando fuiste de compras.

(Total for Task A = 12 marks)

B General conversation

A1 Life in the town and rural life

Prepara tus respuestas a las siguientes preguntas.
1. Háblame de tu ciudad favorita. ¿Por qué te gusta?
2. ¿Cómo cambiarías tu ciudad?
3. ¿Qué es mejor, vivir en la ciudad o el campo?
4. ¿Qué hay para turistas en tu región?
5. ¿Qué hiciste recientemente en tu región?

(Total for Task B = 28 marks)

PICTURE-BASED DISCUSSION TIPS: Describe la imagen

Lee esta repuesta a la primera pregunta.

En la foto hay mucha gente en la calle. Creo que es una zona peatonal en una ciudad porque no hay coches. Parece que hay un mercado.

⬅ Describe what you see. Where are these people?

La gente está comprando.
Por lo visto, es un mercado de ropa.

⬅ What are the people doing?

En primer plano, hay un puesto de camisetas de muchos colores. Detrás de este puesto en el fondo, hay otros ropa. A la izquierda hay uno que me parece está vendiendo camisetas.

⬅ Describe the market. Give as many details as possible.

Parece que hace frío. Creo que es invierno porque todas las personas llevan chaqueta o abrigo.

⬅ What is the weather like? What season do you think it is? Why?

ciento trece **113**

MÓDULO 5 — PALABRAS

En mi ciudad / In my town

Hay… / Mi ciudad tiene…	There is/are… / My town has…
un ayuntamiento	a town hall
un castillo (en ruinas)	a (ruined) castle
un cine	a cinema
un mercado	a market
un museo / unos museos	a museum / a few museums
un parque	a park
un polideportivo	a sports centre
un puerto	a port
muchos restaurantes	lots of restaurants
un teatro	a theatre
una biblioteca	a library
una bolera	a bowling alley
una iglesia	a church
una piscina	a swimming pool
una playa / unas playas	a beach / a few beaches
una Plaza Mayor	a town square
una pista de hielo	an ice rink
una oficina de Correos	a post office
una tienda / muchas tiendas	a shop / lots of shops
muchos lugares de interés	lots of sights
algo / mucho que hacer	something / a lot to do
no hay nada que hacer	there is nothing to do
Vivo en un pueblo…	I live in a … village
histórico / moderno	historic / modern
tranquilo / ruidoso	quiet / noisy
turístico / industrial	touristy / industrial
bonito / feo	pretty / ugly
Está situado/a en … del país.	It is situated in … of the country.
el norte / el sur / el este / el oeste	the north / the south / the east / the west

¿Por dónde se va al / a la…? / How do you get to the…?

¿Dónde está el / la…?	Where is the…?
¿El / La …. está cerca / lejos?	Is the …nearby / far away?
sigue todo recto	go straight on
gira a la derecha / izquierda	turn right / left
toma la primera / segunda / tercera	take the first / second / third
calle a la derecha / a la izquierda	road on the right / left
pasa el puente / los semáforos	go over the bridge / the traffic lights
cruza la plaza / la calle	cross the square / the street
coge el autobús número 37	take the number 37 bus
está…	it is…
en la esquina / al final de la calle	on the corner / at the end of the street
al lado del museo / enfrente de…	next to the museum / opposite…

¿Cómo es tu zona? / What is your area like?

está situado/a en un valle	it is situated in a valley
entre el desierto y la sierra	between the desert and the mountains
al lado del río / mar Mediterráneo	by the river / Mediterranean sea
Está…	It is…
rodeado/a de volcanes / sierra	surrounded by volcanoes / mountains
lleno/a de bosques / selvas	full of woods / forests
a … metros sobre el nivel de mar	at … metres above sea level
Tiene…	It has…
unos impresionantes paisajes naturales	some amazing natural landscapes
varias influencias culturales	various cultural influences
el bullicio del una ciudad	the hustle and bustle of a city
El clima es…	The climate is…
soleado / caluroso / seco / templado / frío	sunny / hot / dry / mild / cold
llueve (muy) poco / a menudo	it rains (very) little / often
en primavera / verano / otoño / invierno	in spring / summer / autumn / winter
hay mucha marcha	there is lots going on
Es…	It is…
mi ciudad natal / mi lugar favorito	My home town / my favourite place
acogedor/a / atractivo/a	welcoming / attractive
famoso/a / conocido/a por	famous for / well-known for
una región muy húmeda	a very humid region
una zona muy montañosa / pintoresca	a mountainous / picturesque area
tan fácil desplazarse	so easy to get around
Se puede…	You / One can…
estar mucho tiempo al aire libre	spend lots of time in the open air
subir a la torre	go up the tower
hacer un recorrido en autobús	do a bus tour
disfrutar de las vistas / del ambiente	enjoy the views / the atmosphere
viajar en el AVE	travel on the AVE high-speed train
pasear por los lagos artificiales	go boating on the artificial lakes
apreciar la arquitectura variada	appreciate the variety of architecture
aprovechar el buen tiempo	make the most of the good weather
Se pueden…	You / One can…
probar platos típicos	try local dishes
practicar deportes acuáticos	do water sports
ver edificios de estilos muy diferentes	see buildings with very different styles
alquilar bolas de agua	hire water balls
practicar senderismo y ciclismo	go hiking / trekking and cycling

En la oficina de turismo / At the tourist office

¿Me puede dar…?	Can you give me…?
un plano de la ciudad	a map of the town / city
más información sobre…	more information about…
¿Cuánto cuesta una entrada?	How much is a ticket?
para adultos / niños	for adults / children
¿Dónde se pueden sacar las entradas?	Where can you get tickets?
¿A qué hora…?	What time…?
sale el autobús?	does the bus leave?
abre…?	does…open?
¿Hay visitas guiadas?	Are there guided tours?
¿Me puede recomendar…?	Can you recommend…?
un restaurante típico	a typical restaurant
un hotel / una excursión	a hotel / a trip

¿Qué haremos mañana? / What will we do tomorrow?

Sacaré muchas fotos.	I will take lots of photos.
Subiremos al teleférico.	We will go up on the cable car.
Bajaremos a pie.	We will go down on foot.
Pasaremos entre las nubes.	We will go through the clouds.
Iremos a la playa / a la montaña / de excursión en barco.	We will go to the beach / to the mountains / on a boat trip.
Haremos piragüismo.	We will go canoeing.
Podremos hacer paddlesurf.	We will be able to go paddlesurfing.
Podrás comprar regalos.	You will be able to buy presents.
será genial / mejor	it will be great / better
nos llevará	he/she will take us
Estoy (muy) a gusto.	I am feeling (very much) at home.
¡Buena idea!	Good idea!
de acuerdo	OK
¡Qué pena! / ¡Qué mal (rollo)!	What a shame! / What a nightmare!
¡Qué triste!	How sad!

¿Qué tiempo hará? / What will the weather be like?

Hará sol / viento.	It will be sunny / windy.
Habrá…	There will be…
nubes / claros / chubascos	clouds / clear spells / showers
una ola de calor	a heat wave
truenos y relámpagos	thunder and lightning
temperaturas más altas / bajas	higher / lower temperatures
granizos / brisas fuertes	hail / strong winds
periodos soleados	sunny periods
lloverá (bastante)	it will rain (quite a bit)
Las temperaturas subirán / bajarán.	The temperatures will rise / fall.
El tiempo…	The weather….
será variable	will be variable
se despejará	will clear up
cambiará	will change
no nos importará	will not matter to us

MÓDULO 5

Las tiendas / Shops
Español	English
el banco	bank
el estanco / la cafetería	tobacconist's / café
la carnicería / la estación de trenes	butcher's / train station
la farmacia / la frutería	pharmacy / chemist / greengrocer's
la joyería / la librería	jeweller's / book shop
la panadería / la papelería	bakery / stationery shop
la pastelería / la peluquería	cake shop / hairdresser's
la pescadería / la tienda de ropa	fish shop / clothes shop
la zapatería / un regalo / sellos	shoe shop / a present / stamps
una carta / unas cartas	a letter / a few letters
recoger	to pick up
mandar	to send
horario comercial / horas de apertura	business hours / opening hours
de lunes a viernes	from Monday to Friday
abre a la(s)… / cierra a la(s)…	it opens at… / it closes at…
no cierra a mediodía	it doesn't close at midday
cerrado domingo y festivos	closed on Sundays and public holidays
abierto todos los días	open every day

Recuerdos y regalos / Souvenirs and presents
el abanico / el llavero	fan / key ring
el oso de peluche / los pendientes	teddy bear / earrings
la gorra / la taza	cap / mug
las golosinas / las pegatinas	sweets / stickers
¿Me puede ayudar?	Can you help me?
Quiero comprar…	I want to buy…
¿Tiene uno/a/os/as más barato/a/os/as?	Do you have a cheaper one / cheaper ones?
un billete de (cincuenta) euros	a (fifty) euro note
tengo cambio	I have change

Quejas / Complaints
Quiero devolver…	I want to return…
está roto/a	it is broken
es demasiado estrecho/a / largo/a	it is too tight / long
tiene un agujero / una mancha	it has a hole / a stain
falta un botón	it's missing a button
¿Puede reembolsarme (el dinero)?	Can you reimburse me (the money)?
Podemos hacer un cambio.	We can exchange (it).
¿Qué me recomienda?	What do you recommend?
¿Qué tal…? / ¿Qué te parece(n)…?	What about…? / What do you think of…?
Te queda bien.	It suits you.
Te quedan demasiado grandes.	They are too big on you.
una talla más grande / pequeña	a bigger / smaller size
en rebajas	on sale
Me lo/la/los/las llevo.	I'll take it / them.

De compras / Shopping
Normalmente voy… / Suelo ir…	Usually I go… / I tend to go…
a los centros comerciales	to shopping centres
de tiendas con mis amigos	shopping with my friends
Nunca me ha gustado / Prefiero / Odio…	I've never liked / I prefer / I hate…
comprar en…	shopping in…
cadenas / grandes almacenes	chain stores / department stores
tiendas de diseño / segunda mano	designer shops / second-hand shops
comprar por Internet / en la red	shopping on the internet / online
hacer cola	queueing
porque…	because…
es más económico / práctico / cómodo	it's cheaper / more practical / more convenient
es un buen sitio para pasar la tarde	it's a good place for spending the afternoon
hay más variedad / demasiada gente	there is more variety / there are too many people
los precios son más bajos	the prices are lower
hay más ofertas	there are more offers
ropa alternativa / de moda	alternative / fashionable clothing
gangas	bargains
artículos de marca	branded items

Los pros y los contras de la ciudad / The pros and cons of living in a city
Lo mejor de vivir en la ciudad es que…	The best thing about living in a city is that…
es tan fácil desplazarse	it's so easy to get around
hay una red de transporte público	there is a public transport system
hay tantas diversiones	there are so many things to do
hay muchas posibilidades de trabajo	there are lots of job opportunities
Lo peor es que…	The worst thing is that…
el centro es tan ruidoso	the centre is so noisy
hay tanto tráfico / tantos coches	there is so much traffic / so many cars
se lleva una vida tan frenética	life is so frenetic
la gente no se conoce	people don't know each other
En el campo…	In the countryside…
el transporte público no es fiable	public transport is not reliable
hay bastante desempleo	there is quite a lot of unemployment
no hay tantos atascos como antes	there are not as many traffic jams as before
Yo conozco a todos mis vecinos	I know all my neighbours

¿Qué harías? / What would you do?
Introduciría más zonas peatonales.	I would introduce more pedestrian areas.
Renovaría…	I would renovate…
algunos edificios antiguos	some old buildings
las zonas deterioradas en las afueras	the dilapidated areas on the outskirts
Mejoraría el sistema de transporte.	I would improve the transport system.
Pondría / Crearía más áreas de ocio.	I would put in / create more leisure areas.
Construiría un nuevo centro comercial.	I would build a new shopping centre.
Invertiría en el turismo rural.	I would invest in rural tourism.
Controlaría el ruido.	I would limit the noise.

Destino Arequipa / Destination Arequipa
Vi / Vimos lugares interesantes.	I saw / We saw interesting places.
Tuvimos un guía.	We had a guide.
Nos hizo un recorrido.	He/She did a tour for us.
Nos ayudó a entender toda la historia.	He/She helped us to understand all of the history.
Recorrí a pie el centro histórico.	I walked around the historic centre.
Compré tantas cosas.	I bought so many things.
Alquilé una bici de montaña.	I hired a mountain bike.
Cogí un autobús turístico.	I took a tourist bus.
subimos / bajamos	we went up / we went down
Aprendí mucho sobre la cultura.	I learned a lot about the culture.
Me quedé impresionado con la ciudad.	I was really impressed by the city.
Había vistas maravillosas.	There were amazing views.
La comida estaba muy buena.	The food was very good.
La gente era abierta.	The people were open.
Lo que más me gustó fue / fueron…	What I liked most was / were…
¡Fue una experiencia única!	It was a one-off experience!
¡Qué miedo!	What a scare!
Volveré algún día.	I will go back one day.
Aprenderé a hacer surf.	I will learn to surf.
Trabajaré como voluntario/a.	I will work as a volunteer.

Necesito ayuda / I need help
el buzón / la cabina telefónica	postbox / telephone box
la casa de cambio / la comisaría	exchange bureau / police station
la oficina de objetos perdidos	lost property office
Necesito / Quiero / Tengo que…	I need to / I want to / I have to…
cambiar unos cheques de viaje	change some traveller's cheques
comprar gasolina	buy petrol
denunciar un robo	report a theft
enviar / mandar una carta	send a letter
hacer una llamada	make a call
He perdido…	I've lost…
mi abrigo / bolso / colgante	my coat / handbag / pendant
mi monedero / paraguas / reloj	my purse / umbrella / watch
mi maleta / mochila / sudadera	my suitcase / rucksack / sweatshirt
mis guantes / zapatillas deportivas	my gloves / trainers
Me han robado el portátil.	I've had my laptop stolen.
Mi coche se ha averiado.	My car has broken down.
la tarjeta de crédito / débito	credit / debit card
la contraseña	password

ciento quince 115

6 DE COSTUMBRE

OBJETIVOS DE APRENDIZAJE
- Describir las comidas
- Hablar de la rutina diaria

PUNTO DE PARTIDA 1

C2 DAILY ROUTINES

1 escuchar Escucha y apunta los detalles para Zoe y Ángel. (1–4)

1. el desayuno *Ejemplo:* Zoe – 7.15, f, …
2. la comida / el almuerzo
3. la merienda
4. la cena

2 hablar Con tu compañero/a, haz diálogos.

- ¿A qué hora <u>desayunas</u>?
- Normalmente <u>desayuno</u> a las…
- ¿Qué <u>desayunas</u>?
- Depende. A veces <u>desayuno</u>…, pero…

3 leer Empareja las mitades de las frases. ¿Qué significan las palabras en **negrita**?

1. Normalmente desayuno **algo muy rápido**, ya que…
2. Sin embargo, los fines de semana…
3. **Entre semana** almuerzo en casa…
4. **De postre** siempre como **algo dulce**…
5. Por lo general, después del insti…
6. Por la noche no ceno mucho…

a. meriendo **algo ligero, como** fruta o un yogur, por ejemplo.
b. (por ejemplo, un pastel o un helado) porque **soy muy goloso**.
c. dado que no **tengo mucha hambre**.
d. tomo un desayuno **más fuerte** porque tengo más tiempo.
e. **tengo mucha prisa** por la mañana.
f. con mi familia a las dos y media.

4 escribir Escribe un texto de entre 60 y 75 palabras sobre 'La comida en casa'. Debes utilizar todas las palabras mencionadas.

| mañana | almuerzo |
| postre | familia |

¿A qué hora ¿Qué	desayunas? comes / almuerzas? meriendas? cenas?
Desayuno Como / Almuerzo Meriendo Ceno	a las ocho al mediodía cereales, churros, fruta, galletas, pan tostado, un huevo, un yogur, un pastel, un bocadillo, una hamburguesa, carne, pollo, pescado, marisco, paella, sopa, tortilla, ensalada, verduras, patatas fritas Cola Cao, leche, café, té, zumo de naranja

In Spanish there are different verbs for each meal:
Desayunar   **Merendar**
Comer / Almorzar   **Cenar**
You can also use the word **tomar**, which means 'to have' (food / drink).

EXAM SKILLS

To add variety to your language:
- use **soler** + **infinitive**.   *Suelo almorzar a la una.*
- use verbs in the 'we' form.   *En mi casa cenamos a las diez.*

Take care with stem-changing verbs, e.g. alm**o**rzar (alm**ue**rzo) and m**e**rendar (m**e**riendo).

116 *ciento dieciseis*

using SEQUENCERS to describe events

Primero	First of all
Luego	Then/next
Después	Afterwards
Más tarde	Later on
También	Also
Además	In addition
Finalmente	Finally

MÓDULO 6

UNIDAD 3

5 leer Lee el texto. Escribe las letras en el orden del texto y apunta la hora correcta.
¡Ojo! No se menciona la hora para todas las actividades.

Ejemplo: e (6:20), …

Me despierto a las seis y veinte y me levanto enseguida. Odio levantarme temprano en invierno. Primero, a las seis y media, voy a la cocina donde desayuno mientras mi hermana se ducha. A las siete menos cuarto (¡o cuando mi hermana termina!) me ducho y luego me peino. Solo me afeito una vez a la semana. A las siete me visto en mi dormitorio, y después salgo de casa a las siete y cuarto para coger el autobús escolar.

Por la tarde vuelvo a casa a las cuatro y media, o más tarde si tengo actividades deportivas. Finalmente, después de la cena, me cepillo los dientes a las diez y media u once menos cuarto y me acuesto enseguida.

Gabriel

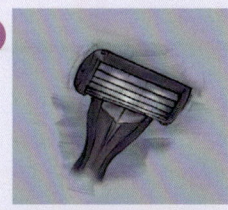

6 escuchar Escucha lo que dice Héctor sobre su rutina. Escribe la letra correcta

1. Héctor trabaja en una…
2. Comienza el trabajo a las…
3. Desayuna… de llegar al trabajo.
4. Cuando viaja al trabajo no hay mucha…
5. Cuando llega a casa sus hijos están…
6. Héctor pasa sus días libres…

A	comiendo	E	relajándose	I	once
B	circulación	F	cafetería	J	tienda
C	durmiendo	G	después	K	doce
D	antes	H	estudiando	L	gente

Héctor

Los verbos reflexivos

Remember, many daily routine verbs are reflexive in Spanish:

me levanto   **nos** levantamos
te levantas   **os** levantáis
se levanta   **se** levantan

When the verb is used in the **infinitive**, the correct reflexive pronoun is added to the end:

No me gusta **levantarme** temprano.

Lots of daily routine verbs are also stem-changing:

Me ac**ue**sto a las diez. Prefiero ac**o**star**me** temprano.

7 hablar Con tu compañero/a, habla de tu rutina diaria durante un minuto.

● Me despierto a las… Prefiero despertarme temprano porque…

To vary and extend your language:
- use sequencers (**Primero**… **y luego**…)
- use connectives such as **donde**, **cuando** and **para**
- add opinions (*Odio ducharme cuando hace frío*)
- use other persons of the verb (*Mi madre se acuesta más tarde*)

ciento diecisiete **117**

PUNTO DE PARTIDA 2

OBJETIVOS DE APRENDIZAJE
- Hablar de las enfermedades y las lesiones
- Pedir ayuda en la farmacia

E4 ACCIDENTS, INJURIES, COMMON AILMENTS AND HEALTH ISSUES

1 leer
Lee los textos y escribe la letra correcta.

1 Tengo catarro y tengo tos. También tengo dolor de garganta y estoy muy cansado. Me siento fatal.

2 No me encuentro bien. Tengo diarrea y tengo náuseas. Además, tengo dolor de cabeza.

3 Tengo quemaduras de sol y creo que tengo una insolación. Tengo mucho sueño. También tengo una picadura.

4 Estoy enfermo. Tengo fiebre – primero tengo calor y luego tengo frío. Creo que tengo gripe.

tener catarro = estar resfriado/a

2 escuchar
Estás en la farmacia. Escucha y apunta los detalles en español. (1–5)

Ejemplo: **1** *fiebre, dos días*

¿Desde hace cuánto tiempo?	Desde hace un día / mes una hora / semana más de…
¿Desde cuándo?	Desde ayer / anteayer esta mañana / tarde el (martes) pasado

Remember to use **estar** for temporary states and feelings.
Estoy enfermo.
Use **tener** to say that that you have something, but also for certain other expressions.
Tengo gripe.   Mi madre **tiene** sueño.

3 escribir
Escribe consejos para las personas del ejercicio 1.

Tiene(s) que Hay que	beber mucha agua descansar llamar a los Servicios de Emergencias Médicas poner un vendaje tomar este jarabe / estas pastillas tomar aspirinas / esta medicina ir al hospital / médico / dentista usar esta crema

4 hablar
Estás en la farmacia. Con tu compañero/a, haz diálogos.

- ● *Estoy enfermo/a.*
- ■ *¿Qué le pasa?*
- ● *Estoy / Tengo… Además…*
- ■ *¿Desde hace cuánto tiempo? / ¿Desde cuándo?*
- ● *Desde hace… / Desde…*
- ■ *No se preocupe. Hay que… También tiene que…*
- ● *Muchas gracias.*

PRONUNCIACIÓN
When saying new words, apply the pronunciation rules you know. How do you pronounce … ?
aspirinas   jarabe   pastillas   hospital   crema

MÓDULO 6

UNIDAD 5

5 Escucha y escribe las letras en el orden correcto. (1–3)

- a la espalda
- b los oídos / las orejas
- c los dientes / las muelas
- d el dedo
- e la mano
- f el brazo
- g la nariz
- h los ojos
- i la cabeza
- j la boca
- k la garganta
- l el estómago
- m la pierna
- n la rodilla
- o el tobillo
- p el pie

Zona Cultura

La Tomatina es una fiesta que tiene lugar en Buñol (Valencia) el último miércoles de agosto. Cada año, los 20.000 participantes lanzan más de 150.000 tomates en una hora. Después de la batalla los bomberos limpian las calles, que están cubiertas de jugo de tomate.

6 Escucha. Apunta los detalles en español. (1–5)
- ¿Qué le duele?
- ¿Por qué?

Me	duele	la pierna
Te	duelen	el tobillo
Le		los ojos
Me he	roto	las muelas
Te has	torcido	etc.
Se ha	cortado	
	quemado	
	hecho daño en	

Doler

Doler (to hurt) is a stem-changing verb. It works like *gustar*:

   Me duele la espalda.

   A mi abuela **le** duelen los oídos.

To say you have hurt / broken / twisted / cut / burned something, use the **perfect tense**. Put the correct **reflexive pronoun** before the verb, and use the **definite article**:

   Me he roto **la** pierna.   Abdul **se** ha cortado **el** dedo.

7 Tu familia está enferma pero el médico solo habla español. Haz diálogos con el médico.

● Mi padre se ha <u>torcido la rodilla</u> y ahora le duele mucho <u>la pierna</u>.

■ ¡Qué mala suerte! / ¡Qué desastre! Tiene que <u>descansar</u> y <u>tomar…</u>

When you learn a new verb phrase (e.g. *Me siento mal*), try to learn the infinitive too.
What do you think these infinitives mean?

  romperse (el brazo)   torcerse (el tobillo)
  sentirse (mal)   hacerse daño (en el pie)

8 Corrige las palabras (a)–(j). Deben estar de acuerdo con la frase. ¡Ojo! No es siempre necesario cambiar las palabras.

¡Mi familia **(a)** [ser] un desastre! Me **(b)** [sentir] fatal porque **(c)** [estar] resfriado y **(d)** [tener] tos desde el martes. También, me **(e)** [doler] los oídos. Si no me mejoro, mañana **(f)** [pedir] cita con el médico. Mi madre se ha **(g)** [hacer] daño en la espalda y se ha roto la mano **(h)** [derecho] porque se cayó de su tabla de windsurf. Por último, mi padre se olvidó de ponerse bronceador cuando **(i)** [ir] a la playa ayer, y ahora **(j)** [tener] quemaduras de sol.

ciento diecinueve **119**

1 SABORES DEL MUNDO

E5 FOOD AND DRINK

OBJETIVOS DE APRENDIZAJE
- Hablar de las comidas típicas
- Usar la voz pasiva
- Identificar las palabras que indican aumento / reducción

1 leer
Empareja las fotos con la lista de la compra correcta. Sobra una lista.

Dietas del mundo

¿Qué consume una familia típica cada semana?

El fotógrafo Peter Menzel visitó a familias de 24 países.

Guatemala

Cuba

a
- dos botellas de refrescos
- novecientos gramos de queso
- dos barras de pan grandes
- una docena de huevos
- una piña

b
- doce paquetes de patatas fritas
- una caja de cereales
- un paquete de mantequilla
- cien gramos de azúcar
- quinientos gramos de harina
- un bote de mermelada

c
- tres kilos y medio de zanahorias
- veintitrés litros de agua
- una botella grande de aceite
- veintidós kilos de maíz
- dos kilos de judías verdes
- tres coliflores

2 escuchar
Escucha y comprueba tus respuestas. Apunta en español otros <u>dos</u> o <u>tres</u> productos mencionados para cada país.

> Words for quantities or containers are followed by **de**. Find <u>ten</u> examples in exercise 1.

3 escuchar
¿Qué comen los españoles? Escucha y escribe las letras correctas.

1. Hoy en día la dieta mediterránea en España es…
   a más popular que antes.
   b menos popular que antes.
   c tan popular como antes.

2. Cada vez más españoles comen…
   a una dieta variada, equilibrada y sana.
   b comida sabrosa.
   c comida rápida y sencilla de preparar.

3. Ahora los españoles consumen cada vez menos…
   a carne, dulces y aceite de oliva.
   b legumbres (judías, guisantes, lentejas).
   c lácteos (leche, yogur, queso).

4. Las frutas más populares son…
   a los plátanos, las manzanas y las naranjas.
   b los melones, las uvas y los pomelos.
   c las fresas, las peras y los albaricoques.

4 hablar
Con tu compañero/a, habla de lo que consume tu familia.

- ¿Qué come tu familia cada semana?
- *Creo que comemos <u>tres kilos de naranjas</u> porque son sanas. Además,…*
- ¿Y qué bebe tu familia?
- *Bebemos <u>cinco litros de leche</u> porque es…*

EXAM SKILLS

Try to spot phrases which indicate whether something has **increased**, **decreased** or stayed **the same**. For example:

↑	cada vez más	aumentar
	un incremento	subir
↗↘	mismo	continuar
	seguir	
↓	cada vez menos	ya no
	perder	bajar

120 *ciento veinte*

MÓDULO 6

5 Lee Lee el texto. Identifica las <u>cuatro</u> frases correctas.

El sabor latino por Víctor Mediavilla

el chairo

el borí borí

¿Has probado la gastronomía latina? Con un sinfín de sabores, la cocina latinoamericana disfruta de gran prestigio mundial. Una de las recetas más tradicionales es **el cebiche**, un plato de pescado que fue inventado en Perú por la población indígena hace dos mil años. Otra joya de la cocina latinoamericana es **el chairo** boliviano, un tipo de guiso que contiene zanahorias, cebolla, carne y patatas, que fue introducido por el pueblo aimara.

La gastronomía de Venezuela es una mezcla de sabores tropicales y andinos. También incluye **las arepas** (similares a las tortillas mexicanas), preparadas con harina de maíz, que fueron exportadas a las islas Canarias. Si prefieres la cocina caribeña, la República Dominicana lo tiene todo. Por ejemplo, **la bandera dominicana** es un plato suculento que combina el arroz, las judías y la carne.

Sin embargo, mi recomendación personal es **el borí borí** de Paraguay, una sopa muy típica compuesta de harina de maíz, queso fresco y pollo. ¡Está riquísima!

el sinfín = la abundancia

1 La comida latina es muy variada.
2 No es muy conocida internacionalmente.
3 *El cebiche* es un plato bastante nuevo.
4 Su ingrediente principal es el pescado.
5 *El chairo* es el plato nacional de Bolivia.
6 *Las arepas* no fueron inventadas en las islas Canarias.
7 *La bandera* contiene muchas verduras distintas.
8 *El borí borí* no es un plato vegetariano.

6 escuchar Escucha las entrevistas. Apunta en español: (1–3)
- Nombre del plato:
- Origen:
- Ingredientes:
- Opinión:

7 hablar Con tu compañero/a, habla de los platos de los ejercicios 5 y 6.

● ¿Has probado el/la/los/las…?
■ ✓ Sí, lo/la/los/las he probado y (no) me gustó / gustaron (mucho / nada).
■ ✗ No, no lo/la/los/las he probado. ¿En qué consiste(n)?
● Es/Son…

8 escribir Escribe un artículo sobre la comida típica de tu país.

¿Has probado la comida (pakistaní)?
Tiene una mezcla de…
Uno de los platos más… es…
Es un plato… que fue…
Si prefieres… recomiendo…

La voz pasiva › *Página 234*

The **passive** is used to say what is / was / will be done to something or someone. To form it, use the correct person and tense of **ser** followed by the **past participle**, which must agree:

Fue inventado hace mil años.   **Es conocida** en todo el mundo.

Can you spot the other examples of the passive used in exercise 5?

¿Has probado…?	el gazpacho, la ensaladilla rusa, la paella
Es	un tipo de	bebida, guiso, sopa, aperitivo, entrada postre, pescado, empanada
	un plato	caliente / frío típico de (Asia, América del Norte, Europa)
Contiene(n) Consiste(n) en		carne de cordero / ternera, pollo marisco, huevos, champiñones, atún, arroz, ajo, cebolla, pepino, pimientos, judías, zanahorias
Fue	inventado introducido	en (Brasil) por (la población indígena)

2 ¡DE FIESTA!

A4 CUSTOMS

OBJETIVOS DE APRENDIZAJE
- Comparar fiestas diferentes
- Evitar la voz pasiva
- Prestar atención a los interrogativos (*qué*, *cómo*, etc)

1 Escucha y lee. ¿Qué significan las frases en violeta?

Fiestas curiosas
¡Las fiestas más raras de España!

La fiesta de **Els Enfarinats se celebra** el 28 de diciembre en el pueblo pequeño de Ibi. Esta extraña tradición, con más de 200 años de historia, **se caracteriza por** una gran batalla en la que **se lanzan** huevos y harina.

Entre el 7 y el 14 de julio **se celebran los Sanfermines**, una tradición antigua en la que más de un millón de españoles y extranjeros visitan la ciudad de Pamplona. Los más valientes se visten de blanco con un pañuelo rojo y corren delante de los toros en 'el encierro', un evento que **se repite** cada día a las ocho de la mañana.

En junio, Alicante **se llena de** música y desfiles para celebrar la llegada del verano con **las Hogueras de San Juan**. Las 'hogueras', que **se construyen** por toda la ciudad, consisten en espectaculares y gigantescas figuras de madera y cartón que **se queman** el 24 de junio, la noche de San Juan. También **se disparan** fuegos artificiales.

el desfile = *la procesión*

2 Lee los textos del ejercicio 1 otra vez. Contesta a las preguntas en español.

1 ¿**Quiénes** son los visitantes de los Sanfermines?
2 ¿**Por qué** son valientes los participantes de los encierros?
3 ¿**A qué hora** empieza el encierro?
4 ¿**Cómo** se celebra la fiesta de Els Enfarinats?
5 ¿**Cuándo** se celebra la llegada del verano en Alicante?
6 ¿**Dónde** se construyen figuras enormes?
7 ¿**Qué** fiesta no se celebra en verano?

Pay special attention to **question words** to make sure you give the correct information. What do the question words in exercise 2 mean?

Evitar la voz pasiva

In Spanish, the passive is often avoided by using the reflexive pronoun *se*:

*La fiesta **se celebra** en marzo.*

Sometimes the subject of the verb comes after the verb:

***Se lanzan** huevos.*

3 Escucha. Copia y completa la tabla en español. (1–3)

	fiesta	dónde	cuándo	detalles
1	Las Fallas	Valencia		

4 Con tu compañero/a, habla de las fiestas de los ejercicios 1 y 3.

- ¿Qué fiesta te interesa más / menos?
- ¿Cuándo / Dónde / Cómo se celebra?
- ¿Por qué (no) te interesa?

122 *ciento veintidós*

MÓDULO 6

5 Rellena los espacios en blanco. **Escribe** la forma correcta del verbo.

El Día de Muertos

Esta costumbre mexicana, que coincide con la fiesta católica de Todos los Santos, es popular hoy en muchos países del mundo. Se celebra el 1 y 2 de noviembre cuando, según la leyenda, los muertos **1** _vuelven_ a ver a sus familiares. En México muchas personas **2** ———— los cementerios donde **3** ———— las tumbas y las **4** ———— con velas y flores. En casa, los mexicanos **5** ———— altares en honor de los muertos con calaveritas de azúcar, objetos personales y la comida favorita de sus seres queridos. También **6** ———— 'pan de muerto', un tipo de pan dulce. En muchas ciudades los niños **7** ———— y **8** ———— a la calle con sus padres para ver los desfiles de calaveras.

calaveritas de azúcar

la calavera = el cráneo

| comer | visitar | disfrazarse | salir |
| ~~volver~~ | limpiar | decorar | preparar |

Use the 'they' form of the verb in each of the blanks. Take extra care with reflexive, stem-changing and irregular verbs.

6 Con tu compañero/a, haz una comparación de las dos fiestas.

- ● *En mi opinión, son muy similares porque en las dos fiestas los niños…*
- ■ *Sí, pero también son diferentes porque en Halloween…, pero en el Día de…*

El Día de Muertos
- 1–2 de noviembre
- México
- pan de muerto
- altares en casa
- decorar las tumbas
- desfiles

(intersección)
- coincide con Todos los Santos
- comida especial
- popular en muchos países
- disfraces

Día de los Difuntos
- 31 de octubre
- Estados Unidos, Reino Unido, Canadá, Irlanda
- manzanas de caramelo
- linternas de calabaza
- truco o trato
- películas de miedo

El Día de Difuntos / El Día de Muertos	se celebra en…
Muchas personas	comen…
Los jóvenes	decoran…
Los niños	se disfrazan…
Los ingleses	ven…
Los mexicanos	preparan…
Los familiares	juegan a…
Las familias	

7 Escucha a Nadia y escribe la letra correcta.

1. La Fiesta Mayor se celebra en…
   (a) primavera (b) verano (c) otoño (d) invierno
2. Nadia no apreció…
   (a) los bailes (b) las bandas (c) las procesiones (d) la comida
3. No pudo encontrar…
   (a) su cámara (b) el resto de su grupo (c) su móvil (d) el centro
4. Cree que los Castellers son…
   (a) valientes (b) perezosos (c) inhumanos (d) populares
5. Nadia valora las fiestas sobre todo por su importancia…
   (a) religiosa (b) económica (c) social (d) cultural

8 Escribe entre 130 y 150 palabras en español. Escribe un artículo sobre una fiesta española a la que asististe recientemente. Debes mencionar:
- cómo se celebra la fiesta
- lo que más te gustó y por qué
- por qué las fiestas tradicionales son importantes
- una fiesta que te gustaría visitar en el futuro

ciento veintitrés **123**

3 UN DÍA ESPECIAL

A5 EVERYDAY LIFE, TRADITIONS AND COMMUNITIES

OBJETIVOS DE APRENDIZAJE
- Describir un día especial
- Usar los verbos reflexivos en el pretérito indefinido
- Deducir el significado de un texto literario

1 leer Lee y escribe el número y la letra correctos para cada texto.
Lee los textos otra vez y busca los verbos reflexivos en el presente.

A medianoche comemos doce uvas, una por cada campanada. Tienes que comerlas todas a tiempo para tener un año lleno de suerte y prosperidad. Siempre nos acostamos muy tarde. Otra tradición es que ¡llevamos ropa interior roja! **Alba**

Celebramos el final del mes de Ramadán con una rutina especial. Nos levantamos muy temprano, rezamos, nos bañamos, nos lavamos los dientes y nos vestimos con nuestra mejor ropa. Desayunamos algo dulce y luego vamos a la mezquita. Después, mi madre prepara una comida deliciosa y visitamos a los amigos. **Mariam**

Hacemos una cena especial con toda la familia. Cenamos bacalao y pavo, y luego comemos dulces navideños como turrón o mazapanes. Mucha gente va a la iglesia para celebrar la 'Misa del Gallo' y canta villancicos tradicionales. El día siguiente es el Día de Navidad y me despierto temprano para abrir los regalos. **Fer**

1 Nochebuena (24 de diciembre)
2 Eid al-Fitr
3 Domingo de Pascua
4 Nochevieja (31 de diciembre)

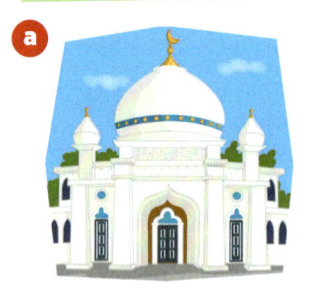

2 escuchar Escucha. ¿Qué día especial celebraron ayer? (1–6)
Ejemplo: **1** Nochebuena

el villancico = canción navideña
el bacalao = un tipo de pescado

3 escuchar Daniel habla de su día especial. Escucha y apunta los detalles en español.  
- ocasión: *cumpleaños (13 años) y…*
- preparativos:
- ropa:
- ceremonia:
- celebración:
- regalos:

Los verbos reflexivos en el pretérito indefinido

In the **preterite tense**, reflexive verbs behave in the same way as other verbs but need a reflexive pronoun in front of the verb:

me acosté	**nos** acostamos
te acostaste	**os** acostasteis
se acostó	**se** acostaron

Stem-changing verbs only have a stem change in the present tense, <u>not</u> in the preterite:

infinitive	present	preterite
ac**o**starse	me ac**ue**sto	me ac**o**sté
desp**e**rtarse	me desp**ie**rto	me desp**e**rté

4 hablar Eres Alba, Mariam o Fer. Describe tu día especial de ayer.

● ¿Qué hiciste ayer?
■ *Ayer fue… Por la noche cené… Luego comí…*

124 *ciento veinticuatro*

MÓDULO 6

5 Corrige las palabras (a)–(j). Deben estar de acuerdo con la frase.
¡Ojo! No es siempre necesario cambiar las palabras.

El sábado pasado **(a) [ser]** uno de los días más **(b) [emocionante]** del año porque yo **(c) [asistir]** al baile de fin de curso de mi instituto. Por la tarde fui a la peluquería, **(d) [ducharse]** y luego **(e) [vestirse]**. Decidí **(f) [llevar]** el nuevo vestido de seda púrpura que mi madre me **(g) [regalar]** para Navidad. Después, fui al hotel con mis amigas, donde cenamos, bailamos y sacamos **(h) [mucho]** fotos. El ambiente **(i) [ser]** fenomenal y mis amigas y yo **(j) [divertirse]** mucho.

6 Lee los dos extractos de una novela. Escribe las letras correctas.

Una madre de Alejandro Palomas

Sentados a la mesa del comedor, mamá cuenta uvas y yo doblo las servilletas rojas mientras en el horno se enfría la crema de espárragos y un asado de pavo.

Barcelona. Hoy es 31 de diciembre.

–Seremos cinco –dice mamá. Eso sin contar a Olga, claro. – Olga es la novia de Emma.

–Aunque tío Eduardo llegará un poco más tarde, porque su vuelo lleva retraso –aclara.

* * * * *

Olga y Silvia van metiendo platos y copas en el lavavajillas y organizan las uvas y el turrón.

Instantes después suena un pequeño tintineo en mi móvil. Lo saco del bolsillo y veo un WhatsApp. Es de ella. "Si es niña, se llamará Sara".

Alejandro Palomas

1 Van a tomar…
  a una comida casera.
  b una comida vegetariana.
  c una selección de carnes.

2 Con Olga incluida, van a ser…
  a cuatro personas.
  b cinco personas.
  c seis personas.

3 Tío Eduardo viaja…
  a a pie.
  b en avión.
  c en tren.

4 El segundo extracto tiene lugar.
  a antes de la cena.
  b después de la cena.
  c después de la medianoche.

5 La persona que ha mandado el mensaje…
  a tiene una niña.
  b va a tener una niña.
  c no sabe todavía el sexo de su bebé.

EXAM SKILLS

When reading extracts from novels or plays you often have to 'read between the lines' to infer what is being said.

For example, what can you deduce from these details?
  *porque su **vuelo** lleva retraso*   (question 3)
  ***Si** es niña, se llamar**á** Sara*   (question 5)

7 Escribe entre 60 y 75 palabras en español sobre 'Un día especial'.
Debes utilizar todas las palabras mencionadas.

| celebrar | ropa | lo mejor | delicioso |

ciento veinticinco **125**

4 ¡A COMER!

E5 FOOD AND DRINK

OBJETIVOS DE APRENDIZAJE
- Pedir comida en un restaurante
- Usar el superlativo absoluto
- Identificar cómo funcionan los verbos irregulares en el pretérito indefinido

1 Escucha y lee los anuncios. ¿Qué restaurante recomiendas? (1–7)

a Restaurante El Faro

En el restaurante El Faro te espera un ambiente acogedor. Con más de cincuenta platos innovadores, variados e imaginativos, es el destino ideal para los amantes del marisco y del pescado. Espectacular terraza al aire libre.

Apto para alérgicos, celiacos e intolerancias alimentarias. Acceso para minusválidos.

b Parrilla Río Plata

En pleno centro de Madrid, la parrilla Río Plata ofrece la posibilidad de probar los filetes de ternera y de buey más suculentos de la ciudad. Con su iluminación suave también es el lugar perfecto para una cena romántica.

Salón privado disponible para eventos familiares, bodas, comuniones, etc.

c Bufé Libre Estrella

Ubicado muy cerca de la estación de Atocha, no hay mejor sitio para comer bien y barato. Disfruta de una amplia selección de pastas, pizzas, ensaladas, carnes y platos vegetarianos en nuestro bufé libre. Algo para todos los gustos. *Menú infantil a mitad de precio.*

2 ¿Y tú? ¿Qué restaurante prefieres? ¿Por qué?

- Prefiero… porque me gusta / soy…
- Yo prefiero… porque es / tiene / ofrece…

3 Lee el menú. Luego escucha el diálogo y rellena los espacios en blanco.

- *Buenos días. ¿Qué va a tomar?*
- De primer plato voy a tomar **1** _____.
- *Muy bien. ¿Y de segundo plato?*
- ¿Qué me recomienda?
- *Le recomiendo la especialidad de la casa,* **2** _____. *Está riquísimo.*
- Bueno, voy a tomar **3** _____, entonces.
- *¿Y para beber?*
- **4** _____, por favor.
- *Muy bien. ¡Que aproveche!*

****

- *¿Qué tal la comida?*
- Estaba **5** _____.
- *¿Quiere postre?*
- Sí, voy a tomar **6** _____.
- *¿Algo más?*
- Nada más, gracias. ¿Me trae la cuenta, por favor?

MENÚ DEL DÍA
14 € (servicio incluido)
* * *
Primer plato
Calamares
Sopa de fideos
Ensalada mixta
Croquetas caseras (atún)
Entremeses variados
* * *
Segundo plato
Pollo a la mostaza
Chuletas de cordero asadas
Filete de merluza en salsa verde
Trucha a la plancha
Tortilla de espinacas
* * *
Postre
Flan, natillas, melocotón o piña
* * *
pan y bebida incluidos

El superlativo absoluto

To say really (nice), extremely (expensive), etc. use the **absolute superlative**.
Add **–ísimo** to the end of the adjective, and make it agree:
  Este ejercicio es facilísimo.
If the adjective ends in a vowel, remove it before adding the ending:
  Estas gambas están buenísimas.

4 Con tu compañero/a, haz diálogos. Cambia los detalles del ejercicio 3.

126 *ciento veintiséis*

MÓDULO 6

5 Escucha. Copia y completa la tabla en español. (1–3)

	primer plato	segundo plato	postre	bebida	problema
1	sopa de fideos				

Me hace falta	un cuchillo un tenedor una cuchara una cucharilla
No hay	aceite vinagre sal
El plato El vaso El mantel La cuchara	está suci**o/a** está rot**o/a**
El salmón La carne	está mal**o/a** está frí**o/a**

6 Lee el texto. Escribe P (positivo), N (negativo) o P+N (positivo y negativo).

1 La comida
2 El servicio
3 El precio
4 El ambiente
5 La limpieza

Platosenlinea.com

Almudena Sánchez *(Santander)*

Restaurante La Sartén Dorada

Vinimos aquí el sábado pasado para celebrar las bodas de plata de mis padres. Cuando llegamos, había mucha gente y por eso tuvimos que esperar media hora. Sin embargo, el ambiente era animado y acogedor, y todo estaba muy limpio.

El camarero era encantador y nos recomendó la especialidad de la casa, las gambas.

A mi padre le encanta el marisco, así que pidió las gambas, mientras que yo pedí pollo al ajillo. Lo malo fue que el camarero se equivocó y me trajo merluza. ¡Soy alérgica al pescado!

Mi madre se quedó decepcionada con el bistec (no estaba bien hecho), pero mi padre dijo que las gambas estaban riquísimas. Desafortunadamente, la cuenta tardó mucho tiempo en llegar, y cuando finalmente la recibimos, era carísima: 185 €. ¡No dejamos propina!

7 Lee el texto del ejercicio 6 otra vez. Busca las expresiones sinónimas.

1 festejar el aniversario
2 treinta minutos
3 cometió un error
4 tengo alergia
5 estuvo desilusionada
6 por desgracia

8 Escribe una crítica para el foro. Usa el ejercicio 6 como modelo.

El (lunes) pasado fuimos al restaurante… para celebrar…
El ambiente era… y el camarero era… Pedí…, pero…

El imperfecto y el pretérito indefinido ▶ Página 212, 214

Use the **preterite tense** for completed actions in the past.
Pedí cerdo, pero el camarero **trajo** pollo.
Use the **imperfect tense** for descriptions in the past.
El plato **estaba** sucio. ¡**Había** una mosca en la sopa!

Verbos irregulares en el pretérito indefinido ▶ Página 212

If you know the 'I' form of the preterite, you can usually work out the other forms:

E.g. **tener** tuve tuvimos
tuviste tuvisteis
tuvo tuvieron

Now work out the other forms of these verbs:
poner → puse
poder → pude
venir → vine
traer → traje*
decir → dije*

* 'they' form ends in –jeron

ciento veintisiete **127**

5 EL FESTIVAL DE MÚSICA

OBJETIVOS DE APRENDIZAJE
- Hablar de un festival de música
- Usar expresiones con el infinitivo
- Usar anécdotas al narrar una historia

E1 SPECIAL OCCASIONS

1 escuchar Escucha y apunta los detalles en español. (1–5)

Ejemplo: 1 Le gusta: *Coldplay – música es original*
No le gusta: …

¿Cuál es tu cantante favorito / tu banda favorita?

Zona Cultura

El Festival Internacional de Benicàssim (FIB) se celebra cada año a mediados de julio. Durante cuatro días este festival de música pop, rock, indie y electrónica, entre otros estilos, atrae a más de 150.000 personas de todo el mundo a la costa valenciana.

(No) me gusta / Me fascina / Admiro / No aguanto / No soporto	su actitud / su comportamiento / su determinación / su estilo / su forma de vestir / su talento

Su música / Su voz	(no) es	atrevida(s) / imaginativa(s) / preciosa(s) / repetitiva(s) / original(es) / triste(s)
Sus coreografías / Sus canciones / Sus ideas / Sus letras	(no) son	

2 leer Lee el programa y la página web. Apunta la información en español.

1. La fecha del primer día del festival
2. El precio de las entradas más baratas
3. El nombre del sitio donde se puede acampar
4. Los documentos requeridos para obtener la pulsera
5. La edad mínima para ir al festival solo/a
6. <u>Tres</u> artículos que te hacen falta si hace buen tiempo
7. Una manera de protegerse del ruido
8. Un artículo recomendado en caso de accidente / enfermedad

VIVIENDO EL FESTIVAL

Campfest. Es la zona de acampada gratuita para todos los poseedores de abono de 2, 3 o 4 días.
Cómo moverse. Alquila una bici por 40 € (4 días).
Tu pulsera. Al llegar al festival cambia tu entrada por la pulsera (se necesita pasaporte / DNI).
Menores de 15 años. Siempre deben estar acompañados de un adulto.
Te hace falta… bloqueador solar, gafas de sol, sombrero/gorra, tapones para los oídos, un minibotiquín (tiritas, aspirinas…).

me/te hace(n) falta = necesito / necesitas
DNI = Documento Nacional de Identidad

3 hablar Con tu compañero/a, haz diálogos.

- ¿Cuál es tu cantante favorito / tu banda favorita? ¿Por qué?
- ¿Qué bandas / cantantes no aguantas?
- ¿Te gustaría ir al Festival de Benicàssim?
- ¿Qué día del festival te interesa más? ¿Por qué?

MÓDULO 6

4 Escucha a estas personas que hablan del FIB. (1–6) Apunta:
- Si es **pasado**, **presente** o **futuro**
- Dos detalles más

> Remember the 'we' forms of –ar and –ir verbs are identical in the present and preterite:
>
> Cant**amos** y bail**amos**.
>
> Time phrases do not always give you a clue.
> E.g. Do *en julio* and *este año* help you identify the tense?

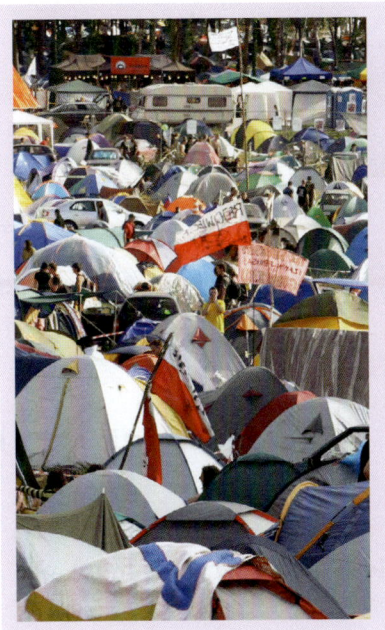

5 Lee el texto. Escribe la letra correcta para cada pregunta.

Siempre he querido ir al Festival de Benicàssim y por fin tuve la oportunidad de asistir la semana pasada. Acabo de cumplir 17 años, así que pude ir con mis amigos. Decidimos acampar porque era la opción más barata – ¡aunque también la menos cómoda!

Al llegar al festival, montamos la tienda. ¡Nunca habíamos visto tantas tiendas! Por desgracia, mi amigo Roberto se hizo daño con el martillo – se rompió los dedos de la mano. ¡Es muy torpe! Después de ir al hospital, volvimos al festival para ver las primeras actuaciones.

Durante los cuatro días del festival vi muchas de mis bandas favoritas, incluso el grupo indie *Los Planetas*, que salieron al escenario con una canción nueva, antes de tocar sus mejores canciones. El sonido era increíble y no me quedé nada decepcionado.

Lo que menos me gustó fue el calor. Por eso, cuando me acosté, decidí dormir con los pies fuera de la tienda (aunque, en realidad, el camping era tan ruidoso que pasé cuatro noches sin dormir). Sin embargo, al día siguiente me desperté con los pies llenos de picaduras. La proxima vez, nos alojaremos en un hotel. ¡Seguro que Roberto preferiría esa opción también!

Álvaro

torpe = *inepto*

1. Según Alvaro, ir de camping no es…
2. Le sorprendió la… de tiendas.
3. Roberto sufrió un…
4. Los Planetas tocaron una canción nueva al…de su actuación.
5. Álvaro no consiguió dormir a causa del…
6. En el futuro irá a un… diferente.

A festival	**E** accidente	**I** alojamiento
B principio	**F** falta	**J** incómodo
C caro	**G** ruido	**K** enfermedad
D cantidad	**H** fin	**L** calor

6 Escribe una postal a tu amigo/a español(a) de entre 60 y 75 palabras sobre 'Un festival de música'. Debes utilizar todas las palabras mencionadas.

| llegar | canciones |
| después | problema |

EXAM SKILLS

Narrating a story in Spanish is an important exam skill. To add interest, include anecdotes about things that went wrong (e.g. lost something, got ill, arrived late, bad meal, etc.).

Expresiones con el infinitivo

To enhance your writing, use a range of expressions which are followed by the infinitive:

para + **infinitive**	in order to (do)
al + **infinitive**	on (doing)
sin + **infinitive**	without (doing)
antes de + **infinitive**	before (doing)
después de + **infinitive**	after (doing)

Al llegar al festival…

Pasé cuatro noches **sin dormir**.

ciento veintinueve **129**

EXAM PRACTICE: LISTENING

A4 CUSTOMS
A5 EVERYDAY LIFE, TRADITIONS AND COMMUNITIES
E1 SPECIAL OCCASIONS
E4 ACCIDENTS, INJURIES, COMMON AILMENTS AND HEALTH ISSUES
E5 FOOD AND DRINK

Comida y bebida

1 ¿Qué van a comer estas personas? En cada caso escribe la letra correcta.

A B C D

E F G H

Ejemplo: G

a ———
b ———
c ———
d ———

(Total for Question 1 = 4 marks)

El restaurante Luz Verde

2 Escucha un reportaje sobre el restaurante Luz Verde. ¿Qué dice? Completa las notas en español.

Ejemplo: Premio de Gastronomía ganado: *el Mantel Blanco*

a   El servicio ——— .
b   El menú ——— .
c   Los platos ——— ——— .
d   Los precios de las bebidas ——— .
e   Año en que el cocinero participó en un programa de tele ——— .

(Total for Question 2 = 6 marks)

Un festival de música

3 Escucha esta entrevista sobre los festivales de música. Escoge la letra correcta.

A	amigos	E	farmacia	H	lluvia	K	prepararse
B	cámara	F	frecuencia	I	móvil	L	quemarse
C	camiseta	G	gorra	J	perderse	M	sol
D	estación						

Ejemplo: Antes de ir a un festival, debes…	K
a Es importante llevar tu … contigo	
b Es esencial beber con ….	
c Es importante protegerse contra el …	
d Lleva una crema solar contigo, porque es importante no …	
e Antes del festival, es una buena idea ir a la ….	
f Para hacer amigos se sugiere llevar una…	

(Total for Question 3 = 6 marks)

130 *ciento treinta*

EXAM PRACTICE: READING

MÓDULO 6

A4 CUSTOMS
A5 EVERYDAY LIFE, TRADITIONS AND COMMUNITIES
E1 SPECIAL OCCASIONS
E4 ACCIDENTS, INJURIES, COMMON AILMENTS & HEALTH ISSUES
E5 FOOD AND DRINK

Tradiciones y rituales de la quinceañera

1 Lee el artículo sobre cómo se celebra 'la quinceañera'.

La celebración de los 15 años varía mucho según los distintos países. En Latinoamérica, donde marca la transición de niña a mujer, la fiesta de 15 años empieza con la llegada de la chica, la 'quinceañera'. Una tradición importante es 'lanzar la muñeca' a las otras niñas invitadas. La muñeca (normalmente una Barbie o alguna muñeca similar) simboliza la última muñeca de la niñez de la joven.

En Uruguay, 'la ceremonia de las 15 velas y 15 rosas' es una de las más frecuentes. La quinceañera baja una escalera mientras se escucha una canción que ella ha escogido. Al pie de la escalera 15 chicos la esperan con rosas, mientras que 15 chicas la esperan con velas. La quinceañera coge las rosas y apaga las velas, y luego va hacia la zona de baile.

Elige la opción correcta para cada frase.

a La manera de celebrar los quince años depende …
  A de la persona.
  B del clima.
  C de los padres.
  D del lugar.

b En la fiesta la chica lanza…
  A un zapato.
  B una rosa.
  C un juguete.
  D una fruta.

c La ceremonia de las quince velas y quince rosas es una tradición …
  A popular.
  B cara.
  C antigua.
  D misteriosa.

d Se escucha música …
  A tradicional.
  B moderna.
  C seleccionada por la chica.
  D escrita por el padre.

(Total for Question 1 = 4 marks)

Accidentes navideños

2 Lee este artículo sobre los accidentes en las casas.

El 30% de los hogares españoles sufre accidentes domésticos durante la Navidad, según un estudio realizado por la División de Hogar de Línea Directa. Los accidentes más comunes son las intoxicaciones alimentarias, pero también son frecuentes las quemaduras por culpa de los fuegos artificiales. Uno de cada cuatro españoles confiesa que ha regalado juguetes 'ilegales' a los niños, es decir, juguetes no homologados* por la Comunidad Europea. Además, la decoración navideña puede provocar problemas (como la electrocución por luces navideñas), y por eso es esencial prestar atención a la calidad del producto.

Según Francisco Valencia de Línea Directa, «Queremos concienciar de los peligros de actividades habituales como cocinar, limpiar o decorar la casa por Navidad». La cocina es el espacio más peligroso para los españoles (80%), y las manos son la parte del cuerpo más afectada en los accidentes domésticos, seguidas de piernas y brazos. Uno de cada cinco españoles no tiene botiquín de primeros auxilios en casa.

homologados = aprobados

Contesta las preguntas en español basándote en el texto. No necesitas escribir frases completas.

1 ¿Qué le pasa a casi la tercera parte de las familias españolas durante la Navidad?
2 ¿Cuál es la causa más común de accidentes?
3 ¿Cuál es la causa de muchas quemaduras?
4 ¿Qué ha confesado el 25% de los españoles que han comprado de regalo?
5 ¿Qué ejemplo se da de un accidente causado por la decoración navideña?
6 Da <u>dos</u> ejemplos de tareas domésticas que pueden ser peligrosas.
7 ¿Qué habitación es la más peligrosa?
8 ¿Cuáles son las partes del cuerpo más vulnerables? Menciona <u>dos</u> cosas.

(Total for Question 2 = 10 marks)

ciento treinta y uno

EXAM PREPARATION: WRITING

A4 CUSTOMS
A5 EVERYDAY LIFE, TRADITIONS AND COMMUNITIES
E1 SPECIAL OCCASIONS

1 *escribir* — Mira el ejercicio 'Una fiesta tradicional' en la página siguiente y contesta estas preguntas. La tercera viñeta te pide que expliques 'por qué las fiestas tradicionales son importantes'. Empareja las dos partes de estas frases para darte algunas ideas.

1 Las fiestas son una parte…
2 Te dan la oportunidad de divertirte…
3 Enseñan a los niños a
4 Te hacen sentir más
5 Muchas fiestas tienen…
6 Son populares entre los turistas y…

a con tus amigos y tu familia.
b orgulloso de tu cultura.
c importante de nuestra cultura.
d una importancia religiosa o histórica.
e por eso ayudan a la economía.
f valorar las tradiciones del país.

2 *leer* — Lee abajo la respuesta de Matthew al ejercicio 'Una fiesta tradicional' en la página siguiente. Ahora mira el 'Answer Booster' y apunta <u>ocho</u> expresiones que emplea Matthew para dar una respuesta sólida.

SAMPLE ANSWER

El verano pasado fui a Vilafranca para ver la Fiesta Mayor, que se celebra en agosto. Durante tres días las calles se llenan de desfiles, bailes y música. También hay conciertos y fuegos artificiales.

Para mí lo mejor de la fiesta fue cuando vimos a los Castellers de Vilafranca. En esta tradición antigua se construyen torres humanas muy altas. Fue impresionante y saqué muchas fotos, aunque me parecía muy peligroso. ¡Qué miedo! Creo que son muy valientes.

Pienso que las fiestas tradicionales son importantísimas por muchas razones. Primero, te hacen sentir más orgulloso de tu cultura. Segundo, atraen a muchos turistas extranjeros. Sobre todo, las fiestas son divertidas y lo pasas fenomenal.

En el futuro me gustaría ir a la Fiesta de la Vendimia en Argentina, donde se celebra el fin de la cosecha de la uva. Más que nada me gustaría ver el espectáculo de bailes folclóricos. ¡Sería guay!

3 *leer* — ¿En qué orden menciona Matthew estos eventos y opiniones en su artículo?

a Bailes folclóricos
b Fotografía
c Fuegos artificiales
d Motivos para asistir a las fiestas tradicionales
e Participantes valientes
f Procesiones y danzas
g Torres humanas
h Una celebración de la cosecha de la uva
i Un espectáculo peligroso
j Viaje a Vilafranca

4 *escribir* — Completa la Práctica de Examen. Prepara tus propias respuestas.

> **EXAM SKILLS**
>
> For the final bullet point you have to say which festival you **would** like to attend in the future. Can you remember how to form the **conditional**?

132 *ciento treinta y dos*

EXAM PRACTICE: WRITING

MÓDULO 6

A4 CUSTOMS
A5 EVERYDAY LIFE, TRADITIONS AND COMMUNITIES
E1 SPECIAL OCCASIONS

Long writing task

Una fiesta tradicional

1 Has asistido a una fiesta durante tu visita a otro país.
   Escribe un artículo para informar a los lectores sobre la importancia de las fiestas tradicionales.
   Debes incluir los puntos siguientes:
   - cómo se celebra la fiesta
   - lo que más te gustó y por qué
   - por qué las fiestas tradicionales son importantes
   - una fiesta a la que te gustaría asistir en el futuro.

   Justifica tus ideas y tus opiniones. Escribe entre 130 y 150 palabras **en español**.

   (Total for Question 1 = 20 marks)

Grammar

Corrige las palabras (a)–(j). Deben estar de acuerdo con la frase. ¡Ojo! No es siempre necesario cambiar las palabras.

En muchos países los niños **(a) [abrir]** sus regalos el 25 de diciembre. Aunque Papá Noel también es **(b) [popular]** en España hoy en día, **(c) [grande]** parte de las familias todavía **(d) [preferir]** seguir las costumbres **(e) [tradicional]** y esperar hasta el 6 de enero. Antes de **(f) [acostarse]** el día 5, los niños **(g) [dejar]** galletas y leche para los camellos. Al día **(h) [siguiente]** se levantan temprano para **(i) [descubrir]** si los Reyes Magos los han **(j) [visitar]**.

(Total for Question 2 = 10 marks)

Answer booster	Aiming for a solid answer	Aiming higher	Aiming for the top
Verbs	**Different time frames**: past, present, near future **Different types of verbs**: regular, irregular, reflexive, stem-changing	**Different persons of the verb** **Verbs with an infinitive**: tener que, soler, acabar de **Phrases followed by the infinitive**: para, sin, antes de, después de, al	**A wide range of tenses**: present, preterite, imperfect, perfect, future **Conditional**: iría, sería **Passive**: fue fundado **Avoiding the passive**: se celebra, se construyen
Opinions and reasons	**Verbs of opinion**: me chifla(n), me encanta(n), no aguanto… **Reasons**: porque…	**Exclamations**: ¡Qué miedo! **Absolute superlatives**: carísimo, buenísimo	**Opinions**: desde mi punto de vista, a mi modo de ver, para mí **Reasons**: ya que, por eso, así que, por lo tanto
Connectives	y, pero, también	además, sin embargo, por desgracia, sobre todo	Primero…, segundo… **Balancing an argument**: aunque, por un lado… por otro
Other features	**Qualifiers**: muy, un poco, bastante, demasiado **Adjectives**: sabroso/a, rico/a, emocionante **Adverbs of frequency**: siempre, a veces	**Sentences with cuando, donde, si**: si es un día especial **Phrases with tener**: tener suerte / sueño / hambre / sed / prisa	**Positive/Negative phrases**: lo bueno / malo / mejor / peor **Specialist vocabulary**: navideño/a, un belén, los seres queridos, los desfiles, la cosecha

ciento treinta y tres 133

EXAM PREPARATION: SPEAKING

A4 CUSTOMS
A5 EVERYDAY LIFE, TRADITIONS AND COMMUNITIES
E1 SPECIAL OCCASIONS

A Picture-based discussion

1 *escuchar* **Mira la foto en la página siguiente y lee las preguntas. Luego, escucha la respuesta de Natalie a la cuarta pregunta. Rellena los espacios en blanco en esta transcripción.**

Me chifla la Navidad porque es una fiesta muy especial y **1** _____ para toda la familia. Siempre decoramos la casa con luces y en el salón ponemos un árbol de Navidad con una **2** _____ enorme. También solemos poner un belén para recordar la importancia **3** _____ de esta fiesta. En mi opinión, es una buena oportunidad para pasar tiempo con la familia y descansar. Además, es importante porque se **4** _____ tarjetas a los amigos y a los familiares, y se dan **5** _____ a los seres queridos. Sin embargo, lo malo de las fiestas navideñas es que comemos demasiados **6** _____ .

2 *leer* **Mira el 'Answer Booster' en la página anterior y apunta <u>seis</u> expresiones que emplea Natalie para dar una respuesta fuerte.**

3 *escuchar* **Escucha la respuesta de Natalie a la quinta pregunta y completa estas frases <u>en español</u>.**

*Cuaresma = Lent

A El Día de la Madre se celebró el…
B Natalie y su hermano se levantaron para…
C Cocinaron…
D Compraron…
E En España el Día de la Madre se celebra…
F En Inglaterra se celebra…

B General conversation

4 *escuchar* **Lee la Conversación general en la página siguiente. Escucha la respuesta del estudiante a la pregunta 1. Completa las frases <u>en español</u>.**

a Lucas come muchos…
b Desayuna algo muy rápido porque…
c Bebe chocolate caliente…
d Nunca come…
e Después del instituto toma…
f La cena que preparó su hermano no estaba…

5 *escuchar* **La segunda pregunta es: *¿Has probado la comida española?* Escucha la respuesta del estudiante a esta pregunta. ¿Cuáles de estos adjetivos usa?**

asqueroso/a riquísimo/a sabroso/a buenísimos/as frío/a
salado/a dulce picante refrescante típico/a

6 *escuchar* **La tercera pregunta es: *¿Prefieres cenar en casa o en un restaurante?* Escucha la respuesta del estudiante a esta pregunta. Mira el 'Answer Booster' en la página anterior y apunta <u>seis</u> expresiones que emplea el estudiante para dar una respuesta sólida.**

7 *hablar* **Ahora completa la Práctica de Examen. Trabaja con un compañero y, en turnos, haz las preguntas del examinador y del candidato. Usa los tips de conversación y escribe notas relevantes.**

MÓDULO 6

EXAM PRACTICE: SPEAKING

A4 CUSTOMS
A5 EVERYDAY LIFE, TRADITIONS AND COMMUNITIES
E1 SPECIAL OCCASIONS
E 5 FOOD AND DRINK

A Picture-based discussion
E1 Special occasions

1. ¿Qué se puede ver en esta imagen?
2. Describe al chico de la derecha.
3. ¿Qué crees que va a pasar más tarde en el día?
4. ¿Qué opinas tú de la Navidad?
5. Describe lo que hiciste recientemente en un día especial.

(Total for Task A = 12 marks)

B General conversation
E1 Special occasions / E5 Food and drink
Prepara tus respuestas a las siguientes preguntas.

1. ¿Qué te gusta comer? ¿Por qué?
2. ¿Has probado la comida española? ¿Te gusta? ¿Por qué(no)?
3. ¿Prefieres cenar en casa o en un restaurante? ¿Por qué?
4. ¿Cómo vas a celebrar tu próximo cumpleaños?
5. ¿Has asistido a un festival de música? ¿Puedes describirlo?

(Total for Task B = 28 marks)

PICTURE-BASED DISCUSSION TIPS: ¿Qué se puede ver en esta imagen?
Lee esta repuesta a la primera pregunta.

En la foto hay dos personas, un chico y una chica. ← How many people are there? What's the relationship between them?

Creo que el chico tiene siete años y se lleva bien con su hermana. En mi opinión, la chica tiene once o doce años. Ella está abriendo regalos. ← How old do you think they are? Do they get on well? What are they doing?

En el fondo hay un árbol de Navidad con muchas cajas. ← What do you see in the background?

Parece que es el día de Navidad, o quizás el seis de enero, ya que en España muchas familias abren los regalos el día de los Reyes Magos. ← Do you think it is a special day? Why?

A mi modo de ver, estos niños tienen mucha suerte porque han recibido muchos regalos. ← Give an opinion

ciento treinta y cinco **135**

MÓDULO 6 — PALABRAS

Las comidas / Meals

el desayuno	breakfast
la comida / el almuerzo	lunch
la merienda	tea (meal)
la cena	dinner / evening meal
desayunar	to have breakfast / to have … for breakfast
comer / almorzar	to have lunch / to have … for lunch
merendar	to have tea / to have … for tea
cenar	to have dinner / to have … for dinner
tomar	to have (food / drink)
beber	to drink
entre semana…	during the week…
los fines de semana…	at weekends…
Desayuno a las ocho.	I have breakfast at eight o'clock.
Desayuno / Como / Meriendo / Ceno…	For breakfast / lunch / tea / dinner I have…
un huevo	an egg
un yogur	a yogurt
un pastel	a cake
un bocadillo	a sandwich
una hamburguesa	a hamburger
(el) café / (el) té	coffee / tea
(el) Cola Cao	Cola Cao (Spanish chocolate drink)
(el) marisco	seafood
(el) pan tostado	toast
(el) pescado	fish
(el) pollo	chicken
(el) zumo de naranja	orange juice
(la) carne	meat
(la) ensalada	salad
(la) fruta	fruit
(la) leche	milk
(la) sopa	soup
(la) tortilla	omelette
(los) cereales	cereals
(los) churros	fried doughnut sticks
(las) galletas	biscuits
(las) patatas fritas	chips
(las) verduras	vegetables
algo dulce / ligero / rápido	something sweet / light / quick
ser goloso/a	to have a sweet tooth
tener hambre	to be hungry
tener prisa	to be in a hurry
tomar un desayuno fuerte	to have a big (lit. strong) breakfast

Las expresiones de cantidad / Expressions of quantity

cien / quinientos gramos de…	100 / 500 grammes of…
un bote de…	a jar of…
un kilo de…	a kilo of…
un litro de…	a litre of…
un paquete de…	a packet of…
una barra de…	a loaf of…
una botella de…	a bottle of…
una caja de…	a box of…
una docena de…	a dozen…
una lata de…	a tin / can of…

Los alimentos / Food products

el aceite de oliva	olive oil
el agua	water
el ajo	garlic
el arroz	rice
el atún	tuna
el azúcar	sugar
el maíz	corn
el pan	bread
el queso	cheese
la carne de cordero / ternera	lamb / beef
la coliflor	cauliflower
la harina	flour
la mantequilla	butter
la mermelada	jam
los albaricoques	apricots
los champiñones	mushrooms
los guisantes	peas
los lácteos	dairy products
los melocotones	peaches
los melones	melons
los pepinos	cucumbers
los pimientos	peppers
los plátanos	bananas
los pomelos	grapefruits
los refrescos	fizzy drinks
las cebollas	onions
las fresas	strawberries
las judías (verdes)	(green) beans
las legumbres	pulses
las lentejas	lentils
las manzanas	apples
las naranjas	oranges
las peras	pears
las piñas	pineapples
las uvas	grapes
las zanahorias	carrots
¿Has probado…?	Have you tried…?
el gazpacho	gazpacho (chilled soup)
la ensaladilla rusa	Russian salad
Es un tipo de bebida / postre / empanada / entrada	It's a type of drink / dessert / pie / starter
Es un plato caliente / frío.	It's a hot / cold dish.
Contiene(n)…	It contains / They contain…
Fue inventado/a / introducido/a…	It was invented / introduced…

Mi rutina diaria / My daily routine

me despierto	I wake up
me levanto	I get up
me ducho	I have a shower
me peino	I brush my hair
me afeito	I have a shave
me visto	I get dressed
me cepillo los dientes	I brush my teeth
me acuesto	I go to bed
salgo de casa	I leave home
vuelvo a casa	I return home
temprano / tarde	early / late
enseguida	straight away
odio levantarme	I hate getting up

¿Qué le pasa? / What's the matter?

No me encuentro bien.	I don't feel well.
Me siento fatal.	I feel awful.
Estoy enfermo/a / cansado/a.	I am ill / tired.
Tengo calor / frío.	I am hot / cold.
Tengo catarro / Estoy resfriado/a.	I have a cold.
Tengo diarrea.	I have diarrhoea.
Tengo dolor de cabeza.	I have a headache.
Tengo fiebre.	I have a fever / temperature.
Tengo gripe.	I have flu.
Tengo mucho sueño.	I am very sleepy.
Tengo náuseas.	I feel sick.
Tengo quemaduras de sol.	I have sunburn.
Tengo tos.	I have a cough.
Tengo una insolación.	I have sunstroke.
Tengo una picadura.	I've been stung.
Me duele(n)…	My … hurt(s)
Me he cortado el/la…	I've cut my…
Me he hecho daño en…	I've hurt my…

MÓDULO 6

¿Qué le pasa? (contd)
Me he quemado…
Me he roto…
Me he torcido…
   el brazo / el dedo / el estómago
   el pie / el tobillo
   la boca / la cabeza
   la espalda / la garganta
   la mano / la nariz
   la pierna / la rodilla
   los dientes / las muelas
   los oídos / las orejas
   los ojos
¿Desde hace cuánto tiempo?
desde hace…
   un día / un mes
   una hora / una semana

What's the matter? (contd)
I've burnt my…
I've broken my…
I've twisted my…
   arm / finger / stomach
   foot / ankle
   mouth / head
   back / throat
   hand / nose
   leg / knee
   teeth
   ears
   eyes
How long for?
for…
   a day / a month
   an hour / a week

¿Desde cuándo?
desde ayer
desde anteayer
no se preocupe
¡Qué mala suerte!
Tiene(s) que / Hay que…
   beber mucha agua
   descansar
   ir al hospital / médico / dentista
   poner un vendaje
   tomar aspirinas
   tomar este jarabe / estas pastillas
   usar esta crema

Since when?
since yesterday
since the day before yesterday
don't worry
What bad luck!
You have to…
   drink lots of water
   rest
   go to the hospital / doctor / dentist
   put on a bandage
   take aspirins
   take this syrup / these tablets
   use this cream

Las fiestas
la fiesta de…
esta tradición antigua…
se caracteriza por…
se celebra en…
se repite…
se queman figuras de madera
se construyen hogueras
se disparan fuegos artificiales
se lanzan huevos

Festivals
the festival of…
this old tradition…
is characterised by…
is celebrated in…
is repeated…
wooden figures are burnt
bonfires are built
fireworks are set off
eggs are thrown

las calles se llenan de…
los niños / los jóvenes…
los familiares / las familias…
comen manzanas de caramelo
decoran las casas / las tumbas
   con flores / velas
preparan linternas / altares
se disfrazan
ven desfiles

the streets are filled with…
children / young people…
relations / families…
eat toffee apples
decorate houses / graves
   with flowers / candles
prepare lanterns / altars
dress up
(they) watch processions

Un día especial
Abrimos los regalos.
Buscamos huevos de chocolate.
Cantamos villancicos.
Cenamos bacalao.
Comemos dulces navideños /
   doce uvas / pavo.
Nos acostamos muy tarde.
Nos levantamos muy temprano.
Rezamos.

A special day
We open presents.
We look for chocolate eggs.
We sing Christmas carols.
We have cod for dinner.
We eat Christmas sweets /
   twelve grapes / turkey.
We go to bed very late.
We get up very early.
We pray.

Vamos a la mezquita / iglesia.
Ayer fue…
   el baile de fin de curso
   el Día de Navidad
   (el) Domingo de Pascua
   (la) Nochebuena
   (la) Nochevieja
Me bañé y luego me maquillé.

We go to the mosque / church.
Yesterday was…
   the school prom
   Christmas Day
   Easter Sunday
   Christmas Eve
   New Year's Eve
I had a bath and then did my make up.

¿Qué va a tomar?
de primer / segundo plato…
de postre…
Voy a tomar…
   (el) bistec
   (el) filete de merluza
   (el) flan
   (el) pollo a la mostaza
   (la) sopa de fideos
   (la) tortilla de espinacas
   (la) trucha a la plancha
   (los) calamares
   (los) entremeses variados
   (las) chuletas de cordero asadas
   (las) croquetas caseras
   (las) gambas
   (las) natillas

What are you going to have?
for starter / main course…
for dessert…
I'm going to have…
   steak
   hake fillet
   crème caramel
   mustard chicken
   noodle soup
   spinach omelette
   grilled trout
   squid
   mixed appetizers
   roast lamb chops
   homemade croquettes
   prawns
   custard

¿Qué me recomienda?
el menú del día
la especialidad de la casa
está buenísimo/a / riquísimo/a
¡Que aproveche!
¿Algo más?
Nada más, gracias.
¿Me trae la cuenta, por favor?
No tengo cuchillo / tenedor / cuchara.
No hay aceite / sal / vinagre.
El plato / vaso / mantel está sucio.
El salmón está malo.
La carne está fría.
dejar una propina
equivocarse
pedir
ser alérgico/a…
ser vegetariano/a

What do you recommend?
the set menu
the house speciality
it's extremely good / tasty
Enjoy your meal!
Anything else?
Nothing else, thank you.
Can you bring me the bill, please?
I haven't got a knife / fork / spoon.
There's no oil / salt / vinegar.
The plate / glass / table cloth is dirty.
The salmon is bad / off.
The meat is cold.
to leave a tip
to make a mistake
to order / ask for
to be allergic to…
to be a vegetarian

Un festival de música
Me fascina(n)…
Admiro…
No aguanto / soporto…
   su actitud / talento
   su comportamiento
   su determinación / estilo
   su forma de vestir
   su música / voz
   sus canciones / coreografías
   sus ideas / letras

A music festival
…fascinate(s) me.
I admire…
I can't stand…
   his/her attitude / talent
   his/her behaviour
   his/her determination / style
   his/her way of dressing
   his/her music / voice
   his/her songs / choreography
   his/her ideas / lyrics

atrevido/a(s)
imaginativo/a(s)
precioso/a(s)
repetitivo/a(s)
original(es)
triste(s)
Me/Te hace(n) falta…
   bloqueador solar
   el pasaporte / DNI
   un sombrero / una gorra

daring
imaginative
beautiful
repetitive
original
sad
I/You need…
   sun block
   your passport / national ID card
   a hat / cap

7 ¡A CURRAR!

OBJETIVOS DE APRENDIZAJE
- Hablar de distintos tipos de trabajos
- Discutir las preferencias laborales

PUNTO DE PARTIDA 1

B4 WORK, CAREERS AND VOLUNTEERING

1 Escuchar
Escucha. Copia y completa la tabla. (1–5)

	trabajo	¿le gusta? (✓ / ✗)	¿por qué (no)?
1	camarera	✗	repetitivo, …

peluquero/a   camarero/a   veterinario/a   jardinero/a   profesor(a)   dependiente/a

ayudar
contestar
cuidar
enseñar
hacer
preparar
reparar
servir
trabajar
vender
viajar

entrevistas con famosos
coches
llamadas telefónicas
platos distintos
ropa de marca
comida y bebida
las plantas y las flores
a los clientes / pacientes / pasajeros / niños
en un taller / un hospital / un hotel / una tienda
a bordo de un avión
por todo el mundo

> When saying what job someone does, you don't use the indefinite article.
> *Soy periodista.*
> However, you do use it if giving more specific details.
> *Es **una** cantante muy conocida.*

Los sustantivos masculinos y femeninos > Página 222

Some nouns have different masculine and feminine forms:
- camarer**o** → camarer**a**
- diseñad**or** → diseñad**ora**

Those ending in –**e** or –**ista** are usually invariable:
- cantant**e** → cantant**e**
- recepcion**ista** → recepcion**ista**

2 Escribir
Escribe <u>tres</u> frases para cada persona. Inventa los otros detalles.

Ejemplo: **1** Soy cocinera y trabajo en un restaurante italiano.
Todos los días preparo…
Me gusta mi trabajo porque…

¿En qué trabajas?

1 Soy cocinera.
2 Soy enfermero.
3 Soy azafata.
4 Soy periodista.
5 Soy recepcionista.
6 Soy mecánico.

3 Leer
Lee los textos. ¿En qué trabajan? Utiliza un diccionario si es necesario.

1 Trabajo para una revista de moda, pero no escribo artículos. Tampoco soy modelo ni diseñador gráfico. Nunca salgo sin llevar mi cámara.

2 No soy ni recepcionista ni camarera, pero trabajo en un hotel de lujo. Nunca cocino ni cuido los jardines. Todos los días corto el pelo a los clientes.

3 Viajo por todo el mundo en un crucero enorme. No sirvo comida ni hago las camas. Tampoco soy guía turístico. Cada noche canto en un espectáculo.

4 Trabajo en una clínica, pero no soy ni médica ni enfermera. Tampoco trabajo con animales. Ayudo a mis pacientes a cuidar los dientes.

MÓDULO 7

UNIDAD 3

4 hablar Con tu compañero/a, juega a '¿Cuál es mi profesión?'

Ejemplo:

- ¿Trabajas en un hotel?
- ¿Sirves comida y bebida?

■ Sí, trabajo en un hotel.
■ No, no sirvo…

5 leer Mira las cuatro listas. Escribe el título correcto. (A–D)

1
bombero/a
médico/a
policía
soldado

2
abogado/a
contable
funcionario/a
guía turístico/a

3
albañil
electricista
fontanero/a
ingeniero/a

4
bailarín/bailarina
diseñador(a)
escritor(a)
músico/a

A Seguridad / Sanidad **B** Actividades artísticas **C** Construcción / Ingeniería **D** Sector servicios

6 escuchar Escucha. ¿Qué trabajos les gustaría hacer? ¿Por qué? (1–5)

Ejemplo: **1** c – bastante serio, …

a b c d e f

(No) Soy	ambicioso/a	organizado/a	Es un trabajo	artístico	exigente
	comprensivo/a	paciente		manual	variado
	creativo/a	práctico/a		bien / mal pagado	
	extrovertido/a	responsable		para personas sociables	
	fuerte	serio/a		con responsabilidad	
	inteligente	trabajador(a)		con buenas perspectivas	
	maduro/a	valiente		con un buen sueldo	

7 hablar Con tu compañero/a, haz <u>cuatro</u> diálogos. Inventa los detalles.

- ¿Qué tipo de persona eres?
■ Creo que soy… y…, pero no…
- Pues, creo que serías un buen… / una buena… porque es un trabajo…

Remember that you use the conditional to say what you **would** do.

*Me gusta**ría** ser fontanero.*
*Ser**ías** un buen… / una buena…*

8 escribir Corrige las palabras (a)–(j). Deben estar de acuerdo con la frase.
¡Ojo! No es siempre necesario cambiar las palabras.

Me **(a)** [interesar] bastante mi trabajo porque es variado. Además, es un trabajo con **(b)** [mucho] responsabilidad. Lo malo es que está mal pagado. Soy una persona muy **(c)** [trabajador] y paciente, y **(d)** [llevarse] bien con los niños. Por eso me gustaría **(e)** [trabajar] en una escuela primaria y creo que yo **(f)** [ser] un **(g)** [bueno] maestro. En este momento mi hermana mayor **(h)** [estar] desempleada pero en el futuro quiere ser piloto. Mi hermana menor es **(i)** [dependiente] y trabaja en la caja de unos grandes almacenes muy **(j)** [conocido].

ciento treinta y nueve **139**

1 ¿QUÉ HACES PARA GANAR DINERO?

B4 WORK, CAREERS AND VOLUNTEERING
C2 DAILY ROUTINES AND HELPING AT HOME

OBJETIVOS DE APRENDIZAJE
- Hablar de lo que haces para ganar dinero
- Usar *soler* en el imperfecto
- Usar diferentes formas verbales

1 Escuchar

Escucha. Apunta los detalles en español. (1–5)

Ejemplo: **1** b – cuando me necesitan – 4 € por hora

¿Tienes un trabajo a tiempo parcial?

Sí, tengo un trabajo.

No, no tengo trabajo, pero ayudo en casa.

a Reparto periódicos.
b Hago de canguro.
c Trabajo de cajero.
d Cocino y lavo los platos.
e Paso la aspiradora y plancho la ropa.
f Pongo y quito la mesa.
g Paseo al perro y corto el césped.

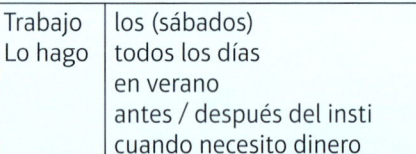

¿Cuándo trabajas? / ¿Cuándo lo haces?	
Trabajo / Lo hago	los (sábados)
	todos los días
	en verano
	antes / después del insti
	cuando necesito dinero
	cuando mi madre está trabajando
	cuando me necesitan
	cada mañana
	una vez / dos veces a la semana
¿Cuánto ganas?	
Gano	… euros / libras (por hora / por día / por semana)
¡No gano nada!	

2 Leer

Lee el texto. Contesta a las preguntas en español.

Soy estudiante, pero también trabajo como socorrista en un parque acuático en Benidorm. Lo hago desde hace seis meses y me encanta. Suelo trabajar dos veces a la semana. Tengo que vigilar a los niños que nadan en la piscina de olas. Me llevo bien con mis compañeros y mi jefe es muy amable. Aunque no gano mucho, es un trabajo divertido y el horario es flexible.

En casa siempre ayudo a mis padres con las tareas domésticas. Arreglo mi habitación, pongo la ropa en la lavadora y de vez en cuando preparo la cena. Cuando era más joven, solía hacer de canguro para mi hermano, pero ya es mayor. Antes mi hermana y yo solíamos lavar los platos, pero ahora es más fácil – ¡ponemos los platos en el lavavajillas!

Tatiana

1 ¿Dónde trabaja Tatiana?
2 ¿Cuándo empezó el trabajo?
3 ¿Con qué frecuencia suele trabajar?
4 ¿Cuál es la desventaja de su trabajo?
5 ¿Cómo ayuda Tatiana en casa?
6 ¿Por qué no cuida a su hermano ahora?
7 ¿Por qué ya no lava los platos?

Soler en el imperfecto

In the **present tense**, you use **soler** + **infinitive** to talk about what you usually / tend to do:

Suelo lavar el coche.

You can also use it in the **imperfect tense** to talk about things you used to do regularly. Alternatively, simply use the **imperfect tense** of the verb:

Solía cortar el césped.   **Cortaba** el césped.

MÓDULO 7

3 hablar — Imagina que tienes un trabajo a tiempo parcial. Con tu compañero/a, haz diálogos.

- ¿Tienes un trabajo a tiempo parcial?
- ¿Qué haces?
- ¿Cuándo lo haces?
- ¿Cuánto ganas?
- ¿Te gusta tu trabajo?
- ¿Ayudas con las tareas en casa?

4 escuchar — Escucha a Guillermo. Elige la opción correcta.

a **Cocina** / **Lava los platos** / **Sirve** en un restaurante.
b Trabaja cada **mañana** / **tarde** / **fin de semana**.
c Opina que el salario es **bajo** / **justo** / **alto**.
d Se lleva bien con **su jefe** / **sus compañeros** / **los clientes**.
e Antes **cocinaba** / **ponía la mesa** / **quitaba la mesa**.
f Ya no **pasea al perro** / **plancha la ropa** / **pasa la aspiradora**.

Guillermo

5 escribir — Escribe un texto sobre lo que haces en tu trabajo y en casa.

Menciona:
- tu trabajo a tiempo parcial (real o imaginario)
  º qué haces / cuándo trabajas
  º cuánto ganas
  º tu opinión del trabajo
- cómo ayudas en casa
  º qué haces / con qué frecuencia
  º qué solías hacer en el pasado.

> You often learn new verbs in the 'I' form of the **present tense** (e.g. *plancho, reparto*). Make sure you also know the **infinitive** so that you can use them:
> - with expressions followed by the **infinitive**
>   *Tengo que pasar la aspiradora.*   *Solía preparar la cena.*
> - in different tenses / persons of the verb.
>   *Ayer planché mi uniforme.*   *Preparaba la cena.*
>   *Mi padre pone la mesa.*

6 leer — Lee el texto. Escribe la letra correcta para cada pregunta.

Buscar empleo para jóvenes de 16 años

Como adolescente, es probable que tengas una buena cantidad de tiempo libre y el deseo de ganar dinero. Los trabajos típicos para los adolescentes incluyen:
- Trabajo en un restaurante de comida rápida
- Dependiente en una tienda
- Repartidor de periódicos

Si tienes 16 años, también existen otras posibilidades de ganar tu propio dinero sin descuidar el colegio:
- Cuidado de niños: Es ideal si haces el curso de la Cruz Roja de primeros auxilios.
- Arreglo de jardines: La jardinería da trabajo todo el año: en primavera y verano cortar el césped, en otoño barrer las hojas y en invierno quitar la nieve.
- Lavado de coches de los vecinos.
- Enseñar a las personas mayores a usar los ordenadores o Internet.

Si tienes 14 o 15 años, solo puedes trabajar tres horas al día y un máximo de 18 horas a la semana.

1 A los jóvenes no les suele faltar…
2 Un empleo popular consiste en… periódicos.
3 Se recomienda hacer un curso si quieres hacer de…
4 Las tareas cambian según la estación si eres…
5 Se puede ayudar a la gente mayor con la…
6 Para trabajar más de 3 horas la edad mínima es de… años.

A vender	E quince	I jardinero
B canguro	F cartero	J tiempo
C casa	G distribuir	K tecnología
D dieciséis	H dinero	L todo

ciento cuarenta y uno **141**

2 MIS PRÁCTICAS LABORALES

OBJETIVOS DE APRENDIZAJE
- Hablar de las prácticas de trabajo
- Usar el pretérito indefinido y el imperfecto juntos
- Usar alternativas a la palabra 'y'

B1 SCHOOL LIFE AND ROUTINE

1 Lee y escribe C (Carolina), E (Eduardo), o C+E (Carolina y Eduardo).

Las prácticas laborales, ¿merecen la pena?

Carolina
Hice mis prácticas en una emisora de radio local. Por desgracia, estaba lejos de mi casa, así que tenía que ir en metro y en tren cada mañana. La primera semana trabajé en el departamento de ventas y marketing. Todos los días sacaba fotocopias y archivaba documentos. Luego, la segunda semana trabajé con el equipo de producción. ¡Qué ilusión! Ayudaba al ingeniero de sonido y me llevaba muy bien con mi jefe. Fue una experiencia tanto divertida como educativa, y aprendí muchísimas cosas.

Eduardo
En mayo pasé quince días trabajando en una granja. Cada día me levantaba a las seis de la mañana para coger el autobús. Empezaba a las siete y terminaba a las cinco, sin tener ni un momento para comer. ¡Me trataban como un esclavo! Tenía que hacer todos los trabajos duros. No solo tenía que ordeñar las vacas, sino también dar de comer a todos los animales. Fue una pérdida de tiempo y solo aprendí una cosa en toda la semana – ¡no quiero ser granjero!

ordeñar = extraer la leche

1 No vale la pena hacer prácticas laborales.
2 Aprendí muchas habilidades nuevas.
3 Pasé dos semanas haciendo prácticas.
4 Trabajé al aire libre.
5 Iba en transporte público.
6 No tenía descanso.
7 Hacía varias tareas administrativas.
8 El horario era muy duro.

2 Lee los textos otra vez. Busca <u>cuatro</u> verbos en el pretérito indefinido y <u>ocho</u> verbos en el imperfecto.

3 Escucha a Antonio. ¿A qué pregunta está contestando? (1–7)

Ejemplo: **1** c

a ¿Dónde hiciste tus prácticas?
b ¿Qué tal fue tu primer día?
c ¿Cómo era tu rutina?
d ¿Qué ropa llevabas?
e ¿Qué tareas hacías cada día?
f ¿Cómo era tu jefe?
g ¿Qué cosas aprendiste?

4 Escucha otra vez. Apunta <u>dos</u> detalles en español para cada pregunta. (1–7)

Ejemplo: **1** *salía de casa a las 7:00, …*

EXAM SKILLS

Try using phrases such as these to provide interesting alternatives to **y** (and):

no solo…, sino también…   not only…, but also…
tanto… como…   both… and…

El pretérito indefinido y el imperfecto ▶ Página 212, 214

The **preterite tense** is used for completed actions in the past:
   El primer día **llegué** temprano.
It is also often used for opinions in the past:
   Me gustó trabajar allí.
The **imperfect tense** is used for repeated actions in the past, and for descriptions:
   Cada mañana **cogía** el autobús.
   Mis colegas **eran** muy agradables.

142 *ciento cuarenta y dos*

MÓDULO 7

5 hablar Con tu compañero/a, haz diálogos. Usa las preguntas del ejercicio 3.

Hice mis prácticas laborales en… Pasé (quince días) trabajando en…		Mi jefe/a era Mis compañeros eran Los clientes eran	alegre(s) (des)agradable(s) (mal)educad**o**/**a**(s)
El primer / último día	llegué… conocí a… fui…	(No) aprendí	a trabajar en equipo a usar… nada nuevo
Cada día Todos los dias	empezaba / terminaba a las… llevaba… trabajaba… ayudaba… escribía… cogía… iba…		

6 escuchar Escucha. Copia y completa la tabla. Sobra una opción. (1–5)

	cuándo	dónde	opinión
1	hace tres meses	c	experiencia muy positiva

a una agencia de viajes
b un polideportivo
c una escuela
d la empresa de mi madre
e una tienda benéfica / solidaria
f una fábrica de juguetes

7 leer Lee el texto y elige los verbos correctos.

Cada año mi insti organiza prácticas laborales para los alumnos. **1 Decidí / Decidía** ir a trabajar a una empresa cerca de donde vivo. Cada día **2 salí / salía** de casa a las ocho y cuarto y luego **3 fui / iba** a la oficina a pie. **4 Llevé / Llevaba** un traje azul oscuro que **5 recibí / recibía** por Navidad. Todos los días **6 hice / hacía** muchas tareas diferentes.

Mis compañeros de trabajo **7 fueron / eran** amables y siempre **8 pasé / pasaba** la hora de comer con ellos. Lo mejor fue el último día, cuando mi jefe **9 organizó / organizaba** una pequeña fiesta de despedida para mí. Mis prácticas fueron una experiencia muy positiva y **10 aprendí / aprendía** muchas habilidades nuevas.

8 escribir Escribe entre 130 y 150 palabras en español. Escribe una entrada en tu blog sobre las prácticas laborales. Debes mencionar:
- dónde y cuándo hiciste tus prácticas de trabajo
- qué tareas hacías cada día
- tu opinión de las prácticas de trabajo en general
- si te gustaría hacer el mismo trabajo en el futuro y por qué

As well as the **preterite** and the **imperfect** tenses, try to include some other tenses, such as the **present**, the **perfect**, the **future** or the **conditional**. For example:
*Creo que las prácticas laborales (no) **merecen** la pena.*
***He decidido** que (no) **voy a ser**… en el futuro.*
*(No) **recomendaría** estas prácticas a otro alumno.*

ciento cuarenta y tres **143**

3 ¿POR QUÉ APRENDER IDIOMAS?

B4 WORK, CAREERS AND VOLUNTEERING

OBJETIVOS DE APRENDIZAJE
- Hablar de la importancia de los idiomas en el trabajo
- Usar el gerundio
- Usar *saber* y *conocer*

1 *escuchar* Escucha. ¿Cuál es la ventaja <u>más importante</u> para cada persona? (1–4)

Diez ventajas de aprender un idioma

a Te abre la mente.
b Aumenta tu confianza.
c Te hace parecer más interesante.
d Mejora tus perspectivas laborales.
e Te ayuda a conocer nuevos sitios.
f Te permite hacer nuevos amigos.
g Te permite trabajar o estudiar en el extranjero.
h Estimula el cerebro.
i Te permite descubrir nuevas culturas.
j Te ayuda a mejorar tu lengua materna.

2 *leer* Lee y apunta las opiniones del ejercicio 1 que mencionan.

Ejemplo: **Paulina:** *d, …*

> In exercise 1 you have to identify the **most important** reason for each person. Beware of distractors and listen out for clue words such as **más**, **sobre todo**, **principal**, **más que nada**.

> No domino el inglés, pero lo hablo bastante bien. También hablo un poco de ruso. Creo que es más fácil encontrar trabajo si sabes hablar otro idioma, y a veces puedes ganar un salario más alto. Además, te permite viajar a lugares más exóticos, conocer a mucha gente distinta y establecer nuevas amistades. Finalmente, mejora la memoria y te ayuda a solucionar problemas.
> **Paulina**

> Saber hablar otro idioma te da la oportunidad de buscar un empleo o ir a la universidad en otro país. Por ejemplo, yo pasé un año estudiando en Estados Unidos. También te ayuda a apreciar la vida cultural de otros países – el cine, la literatura, la música e incluso el humor. Reduce los prejuicios y el racismo porque te hace una persona más abierta a las diferencias. Además, te permite aprender cosas sobre tu propio idioma que no sabías.
> **Íñigo**

dominar = *hablar con fluidez*

3 *leer* Elige el verbo correcto para cada frase.

1 No **saben** / **conocen** cuándo termina la reunión.
2 Viaja mucho a Holanda y la **sabe** / **conoce** muy bien.
3 Suelo comer solo porque no **sé** / **conozco** a nadie en mi empresa.
4 No **sabemos** / **conocemos** la contraseña – la hemos olvidado.
5 Mi jefe no **sabe** / **conoce** usar su tableta.
6 ¿**Supiste** / **conociste** a algún famoso en la fiesta?

Saber y conocer

The verbs **saber** and **conocer** both mean 'to know':

saber – to know (facts / information), to know how to (do something)
  No sé la respuesta.   ¿**Sabes** conducir?

conocer – to know / be acquainted with (person / place / thing), to get to know / meet
  ¿**Conoces** a Eva?   **Conocí** a mucha gente.

144 *ciento cuarenta y cuatro*

MÓDULO 7

4 escuchar Escucha y lee el texto. Luego apunta los detalles en español.

> Llevo tres años trabajando como corresponsal de guerra para un canal de televisión. Es el trabajo de mis sueños porque me da la oportunidad de hacer todas las cosas que me interesan: puedo viajar mucho y conocer a gente nueva, pero sobre todo, me permite compartir historias importantes con el resto del mundo. Aunque es un trabajo emocionante, también puede ser peligroso, y siempre hay que recordar que esto no es ninguna película de Hollywood. La realidad de la guerra es muy triste y afecta a la vida de tanta gente inocente.
>
> Para hacer bien mi trabajo me hace falta hablar idiomas extranjeros. Pasé diez años aprendiendo inglés cuando era más joven, y antes de venir aquí hice un curso de árabe. Esto me permite hacer entrevistas, leer documentos etc para saber lo que está pasando en la región. Más que nada, me ayuda a establecer buenas relaciones con la gente - lo esencial para mi profesión.
>
> En el futuro quiero seguir trabajando en los medios de comunicación, pero como presentadora del telediario.

Susana

1. Tiempo en trabajo actual:
2. Profesión:
3. Ventaja principal del trabajo:
4. Estudios lingüísticos:
5. Lo más importante para su trabajo:
6. Profesión futura:

El gerundio *Página 241*

The gerund is the form of the verb which ends in **-ando** (*-ar* verbs) or **-iendo** (*-er* / *-ir* verbs). It is used:

- to form the present continuous tense:
  estar + **gerund**
  *El bebé **está llorando**.*
- to say how long you have been doing something:
  llevar (*time*) + **gerund**
  ***Llevo** dos años **aprendiendo** francés.*
- to talk about simultaneous events or say how something is done:
  *Siempre van al insti **andando**.*
  *Pasé tres horas **escribiendo** la redacción.*
- after the verbs **seguir** and **continuar**:
  *Voy a **seguir estudiando**.*

Irregular gerunds include: **dormir** → **d**u**rmiendo**, **leer** → **le**y**endo**, **mentir** → **m**i**ntiendo**

5 escribir Corrige las palabras (a)–(j). Deben estar de acuerdo con la frase. ¡Ojo! No es siempre necesario cambiar las palabras.

No domino el español, pero lo **(a) [hablar]** muy bien. También tengo **(b) [bueno]** conocimientos del francés. Si **(c) [saber]** hablar **(d) [otro]** idiomas te permite estudiar en el extranjero. Por ejemplo, después de **(e) [terminar]** mis estudios fui a Salamanca donde **(f) [pasar]** seis meses **(g) [hacer]** un curso de español. Lo mejor fue que **(h) [conocer]** a mucha gente distinta allí. Ahora soy compradora de moda y llevo dos años **(i) [trabajar]** para una empresa española. Sería imposible hacer mi trabajo sin hablar otras lenguas porque no **(j) [poder]** comunicarme.

6 hablar Mira la foto y prepara tus respuestas. Luego haz diálogos con tu compañero/a.

1. ¿Qué se puede ver en esta imagen?
2. ¿Qué hace el hombre a la derecha?
3. En tu opinión, ¿qué van a hacer las personas a la izquierda más tarde?
4. ¿Cuáles son las ventajas principales de aprender idiomas?
5. ¿Hasta qué punto los idiomas son necesarios para encontrar un buen trabajo?

guía turístico

You can use either the **present tense** or the **present continuous** to describe what someone is doing.

Here, you could use verbs such as **contestar**, **explicar**, **mostrar**, **organizar** and **resolver**.

ciento cuarenta y cinco **145**

4 SOLICITANDO UN TRABAJO

B4 WORK, CAREERS AND VOLUNTEERING

OBJETIVOS DE APRENDIZAJE
- Solicitar un trabajo de verano
- Usar los pronombres de objeto indirecto
- Escribir una carta formal

1 *leer* Lee los anuncios y contesta a las preguntas.

A Animadores
¿Has terminado los exámenes? ¿Te apetece pasar el verano trabajando en Menorca? ¿Eres un(a) fanático/a del deporte? Se buscan animadores con buen nivel de inglés y español para campamento de verano. Precioso entorno rural. No hace falta experiencia.

B Au pair
Estamos buscando a un(a) joven británico/a agradable para compartir nuestro hogar en Ibiza y cuidar de nuestros dos hijos encantadores. No se requiere experiencia. Flexibilidad horaria necesaria. Salario a convenir.

C Varios puestos
¿Quieres trabajar en un parque de atracciones en Mallorca? Se requieren operarios de atracciones, camareros, ayudantes de cocina y dependientes. Experiencia deseable. Buenas capacidades de comunicación esenciales.

Zona Cultura

Destino: ISLAS BALEARES
Ubicación: Mar Mediterráneo, a 100 km de la costa valenciana.
Población: 1,1 millones (¡y más de 13 millones de turistas cada año!)
Famosas por: Sus playas, su paisaje hermoso y su vida nocturna.

¿Te apetece…? = ¿Tienes ganas de…?
el hogar = la casa

¿Qué anuncio/trabajo…

1 te permite negociar el sueldo?
2 requiere buenas habilidades lingüísticas?
3 te ofrece alojamiento?
4 prefiere una persona con experiencia?
5 te permite disfrutar del campo?
6 te da la oportunidad de trabajar en una tienda?
7 no tiene horario fijo?

2 *escuchar* Escucha a Rafa. Copia y completa la tabla.

anuncio	ventaja	inconveniente
A	trabajar al aire libre	

3 *hablar* Con tu compañero/a, haz diálogos.

- ¿Te apetece ser <u>animador(a)</u>?
- Sí / No, (no) me apetece ser… porque…
- ¿Te apetece trabajar en…?

(No) soy una persona…
(No) he trabajado en…
(No) me interesa (+ infinitivo)
(No) tengo experiencia trabajando en/como…
Me da la oportunidad de (+ infinitivo)

Los pronombres de objeto indirecto > Página 230

me	(to) me	**nos**	(to) us
te	(to) you	**os**	(to) you
le	(to) him/her/you (formal, singular)	**les**	(to) them/you (formal, plural)

The indirect object pronoun usually comes before the verb:
   Me apetece trabajar en España.

With verbs followed by the infinitive it can come before or after:
   Le voy a escribir / Voy a escribir**le**.

MÓDULO 7

4 Lee Lee y completa la carta de presentación con las palabras del recuadro.

> Muy Señor mío:
>
> En referencia a su **1** _____ publicado en la página web www.empleosdeverano.es, le escribo para solicitar el **2** _____ de animador.
>
> Aunque no tengo **3** _____ previa en un campamento de verano, he **4** _____ con niños pequeños en el polideportivo local y también he hecho de canguro para mis **5** _____. Soy responsable y **6** _____, practico muchos deportes en mi tiempo libre y me gusta trabajar en **7** _____.
>
> Le adjunto mi currículum vitae. Como podrá ver, además del inglés (mi lengua materna) hablo bien el español y tengo **8** _____ de alemán.
>
> Le agradezco su amable atención y quedo a la espera de su respuesta.
>
> Atentamente,
>
> Tom Hughes

vecinos	anuncio
equipo	puesto
experiencia	trabajado
trabajador	conocimientos

You have to follow special conventions when writing a formal letter. Can you spot these phrases in Spanish?
- Dear Sir
- I'm enclosing my CV
- Thank you for your kind attention
- Yours sincerely

Remember to use the **usted** (formal singular) form of the verb.

5 escribir Escribe entre 130 y 150 palabras en español. Escribe una carta de presentación para uno de los puestos del ejercicio 1. Debes mencionar:
- qué trabajo quieres solicitar
- detalles de tu experiencia previa
- tus cualidades e intereses
- tus habilidades (lingüísticas y otras)

6 leer Lee la entrevista. Empareja las preguntas con las respuestas.

1 ¿Por qué quiere ser (ayudante de cocina)?
2 ¿Qué asignaturas ha estudiado?
3 ¿Qué experiencia laboral tiene?
4 ¿Ha trabajado (en equipo) antes?
5 ¿Qué cualidades tiene usted?
6 ¿Qué otras habilidades tiene?

a He estudiado todas las asignaturas esenciales, tales como las matemáticas, las ciencias y la informática, pero también he hecho un curso optativo de pastelería.

b Soy una persona honrada, amable y sincera. También tengo buen sentido del humor y me llevo bien con la gente.

c Sí, estoy haciendo un programa especial que se llama el 'Duke of Edinburgh Award'. Tenemos que trabajar en grupos para hacer una expedición.

d Me interesa este trabajo porque me encanta cocinar y quiero aprender más. En el futuro me gustaría ser cocinero.

e Domino el español y entiendo el francés escrito. También tengo buenas capacidades de comunicación y de resolución de problemas.

f El año pasado hice mis prácticas laborales en una carnicería, donde aprendí mucho. También tengo un trabajo a tiempo parcial en una cafetería.

tales como = por ejemplo

7 escuchar Escucha y comprueba tus respuestas.

8 hablar Con tu compañero/a, haz una entrevista para un trabajo. Utiliza las preguntas del ejercicio 6.

ciento cuarenta y siete **147**

5 UN AÑO SABÁTICO

B5 FUTURE PLANS
D3 TRAVEL AND TRANSPORT

OBJETIVOS DE APRENDIZAJE
- Discutir planes para tomarse un año sabático
- Usar el imperfecto de subjuntivo en oraciones condicionales
- Expresar la hora

1 Escucha y elige la respuesta correcta. (1–4)

¿Cómo pasarías un año sabático?

1 Marc iría a España, donde…
 a enseñaría inglés.
 b mejoraría su nivel de español.
 c ganaría mucho dinero.

2 Fernanda pasaría un año en Honduras, donde…
 a apoyaría un proyecto medioambiental.
 b trabajaría en un orfanato.
 c ayudaría a construir un colegio.

3 Ramón buscaría un trabajo para tres meses y luego…
 a viajaría como mochilero por el mundo.
 b visitaría Latinoamérica.
 c haría un viaje en Interrail por Europa.

4 Pilar dice que trabajaría en una estación de esquí, donde…
 a aprendería a esquiar.
 b el alojamiento sería muy caro.
 c nunca olvidaría la experiencia.

2 Con tu compañero/a, haz diálogos.

● *¿Cómo pasarías un año sabático?*
■ *Primero…, donde… Luego… Creo que sería…*

El condicional ▶ Página 220

Remember to use the **conditional** to say what you would do:

Enseñaría inglés.   **Trabajaríamos** en un orfanato.

To form the conditional, add the imperfect endings of –er/–ir verbs to the infinitive.

Some verbs have an irregular stem. They include:

hacer → haría   **poner** → pondría
poder → podría   **tener** → tendría

3 Lee el texto. ¿Qué significan las frases en negrita.

Si pudiera tomarme un año sabático, **lo aprovecharía para trabajar como voluntaria** porque, en mi opinión, **es importantísimo ayudar a los demás**. Sin embargo, no me gustaría trabajar como profesora – **¡estoy harta de los colegios!** Iría a Costa Rica, donde trabajaría en un proyecto medioambiental para salvar las tortugas marinas. Creo que **el voluntariado aumenta tu confianza** y te permite mejorar tus habilidades sociales. Después, viajaría como mochilera por los países de Centroamérica (**¡si tuviera bastante dinero!**).

El imperfecto del subjuntivo

You use the **imperfect subjunctive** after the word **si** to talk about what you would do **if** something else happened:

Si + **imperfecto del subjuntivo** + conditional
Si **tuviera** bastante dinero, iría a América del Sur.

To form the imperfect subjunctive, take the third person plural of the preterite tense, remove the -ron and add these endings:

 -ra, -ras, -ra, -ramos, -rais, -ran

Remember that some verbs are irregular in the preterite tense:

poder → Si *pudiera* tomarme un año sabático…
ser → Si *fuera* más valiente…

148 *ciento cuarenta y ocho*

MÓDULO 7

4 **Lee la página web. ¿Quién habla? Escribe el nombre correcto.**

Tu año sabático.com

¿Cómo viajarías?

💬 Cogería el tren, ya que es más cómodo y puedes ver vídeos en tu tableta mientras viajas. También puedes dejar la maleta en la consigna mientras visitas una ciudad. Para mí es cómodo ya que vivo a cien metros de la estación RENFE. No viajaría en autobús porque no me gusta nada esperar en la parada de autobús.
Óscar (Bilbao)

💬 Para viajar entre diferentes ciudades cogería el autocar dado que es rápido – normalmente hay pocos atascos en las autopistas. No iría en tren porque los conductores siempre están en huelga. Y lo peor es que los billetes son carísimos.
Conchita (Vigo)

💬 No viajaría en autobús, pues las carreteras están en muy mal estado en muchos sitios. También tengo miedo a volar, y suele haber muchos retrasos en los aeropuertos. Creo que iría en tren. Por lo menos los trenes tienen aire acondicionado y no contaminan el medio ambiente.
Lourdes (Jaén)

1 No aguanto los aviones.
2 Los trenes no son fiables.
3 Prefiero evitar los embotellamientos.
4 Es útil para hacer turismo sin llevar el equipaje.
5 Aprovecho el viaje para hacer otras cosas.
6 Los precios son muy altos.
7 Los aviones no suelen ni despegar ni aterrizar a tiempo.
8 Los uso por razones ecológicas.

5 **Escribe entre 60 y 75 palabras en español sobre 'Un año sabático'. Debes utilizar todas las palabras mencionadas.**

| dinero | experiencia |
| viaje | ventaja |

6 **Escucha y mira la información. Corrige los errores. (1–5)**

Ejemplo: **1** *Retraso – 10 min*

Destino	Salida	Llegada	Vía	Observaciones
Gijón	09:39	15:32	5	Retraso – 12 min
Málaga	09:41	12:47	8	
Zaragoza	09:46	11:25	11	Cancelado
Coruña	09:53	15:20	4	Tren AVE
Toledo	09:58	10:29	7	

Train stations and airports often use the 24-hour clock. When listening to announcements be prepared to hear the hour (0–23) followed by the minutes (up to 59).

las catorce	14:00
las quince cero dos	15:02
las dieciséis cuarenta y siete	16:47

el tren con destino a
efectuará su salida
de la vía / del andén (dos)
un billete de ida / sencillo
un billete de ida y vuelta

7 **Escucha y rellena los espacios en blanco. (1–3)**

En la taquilla

● *Buenos días. ¿Qué desea?*
■ *Quisiera a ──── billete(s) de b ──── a c ────, por favor.*
● *¿A qué hora?*
■ *A las d ──── ¿De qué andén sale?*
● *Sale del andén e ────.*
■ *¿Y a qué hora llega?*
● *Llega a las f ────.*
■ *¿Es directo o hay que cambiar?*
● *g ────.*

8 **Con tu compañero/a, haz diálogos. Utiliza la información del ejercicio 6 e inventa los otros detalles.**

6 EL FUTURO

B5 FUTURE PLANS

OBJETIVOS DE APRENDIZAJE
- Discutir planes para el futuro
- Usar el presente de subjuntivo con *cuando*
- Usar una variedad de expresiones para hablar del futuro

1 Escucha y escribe las <u>dos</u> letras correctas. (1–5)

¿Qué planes tienes para el futuro?

a Quiero montar mi propio negocio.
b Espero aprobar mis exámenes. 
c Tengo la intención de casarme. 
d Pienso trabajar como voluntario/a en… 
e Voy a aprender a conducir. 
f Me gustaría tener hijos. 
g Espero ser feliz. 
h ¡Seré famoso/a! 

2 Escucha otra vez. Apunta las <u>dos</u> razones que mencionan. (1–5)

Ejemplo: **1** *me importa el éxito, …*

(No) Me gusta(n) Me interesa(n) Me importa(n) Me preocupa(n)	el desempleo / paro el dinero el éxito el matrimonio la responsabilidad la independencia la pobreza los niños las notas

Zona Cultura
En España casi la mitad de los adultos menores de 30 años (el 49%) todavía vive con sus padres. Es menos común irse de casa para compartir piso con amigos o una pareja, comparado con muchos otros países europeos. Por un lado, es una consecuencia del problema del paro juvenil, pero por otro lado, muestra la importancia tradicional de la familia.

3 Con tu compañero/a, haz diálogos.

- ¿Vas a <u>aprender a conducir</u>?
- Sí, voy a <u>aprender a conducir</u> porque me importa el/la…
- ¿Tienes la intención de…?
- No, no tengo la intención de… ya que…

> When asking questions don't forget to use the **tú** form of the verb. For reflexive verbs the pronoun also has to change.
>
> Quier**o** casar**me** → ¿Quier**es** casar**te**?

Hablar de los planes para el futuro ▶ *Página 216*

You can express future plans with a variety of phrases followed by the **infinitive**:

quiero	I want to
tengo la intención de	I intend to
espero	I hope to
pienso	I plan to / intend to
voy a	I am going to
me gustaría	I would like to

Espero **ir** a la universidad.
Tengo la intención de **casarme**.

You can also use the **simple future tense**:

Buscaré un trabajo.

MÓDULO 7

4 Lee los textos. Escribe la letra correcta para cada pregunta.

Tomás
Me interesan las asignaturas prácticas, así que el próximo año pienso ir a otro instituto para hacer un ciclo de formación profesional. Espero obtener el título de Técnico en Cocina y Gastronomía. La formación profesional es una buena opción si quieres un oficio en sectores como la gestión administrativa o la hostelería. Cuando termine el curso buscaré un trabajo como cocinero. Más tarde cuando me enamore me casaré, ya que me importa el matrimonio.

Lina
Estoy en cuarto de ESO y espero sacar buenas notas en los exámenes porque me preocupa el paro y hay que tener éxito en los estudios para conseguir un buen empleo. Cuando termine los exámenes seguiré estudiando en mi insti, donde haré el bachillerato. Luego tengo la intención de ir a Londres para hacer una carrera universitaria. Cuando gane bastante dinero voy a aprender a conducir.

1 Tomás quiere cambiar de…
2 Cuando termine los estudios quiere conseguir un…
3 En el futuro espera tener una…
4 Lina quiere tener mucho…
5 Está preocupada por el…
6 Quiere ir al extranjero para hacer la…

A	bachillerato	E	éxito	I	dinero
B	licenciatura	F	colegio	J	empleo
C	universidad	G	niña	K	cocinero
D	examen	H	boda	L	desempleo

Cuando + el presente de subjuntivo ▶ Página 236

When using the word *cuando* to talk about future plans you have to use the **present subjunctive**.

To form the present subjunctive, start with the 'I' form of the present tense, remove the –o and add these endings:

	gan**ar**	vend**er**	viv**ir**
(yo)	gan**e**	vend**a**	viv**a**
(tú)	gan**es**	vend**as**	viv**as**
(él/ella/usted)	gan**e**	vend**a**	viv**a**
(nosotros/as)	gan**emos**	vend**amos**	viv**amos**
(vosotros/as)	gan**éis**	vend**áis**	viv**áis**
(ellos/ellas/ustedes)	gan**en**	vend**an**	viv**an**

Verbs which are irregular in the present subjunctive include:

ser → sea   ir → vaya

If your plans aren't certain, use words like **quizás** or **tal vez** (maybe/perhaps).

5 Escucha. Copia y completa la tabla. (1–6)

	cuando…	(plan futuro)
1	vaya a la universidad	me compraré…

6 Escribe entre 130 y 150 palabras en español. Escribe una entrada en tu blog sobre tus planes para el futuro. Debes mencionar:

- las cosas que te importan en la vida
- tus planes para el trabajo en el futuro
- tus planes para seguir estudiando
- tus ambiciones personales (familia, relaciones etc.)

Cuando…	buscaré un trabajo
sea mayor	compartiré piso con…
me enamore	me compraré un coche / una casa
gane bastante dinero	seguiré estudiando en mi insti
vaya a la universidad	iré a otro insti / a la universidad
tenga… años	me casaré
Cuando termine…	me iré de casa
este curso	me tomaré un año sabático
el bachillerato	trabajaré como…
la formación profesional	
la licenciatura	

EXAM PRACTICE: LISTENING

B1 SCHOOL LIFE AND ROUTINE
B4 WORK, CAREERS AND VOLUNTEERING
B5 FUTURE PLANS
C2 DAILY ROUTINES AND HELPING AT HOME
C4 RELATIONSHIPS WITH FAMILY AND FRIENDS

Ayudando en casa

1 ¿Qué hacen estos jóvenes para ayudar en casa? En cada caso, escribe la letra correcta.

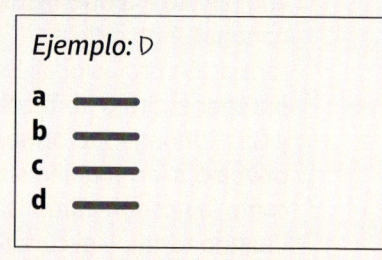

A B C D
E F G H

Ejemplo: D

a ____
b ____
c ____
d ____

(Total for Question 1 = 4 marks)

Entrevista para un trabajo en España

2 Escucha la entrevista y toma apuntes **en español**.

Ejemplo: Futuro trabajo deseado: _Enfermera_

a Asignaturas estudiadas: _____ **(2 marks)**
b Cualidades y habilidades: _____ **(1 mark)**
c Conocimientos del español: _____ **(1 mark)**
d Experiencia laboral (Menciona <u>dos</u> cosas): _____ **(2 marks)**

(Total for Question 2 = 6 marks)

Los años sabáticos

3 Begoña es orientadora vocacional y en este programa habla de las ventajas y desventajas de tomar un año sabático. En cada caso, escoge la letra correcta.

Ejemplo: Según el presentador, ¿cuántas personas deciden tomar un año sabático?

✗	A	muchas
	B	unas cuántas
	C	varias
	D	pocas

a ¿Adónde decide ir mucha gente durante su año sabático?

	A	alrededor del mundo
	B	a lugares desconocidos
	C	a sitios donde la vida es barata
	D	a sitios donde no tendrán resposabilidades

b ¿Por qué es más difícil viajar así más tarde en la vida?

	A	Tienes más responsabilidades.
	B	Eres demasiado viejo.
	C	No tienes los recursos económicos.
	D	Tendrás situaciones difíciles.

c ¿Qué aprenderás durante el año?

	A	Cómo crear problemas.
	B	Cómo ganar dinero.
	C	Cómo encontrar trabajo.
	D	Cómo resolver dificultades.

(Total for Question 3 = 6 marks)

ciento cincuenta y dos

MÓDULO 7

EXAM PRACTICE: READING

B1 SCHOOL LIFE AND ROUTINE
B4 WORK, CAREERS AND VOLUNTEERING
B5 FUTURE PLANS
C2 DAILY ROUTINES AND HELPING AT HOME
C4 RELATIONSHIPS WITH FAMILY AND FRIENDS

El trabajo

1 Pon una equis en las <u>ocho</u> casillas apropiadas. ¡Ojo! Es posible que unas afirmaciones o personas tengan más de una equis o ninguna.

Opiniones sobre los lugares de trabajo

Teresa Hay buenos beneficios para los empleados, como un restaurante subvencionado y días adicionales de vacaciones por antigüedad — cuando cumpla diez años en la empresa, tendré una semana extra de vacaciones. Valoran mucho la formación y - lo mejor de todo - pagan muy bien.

Gorka Hay buenas perspectivas para los que quieren progresar en la empresa, como yo. Cada año los jefes dan premios a la persona que falta menos días al trabajo, la que vende más productos, etc. Es una buena manera de incentivar a la gente.

Lidia Si pudiera cambiarme de trabajo lo haría, ya que no soporto a mi jefa. No es nada comprensiva. El problema es que con la crisis actual no sería nada fácil encontrar otro trabajo con un sueldo tan alto — ¡te tratan mal, pero te pagan bien!

	Teresa	Gorka	Lidia
Ejemplo: Hay muchas ventajas para los que trabajan aquí.	X		
A No me gusta nada mi jefa.			
B Las comidas en la cantina son caras.			
C El salario es muy bueno.			
D Hay muchas posibilidades para las personas ambiciosas.			
E Si trabajas aquí, hay muchas cosas positivas.			
F Si tienes pocos días de ausencia, te dan una recompensa.			
G Aprecio mucho la calidad de la formación que ofrecen aquí.			

(Total for Question 1 = 8 marks)

El paro en España

2 Lee el artículo.

Los profesionales formados en matemáticas y estadística y los dedicados a servicios de seguridad tienen las tasas de paro más bajas de España, según los últimos datos de la Encuesta de Población Activa (EPA). En concreto, el paro afecta al 5,7% de los profesionales dedicados a las matemáticas y estadística, y al 7,45% de los que trabajan en servicios de seguridad.

Otros sectores con tasas de paro bajas son el derecho (10,63%), la veterinaria (10,65%) y la salud (12,18%). De los 38,5 millones de españoles mayores de 16 años, las tasas de paro más elevadas corresponden a las personas que han estudiado como máximo la Enseñanza Secundaria Obligatoria o el bachillerato y no han seguido estudios universitarios (62,12%).

Completa cada frase con una expresión apropiada en español.

Ejemplo: Estos datos han sido publicados por… la Encuesta de Población Activa

a El sector con la tasa de paro menos alto es…
b El sector en segundo lugar es…
c Entre los sectores mencionados, el sector con la tasa de paro más alto es…
d El sector que tiene más o menos el mismo nivel de paro que el derecho es…

(Total for Question 2 = 4 marks)

EXAM SKILLS

When reading texts with lots of statistics, pay attention to words like 'high' and 'low', and those which suggest an increase or decrease. What do the following words mean?

bajo　　　aumentar　　　reducir　　　menor
disminuir　　elevado　　　mayor　　　alto

ciento cincuenta y tres 153

EXAM PREPARATION: WRITING

B1 SCHOOL LIFE AND ROUTINE
B4 WORK, CAREERS AND VOLUNTEERING
B5 FUTURE PLANS
C2 DAILY ROUTINES AND HELPING AT HOME
C4 RELATIONSHIPS WITH FAMILY AND FRIENDS

1 **Mira el ejercicio 'La importancia de los idiomas' en la página siguiente y contesta estas preguntas. ¿Qué tiempo(s) del verbo necesitarás emplear para responder a cada viñeta?**

a   presente
b   futuro / futuro inmediato
c   pasado (pretérito / imperfecto)

(Total for Question 1 = 4 marks)

2 **Lee la respuesta de Polly abajo. Ahora mira el 'Answer Booster' en la página siguiente y apunta <u>ocho</u> expresiones que emplea Polly para dar una respuesta sólida.**

SAMPLE ANSWER

A En mi opinión, las lenguas son importantísimas. Mi lengua materna es el inglés, pero también estudio español desde hace cinco años. Aunque todavía no lo domino, me defiendo bastante bien.

B Para mí, aprender otros idiomas no solo te ayuda a mejorar tus perspectivas laborales, sino también a viajar a sitios distintos y establecer nuevas amistades. Además te permite comprender otras culturas, incluso la literatura, la música y el humor.

C Acabo de volver de Gran Canaria, donde hice prácticas laborales en una escuela de equitación. Cada día ayudaba a los niños, daba de comer a los caballos y limpiaba los establos. Aprendí mucho y por eso valió la pena. Sobre todo, pasé tres semanas sin hablar ni una palabra de inglés.

D Cuando termine los exámenes de 'A Level', espero tomarme un año sabático antes de empezar la carrera universitaria. Me gustaría trabajar en un proyecto medioambiental en Latinoamérica. Después, si tengo bastante dinero, viajaré por Perú.

3 **Lee la respuesta de Polly otra vez. ¿En qué párrafo se mencionan estas cosas? Contesta A, B, C o D.**

a   Un trabajo voluntario en América del Sur.
b   Trabajar con animales.
c   Un período de tiempo en que solo habló español.
d   el primer idioma de su madre.
e   Las ventajas de estudiar lenguas extranjeras.
f   Lo que va a hacer después de sus exámenes.
g   Algo que puedes hacer para conseguir un buen trabajo.
h   Posibilidades futuras de hacer turismo en el extranjero.
i   Desde cuánto tiempo estudia español.
j   Lo que aprendió durante sus prácticas laborales.

4 **Completa la Práctica de Examen. Prepara tus propias respuestas.**

154   *ciento cincuenta y cuatro*

MÓDULO 7

EXAM PRACTICE: WRITING

B1 SCHOOL LIFE AND ROUTINE
B4 WORK, CAREERS AND VOLUNTEERING
B5 FUTURE PLANS
C2 DAILY ROUTINES AND HELPING AT HOME
C4 RELATIONSHIPS WITH FAMILY AND FRIENDS

Long writing task

La importancia de los idiomas

1. Has pasado un mes haciendo prácticas laborales en España.
   Escribe un artículo para convencer a los alumnos de la importancia de aprender otros idiomas.
   Debes incluir los puntos siguientes:
   - tus habilidades lingüísticas
   - las ventajas de aprender idiomas
   - detalles sobre tus prácticas laborales en España
   - tus planes para tomarte un año sábatico en el futuro.

   Escribe entre 130 y 150 palabras **en espanol**.

   (Total for Question 1 = 20 marks)

Grammar

Corrige las palabras (a)–(j). Deben estar de acuerdo con la frase. ¡Ojo! No es siempre necesario cambiar las palabras.

No me **(a) [gustar]** mi trabajo a tiempo **(b) [parcial]** porque no gano mucho dinero. Normalmente **(c) [repartir]** periódicos, pero ayer **(d) [ayudar]** en la tienda también porque mi jefa estaba **(e) [enfermo]**. Cuando sea **(f) [mayor]** me gustaría ser periodista porque **(g) [ser]** un trabajo variado con un **(h) [bueno]** sueldo. Me **(i) [preocupar]** el paro, así que espero **(j) [aprobar]** mis exámenes.

(Total for Question 2 = 10 marks)

Answer booster	Aiming for a solid answer	Aiming higher	Aiming for the top
Verbs	**Different time frames:** past, present, near future **Different types of verbs:** regular, irregular, reflexive, stem-changing	**Verbs with an infinitive:** tener que, soler, acabar de **Phrases with an infinitive:** para, sin, antes de, después de, al… **Phrases to refer to future plans:** espero, pienso, quiero, tengo la intención de + infinitive	**A wide range of tenses:** present, present continuous, preterite, imperfect, perfect, future, conditional **Avoiding the passive:** se pueden traducir **Cuando + subjunctive:** cuando sea mayor, cuando termine…
Opinions and reasons	**Verbs of opinion:** me chifla(n), me encanta(n), me interesa(n), no aguanto **Reasons:** porque…	**Opinions:** me importa(n), me preocupa(n) **Absolute superlatives:** muchísimo, importantísimo	**Opinions:** desde mi punto de vista, a mi modo de ver, a mi juicio… **Reasons:** ya que, dado que, por lo tanto, por eso, así que
Connectives	y, pero, también	además, sin embargo, sobre todo	aunque, a pesar de, ya, todavía **Alternatives to 'and':** no solo… sino también, tanto… como…
Other features	**Qualifiers:** muy, un poco, bastante, demasiado **Negatives:** no, nunca **Sequencers:** luego, después, más tarde	**Different uses of saber / conocer Desde hace:** estudio… desde hace… **Indirect object pronouns:** te da la oportunidad de…, te permite…	**Complex sentences with si:** si tuviera bastante… **More complex vocabulary:** valer / merecer la pena, defenderse, aprovechar **Other complex structures:** por si eso fuera poco, ¡Ojalá pudiera…!

ciento cincuenta y cinco 155

EXAM PREPARATION: SPEAKING

B1 SCHOOL LIFE AND ROUTINE
B4 WORK, CAREERS AND VOLUNTEERING
B5 FUTURE PLANS
C2 DAILY ROUTINES AND HELPING AT HOME
C4 RELATIONSHIPS WITH FAMILY AND FRIENDS

A Picture-based discussion

1 escuchar **Mira la foto en la página siguiente y lee las preguntas. Luego, escucha la respuesta de un estudiante a la cuarta pregunta. Rellena los espacios en blanco en esta transcripción.**

Desde un punto de vista **1** _____ , un año sabático te da la oportunidad de viajar, descubrir culturas distintas y **2** _____ a gente nueva. Además, no solo te permite aumentar tu **3** _____ , sino también mejorar tus habilidades sociales, ya que haces muchísimos amigos nuevos. Sin embargo, a mi modo de ver, no **4** _____ la pena tomarse un año sabático si no **5** _____ el tiempo para ayudar a los demás también. Para mí, esto es importantísimo, y si tuviera bastante dinero iría a Latinoamérica, donde **6** _____ a los niños que viven en la calle.

2 escribir **Mira el 'Answer Booster' en la página anterior y apunta <u>seis</u> expresiones que emplea el estudiante para dar una respuesta sólida.**

3 escuchar **Escucha la respuesta de la estudiante a la quinta pregunta. El chico está hablando de lo que ha hecho para ayudar a otras personas. ¿Cuáles de estas cosas menciona?**

a Trabajaba como dependiente en una tienda solidaria.
b Ayudaba a los sin techo.
c Ponía los productos en los estantes.
d Daba los primeros auxilios a la gente enferma.
e Trabajaba en un banco de alimentos.
f Vendía artículos de ropa de segunda mano.
g Trabajaba con niños necesitados.
h Recaudaba fondos para una organización benéfica.

B General conversation

4 escuchar **Lee la Conversación general en la siguiente página. Escucha la respuesta del estudiante a la pregunta 1. Nota lo que explica sobre su trabajo <u>actual</u>, y apunta lo que dice de estas cosas:**

- El trabajo
- Su opinión del trabajo y una razón
- Cuándo hace el trabajo
- Las tareas que tiene que hacer
- Cuánto gana.

5 escuchar **La segunda pregunta es: ¿Qué planes tienes para el futuro? Escucha la respuesta del estudiante a esta pregunta. Ahora, mira el 'Answer Booster' en la página anterior y apunta <u>seis</u> expresiones que emplea el estudiante para dar una respuesta sólida.**

6 escuchar **Después la siguiente pregunta es: ¿Qué opinas de ir a la universidad? Lee estas observaciones y decide si están a favor de ir a la universidad o en contra. Luego escucha la respuesta del estudiante y apunta las letras de las observaciones que menciona.**

a Las personas con títulos universitarios ganan más.
b Abre muchas puertas en el mundo laboral.
c Es muy caro – terminas la licenciatura con deudas.
d Pasar tres años estudiando es una pérdida de tiempo.
e Aprendes a ser más independiente.
f Para muchos trabajos no es necesario.
g Haces amigos para toda la vida.

7 hablar **Completa la Práctica de Examen. Trabaja con un compañero. En turnos, haz las preguntas del examinador y del candidato. Usa los tips de conversación y escribe notas relevantes para otras preguntas.**

ciento cincuenta y seis

MÓDULO 7

B1 SCHOOL LIFE AND ROUTINE
B4 WORK, CAREERS AND VOLUNTEERING
B5 FUTURE PLANS
C2 DAILY ROUTINES AND HELPING AT HOME
C4 RELATIONSHIPS WITH FAMILY AND FRIENDS

EXAM PRACTICE: SPEAKING

A Picture-based discussion

B4 Work, careers and volunteering

Mira esta imagen y contesta las preguntas.

1 Háblame de esta imagen.
2 Describe al chico en el centro de la foto.
3 En tu opinión, ¿qué hizo el chico antes?
4 ¿Qué opinas de la idea de tomarse un año sabático?
5 Dame un ejemplo de cuándo has ayudado a otras personas.

(Total for Task A = 12 marks)

B General conversation

B5 Future plans / C2 Daily routines and helping at home

Prepara tus respuestas a las siguientes preguntas.

1 ¿Tienes trabajo a tiempo parcial?
2 ¿Qué planes tienes para el futuro?
3 ¿Qué piensas de trabajar en el extranjero?
4 ¿Dónde hiciste tus prácticas laborales?
5 ¿Cómo ayudas con las tareas domésticas?

(Total for Task B = 28 marks)

PICTURE-BASED DISCUSSION TIPS: Describe al chico en el centro de la foto

Lee esta repuesta a la segunda pregunta.

Creo que el chico es británico o alemán, y tiene veinticuatro o veinticinco años.
⬅ What nationality do you think the boy is? How old is he?

Parece que es una persona amable, paciente y divertida.
⬅ What can you say about his personality?

En mi opinión se está tomando un año sábatico y está trabajando como voluntario en África. Creo que está ayudando en una escuela o en un orfanato porque hay una pizarra en la foto. Quizás es profesor.
⬅ Where is he? What do you think he is doing?

Está con tres niños en sillas de diferentes colores. El niño en el centro está sonriendo, así que está feliz.
⬅ Who is with him in the photo?

ciento cincuenta y siete **157**

MÓDULO 7 — PALABRAS

¿En qué trabajas?
Soy… / Es…
Me gustaría ser…
- abogado/a
- albañil
- amo/a de casa
- azafato/a
- bailarín(a)
- bombero/a
- camarero/a
- cantante
- cartero/a
- cocinero/a
- contable
- dependiente/a
- diseñador(a)
- electricista
- enfermero/a
- escritor(a)
- fontanero/a
- fotógrafo/a
- funcionario/a
- guía turístico/a
- ingeniero/a
- jardinero/a
- mecánico/a
- médico/a
- músico/a
- peluquero/a
- periodista
- policía

What is your job?
I am… / He/She is…
I would like to be…
- lawyer
- bricklayer / builder
- housewife / househusband
- flight attendant
- dancer
- firefighter
- waiter / waitress
- singer
- postman/woman
- cook
- accountant
- shop assistant
- designer
- electrician
- nurse
- writer
- plumber
- photographer
- civil servant
- tour guide
- engineer
- gardener
- mechanic
- doctor
- musician
- hairdresser
- journalist
- police officer

profesor(a) — teacher
recepcionista — receptionist
socorrista — lifeguard
soldado — soldier
veterinario/a — vet

Es un trabajo… / It's a … job
- artístico / emocionante — artistic / exciting
- bien / mal pagado — well / badly paid
- exigente / importante — demanding / important
- fácil / difícil — easy / difficult
- manual / monótono — manual / monotonous
- variado / repetitivo — varied / repetitive
- con responsabilidad — with responsibility
- con buenas perspectivas — with good prospects
- con un buen sueldo — with a good salary

Tengo que… / Suelo… — I have to… / I tend to…
- cuidar a los clientes / pacientes / pasajeros — look after the customers / patients / passengers
- contestar llamadas telefónicas — answer telephone calls
- cuidar las plantas y las flores — look after the plants and flowers
- enseñar / vigilar a los niños — teach / supervise the children
- hacer entrevistas — do interviews
- preparar platos distintos — prepare different dishes
- reparar coches — repair cars
- servir comida y bebida — serve food and drink
- trabajar en un taller / en un hospital / en una tienda / a bordo de un avión — work in a workshop / in a hospital / in a shop / aboard a plane
- vender ropa de marca — sell designer clothing
- viajar por todo el mundo — travel the world

¿Qué tipo de persona eres? — What type of person are you?
Creo que soy… — I think I'm…
- ambicioso/a — ambitious
- comprensivo/a — understanding
- creativo/a — creative
- extrovertido/a — extroverted / outgoing
- fuerte — strong
- inteligente — intelligent
- maduro/a — mature
- organizado/a — organised
- paciente — patient
- práctico/a — practical
- serio/a — serious
- trabajador(a) — hardworking
- valiente — brave

¿Qué haces para ganar dinero? — What do you do to earn money?
¿Tienes un trabajo a tiempo parcial? — Do you have a part-time job?
- Reparto periódicos. — I deliver newspapers.
- Hago de canguro. — I babysit.
- Trabajo de cajero/a. — I work as a cashier.
- Ayudo con las tareas domésticas. — I help with the housework.
- Cocino. — I cook.
- Lavo los platos. — I wash the dishes.
- Paso la aspiradora. — I do the vacuuming.
- Plancho la ropa. — I iron the clothes.
- Pongo la ropa en la lavadora. — I put the clothes in the washing machine.
- Pongo y quito la mesa. — I lay and clear the table.
- Paseo al perro. — I walk the dog.
- Corto el césped. — I cut the lawn.

Lo hago… — I do it…
- los sábados — on Saturdays
- antes / después del insti — before / after school
- cuando necesito dinero — when I need money
- cuando mi madre está trabajando — when my mum is working
- cuando me necesitan — when they need me
- cada mañana — each / every morning
- una vez / dos veces a la semana — once / twice a week

Gano … euros / libras a la hora / al día / a la semana. — I earn … euros / pounds per hour / day / week.
Me llevo bien con mis compañeros. — I get on well with my colleagues.
Mi jefe/a es amable. — My boss is nice.
El horario es flexible. — The hours are flexible.

Mis prácticas laborales — Work experience
Hice mis prácticas laborales en… — I did my work experience in…
Pasé quince días trabajando en… — I spent a fortnight working in…
- un polideportivo — a sports centre
- una agencia de viajes / una granja — a travel agency / a farm
- una escuela / una oficina — a school / an office
- una fábrica de juguetes — a toy factory
- una tienda benéfica / solidaria — a charity shop
- la empresa de mi madre — my mum's company

El primer / último día conocí a / llegué… — On the first / last day I met / I arrived…

Cada día / Todos los días… — Each / Every day…
- archivaba documentos — I filed documents
- ayudaba… — I helped…
- cogía el autobús / el metro — I caught the bus / underground
- empezaba / terminaba a las … — I started / finished at…
- hacía una variedad de tareas — I did a variety of tasks
- iba en transporte público — I went by public transport
- llevaba ropa elegante — I wore smart clothes
- ponía folletos en los estantes — I put brochures on the shelves
- sacaba fotocopias — I did photocopying

Mi jefe/a era… — My boss was…
Mis compañeros eran… — My colleagues were…
Los clientes eran… — The customers were…
- alegre(s) — cheerful
- (des)agradable(s) — (un)pleasant
- (mal)educado/a(s) — polite (rude)

El trabajo era duro. — The job was hard.
Aprendí… — I learned…
- muchas nuevas habilidades — lots of new skills
- a trabajar en equipo — to work in a team
- a usar… — to use…

No aprendí nada nuevo. — I didn't learn anything new.

MÓDULO 7

¿Por qué aprender idiomas? / Why learn languages?

Aumenta tu confianza.	It increases your confidence.
Estimula el cerebro.	It stimulates the brain.
Mejora tus perspectivas laborales.	It improves your job prospects.
Te abre la mente.	It opens your mind.
Te hace parecer más atractivo.	It makes you appear more attractive.
Te ayuda a…	It helps you to…
Te permite…	It allows you to…
apreciar la vida cultural de otros países	appreciate the cultural life of other countries
conocer a mucha gente distinta	meet lots of different people
conocer nuevos sitios	get to know new places
encontrar un trabajo	find a job
descubrir nuevas culturas	discover new cultures
establecer buenas relaciones	establish good relationships
hacer nuevos amigos	make new friends
mejorar tu lengua materna	improve your first language
solucionar problemas	solve problems
trabajar o estudiar en el extranjero	work or study abroad
Me hace falta saber hablar idiomas extranjeros.	I need to know how to speak foreign languages.
(No) Domino el inglés.	I (don't) speak English fluently.
Hablo un poco de ruso.	I speak a bit of Russian.

Solicitando un trabajo / Applying for a job

Se busca / Se requiere…	… required.
(No) hace falta experiencia.	Experience (not) needed.
Muy señor mío	Dear Sir
Le escribo para solicitar el puesto de…	I'm writing to apply for the post of…
Le adjunto mi currículum vitae.	I'm enclosing my CV.
Le agradezco su amable atención.	Thank you for your kind attention.
Atentamente	Yours sincerely/faithfully
Me apetece trabajar en…	Working in… appeals to me.
(No) Tengo experiencia previa.	I (don't) have previous experience.
He estudiado / trabajado…	I've studied / worked…
He hecho un curso de…	I've done a course in…
Tengo…	I have…
buen sentido del humor	a good sense of humour
buenas capacidades de comunicación / resolución de problemas	good communication / problem-solving skills
buenas habilidades lingüísticas	good language skills

Un año sabático / A gap year

Si pudiera tomarme un año sabático…	If I could take a gap year…
Si tuviera bastante dinero…	If I had enough money…
apoyaría un proyecto medioambiental	I would support an environmental project
aprendería a esquiar	I would learn to ski
ayudaría a construir un colegio	I would help to build a school
buscaría un trabajo	I would look for a job
enseñaría inglés	I would teach English
ganaría mucho dinero	I would earn a lot of money
haría un viaje en Interrail	I would go Interrailing
iría a España, donde…	I would go to Spain, where…
mejoraría mi nivel de español	I would improve my level of Spanish
nunca olvidaría la experiencia	I would never forget the experience
pasaría un año en…	I would spend a year in…
trabajaría en un orfanato	I would work in an orphanage
viajaría con mochila por el mundo	I would go backpacking around the world

¿Cómo viajarías? / How would you travel?

Cogería el / Viajaría en autobús / autocar / avión / tren.	I would catch the / travel by bus / coach / plane / train.
Es más barato / cómodo / rápido.	It's cheaper / more comfortable / quicker.
Puedes…	You can…
ver vídeos mientras viajas	watch videos whilst you travel
dejar tu maleta en la consigna	leave your suitcase in the left-luggage office
Hay muchos / pocos atascos / retrasos… en las autopistas / las carreteras	There are lots of / few traffic jams / delays… on the motorways / roads
Los billetes son carísimos.	The tickets are extremely expensive.
Los conductores están en huelga.	The drivers are on strike.
Odio esperar en la parada de autobús.	I hate waiting at the bus stop.
Tengo miedo a volar / despegar / aterrizar.	I'm scared of flying / taking off / landing.

Viajando en tren / Travelling by train

El tren con destino a…	The train to…
efectuará su salida…	will leave / depart…
de la vía / del andén dos	from platform two
el (tren) AVE	high-speed train
la taquilla	the ticket office
Quisiera un billete de ida / sencillo a…	I would like a single ticket to…
Quisiera un billete de ida y vuelta a…	I would like a return ticket to…
¿De qué andén sale?	From which platform does it leave?
¿A qué hora sale / llega?	What time does it leave / arrive?
¿Es directo o hay que cambiar?	Is it direct or do I have to change?

El futuro / The future

Me interesa(n)…	…interest(s) me.
Me importa(n)…	…matter(s) to me.
Me preocupa(n)…	…worry/worries me.
el desempleo / el paro	unemployment
el dinero / el éxito	money / success
el fracaso / el matrimonio	failure / marriage
la responsabilidad	responsibility
la independencia / la pobreza	independence / poverty
los niños / las notas	children / marks
Espero…	I hope to…
Me gustaría…	I would like to…
Pienso…	I plan to/intend to…
Quiero…	I want to…
Tengo la intención de…	I intend to…
Voy a…	I am going to…
aprender a conducir	learn to drive
aprobar mis exámenes	pass my exams
casarme	get married
conseguir un buen empleo/trabajo	get a good job
estudiar una carrera universitaria	study a university course
montar mi propio negocio	set up my own business
sacar buenas notas	get good marks
ser feliz	be happy
tener hijos	have children
trabajar como voluntario/a	work as a volunteer
Cuando…	When…
gane bastante dinero…	I earn enough money…
me enamore…	I fall in love…
sea mayor…	I'm older…
tenga … años…	I'm … years old…
vaya a la universidad…	I go to university…
termine este curso / el bachillerato / la formación profesional / la licenciatura…	I finish this course / my A Levels / my vocational course / my degree
buscaré un trabajo	I will look for a job
compartiré piso con…	I will share a flat with…
compraré un coche / una casa	I will buy a car / house
iré a otro insti / a la universidad	I will go to another school / to university
me casaré	I will get married
me iré de casa	I will leave home
seguiré estudiando en mi insti	I will carry on studying at my school
seré famoso/a	I will be famous
me tomaré un año sabático	I will take a gap year
trabajaré como…	I will work as…

ciento cincuenta y neuve

8 HACIA UN MUNDO MEJOR

OBJETIVOS DE APRENDIZAJE
- Describir tipos de casa
- Hablar del medio ambiente

PUNTO DE PARTIDA 1

C1 HOUSE AND HOME / D1 ENVIRONMENTAL ISSUES

1 Escucha y escribe la letra correcta. (1–4)

¿Dónde vives?

Hogar, dulce hogar

Vivo en…
    un bloque de pisos
    una casa individual
    una casa adosada
    una residencia de ancianos
    una finca / granja

Está en…
    un barrio de la ciudad
    las afueras
    el campo
    la costa
    la montaña / sierra

Zona Cultura

Las casas cueva eran típicas de la región de Andalucía. Hay gente que vive todavía en estas viviendas subterráneas y son una opción popular entre los turistas.

casa cueva en Granada

2 Escucha otra vez. Apunta lo positivo y lo negativo.

el entorno = el distrito / la zona

3 Lee los textos. Apunta los detalles en español para cada texto.
1. Habitaciones mencionadas:
2. Muebles / aparatos eléctricos mencionados:
3. Positivo:
4. Negativo:
5. Qué cambiaría:
6. Casa ideal:

Vivimos en el cuarto piso de un edificio antiguo. El apartamento tiene tres dormitorios, dos cuartos de baño y una cocina amplia y bien equipada, con una nevera, un congelador, un microondas y una estufa que me encanta. Pintaría las paredes del salón de otro color porque es demasiado oscuro. Mi casa ideal sería una finca en el campo, que tendría una piscina climatizada y mi propio cine en casa. **Verena**

Alquilamos esta casa amueblada. La habitación que más me gusta es el comedor porque está recién renovado y la alfombra, las cortinas, la mesa y las sillas son todas nuevas. Además, el estudio es práctico para estudiar y tiene unos armarios muy útiles. Sin embargo, el aseo necesita una reforma, y cambiaría los demás muebles porque son muy anticuados, por ejemplo, el sillón y la cómoda de mi dormitorio. Mi casa ideal tendría una gran sala de fiestas en el sótano. **Eduardo**

4 Con tu compañero/a, haz un diálogo.
- ¿Dónde vives?
- ¿Cómo es tu casa?
- ¿Te gusta dónde vives? ¿Qué cambiarías?
- ¿Cómo sería tu casa ideal? ¿Qué tendría?

Los números ordinales

primero and **tercero**

Está en **el primer** / **tercer** piso.

el piso = el apartamento / la planta

quinto	5°
cuarto	4°
tercero	3°
segundo	2°
primero	1°
planta baja	
sótano	

MÓDULO 8

UNIDAD 3

5 leer Empareja las frases con los dibujos.

¿Cómo se debería cuidar el medio ambiente en casa?

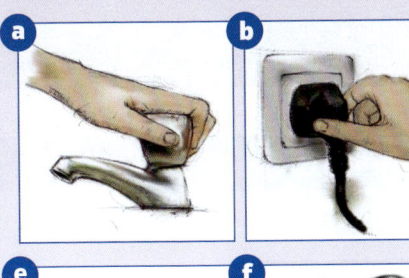

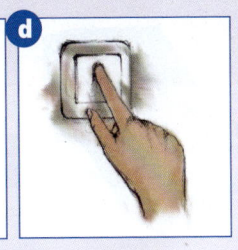

a b c d e f g h

Para cuidar el medio ambiente, se debería…
1 apagar la luz.
2 ducharse en vez de bañarse.
3 separar la basura.
4 reciclar el plástico y el vidrio.
5 cerrar el grifo.
6 desenchufar los aparatos eléctricos.

No se debería…
7 malgastar el agua.
8 usar bolsas de plástico.

6 escuchar Escucha. Apunta las **dos** letras correctas del ejercicio 5. (1–4)

> **Se debería** > Página **220**
>
> **Se debería** + **infinitive** means 'you/we should'. It is the conditional form of **se debe**:
>
> **Se debería** ahorrar energía.
> **No se debería** tirar basura al suelo.

7 escuchar Escucha y lee la entrevista. Busca las expresiones sinónimas.

– ¿Qué se debería hacer para cuidar el medio ambiente, Marta?
– ¡Mucho! Se debería ahorrar energía y no malgastar el agua.
– Y, ¿qué hacéis en casa?
– Ya hacemos bastantes cosas. Todos desenchufamos los aparatos eléctricos, y nos duchamos en vez de bañarnos. Mi hermana menor tiene la mala costumbre de no cerrar el grifo cuando se cepilla los dientes, pero me ayuda a separar la basura antes de sacarla. Cuando vamos al colegio, siempre vamos en bici o a pie. Además solemos comprar comida orgánica. Así hacemos todo lo posible para ser verdes.

1 conducimos menos
2 usamos menos agua caliente
3 ser ecológicos
4 evitar el cambio climático
5 apagamos los dispositivos
6 consumimos productos ecológicos

Marta

8 escribir Corrige las palabras (a)–(j). Deben estar de acuerdo con la frase.
¡Ojo! No es siempre necesario cambiar las palabras.

Hay mucho que se **(a) [deber]** hacer para **(b) [ahorrar]** energía. En casa todos **(c) [ayudar]**. Por ejemplo, ayer por la noche yo **(d) [apagar]** las luces y mi padre separó y **(e) [reciclar]** la basura. Normalmente cuando mi familia y yo **(f) [ir]** de compras nunca **(g) [usar]** bolsas de plástico. Son cosas **(g) [pequeño]**, pero tenemos que **(h) [hacer]** todo **(i) [lo]** posible para **(j) [evitar]** el cambio climático.

ciento sesenta y uno **161**

PUNTO DE PARTIDA 2

OBJETIVOS DE APRENDIZAJE
- Hablar de la comida sana
- Discutir los problemas alimentarios

E5 FOOD AND DRINK

1 Escucha y mira el diagrama. Completa la tabla. (1–4)

Los nutrientes

a proteínas
b minerales
c grasa
d sal
e vitaminas
f azúcar
g gluten

Los alimentos

- Grupo 1: Lácteos
- Grupo 2: Carne, pescado y huevos
- Grupo 3: Frutas y verduras
- Grupo 4: Cereales
- Grupo 5: Grasas
- Grupo 6: Dulces

	come… (grupo)	porque / aunque contiene(n)…	no come…	porque contiene(n)…
1	3	e		

2 Lee los textos. Completa las frases con las palabras de abajo. Sobran dos palabras.

Como zanahorias y ensalada a menudo porque es importante comer verduras, ya que contienen muchas vitaminas, aunque no me gusta mucho el sabor. La fibra de la fruta y la verdura también es importante porque protege contra el cáncer y combate la obesidad. **Timo**

Soy vegana, así que no como carne de ningún tipo. Tampoco consumo huevos, lácteos ni miel. A mi madre le preocupa porque piensa que mi dieta tiene pocas proteínas, pero suelo comer una variedad de frutos secos, legumbres y cereales. **Soraya**

Suelo saltarme el desayuno porque nunca tengo hambre por la mañana. En el recreo me compro un trozo de pizza. Sé que no es saludable porque tiene demasiada grasa y sal, pero está rica. **Isabel**

1 A Timo no le gustan mucho las ———.
2 La fibra ——— el riesgo de ciertas enfermedades.
3 Soraya no ——— alimentos de origen animal.
4 Su madre cree que Soraya necesita comer más ———.
5 Soraya opina que lleva una dieta ———.
6 Isabel no ——— nada por la mañana.
7 La pizza no es sana, pero está ———.
8 Isabel lleva una ——— bastante malsana.

| come | deliciosa | energía | malsana | equilibrada |
| verduras | come | dieta | reduce | proteínas |

MÓDULO 8

UNIDAD 3

3 hablar Con tu compañero/a, haz un diálogo.
- ¿Qué comes / no comes? ¿Por qué?
- ¿Qué se debe comer todos los días para estar en forma?
- ¿Crees que llevas una dieta sana? ¿Por qué (no)?

Suelo Intento (No) Se debe Es importante Es necesario Es esencial Hay que	comer beber evitar	much**o/a/os/as**… demasiad**o/a/os/as**… tant**o/a/os/as**…
porque / aunque contiene(n)	much**o/a** poc**o/a** demasiad**o/a**	azúcar fibra grasa sal
	much**os/as** poc**os/as** demasiad**os/as**	minerales proteínas vitaminas

4 escuchar Escucha. Apunta los detalles en español para cada persona. (1–3)
- los problemas
- cómo esperan cambiar su estilo de vida

Ahora
suelo comer / beber…
como / bebo…
 galletas
 refrescos
 agua
 comida rápida
(no) desayuno
(no) tengo tiempo para cocinar
(no) tengo energía
(no) tengo hambre / sed
me causa sueño

En el futuro
(No) Voy a…
 evitar comer / beber…
 comer / beber más…
 cambiar mi dieta
 preparar comida con
  ingredientes frescos
(No) Quiero…
 engordar
 saltarme el desayuno
 praticar más deporte

5 escribir Escribe entre 60 y 75 palabras **en español** sobre 'Mi estilo de vida'. Debes utilizar todas las palabras mencionadas.

| dieta | agua | ejercicio | no quiero |

6 leer Contesta a las preguntas en español, basándote en el texto. Pon la letra adecuada en la casilla.

> Solo un 7,5% de los niños en España toma un desayuno adecuado compuesto por hidratos de carbono, lácteos y fruta. El 8% de los niños se salta completamente el desayuno, mientras que el 59,5% de los niños dedica menos de 10 minutos a su desayuno. Uno de los efectos de saltar el desayuno es la disminución de la atención en las primeras horas de clase. También se ha demostrado que el fenómeno de la obesidad es más alto en las personas que no toman un desayuno equilibrado.

a Pocos niños españoles … un buen desayuno.
b Unos no … nada.
c Otros comen … .
d Saltar el desayuno limita la … .
e Hay una … entre no tomar el desayuno y la obesidad.

A rápido	G saltan
B evitan	H mucho
C energía	I problema
D toman	J comen
E conexión	K concentración
F alto	

ciento sesenta y tres **163**

1 ¡PIENSA GLOBALMENTE…!

OBJETIVOS DE APRENDIZAJE
- Considerar problemas globales
- Utilizar el presente del subjuntivo
- Entender los números mayores

D1 ENVIRONMENTAL ISSUES

1 Escucha y lee. Escribe la letra correcta.

Ejemplo: **1** c

¿Cuáles son los problemas globales más serios hoy en día?

1 Lo que más me preocupa es la diferencia entre ricos y pobres en el mundo. No es justo que haya tanta desigualdad social y que muchos no tengan para comer. Es esencial que apoyemos proyectos de ayuda en el tercer mundo y que compremos productos de comercio justo.

2 Me preocupan sobre todo los problemas del medio ambiente. Por ejemplo, en mi país la deforestación amenaza muchas especies de fauna y contribuye al calentamiento global. Es muy importante que cuidemos el planeta. Es necesario que hagamos proyectos de conservación y que usemos energías renovables, como la solar y la eólica.

3 A mi parecer, el mayor problema es la crisis económica. Es terrible que haya tanta gente sin trabajo y sin techo. Es importante que creemos oportunidades de trabajo y que recaudemos dinero para organizaciones de caridad.

4 En mi país lo más preocupante es la salud. Hay tanta gente obesa que sufre de enfermedades serias y además hay muchos problemas de salud mental. Es esencial que hagamos campañas publicitarias sobre los riesgos de estas condiciones y que hablemos más abiertamente sobre la salud mental.

Parlamento de la Juventud

a el paro / desempleo
b los animales en peligro de extinción
c el hambre
d la depresión

amenazar = peligrar
sin techo = sin casa

2 Lee los textos del ejercicio 1 otra vez. Empareja cada problema con uno de los textos.

a la obesidad
b los sin hogar
c la pobreza
d el cambio climático

3 Escribe una recomendación para los **ocho** problemas del ejercicio 1.

Ejemplo: **1** El paro / desempleo: Es importante que creemos oportunidades de trabajo.

El presente del subjuntivo ▶ Página 236

You have already learned to use the **subjunctive** with *cuando*.

The **subjunctive** is also used to express points of view, using the structure **Es** + adjective + **que**:

Es importante *que*…   *No es* justo *que*…
Es esencial *que*…   *Es* terrible *que*…
Es necesario *que*…

ahor**rar** →
Es esencial que ahor**remos** energía.

apren**der** →
Es importante que apren**damos** más sobre el medio ambiente.

perm**itir** →
No es justo que perm**itamos** la deforestación.

Verbs which are irregular in the **present subjunctive** include:
ser → sea   ir → vaya
dar → dé   haber → haya

164 *ciento sesenta y cuatro*

MÓDULO 8

4 Escucha. ¿Qué problema es? (1–5)

a b  c  d  e

la ley = las normas de un país
la sociedad de usar y tirar = una sociedad que malgasta

El subjuntivo > *Página 236*

Pick out the **subjunctive form** of these verbs to write the solutions in exercise 5:

ahorrar, hacer, construir, crear, recaudar, comprar, cambiar, usar, consumir

5 Escucha otra vez y apunta las soluciones en español.

Es importante / esencial que…

6 Con tu compañero/a, haz diálogos.

- ¿Cuál es el problema global más serio hoy en día?
- Para mí, el mayor problema es la crisis económica.
- Lo que más me preocupa son los problemas del medio ambiente.

- ¿Cuál es la solución?
- Es esencial que actuemos rápidamente.
- Es terrible que haya…

7 Escucha y escribe la cifra correcta. (1–5)

La crisis del agua

1. Al menos ——— millones de personas en todo el mundo beben agua que está contaminada.
2. Unos ——— millones de personas no tienen servicios sanitarios.
3. Cada ——— horas mueren ——— niños por falta de agua y saneamiento.
4. Para producir un kilo de arroz hacen falta unos ——— litros de agua, mientras que para un kilo de carne son necesarios unos ——— litros.
5. La demanda mundial de agua para la fabricación se incrementará en un ——— entre los años ——— y ———.

95% = el noventa y cinco por ciento
1.000 = mil
3.574 = tres mil quinientos setenta y cuatro
1.000.000 = un millón

8 Lee el artículo y elige las tres frases correctas.

la escasez = la falta
frenar = parar

¿Es posible una guerra mundial del agua?

En 2000 hubo una 'guerra del agua' en Cochabamba, Bolivia. La empresa multinacional Aguas del Tunari triplicó los precios del servicio del agua, lo que provocó una revuelta masiva. Hubo demostraciones, luchas y al menos una muerte, pero finalmente los manifestantes ganaron. La acción colectiva logró defender el agua como un bien común y frenar la privatización.

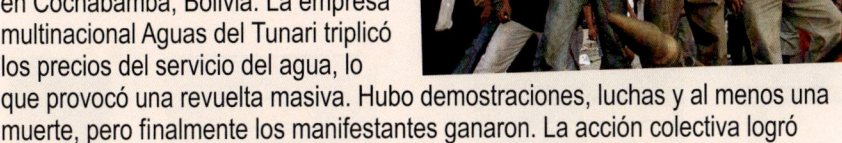

Actualmente existen conflictos por la escasez de agua entre varios países, incluso hay una disputa entre México y Estados Unidos sobre el río Bravo.

La Asociación Mundial del Agua (GWP) ya ha advertido sobre una crisis en el planeta hacia el 2025, afirmando que la falta de agua podría llevar a una guerra mundial. Es importante que cuidemos este elemento esencial.

1. En 2000, hubo una guerra civil en Bolivia.
2. Aguas del Tunari aumentó los precios.
3. La gente se puso de acuerdo con la empresa.
4. El conflicto causó muchas muertes.
5. La gente aceptó la privatización del agua.
6. Hoy en día varios países están luchando por el agua.
7. Es posible que el agua cause otra guerra mundial.

ciento sesenta y cinco **165**

2 ¡ACTÚA LOCALMENTE!

OBJETIVOS DE APRENDIZAJE
- Hablar de acciones locales
- Utilizar el subjunctivo para órdenes
- Argumentar por escrito

D1 ENVIRONMENTAL ISSUES

1 Lee los comentarios. Empareja el problema 1–6 con el consejo apropiado a–f.

1. La destrucción de los bosques es un problema muy serio.
2. El aire está contaminado.
3. Hay demasiada basura en las calles.
4. La polución de los mares y ríos me preocupa mucho.
5. Hay demasiada gente sin espacio para vivir.
6. Los combustibles fósiles se acaban.

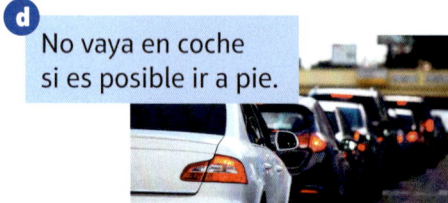

a No corte tantos árboles.

b No tire basura al suelo.

c No construya tantas casas grandes.

d No vaya en coche si es posible ir a pie.

e No malgaste energía.

f No eche tantos desechos químicos en los mares.

2 Escucha y comprueba tus respuestas. (1–6)

3 Escucha otra vez. Apunta otro consejo en español. (1–6)

Ejemplo: **1** *Plante más bosques y selvas.*

4 Escribe un slogan para cada póster. Usa la forma *usted*.

desenchufar	el plástico y el papel
no utilizar	el agua
reciclar	las luces
apagar	bolsas de plástico
no malgastar	los aparatos eléctricos

El subjuntivo para órdenes > *Página 236*

The **present subjunctive** is also used:

For **all negative** commands.

us**ar**
¡No us**es** tanta agua! (tú)
¡No us**e** tanta agua! (usted)

For **formal positive** commands.
¡Us**e** menos agua!

Note:

apag**ar** (to switch off) → apag**ue**
proteg**er** (to protect) → prote**ja**
utiliz**ar** (to use) → utili**ce**

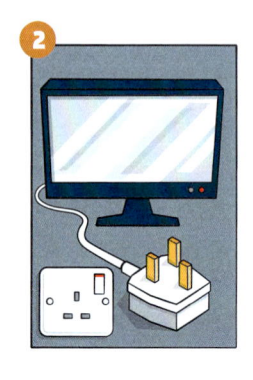

MÓDULO 8

5 Lee el blog. ¿Es la casa A, la casa B, las casas A + B?

estuverde.com

Creo que es posible llevar una vida más verde y salvar el planeta. ¿Soy demasiado optimista? Aquí tenéis unos pequeños ejemplos de cómo la gente intenta reducir la huella de carbono con sus casas.

A Casas de plástico

Desde hace más de ocho años un chileno, Santi Morales, lleva un proyecto de construcción de casas de botellas de plástico recicladas. Las botellas se llenan de arena o tierra y así forman 'eco-ladrillos'. Santi Morales comentó: 'Es esencial que busquemos soluciones nuevas. Con este proyecto reciclamos la basura de cada día en una casa económica para muchos años.'

B Casas prefabricadas

Sencilla, cálida, ecológica y más barata. Así definen a Cas4, una casa prefabricada de Argentina que utiliza recursos naturales. Es ecológica porque utiliza paneles para generar energía solar. El techo de la casa recoge el agua de lluvia que sirve incluso para el consumo. Las casas se hacen en una fábrica, lo que acelera el proceso de construcción (90 días) y de montaje (una semana). Otro aspecto positivo es que son móviles. Si la persona se muda, puede llevarse su casa al nuevo domicilio.

1 Se usan materiales reciclados.
2 Las casas se construyen en Chile.
3 El proceso de construcción es rápido.
4 Las casas cuestan menos que las casas tradicionales.
5 Las casas son transportables.
6 Las casas usan energía renovable.

> **El uso de *se***
>
> Remember that in Spanish, ***se*** is often used to avoid the passive.
>
> *Las botellas **se llenan** de arena.*

6 Lee el blog otra vez. Contesta a las preguntas en español.

1 ¿Qué quiere reducir la gente?
2 ¿Cómo se hacen los 'eco-ladrillos'?
3 Según Santi Morales, ¿cuáles son las ventajas de sus casas? (Da **dos** ideas).
4 Aparte del coste, ¿cómo es una casa Cas4? (Da **tres** ideas).
5 ¿Para qué sirve el techo de la Cas4?
6 ¿Dónde exactamente se construyen las Cas4?

7 Escribe una redacción positiva de 130–150 palabras sobre el medio ambiente. Debes mencionar:
- qué problemas te preocupan más
- un evento local en que participaste
- qué más vas a hacer localmente
- qué se debería hacer globalmente

Para mí, el mayor problema es (la contaminación del aire). Otro problema que me preocupa es (la pobreza).
El mes pasado, participé en un proyecto para…
Localmente voy a asistir a…y …
Globalmente se debería…Es importante que …

8 Presenta tu redacción en clase.

ciento sesenta y siete **167**

3 ¡VIVIR A TOPE!

E4 ACCIDENTS, INJURIES, COMMON AILMENTS AND HEALTH ISSUES

OBJETIVOS DE APRENDIZAJE
- Hablar de la vida sana
- Entender tiempos verbales diferentes
- Dar razones más detalladas

1 Escucha y lee. Empareja los textos con las letras a–d.

1 **Es un vicio muy caro** y tiene muchos riesgos. Algunos dicen que **te hace sentir más adulto**, pero en realidad **daña los pulmones** y el corazón, **provoca mal aliento** y **mancha los dientes de amarillo**. ¡Qué asco!

2 Por un lado, **no me parece un problema serio** porque **no causa el fracaso escolar** como otros vicios. Además, el azúcar te da energía. Por otro lado, **es prejudicial para la salud** porque daña los dientes y aumenta el riesgo de la obesidad.

3 A corto plazo **te mantiene despierto**, lo que es útil, sobre todo cuando tienes que trabajar o estudiar. Sin embargo, en grandes cantidades **te quita el sueño**, **afecta tu capacidad de concentración y te pone nervioso**.

4 **Produce una fuerte dependencia física**, y por eso **es ilegal y peligroso**. Además, **es fácil engancharse** y la rehabilitación es larga y dura.

a beber café **b** comer demasiados caramelos **c** fumar cigarrillos **d** tomar drogas duras

2 Lee los textos otra vez. Completa la tabla con las frases en negrita.

	en contra	a favor
fumar	es un vicio muy caro	te hace sentir más adulto

3 Escucha. Apunta los detalles en español. (1–3)

Ejemplo: **1** *mi novio fuma*

- mal hábito
- opinión
- problemas (dos detalles)

parar = detener/ terminar/ finalizar

4 Con tu compañero/a, haz un diálogo.

- ¿Tienes algún vicio?
- Sí / No. A veces bebo café / fumo.
- ¿Qué opinas de beber café fumar
- Creo que fumar es una tontería porque…

Use the language from exercise 2 to give extended reasons.

E.g. … porque fumar daña los pulmones y además… Por otro lado, …

Creo que…	Por un lado, … por otro lado, …
En mi opinión…	Desde mi punto de vista…
Sin embargo…	

fumar (cigarrillos)	no es tan malo es una tontería es (muy) perjudicial
porque ya que dado que	te quita el estrés / sueño / control causa la depresión es un malgasto de dinero te engancha te pone nervioso/a / de mal humor

MÓDULO 8

5 Lee el blog de Lorenzo. Cambia los verbos para corregir los errores.

> Antes llevaba una vida sana en todos los aspectos: comía y bebía bien, hacía ejercicio todos los días y cuidaba mi cuerpo. Pero hace un año cedí ante la presión de grupo y probé un cigarrillo en una fiesta, y luego caí en el hábito de fumar cuando salía con mis amigos.
>
> Después de unos meses me di cuenta de que era adicto a la nicotina. Ya no tenía ganas de entrenar y estaba agotado todos los días. Un día, cuando veía la tele en casa, vi un maratón y decidí cambiar mi estilo de vida. Aún me queda mucho por hacer, porque no estoy en forma y todavía no he dejado de fumar, pero creo que en seis meses tendré el mismo nivel de estado físico que antes. Luego espero participar en una carrera patrocinada de veinte km.
>
> Lorenzo
>
> *aún = todavía*

1. Lorenzo lleva una vida sana.
2. Cuida su cuerpo.
3. Es su hábito fumar cuando sale con amigos.
4. Ha dejado de fumar.
5. Tiene el mismo nivel de estado físico que antes.
6. Esperaba hacer una carrera de veinte km.

6 Lee el texto del ejercicio 5 otra vez. Busca las expresiones sinónimas en español.

1. estaba cansadísimo
2. me dejé influenciar
3. todavía estoy en proceso de cambiar
4. empecé a
5. comprendí que
6. no he parado de

Tiempos verbales diferentes

Verb endings help you work out the tense.

The **imperfect** (–aba, –ía) describes a scene or repeated actions in the past.

The **preterite** (–é, –í) refers to finished actions in the past.

The **future** (**infinitive** + –é) expresses future actions.

There are several ways to express future meaning:

future tense, **near future tense**, *esperar* + **infinitive**, *querer* + **infinitive**.

7 Escucha. Completa la tabla con los detalles en español. (1–2)

	en el pasado (2)	ahora (2)	en el futuro (3)
1			

8 Escribe una entrada de entre 130 y 150 palabras para el blog *Estilo de vida*. Usa tu imaginación.

Debes mencionar:
- un vicio que tenías
- por qué era un problema
- cómo es la situación ahora
- tus planes para el futuro

Antes	Ahora	A partir de ahora
tenía (mucho estrés / la mala costumbre de…)	no puedo parar	voy a
fumaba, comía, bebía, hacía, llevaba, lo pasaba…	estoy un poco obsesionado/a	mejorar…
cedí ante la presión de grupo	ya no bebo / fumo…	dejar de…
empecé a (saltarme el desayuno)	ya he empezado a…	entrenar…
probé…	todavía no he dejado de…	cambiar…
caí en el hábito de…		hacer…
decidí…		llevar…
perdí peso		También debo…
		Intentaré…
		Luego espero…

ciento sesenta y nueve **169**

4 ¡EL DEPORTE NOS UNE!

OBJETIVOS DE APRENDIZAJE
- Hablar de los eventos deportivos internacionales
- Utilizar el pluscuamperfecto
- Explicar tu punto de vista

E1 SPECIAL OCCASIONS

1 Escucha. Apunta la letra y los <u>dos</u> beneficios correctos. (1–3)

Ejemplo: **1** *b 3, …*

a la Copa Mundial de Fútbol

b los Juegos Olímpicos

c la Vuelta a España

¿Para qué sirven los eventos deportivos internacionales?

Sirven para…
1. promover la participación en el deporte.
2. regenerar los centros urbanos.
3. elevar el orgullo nacional.
4. transmitir los valores de respeto y disciplina.
5. unir a la gente.
6. animar el turismo.

2 Escucha otra vez. Apunta otro detalle en español para cada evento.

Ejemplo: **1** *eleva el orgullo nacional… cuando el equipo nacional tiene éxito, …*

EXAM SKILLS

We often use certain phrases to give more detail:
además, **por ejemplo**, **en otras palabras**, **o sea, es decir**

3 Lee los posts. Apunta <u>dos</u> opiniones sinónimas a las del ejercicio 1 y las desventajas que se mencionan.

💬 **Natalia**
Soy una fan de los grandes acontecimientos deportivos, sobre todo de los Juegos Paralímpicos. Me inspiran a ser una buena persona, es decir, a respetar a los demás. Siempre estoy muy orgullosa de ser española cuando gana uno de mis compatriotas. No obstante, no se puede hablar de los eventos deportivos sin mencionar la batalla contra el dopaje. Otro inconveniente es el tráfico que producen estos eventos.

💬 **Lorena**
Por una parte, los eventos deportivos dan un impulso económico, sobre todo a los sectores de la construcción y la hostelería. Además, fomentan el espíritu de solidaridad. Por otra parte, los costes de organización son muy altos, más de un billón, y a menudo resultan en deudas para la ciudad anfitriona.

la ciudad anfitriona = la ciudad receptora

Una / Otra desventaja es…	el dopaje
el coste de la organización / de la seguridad	la deuda
	el tráfico

4 Con tu compañero/a, haz un diálogo.

- ¿Qué evento deportivo internacional es el más interesante para ti?
- ¿Qué piensas de los eventos deportivos internacionales?
- ¿Hay otros beneficios?
- ¿Hay desventajas?

■ *El evento que me interesa más es… porque…*

■ *Desde mi punto de vista, sirven para…*

■ *Sí, también unen a la gente.*
■ *Sí, una desventaja es el dopaje.*

MÓDULO 8

5 Escucha y lee el comentario. ¿Las frases se refieren a Maribel (M), a Pedro (P), o a los dos (M+P)?

Voluntarios olímpicos comparten sus experiencias

Mi abuela Maribel y yo conseguimos puestos de voluntariado en los JJ. OO. Decidí solicitarlo porque nunca había trabajado como voluntario. Mi abuela estaba disponible porque había dejado de trabajar dos meses antes. Además, ya había hecho un voluntariado en los JJ. OO. de 1992 en Barcelona. Ella siempre había dicho que fue una experiencia inolvidable.

La primera semana, fui embajador de los valores olímpicos: la amistad, la armonía y la solidaridad. Tuve que saludar a los visitantes y guiarlos a los eventos, lo que fue muy gratificante. Hice muchos amigos durante esta semana y me gustó mucho trabajar en equipo. La segunda semana trabajé en la piscina olímpica. Yo soy estudiante y un fanático de la natación, pero nunca había visto de cerca a mis modelos. Asistí a los nadadores y trabajé de socorrista en la piscina. ¡Qué ilusión!

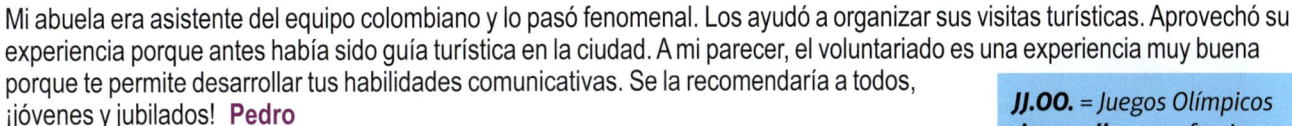

Mi abuela era asistente del equipo colombiano y lo pasó fenomenal. Los ayudó a organizar sus visitas turísticas. Aprovechó su experiencia porque antes había sido guía turística en la ciudad. A mi parecer, el voluntariado es una experiencia muy buena porque te permite desarrollar tus habilidades comunicativas. Se la recomendaría a todos, ¡jóvenes y jubilados! **Pedro**

JJ.OO. = Juegos Olímpicos
desarrollar = perfeccionar

1. Hizo el trabajo voluntario con otro miembro de su familia.
2. Trabajó en la piscina olímpica.
3. Le gustó trabajar con otras personas.
4. Aprovechó su experiencia previa de voluntario.
5. Vio a sus ídolos.

6 Escucha *Voluntarios: ¡Inspiración en acción!* Apunta los detalles en español. (1–2)
- Opinión del voluntariado (**dos** ideas):
- Evento:
- Motivo por solicitar:
- Tareas (**dos** detalles):
- Opinión del evento:
- Planes para el futuro:

me ocupé de = cuidé a

el pluscuamperfecto > Página 233

The **pluperfect** refers to a past action which happened before another action:

	haber	participio
(yo)	había	
(tú)	habías	
(él/ella/usted)	había	trabaj**ado**
(nosotros/nosotras)	habíamos	quer**ido**
(vosotros/vosotras)	habíais	viv**ido**
(ellos/ellas/ustedes)	habían	

Remember that some past participles are irregular:

hacer → hecho   ver → visto
poner → puesto   decir → dicho

7 Escribe un artículo de 130–150 palabras sobre tus experiencias como voluntario/a en un evento deportivo. Usa tu imaginación. Debes mencionar:

- qué opinas del voluntariado — *A mi parecer, el voluntariado es una buena experiencia porque…*
- por qué solicitaste un trabajo voluntario — *Solicité un trabajo voluntario porque… (Nunca) había sido… Antes ya había trabajado como…*
- qué hiciste — *Tuve que… Ayudé a… Trabajé con… La gente / El trabajo era…*
- tus planes para el voluntariado — *En el futuro, pienso trabajar como voluntario/a en…*

ciento setenta y uno **171**

5 ¡APÚNTATE!

D1 ENVIRONMENTAL ISSUES

OBJETIVOS DE APRENDIZAJE
- Hablar de catástrofes naturales
- Utilizar el imperfecto continuo
- Usar el conocimiento gramatical

1 Escucha y lee. Empareja los tuits con las fotos. Sobra una foto. (1–5)

¿Qué **estabas haciendo**?

1 **Estaba durmiendo** y de repente me desperté. ¡El edificio **se estaba moviendo**!

2 **Estábamos ensayando** para un concierto en el colegio, pero **estaba nevando** tanto que nos tuvimos que ir a casa.

3 Me asomé por la ventana y ¡la calle **se estaba convirtiendo** en un río! El agua **estaba entrando** en la casa.

4 Los niños **estaban leyendo** en la biblioteca cuando se sintió el seísmo. Tenían miedo porque los libros se **estaban cayendo**.

5 **Estaba conduciendo** por la ciudad. ¡A mi alrededor había coches que **estaban volando** por el aire!

a un temblor, Colombia
b unas inundaciones, Bolivia
c una tormenta de nieve, Estados Unidos
d un incendio forestal, Mallorca, España
e un huracán, Estados Unidos
f un tornado, México

2 Lee los tuits otra vez. Apunta ocho ejemplos del imperfecto continuo. ¿Qué significan?

1 *estaba nevando*

me asomé por la ventana = miré por la ventana
se sintió el seísmo = se notó el terremoto

3 Escucha y completa la tabla. (1–6)

	desastre natural	¿qué estabas haciendo?	¿cómo te enteraste?
Santi			

4 Con tu compañero/a, pregunta y contesta. Cierra el libro. Utiliza tus respuestas al ejercicio 3.
● *¿Cómo te enteraste del temblor / de las inundaciones?*
■ *Estaba viendo las noticias cuando encontré un reportaje.*

El imperfecto continuo ▶ Página 232

The **imperfect continuous** describes an action *in progress*:
Estaba cenando cuando la tormenta azotó al pueblo.

	estar	gerund
(yo)	estaba	
(tú)	estabas	
(él/ella/usted)	estaba	trabaj**ando**
(nosotros/as)	estábamos	beb**iendo**
(vosotros/as)	estabais	escrib**iendo**
(ellos/ellas/ustedes)	estaban	

To form the gerund, remove the *–ar, –er* or *–ir* from the infinitive and add the endings *–ando, –iendo, –iendo*.

172 *ciento setenta y dos*

MÓDULO 8

5 Escucha y lee. Elige la opción apropiada.

¿Cómo te enteraste de la acción humanitaria para Nepal, Alba?
Estaba buscando información en Internet para mis deberes de geografía y encontré un artículo sobre *Interact*.

¿Y eso qué es?
Es una organización internacional de servicio voluntario para los jóvenes. El artículo contaba la historia de una chica en Nepal que no tenía ni siquiera cepillo de dientes. Su casa fue destruida por el terremoto que dejó a miles de personas sin hogar.

¿*Interact* hacía una campaña para las víctimas?
Sí. Mi club local estaba preparando una caja de supervivencia, una *Shelterbox*, para mandar a Nepal. Tiene todo lo esencial para vivir seis meses.

¿Qué hiciste tú?
Decidí apuntarme. Tuvimos que recaudar fondos, así que organizamos algunos eventos en el instituto y en la ciudad.

¿Qué tipo de eventos?
Hicimos un concierto y un espectáculo de baile. Otros miembros del grupo participaron en una carrera de bici apadrinada. Yo organicé una venta de pasteles cada viernes en el insti. También escribimos cartas a tiendas de la ciudad para solicitar donativos. Ya tenemos la caja completa y la mandaremos a Nepal la semana que viene.

Otros jóvenes se podrían apuntar, ¿cómo les convencerías?
Diría que es importante ser solidario porque te hace sentir más conectado con los demás. ¡Apúntate!

una Shelterbox
Alba

1 Alba se ha apuntado para…
  a ser voluntaria
  b ir a Nepal
  c estudiar geografía
  d trabajar con víctimas de terremoto

2 Interact es…
  a una página web
  b una campaña publicitaria
  c una organización de ayuda caritativa
  d un club de teatro

3 La chica de Nepal no tenía…
  a familia
  b dientes
  c casa
  d miedo

4 Alba y sus amigos…
  a prepararon pasteles
  b participaron en una carrera de bici
  c fueron a un baile
  d organizaron un concierto

5 La Shelterbox ya está…
  a en Nepal
  b lista
  c casi terminada
  d en ruta

6 Es importante que otros jóvenes…
  a manden donaciones
  b escriban cartas a Nepal
  c se apunten
  d conecten con sus amigos

6 Escucha. ¿Qué pasaba antes, qué pasa ahora y que pasará en el futuro?
Copia la tabla y **pon una equis en una casilla solamente, por cada opción.**

	pasado	presente	futuro
a la organización Ciudades Refugio			
b el post en Facebook			
c la campaña			
d las cartas			
e las familias			
f los voluntarios			

los refugiados = *las personas que buscan asilo*

7 Escribe un post sobre tus actividades benéficas.
Me enteré de… cuando estaba… Es un grupo / una organización que… La organización hacía una campaña para (las víctimas de…) Decidí apuntarme porque… Tuvimos que recaudar fondos, así que organicé…
Diría que es importante ser solidario porque… El mes que viene vamos a…

ciento setenta y tres **173**

EXAM PRACTICE: LISTENING

D1 ENVIRONMENTAL ISSUES
E2 HOBBIES, INTERESTS, SPORTS AND EXERCISE
E4 ACCIDENTS, INJURIES, COMMON AILMENTS AND HEALTH ISSUES
E5 FOOD AND DRINK

Los deportes

1 Escucha lo que dicen estos jóvenes. ¿Qué deportes practicaban antes, cuáles practican ahora y cuáles practicarán en el futuro? Pon una equis ☒ en una casilla solamente, por cada opción.

	Pasado	Presente	Futuro
Ejemplo: el baloncesto			X
a el atletismo			
b el ciclismo			
c los deportes acuáticos			
d la equitación			
e la natación			
f el patinaje			

(Total for Question 1 = 6 marks)

Beber sano

2 Escucha un reportaje sobre un problema de salud. Completa la tabla en español.

Ejemplo: ¿Qué país?: ___Mexico___

1 Bebidas que se consumen más en este país: _____ (1 mark)

2 El promedio de consumo: _____ por persona (1 mark)

3 Enfermedades causadas: _____
_____ (2 marks)

4 Los dos objetivos de la campaña Alianza por la Salud Alimentaria:
_____
_____ (2 marks)

(Total for Question 2 = 6 marks)

El clima

3 Oye a un experto meteorólogo hablando del clima. Rellena el espacio de cada frase con una palabra del recuadro. Hay más palabras que espacios.

A Gran Bretaña	B solo	C ~~caluroso~~	D extremo
E pasado	F en casa	G muertes	H España
I nuevos países	J olas de calor	K frecuente	L pobreza

Ejemplo: Se habla de un tiempo ___caluroso___.

a El fenómeno es _____.
b 28° significa una ola de calor en _____.
c La situación es grave en India, donde hay más _____.
d Las olas de calor ocurrirán en el futuro en _____.
e Lo más importante es no estar _____.

(Total for Question 3 = 5 marks)

174 ciento setenta y cuatro

EXAM PRACTICE: READING

MÓDULO 8

D1 ENVIRONMENTAL ISSUES
E2 HOBBIES, INTERESTS, SPORTS AND EXERCISE
E4 ACCIDENTS, INJURIES, COMMON AILMENTS AND HEALTH ISSUES
E5 FOOD AND DRINK

Armand Sauvelle acaba de morir

1 Lee este extracto de una novela.

Tras seis meses de sufrimiento, una enfermedad había quitado la vida a Armand Sauvelle. Armand Sauvelle se llevó a la tumba su magia y su risa contagiosa, pero sus numerosas deudas no lo acompañaron en el último viaje.

Colegios de prestigio y ropa impecable fueron sustituidos por empleos a tiempo parcial y ropa más modesta para Irene y Dorian. Lo peor, sin embargo, cayó sobre Simone, su madre. Retomar su empleo como profesora no era suficiente para hacer frente al torrente de deudas de Armand.

Semanas más tarde, apareció la promesa de un buen empleo para su madre en un pequeño pueblo de la costa. Lazarus Jann, inventor y fabricante de juguetes, necesitaba un ama de llaves para cuidar su residencia en el bosque de Cravenmoore.

La paga era generosa y, además, Lazarus Jann les ofrecía la posibilidad de instalarse en la Casa del Cabo, una modesta residencia construida al otro lado del bosque de Cravenmoore.

Las luces de septiembre
Carlos Ruiz Zafón

En cada caso, escoge la respuesta correcta.

Ejemplo: Armand Sauvelle murió ... D

- A hace seis meses.
- B de una enfermedad desconocida.
- C después de ver un fantasma.
- D después de varios meses de sufrimiento.

a Era un hombre....
- A gracioso
- B triste
- C solitario
- D trabajador

b Después de la muerte de su padre, Irene y Dorian...
- A llevaron ropa más elegante.
- B se esforzaron más en el instituto.
- C consiguieron trabajos a tiempo parcial.
- D fueron a un colegio mayor.

c Cuando su madre, Simone, volvió a su trabajo de profesora...
- A la situación financiera se resolvió.
- B se sintió aliviada.
- C todavía quedaron deudas.
- D estaba rendida.

d Afortunadamente, en ese momento hubo...
- A un viaje a la costa.
- B la oferta de un nuevo trabajo.
- C unas vacaciones en el campo.
- D la llegada de un tío rico.

e Otra ventaja fue...
- A el salario modesto.
- B el ambiente tranquilo.
- C la oferta de alojamiento
- D el suplemento generoso.

(Total for Question 1 = 5 marks)

La Fiesta de la Bici

2 Lee el artículo sobre un evento deportivo en Madrid.

Vuelve la Fiesta de la Bici. Un evento sano, deportivo, colorido, festivo Un evento familiar. El recorrido será igual al de años anteriores.

Durante el recorrido encontrarás zonas de animación con música, actividades y disfraces, así que la Fiesta de la Bici es una gran experiencia para los más pequeños. Si vas con los niños, tu objetivo principal debe ser su vigilancia e integridad. Hay que darles instrucciones en caso de pérdida.

Antes de la fiesta es aconsejable hacer una revisión básica de la bicicleta. Asegúrate de que las ruedas llevan la presión necesaria, y sobre todo, debes revisar la tensión de los frenos*.

La Fiesta de la Bici es una marcha no competitiva de carácter popular. Si vas de carreras puedes provocar accidentes y molestias a otros participantes.

los frenos = brakes

Contesta a las preguntas en español. No tienes que escribir frases completas.

a ¿Cómo sabemos que no es el primer año que se celebra este evento?

b ¿Por qué esta fiesta es una gran experiencia para los niños?

c ¿Qué deben hacer los padres si van con sus niños?

d Antes de la fiesta, ¿qué es lo más importante que tienen que hacer los participantes?

(Total for Question 2 = 4 marks)

ciento setenta y cinco **175**

EXAM PREPARATION: WRITING

D1 ENVIRONMENTAL ISSUES
E2 HOBBIES, INTERESTS, SPORTS AND EXERCISE
E4 ACCIDENTS, INJURIES, COMMON AILMENTS AND HEALTH ISSUES
E5 FOOD AND DRINK

1 **Mira la tarea 'La importancia de ser solidario' en la página siguiente y contesta estas preguntas. ¿Qué tiempo(s) del verbo necesitarás emplear para responder a cada viñeta?**

a presente
b futuro / futuro inmediato
c pasado (pretérito / imperfecto)

2 **Lee la respuesta de Alexandra. Ahora mira el 'Answer Booster' en la página siguiente y apunta seis expresiones que emplea Alexandra para dar una respuesta sólida.**

SAMPLE ANSWER

Me preocupa sobre todo la desigualdad social. No es justo que haya gente que muera por falta de comida y de agua potable. Además, la pobreza no solo afecta a los países en desarrollo, sino también a muchos niños en mi país.

Hay muchas cosas que podemos hacer para mejorar la situación. Por ejemplo, cuando compramos productos de comercio justo, estamos apoyando a familias en el tercer mundo. Además, podemos colaborar en eventos patrocinados* para recaudar fondos para organizaciones caritativas, tanto globales como locales.

El año pasado decidí participar en una caminata patrocinada. Fue organizada por UNICEF para crear conciencia sobre la crisis de los refugiados. Fue la primera vez que colaboré en un evento solidario tan grande, pero me encantó.

Ya me he afiliado al club de Amnistía Internacional en mi insti. Después de hacer el bachillerato, solicitaré un trabajo voluntario en una escuela primaria en África porque pienso ser profesora un día.

patrocinado = sponsored (for events, e.g. a sponsored walk)
apadrinado = sponsored (for people, e.g. a sponsored child in Africa)

EXAM SKILLS

Use your imagination to help you produce a longer, more interesting answer. Remember that in an exam you don't have to tell the truth, as long as what you write is plausible!

3 **Alexandra menciona muchos problemas y también muchas cosas que se podría hacer para ayudar. ¿En qué orden menciona estos problemas y eventos solidarios en su artículo?**

a apoyar a familias del tercer mundo
b colaborar en eventos patrocinados
c recaudar fondos
d solicitar un trabajo voluntario
e desigualdad social
f falta de agua potable
g ayudar a organizaciones caritativas
h comprar productos de comercio justo
i afiliarse a Amnistía Internacional
j la crisis de los refugiados
k participar en una caminata patrocinada
l la pobreza
m gente que muere de hambre

4 **Divide las expresiones del ejercicio anterior en dos listas: 1. Problemas y 2. Cómo se puede ayudar.**

5 **Ahora completa la Práctica de Examen. Prepara tus propias respuestas.**

EXAM PRACTICE: WRITING

MÓDULO 8

C4 HOUSE AND HOME
D1 ENVIRONMENTAL ISSUES
E2 HOBBIES, INTERESTS, SPORTS AND EXERCISE

Long writing task

La importancia de ser solidario

1. Has participado en un evento para una campaña de UNICEF. Escribe un artículo para convencer a otras personas de la importancia de ser solidario.
   Debes incluir los puntos siguientes:
   - el problema más serio en el mundo, en su opinión
   - lo que todos podemos hacer
   - tu participación en un evento de UNICEF
   - tus planes para ser solidario/a en el futuro.

   Justifica tus ideas y tus opiniones. Escribe entre 130 y 150 palabras **en espanol**.

   (Total for Question 1 = 20 marks)

Grammar

Corrige las palabras (a)–(j). Deben estar de acuerdo con la frase. ¡Ojo! No es siempre necesario cambiar las palabras.

Hace dos años yo **(a)** [vivir] en un apartamento **(b)** [pequeño] en la ciudad, pero ahora mi familia y yo **(c)** [tener] una casa **(d)** [antiguo] en las afueras. Hace dos meses yo **(e)** [decorar] mi dormitorio y por eso **(f)** [ser] mi habitación **(g)** [favorito]. Suelo **(h)** [comer] en la cocina porque **(i)** [hacer] frío en el comedor. Mi casa **(j)** [ideal] estaría en el campo.

(Total for Question 2 = 10 marks)

Answer booster	Aiming for a solid answer	Aiming higher	Aiming for the top
Verbs	**Different time frames:** past, present, near future **Different types of verbs:** regular, irregular, reflexive, stem-changing	**Verbs/Expressions with an infinitive:** poder, intentar, se debería, servir para **Phrases with an infinitive:** para, antes de, después de **Phrases to refer to future plans:** espero, pienso, tengo la intención de + infinitive	**A wide range of tenses:** present, present continuous, conditional, preterite, perfect, pluperfect, future **Si + present + future Es... que + subjunctive:** es esencial que usemos...
Opinions and reasons	**Verbs of opinion:** me chifla(n), me encanta(n), me interesa(n) **Reasons:** porque...	**Opinions:** me apasiona(n), me preocupa(n), me importa(n) **Absolute superlatives:** muchísimo, importantísimo	**Opinions:** desde mi punto de vista **Reasons:** ya que, por lo tanto, por eso, así que **Opinions in the preterite:** me encanta
Connectives	y, pero, también	además, sin embargo, sobre todo, no obstante, por ejemplo	gracias a **Alternatives to 'and':** no solo, sino también **Balancing an argument:** un / otro beneficio, un inconveniente, a pesar de, aunque
Other features	**Qualifiers:** muy, bastante, un poco, poco, demasiado **Sequencers:** luego, después, más tarde	**Sentences with cuando, donde, si para + infinitive:** para ayudar Tan, Tanto/a/os/as: tan grande **Indirect object pronouns:** te da la oportunidad de..., te permite...	**Complex sentences with si:** si tuviera bastante... **Specialist vocabulary:** una sociedad de usar y tirar

ciento setenta y siete **177**

EXAM PREPARATION: SPEAKING

C1 HOUSE AND HOME
D1 ENVIRONMENTAL ISSUES
E2 HOBBIES, INTERESTS, SPORTS AND EXERCISE
E5 FOOD AND DRINK

A Picture-based discussion

1 **Mira la foto en la página siguiente y lee las preguntas.**
Luego, escucha la respuesta de Alison a la cuarta pregunta y rellena los espacios en blanco en esta transcripción.

Rellena los espacios en blanco en esta transcripción.

Los problemas globales relacionados con el medio ambiente me preocupan mucho. En mi opinión, reciclar es una cosa **1** _____ que podemos hacer para cuidar el medio ambiente, ya que **2** _____ muy poco tiempo. Sin embargo, no solo se debería reciclar, sino también **3** _____ ahorrar energía. Por ejemplo, creo que siempre se debería **4** _____ los aparatos, como el ordenador o la tele, cuando no los estamos utilizando. Además, es **5** _____ que no usemos tanta agua. Si todos hacemos estos pequeños **6** _____ , podremos reducir nuestra huella de carbono.

2 **Mira el 'Answer Booster' en la página anterior y apunta <u>seis</u> expresiones que emplea Alison para dar una respuesta sólida.**

3 **Escucha la respuesta de Alison a la quinta pregunta. ¿Cuáles de estas cosas menciona?**

a Decidió participar en un proyecto de conservación.
b Fue al proyecto de conservación en bici.
c Recogió basura en el parque.
d Recogió basura de las calles.
e Separó la basura para reciclar.
f Recogió botellas para reciclar.
g Plantó unos árboles.
h Plantó unas verduras.
i Limpió el río.
j Limpió una plaza en el centro.

B General conversation

4 **Lee la Conversación general en la página siguiente. Escucha la respuesta del estudiante a la pregunta 1. Después completa las frases <u>en español</u>.**

a Para Alison, el mayor problema en España es
b Es importante que el gobierno cree …
c Una solución sería desarrollar
d En Sudamérica, por otro lado, lo que más le preocupa es
e No es justo que haya …
f Podríamos ayudar si compramos
g El trimestre pasado Alison y sus amigos hicieron …
h En el futuro Alison espera apoyar …

5 **La segunda pregunta es: *¿Para qué sirven los eventos deportivos internacionales?***
Escucha la respuesta de la estudiante a esta pregunta. Apunta <u>seis</u> expresiones que emplea la estudiante para dar una respuesta sólida.

6 **Completa la Práctica de Examen. Trabaja con un compañero y, en turnos, haz las preguntas del examinador y del candidato. Usa los tips de conversación y escribe notas relevantes para otras preguntas.**

EXAM PRACTICE: SPEAKING

MÓDULO 8

C1 HOUSE AND HOME
D1 ENVIRONMENTAL ISSUES
E2 HOBBIES, INTERESTS, SPORTS AND EXERCISE
E5 FOOD AND DRINK

A Picture-based discussion

D1 Environmental issues

Mira esta imagen y contesta las preguntas.

1 ¿Qué se puede ver en esta imagen?
2 Describe al chico.
3 ¿Qué crees que va a hacer ahora?
4 ¿Que opinas del reciclaje?
5 ¿Qué hiciste recientemente para ser más verde?

(Total for Task A = 12 marks)

B General conversation

E2 Hobbies, interests, sports & exercise

Prepara tus respuestas a las siguientes preguntas.

1 ¿Cuáles son los problemas más grandes del mundo hispanohablante?
2 ¿Para qué sirven los eventos deportivos internacionales?
3 ¿Qué opinas de los grandes eventos musicales?
4 ¿Te gusta tu casa? ¿Por qué (no)?
5 ¿Que haces en casa para proteger el medio ambiente?

(Total for Task B = 28 marks)

PICTURE-BASED DISCUSSION TIPS: Describe al chico.

Lee esta repuesta a la segunda pregunta.

Es bastante bajo y tiene el pelo corto y castaño.
Creo que el chico tiene diez u once años.

← Give a physical description of the boy. How old do you think he is?

Parece que está en casa. Por lo visto la casa está en España o en Sudamérica porque las palabras en los cubos de basura están en español.

← Where is he?

El chico está ayudando en casa. Está separando la basura para reciclar. Hay cubos para el vidrio, el papel, el plástico, el cartón y las latas

← What is he doing?

Parece que está contento.
Quizás le importa el medio ambiente.

← Is he in a good or a bad mood?

ciento setenta y nueve **179**

MÓDULO 8 — PALABRAS

¿Cómo es tu casa?	What is your house like?		
Vivo en…	I live in…	dos cuartos de baño	two bathrooms
un bloque de pisos	a block of flats	una cocina amplia y bien equipada	a spacious, well-equipped kitchen
una casa individual	a detached house	un comedor recién renovado	a recently refurbished dining room
una casa adosada	a semi-detached / terraced house	un estudio	a study
una residencia de ancianos	an old people's home	un aseo	a toilet
una finca / granja	a farmhouse	un sótano	a basement / cellar
Alquilamos una casa amueblada.	We rent a furnished house.	un salón	a living room
Está en…	It is in / on…	una mesa	a table
un barrio de la ciudad	a district / suburb of the city / town	unas sillas	some chairs
las afueras	the outskirts	Mi casa ideal sería…	My ideal house would be…
el campo	the country	Tendría…	It would have…
la costa	the coast	una piscina climatizada	a heated swimming pool
la montaña / sierra	the mountains	mi propio cine en casa	my own home cinema
el cuarto piso de un edificio antiguo	the fourth floor of an old building	una sala de fiestas	a party room
Mi apartamento / piso tiene…	My apartment / flat has…	Cambiaría los muebles.	I would change the furniture.
tres dormitorios	three bedrooms	Pintaría … de otro color.	I would paint … another colour.

¿Cómo se debería cuidar el medio ambiente en casa?	How should you look after the environment at home?		
Para cuidar el medio ambiente se debería…	To care for the environment you / one should…	desenchufar los aparatos eléctricos	unplug electric appliances
apagar la luz	turn off the light	ahorrar energía	save energy
ducharse en vez de bañarse	have a shower instead of taking a bath	cerrar el grifo	turn off the tap
separar la basura	separate the rubbish	hacer todo lo posible	do everything possible
reciclar el plástico y el vidrio	recycle plastic and glass	no se debería…	you / one should not…
		malgastar el agua	waste water
		usar bolsas de plástico	use plastic bags

¿Cuáles son los problemas globales más serios hoy en día?	What are the most serious global issues today?		
Me preocupa(n)…	I am worried about…	creemos oportunidades de trabajo	create job opportunities
el paro / desempleo	unemployment	ayudemos a evitar el consumo de sustancias perjudiciales	help to avoid the consumption of harmful substances
el hambre / la pobreza	hunger / poverty	ahorremos agua	save water
la deforestación	deforestation	construyamos más casas	build more houses
la diferencia entre ricos y pobres	the difference between rich and poor	cambiemos la ley	change the law
la salud / la obesidad	health / obesity	consumamos menos	consume less
la crisis económica	the economic crisis	hagamos campañas publicitarias	carry out publicity campaigns
los problemas del medio ambiente	environmental problems	recaudemos dinero para organizaciones de caridad en el tercer mundo	raise money for charities in the third world
los sin hogar / techo	the homeless		
los animales en peligro de extinción	animals in danger of extinction	No es justo / Es terrible que haya…	It's not fair / terrible that there is…
Es necesario / esencial que…	It's necessary / essential that (we)…	tanta desigualdad social / contaminación	so much social inequality / pollution
cuidemos el planeta	look after the planet	tanta gente sin trabajo y sin techo	so many people out of work and homeless
hagamos proyectos de conservación	do conservation projects		
compremos / usemos productos verdes / de comercio justo	buy / use green / fairtrade products	tanta gente obesa	so many obese people
apoyemos proyectos de ayuda	support aid projects		

¡Actúa localmente!	Act locally!		
Hay demasiado…	There is / are too much / many…	Use energías renovables.	Use renewable energy.
basura en las calles	rubbish on the streets	Diseñe casas más pequeñas.	Design smaller houses.
gente sin espacio para vivir	people with nowhere to live	Introduzca leyes más estrictas.	Introduce stricter laws.
destrucción de los bosques	destruction of woodland / forest	llevar una vida más verde	(to) live a greener life
polución de los mares y ríos	pollution of seas and rivers	salvar el planeta	(to) save the planet
El aire está contaminado.	The air is polluted.	reducir la huella de carbono	(to) reduce your carbon footprint
Los combustibles fósiles se acaban.	Fossil fuels are running out.	ecológico/a	environmentally-friendly
No corte tantos árboles.	Don't cut down so many trees.	el techo	roof
No vaya en coche si es posible ir a pie.	Don't go by car if it's possible to walk.	el agua de lluvia	rain water
No tire basura al suelo.	Don't throw rubbish onto the ground.	el domicilio	home
No malgaste energía.	Don't waste energy.	los recursos naturales	natural resources
No construya tantas casas grandes.	Don't build so many large houses.	la energía solar	solar energy
No eche tantos desechos químicos.	Don't release so much chemical waste.	la arena	sand
Plante más bosques y selvas.	Plant more woods and forests.	los (eco-)ladrillos	(eco-)bricks
Reduzca las emisiones de los vehículos.	Reduce vehicle emissions.	una fábrica	a factory
Recicle el papel, el vidrio y el plástico.	Recycle paper, glass and plastic.	mudarse (de casa)	(to) move house

Una dieta sana	A healthy diet		
los alimentos	foods	legumbres	pulses
lácteos	milk products	frutos secos	nuts and dried fruit
carne, pescados y huevos	meat, fish and eggs	los nutrientes	nutrients
frutas y verduras	fruit and vegetables	proteínas	proteins
cereales	cereals	minerales	minerals
fideos	noodles	grasa	fat
grasas	fats	sal	salt
dulces	sugars / sweet things	vitaminas	vitamins

MÓDULO 8

Una dieta sana (contd) | A healthy diet (contd)

azúcar	sugar
gluten	gluten
el sabor	taste
vegetariano / vegano	vegetarian / vegan
saludable / sano / malsano	healthy / healthy / unhealthy
(No) Tengo hambre / sed / sueño.	I am (not) hungry / thirsty / tired.
tiempo para cocinar	time to cook
contiene / contienen	it contains / they contain
La fibra…	Fibre…
protege contra el cáncer	protects against cancer
combate la obesidad	combats obesity
reduce el riesgo de enfermedades	reduces the risk of diseases
evitar comer / beber…	avoid eating / drinking…
cambiar mi dieta	change my diet
llevar una dieta equilibrada	have a balanced diet
preparar con ingredientes frescos	prepare with fresh ingredients
engordar	to put on weight
saltarse el desayuno	to skip breakfast
practicar más deporte	to do more sport

¡Vivir a tope! | Live life to the full

Fumar cigarrillos / porros…	To smoke / Smoking cigarettes / joints…
Es / No es…	It is / isn't…
ilegal / peligroso	illegal / dangerous
un malgasto de dinero	a waste of money
una tontería / un problema serio	stupid / a serious problem
un vicio muy caro	an expensive habit
muy perjudicial para la salud	very damaging to your health
tan malo	as bad
provoca mal aliento	causes bad breath
daña los pulmones	damages the lungs
mancha los dientes de amarillo	stains your teeth yellow
causa el fracaso escolar / depresión	causes failure at school / depression
produce una fuerte dependencia física	produces a strong, physical dependence
tiene muchos riesgos	has many risks
afecta a tu capacidad para tomar decisiones	affects your capacity to make decisions
te relaja / te quita el estrés	relaxes you / relieves stress
te quita el sueño / control	robs you of sleep / self-control
te hace sentir bien / más adulto	makes you feel good / more adult
Es fácil engancharse.	It is easy to get hooked.
¡Qué asco!	How disgusting!.
Cedí ante la presión de grupo.	I gave in to peer pressure.
Caí en el hábito de…	I fell into the habit of…
Empecé a…	I started to…
Perdí peso.	I lost weight.
No puedo parar.	I can't stop.
Ya he empezado a…	I've already started to…
Todavía no he dejado de…	I still haven't given up…
A partir de ahora intentaré…	From now on I will try to…

¡El deporte nos une! | Sport unites us!

¿Para qué sirven…?	What are…for?
los eventos deportivos internacionales	international sporting events
los grandes acontecimientos deportivos	big sporting events
los Juegos Paralímpicos / Olímpicos	the Paralympics / Olympics
la Copa Mundial del Fútbol	the Football World Cup
Sirven para…	They serve to…
promover…	promote / foster / encourage…
la participación en el deporte	participation in sport
el espíritu de solidaridad	team spirit
regenerar los centros urbanos	regenerate city centres
elevar el orgullo nacional	increase national pride
transmitir los valores de respeto y disciplina	convey / instil the values of respect and discipline
unir a la gente	unite people
dar un impulso económico	give a boost to the economy
inspirar a la gente	inspire people
Una / Otra desventaja es…	A / Another disadvantage is…
el riesgo de ataques terroristas	the risk of terrorist attacks
el tráfico	the traffic
el dopaje	doping
la deuda	the debt
el coste de organización de la seguridad	the cost of organising the security
la ciudad anfitriona	the host city
el voluntariado	volunteering
Solicité un trabajo voluntario porque…	I applied for a volunteering job because…
(Nunca) Había sido…	I had (never) been…
Antes ya había trabajado como…	Previously I had already worked as…

¡Apúntate! | Sign up!

¿Qué estabas haciendo?	What were you doing?
Estaba / Estábamos / Estaban…	I/He/She/It was / We were / They were…
ensayando	rehearsing
nevando	snowing
entrando en casa	coming into the house
durmiendo	sleeping
conduciendo por la ciudad	driving through the city
leyendo	reading
volando por el aire	flying through the air
Se estaba convirtiendo en un río.	It was turning into a river.
Se estaba moviendo.	It was moving.
a mi alrededor	around me
Se estaban cayendo.	They were falling.
¿Cómo te enteraste del/de la/de las…?	How did you find out about the…?
temblor	tremor
incendio forestal	forest fire
huracán	hurricane
tornado	tornado
terremoto	earthquake
tormenta de nieve	snow storm
acción humanitaria	humanitaria campaign
inundaciones	floods
Estaba…	I / He/She was…
mirando/viendo las noticias / la tele	watching the news / the TV
buscando informaciones en línea	looking for information online
charlando con un amigo / una amiga	chatting with a friend
leyendo un post en Facebook	reading a Facebook post
cuando…	when…
encontré un reportaje / un artículo	I found a report / an article
recibí un SMS	I received a text message
(lo) vi en las noticias	I saw (it) on the news
mi novio me llamó / me contó la historia	my boyfriend called me / told me the story
una organización de servicio voluntario	a voluntary organisation
una campaña para las víctimas	a campaign for the victims
una caja de supervivencia	a survival box
Decidí apuntarme.	I decided to sign up.
recaudar fondos / solicitar donativos	to raise funds / ask for donations
organizamos algunos eventos	we organised some events
un concierto / un espectáculo de baile	a concert / a dance show
una carrera de bici apadrinada	a sponsored bike race
una venta de pasteles	a cake sale
ser solidario	showing solidarity / supporting…
Te hace sentir más conectado con los demás.	Makes you feed more connected to others.

ciento ochenta y uno **181**

MÓDULO 1 — ¡A REPASAR!

TOPIC: A2

1 ¡Refresca tu memoria! Escribe una frase sobre las vacaciones para cada adjetivo. Usa el tiempo pretérito.

Ejemplo: **1** pintoresco/a

*El verano pasado fuimos a Barcelona y vi unos monumentos **pintorescos**.*

1. pintoresco/a
2. increíble
3. lujoso/a
4. acogedor(a)
5. inolvidable
6. animado/a
7. ruidoso/a

EXAM SKILLS

Remember to make adjectives agree. Is the noun masculine or feminine? Is it singular or plural?

2 ¡Refresca tu memoria! Elige el verbo correcto. Escoge entre el pretérito indefinido o el imperfecto.

Ejemplo: 1 **Saqué** fotos cuando **estaba** en la montaña.

1. **Saqué/Sacaba** fotos cuando **esaba/estuve** en las montañas.
2. El año pasado fui a España y me **quedé/me quedaba** en una pensión cerca de la costa, pero no **tuvo/tenía** piscina.
3. De jóven, **fuimos/íbamos** a la playa y **haremos/hacíamos** barbacoa.
4. En verano **fui/iba** solo y me **quedé/quedaba** en un parador pequeño que **tuvo/tenía** mucho ambiente.
5. El hotel **tuvo/tenía** vistas al mar y además, **fue/era** muy cómodo.
6. Ayer lo **pasé/pasaba** muy bien porque **hice/hacía** el vago y **leí/leía** mis libros.

3 ¡Refresca tu memoria! Escucha las descripciones de las vacaciones (1–4).

Escribe:
- dónde se alojaron
- lo bueno de las vacaciones
- lo malo de las vacaciones

4 Escucha el anuncio de la radio de un hotel en Costa Rica. ¿Qué ofrece el hotel? Escribe las tres letras correctas.

A excursiones de pesca tropical
B turismo sostenible
C lugares para disfrutar de la naturaleza
D clases de tenis para niños
E wifi disponible por un coste adicional
F entretenimiento en el restaurante
G habitaciones con vistas increíbles

(Total for Question 4 = 3 marks)

Costa Rica

EXAM SKILLS

Don't jump to conclusions! Listen to the whole section before choosing your answer. E.g. you may hear the word *tenis*, but is option D correct?

MÓDULO 1

5 leer Lee las descripciones de un camping en España. Escribe la persona correcta para cada frase: Eva, Andrés, Miguel o Sara.

Eva: Nos encanta viajar en nuestra caravana, y visitamos este camping maravilloso desde hace cuatro años. Siempre está muy limpio y tiene un montón de actividades de las que se puede disfrutar. Aparte de la tienda, cuenta con un gimnasio y una piscina climatizada.

Miguel: El camping tiene grandes parcelas con sombra o sol. Te dan un documento con las normas del camping. Me parecen necesarias y no son nada estrictas. La tienda no tenía mucha variedad de productos, pero los precios no son caros.

Andrés: El lugar no era grande, pero estaba lleno de gente. Por eso los baños estaban muy sucios. Hay demasiadas normas y muchos perros ruidosos. Lo bueno es que se podía alquilar equipos deportivos, como cañas de pescar.

Sara: La atención del personal fue muy buena. Sin embargo, en las caravanas muchas cosas estaban estropeadas, como la ducha, y no te dan toallas ni papel higiénico. Creo que sería mejor si llevaras tu propia tienda de campaña.

a Hay varias reglas necesarias.
b Hay mucho que hacer en el campamento.
c Los aseos estaban sucios.
d Me gusta volver al camping cada año.
e En mi opinión hay demasiado personas en el campamento.
f Los empleados son muy amables.
g La tienda es bastante barata.
h Hay instalaciones variadas.

(Total for Question 5 = 8 marks)

6 hablar Mira la foto y prepara las respuestas a las preguntas siguientes. Luego escucha las respuestas de Natalie.

1 Háblame de la imagen, por favor.
2 ¿Qué lleva el chico?
3 ¿Qué va a hacer la familia al llegar al hotel?
4 En tu opinión, ¿las vacaciones son importantes?
5 ¿Cuáles son las ventajas de ir de vacaciones con familia?

(Total for Question 6 = 12 marks)

7 escribir Escribe un artículo sobre los intercambios escolares de entre 130 y 150 palabras en español.

Debes incluir los puntos siguientes:
- lo que hiciste en el intercambio
- lo más interesante de tu visita y por qué
- por qué los intercambios son importantes
- un viaje que te gustaría hacer en el futuro

EXAM SKILLS

To answer the third bullet point, look back at (Module 7.3 exercise 2) about why languages are important. Can you adapt any ideas from there to use here?

(Total for Question 7 = 20 marks)

8 escribir Corrige las palabras (a)–(j). Deben estar de acuerdo con la frase. ¡Ojo! No es siempre necesario cambiar las palabras.

A menudo, la gente **(a) pasar** las vacaciones en la montaña, y si hace buen tiempo, es divertido **(b) estar** al aire libre. Según una encuesta, el invierno pasado muchas familias **(c) quedarse** en apartamentos en vez de en hoteles **(d) lujoso** porque un apartamento porque **(e) ser** más barato y **(f) cómodo**. El año que viene **(g) visitar** la costa **(h) del** norte de España y tengo la intención de **(i) hacer** excursiones a **(j) mucho** lugares de interés.

(Total for Question 8 = 10 marks)

ciento ochenta y tres **183**

MÓDULO 2 — ¡A REPASAR!

TOPICS: A5, B1, B2

1 *¡Refresca tu memoria!* Repasa el Módulo 2 y busca 5 ejemplos de lo siguiente. Después, cierra el libro y escríbelos de memoria.

- el uniforme escolar, por ejemplo *una chaqueta*
- opiniones o frases para expresar tu opinión sobre tu instituto, por ejemplo *me interesa*
- razones por las que un maestro te agrada o no, por ejemplo *explica bien*
- descripciones de tu escuela primaria (con el imperfecto), por ejemplo *no había laboratorios*

2 *¡Refresca tu memoria!* Escucha a una chica que habla de las normas escolares. Escribe lo que **no** se permite hacer en su instituto. Hay **cuatro** en total.

3 Escucha a un alumno que habla de sus experiencias en el instituto. Rellena el espacio de cada frase con una palabra del recuadro. Hay más palabras que espacios.

A	divertidos	E	aburrido	I	~~éxito~~
B	fácil	F	instrumento	J	problema
C	buscar empleo	G	excelente	K	antipáticos
D	idioma	H	serio	L	seguir estudiando

Ejemplo: Según el alumno, para la mayoría, el sistema educativo español es un <u>éxito</u>.

a Para este alumno, el problema es que ciertos alumnos son _____.
b Su profesor de ciencias es _____.
c Cree que el dibujo es _____.
d Después del colegio va a _____.
e También quiere aprender un _____.

EXAM SKILLS

Before listening, read each statement through and look for possible answer options in the box. This will help you focus on finding the correct information more easily while listening.

(Total for Question 3 = 5 marks)

184 ciento ochenta y cuatro

MÓDULO 2

4 leer Lee el texto sobre cómo era la vida cuando la narradora era pequeña. Responde a las preguntas en español.

Mi país inventado by Isabel Allende (abridged)

Algunas familias [...] mandaban a sus hijas a la universidad, pero no era el caso de la mía [...] Se esperaba que mis hermanos fueran profesionales – en lo posible abogados, médicos o ingenieros. [...] En esos años las mujeres profesionales provenían en su mayoría de la clase media [...] Eso ha cambiado y hoy el nivel de educación de las mujeres es incluso superior al de los hombres. Yo no era mala estudiante, pero como ya tenía novio, a nadie se le ocurrió que podía obtener una profesión [...] Terminé la secundaria a los dieciséis años confundida e inmadura, [...] pero siempre tuve claro que debía trabajar.

Isabel Allende

a ¿A quién mandaban las familias a la universidad?
b ¿Qué tipo de trabajo hacían los hermanos? Da dos ejemplos.
c ¿Por qué pensaba su familia que un trabajo no era necesario para ella?
d ¿Cuántos años tenía cuando terminó el instituto?

EXAM SKILLS

If the text is complex, read the questions first to give you an idea of what the text is about and what information you will need to find. Don't worry if the first few sentences contain unfamiliar words or difficult grammar. Keep going and focus on the answers you need to find!

(Total for Question 4 = 5 marks)

5 hablar Mira la foto y prepara las respuestas a las preguntas siguientes. Luego escucha las respuestas.

1 ¿Qué se puede ver en esta imagen?
2 ¿Qué hacen los chicos?
3 En tu opinión, ¿qué van a hacer los alumnos más tarde?
4 ¿Los móviles deber estar permitidos en el instituto?
5 ¿Cuáles son las ventajas y desventajas de llevar un uniforme escolar?

(Total for Question 5 = 12 marks)

6 escribir Escribe entre 60 y 75 palabras en **español** sobre 'Mi Insti'. Debes utilizar todas las palabras mencionadas.

| profesores | las normas | después del insti | la universidad |

(Total for Question 6 = 10 marks)

7 escribir Corrige las palabras (a)–(f). Deben estar de acuerdo con la frase. ¡Ojo! No es siempre necesario cambiar las palabras.

Mi amiga es **(a) adicto** a su móvil. En el instituto **(b) sacar** fotos de todo el mundo y **(c) descargar** música durante el recreo. Nunca quiere hablar con nosotros y no tiene tiempo para **(d) leer** o hacer otras cosas. La semana pasada lo **(e) perder** en el autobús y nosotros **(f) tener** que ir a la comisaría.

(Total for Question 7 = 6 marks)

ciento ochenta y cinco **185**

MÓDULO 3   ¡A REPASAR!

TOPICS: C4, D5, E2

1 *¡Refresca tu memoria!* Escucha a Ángel y Cristina hablar de la lectura. Completa las frases y escoge la palabra correcta.

1. A Ángel le gusta leer …
2. A Ángel no le gusta leer novelas ni revistas ni …
3. A Cristina le gusta leer porque es …
4. Ángel … ha comprado un libro electrónico.
5. Cristina prefiere usar libros electrónicos porque son más …
6. En este momento Cristina está … música.

- A bailando
- B baratos
- C biografías
- D caros
- E escuchando
- F interesante
- G libros
- H nunca
- I relajante
- J siempre
- K tebeos

2 *¡Refresca tu memoria!* Elige <u>cuatro</u> personas de tu familia o amigos. Escribe <u>dos</u> características físicas y <u>dos</u> características de su personalidad. Luego escribe frases completas. ¡Ojo! Recuerda concordar los adjetivos.

Example: *Mi hermano – pelo corto, bajo, tonto, travieso*
Mi hermano es bastante bajo y tiene el pelo corto. Creo que es muy tonto y es travieso.

3 Tu amigo español te ha invitado a un evento. Escucha el mensaje. Elige la respuesta correcta para cada frase.

1. Quiere invitarte a *a)* una feria de ciencia y tecnología *b)* un concierto *c)* ver una película.
2. Se puede *a)* comprar robots *b)* aprender a construir motores *c)* hablar con otros estudiantes.
3. Habrá un concurso y quieren *a)* ver proyectos científicos *b)* construir un nuevo robot *c)* presentar un proyecto antiguo.
4. Hace falta *a)* ganar la competición *b)* sacar las entradas por Internet *c)* hablar con una profesora.

(Total for Question 3 = 4 marks)

186 *ciento ochenta y seis*

MÓDULO 3

4 Lee el artículo. Escribe la respuesta correcta para cada pregunta.

> **Redes sociales y adolescencia**
>
> Hoy en día, con las nuevas tecnologías en todos los espacios, ignorar que forman parte de la vida de nuestros jóvenes sería un peligro. Las redes sociales son una potente herramienta y un peligro que hay que controlar. Son una ventana al mundo y lo que se publica se escapa para siempre de control del usuario. Así que hay que enseñar a los jóvenes a usarlas con prudencia. Un experto da su opinión: Álvaro Bilbao, psicólogo y autor, se muestra contrario del uso de las redes sociales en exceso porque crean adicción y alejan de la vida real. Hacen que los niños no perciban la realidad tal y como es, sino como la creen en su mundo virtual. Además, casi todos los alumnos en la era digital reconocen que su ordenador o dispositivo móvil les roba horas al sueño y al estudio. En un grupo de alumnos de instituto son muchos más los que duermen menos de 6 horas al día que los que duermen más de 8 (lo recomendable a estas edades es dormir 9). También el uso excesivo se relaciona con problemas de rendimiento académico y ser anónimo ha permitido que empiece el ciberbullying.
>
> A pesar de todo ello, los padres tienen que enseñar a los hijos cómo usar estas herramientas. Una opción podría ser tener un código para los menores de edad, en el hogar y en los colegios sobre cuándo, cuánto, cómo y para qué usan la tecnología.

1 ¿Qué sería peligroso hoy en día?
2 ¿El experto está a favor o en contra de las redes sociales? ¿Por qué?
3 ¿Qué roban los dispositivos?
4 ¿Cómo se ha empezado el ciberbullying?
5 ¿Qué tienen que hacer los padres?
6 ¿Dónde se debe tener unas reglas sobre el uso de la tecnología?

(Total for Question 4 = 6 marks)

5 Mira la foto y prepara las respuestas a las preguntas siguientes. Luego escucha las respuestas.

1 Describe la imagen.
2 ¿Qué lleva la chica del centro?
3 En tu opinión, ¿qué acaban de hacer?
4 ¿Cuáles son los intereses populares de los jóvenes hoy en día?
5 ¿Hasta qué punto es mejor seguir las noticias en Internet en lugar de leer periódicos tradicionales?

(Total for Question 5 = 12 marks)

6 Escribe una entrada de blog de entre 130 y 150 palabras sobre tus amigos y tus pasatiempos.
Debes mencionar:
- tu opinión sobre las redes sociales
- qué hiciste el fin de semana pasado con tus amigos
- las cualidades de un/a bueno/a amigo/a
- qué te gustaría hacer este fin de semana

(Total for Question 6 = 20 marks)

7 Corrige las palabras (a)–(f). Deben estar de acuerdo con la frase. ¡Ojo! No es siempre necesario cambiar las palabras.

Mi mejor amiga es bastante **(a) alto** y tiene el pelo **(b) largo** y rizado. Yo soy baja y mis amigos me **(c) decir** que soy un poco **(d) perezoso** pero no es verdad. **(e) Conocer** a mi mejor amiga hace tres años en el instituto. Nos **(f) llevar** muy bien. Para mí, un buen amigo es alguien que nunca te juzga y con quien se puede **(g) compartir** intereses. La semana que viene nosotros **(h) ir** a un concierto de nuestro artista favorito.

(Total for Question 7 = 8 marks)

ciento ochenta y siete 187

MÓDULO 4   ¡A REPASAR!

TOPICS: C3, D4, E1, E2

1 *¡Refresca tu memoria!* Escucha a Mónica hablar del ocio y escribe apuntes sobre lo siguiente:

1. los pasatiempos que suele hacer
2. lo que más le gusta y por qué
3. qué tipo de películas le gustaban
4. qué hace para relajarse
5. qué acaba de hacer

2 *¡Refresca tu memoria!* Completa cada frase con las palabras adecuadas. Repasa el Módulo 4 y busca ideas.

1. Gasto mi paga en ———.
2. Acabo de ———.
3. Suelo ver ———.
4. ¿Has leído ———?

3 *¡Refresca tu memoria!* Haz una lista de <u>diez</u> adjetivos que se pueden usar para describir un libro, una película o una actividad de ocio. Evita usar palabras *como interesante, aburrido/a y divertido/a*.

> **EXAM SKILLS**
>
> Create your own top ten of alternatives to *interesante* and *aburrido* to help you vary your language.

4 Dos personas están de vacaciones en Málaga y hablan de sus planes y experiencias. ¿Qué dicen? Escribe la letra correcta para completar cada frase.

Ejemplo: Hablan de sus planes para… C

- **A** las vacaciones de Semana Santa.
- **B** las vacaciones de verano.
- **C** Nochebuena.
- **D** Nochevieja.

a Van a pasar tiempo…
- **A** con muchos amigos.
- **B** con la familia.
- **C** con su mejor amigo.
- **D** solos.

b Será…
- **A** ruidoso.
- **B** activo.
- **C** aburrido.
- **D** tranquilo.

c El año pasado no pudieron…
- **A** escuchar la radio.
- **B** ver una película.
- **C** ir a Inglaterra.
- **D** comer en la mesa.

d Este año…
- **A** jugarán a los juegos de mesa.
- **B** verán la televisión
- **C** comprarán unos videojuegos.
- **D** cenarán en un restaurante.

e Ahora planean…
- **A** un viaje a Inglaterra.
- **B** salir por la noche.
- **C** ir de vacaciones el mes que viene.
- **D** ir de compras.

f Van a…
- **A** volver a casa temprano.
- **B** salir a cenar.
- **C** gastar dinero.
- **D** quedarse en casa.

(Total for Question 4 = 6 marks)

MÓDULO 4

5 Lee el artículo. Escribe la letra correcta para completar cada frase.

El festival nacional de lectura

Desde el 2 al 11 de Abril se celebra en Lima el tercer Festival del Libro y la Lectura Infantil y Juvenil que tiene como misión juntar a la familia con los representantes de literatura infantil para crear el hábito de la lectura en los niños. Este evento contará con la participación de autores extranjeros y nacionales que tendrán el objetivo de promocionar esta actividad cultural entre los lectores más jóvenes. El público beneficiado con este tipo de actividad será la familia, que tendrá la oportunidad de asistir para alimentar intelectualmente a sus hijos desde una edad temprana.

Este proyecto se realizó gracias a un trabajo conjunto del Ministerio de Educación y el Ministerio de Cultura, entre otros. «El objetivo fue un plan nacional de Lectura, ese era el objetivo principal. Esto debe crecer poco a poco ya que la producción de la Literatura infantil es variada, con libros de varios formatos incluso los audiolibros, aunque esos son pocos conocidos.

las casetas = stalls / stands

a El Festival tiene lugar en…
b Es la …. vez que se celebra esta Festival.
c El objetivo es crear el hábito de la lectura en…
d En el evento habrá autores del país y del…
e Los niños tendrán la oportunidad de aprender sobre la literatura desde una edad…
f La literatura infantil existe en varias…

A tercera   D los niños   G primera
B extranjero E formas   H adultos
C Lima   F joven   I plataformas

EXAM SKILLS

Read through a text quickly to get the gist, then look at the questions to see what information you need to find. Don't worry about understanding everything, just focus on the relevant parts to get your answers.

(Total for Question 5 = 6 marks)

6 Acabas de ver una película. Escribe un artículo de entre 130 y 150 palabras para una revista española. Debes mencionar:

Una visita al cine

- cuándo fuiste y con quién
- el tema de la película
- tu opinión de la película
- tus planes para el sábado que viene

(Total for Question 6 = 20 marks)

7 Mira la foto y prepara las respuestas a las preguntas siguientes. Luego escucha las respuestas.

1 Háblame de esta imagen.
2 ¿Qué llevan los jugadores?
3 ¿Qué hicieron los jugadores antes de jugar el partido?
4 ¿Qué deporte nuevo te gustaría probar y por qué?
5 ¿Los jugadores de fútbol son buenos modelos a seguir?

(Total for Question 7 = 12 marks)

8 Corrige las palabras (a)–(f). Deben estar de acuerdo con la frase. ¡Ojo! No es siempre necesario cambiar las palabras.

En mi tiempo libre, **(a) encantar** usar el ordenador en casa. **(b) Acabar** de jugar a un videojuego **(c) nuevo**, que tiene unos gráficos **(d) impresionante**, y ¡ya soy un fan! A veces mis amigos y yo **(e) ir** al cine. El mes pasado nosotros **(f) ir** al circo y en el futuro **(g) gustar** ver otro espectáculo **(h) parecido**.

(Total for Question 8 = 8 marks)

ciento ochenta y neuve **189**

MÓDULO 5 — ¡A REPASAR!

TOPICS: A1, A2, D2, E3, E5

1 *¡Refresca tu memoria!* Repasa el Módulo 5 y escribe:
- <u>cuatro</u> frases con *estar* para describir la ubicación de un pueblo o una aldea
  e.g. *Está al lado de las montañas*
- <u>cinco</u> adjetivos para describir una ciudad e.g. *famosa*
- <u>cinco</u> frases que usan el futuro simple e.g. *Iremos a la playa*
- <u>tres</u> exclamaciones e.g *¡Qué bien!*

2 *¡Refresca tu memoria!* Escucha las conversaciones en distintas tiendas. Apunta el problema y la solución (1–3).

3 *¡Refresca tu memoria!* Repasa la página 102, luego cierra el libro y habla en parejas.
¿Cuáles son las ventajas y desventajas de vivir en una ciudad?
¿Quién puede recordar el mayor número de ventajas o desventajas?
- Lo mejor es…
- Lo peor es…

4 Escuchas una entrevista con la directora de una cadena de tiendas de moda. ¿Qué dice la directora? Escoge entre: **barata, informal, cara, nueva**. Puedes usar las palabras más de una vez.

Ejemplo: Mucha ropa en sus tiendas es <u>barata</u>

a Toda la ropa en las tiendas es _____.
b La falda que más se vende es _____.
c En el futuro, quiere tener más ropa _____.
d Su ropa nunca va a ser más _____.
e Piensa que la moda tiene que ser _____.

(Total for Question 4 = 5 marks)

EXAM SKILLS

Listen carefully to the <u>whole sentence</u>, paying close attention to negatives. In this sort of activity, you need to answer with the opposite adjective. For example, if you hear '*la ropa no es barata*' then you should write '*cara*' as your answer.

5 Corrige las palabras (a)–(g). Deben estar de acuerdo con la frase. ¡Ojo! No es siempre necesario cambiar las palabras.

Mi ciudad está **(a) situado** en un valle que tiene unos paisajes **(b) bonito**. Lo mejor es que hay unas vistas increíbles y **(c) mucho** tiendas buenas para **(d) visitar** en el centro de la ciudad. El verano pasado, mi amigo español y yo **(e) coger** un autobús turístico para ver todos los edificios **(f) antiguo**. Si hace buen tiempo mañana, yo **(g) ir** a la playa.

(Total for Question 5 = 7 marks)

MÓDULO 5

6 leer Lee el extracto. Mateo describe Barcelona. Escribe la letra correcta para completar cada frase.

El día de mañana by Ignacio Martínez de Pisón

Lo que más me gustaba era subir la torre de la iglesia, que era el punto más alto de la ciudad, y observarlo todo desde allí arriba: los campos, las carreteras cercanas, las calles, el mar. Para mí, el día más feliz de todos fue el de la gran Navidad del 1962. Durante toda la Nochebuena no paró de nevar y, cuando nos despertamos por la mañana, había casi un metro de nieve por todas partes.

Salimos al jardín e hicimos una guerra de bolas de nieve y cuando subí las escaleras de la iglesia me sentí feliz al ver Barcelona. Las calles, los coches y hasta los barcos del Puerto estaban cubiertos de nieve. Eso fue para mí un momento de felicidad absoluta, mirando en silencio aquella Barcelona tan blanca y tan hermosa…

Ejemplo: Lo que más le gustaba a Mateo era…

- **A** jugar en el campo
- **B** subir la torre de la iglesia
- **C** subir la colina
- **D** ser muy alto

a Le gustaba porque…
- **A** podía estar solo
- **B** estaba con sus amigos
- **C** podía ver todo desde allí
- **D** no podía oír el tráfico.

b Desde la torre Mateo veía…
- **A** las calles y los campos.
- **B** el mar y los caballos.
- **C** las calles y la basura.
- **D** los campos y los árboles.

c Mateo recuerda la Navidad 1962 porque…
- **A** recibió muchos regalos.
- **B** fue un día aburrido.
- **C** se descansó en casa.
- **D** fue un día alegre.

d Mateo salió al jardín y…
- **A** vio la iglesia.
- **B** tiró bolas de nieve.
- **C** había un poco de nieve.
- **D** jugó a solas

e Mateo describe Barcelona como…
- **A** una ciudad tranquila
- **B** una ciudad bonita.
- **C** una ciudad antigua.
- **D** una ciudad contenta.

(Total for Question 5 = 6 marks)

7 hablar Mira la foto y prepara las respuestas a las preguntas siguientes. Luego escucha las respuestas.

1. ¿Qué se puede ver en esta imagen?
2. ¿Qué hace la chica que lleva un sombrero?
3. En tu opinión, ¿qué piensas que harán estas chicos más tarde?
4. ¿Qué piensas de tu ciudad / pueblo? ¿Por qué?
5. ¿Cuáles son las ventajas de vivir en el campo?

(Total for Question 6 = 12 marks)

8 escribir Escribe un artículo de entre 130 y 150 palabras sobre tu región para una revista. Debes mencionar:
- lo qué hay para los turistas en tu barrio
- lo qué harás este fin de semana
- cómo era tu ciudad / pueblo en el pasado
- las ventajas de donde vives

(Total for Question 7 = 20 marks)

ciento noventa y uno **191**

MÓDULO 6   ¡A REPASAR!

TOPICS: A4, A5, B5, E1, E5

1 *leer*

¡Refresca tu memoria! Clasifica las palabras en las categorías siguientes:

- Lácteos
- Carnes y pescados
- Frutas y verduras
- Bebidas

una botella de refrescos	un filete
un kilo de zanahorias	dos cebollas
medio kilo de albaricoques	queso de cabra
un litro de leche semidesnatada	un yogur de frambuesa
	un zumo de pomelo

2 *escuchar*

¡Refresca tu memoria! Escucha las descripciones de los festivales de música (1–3). Apunta:

- el tipo de música mencionado
- si el festival ocurrió en el pasado o si ocurrirá en el futuro
- los aspectos positivos y negativos

EXAM SKILLS

Time expressions do not always tell you whether something is in the past or the future, so listen for the tense of the verb used. E.g.

*El jueves **fuimos** a un concierto.*
On Thursday we went to a concert.

*El jueves **vamos a ir** a un concierto.*
On Thursday we are going to go to a concert.

3 *escuchar* — ANALYSIS REASONING

Escuchas un programa de radio sobre comer fuera en San Sebastián. Escribe la letra correcta para completar cada frase.

a La cocina de San Sebastián es…
- **A** un secreto bien guardado.
- **B** famosa en algunas partes de España.
- **C** famosa en España y el extranjero.
- **D** lo mejor de España.

b En San Sebastián se puede…
- **A** comer diferentes platos de mariscos.
- **B** encontrar algo para todos los gustos.
- **C** visitar muchos restaurantes vegetarianos.
- **D** encontrar gente de la ciudad que come tapas.

c Si no quieres gastar mucho dinero deberías…
- **A** evitar todos los restaurantes y bares.
- **B** visitar las afueras de la ciudad.
- **C** comer en tu hotel.
- **D** comer platos pequeños que se llaman "pinchos".

San Sebastián

d Los platos mencionados normalmente…
- **A** se comen de pie.
- **B** se traen a la mesa para compartir.
- **C** se hacen de carne.
- **D** se sirven con una bebida.

e Prefiere platos…
- **A** vegetarianos.
- **B** de carne.
- **C** de pescado.
- **D** caros.

(Total for Question 3 = 5 marks)

4 *escribir* — CRITICAL THINKING PROBLEM SOLVING

Corrige las palabras (a)–(h). Deben estar de acuerdo con la frase. ¡Ojo! No es siempre necesario cambiar las palabras.

(a) Encantar la cultura española, y por eso el año pasado **(b) ir** a una fiesta muy **(c) divertido** en España con mis padres. Hubo fuegos artificiales y un desfile muy **(d) bonito**. **(e) Gustar** mucho la música y **(f) probar** comida tradicional también. El año que viene **(g) volver** otra vez, ya que **(h) gustar** sacar más fotos.

(Total for Question 4 = 8 marks)

192   *ciento noventa y dos*

MÓDULO 6

5 Lee el artículo y elige la respuesta correcta.

Las Fiestas de Bilbao: Aste Nagusia

Durante el mes de agosto, si visitas Bilbao, es imprescindible disfrutar de algunos días de fiesta en esta bonita ciudad situada en el norte de España. El Aste Nagusia es la fiesta más popular de Bilbao, que también se conoce como La Semana Grande. Las fiestas populares se celebran a finales de agosto durante una semana y dos días. Un poco más de una semana llena de amistad, buena comida y celebraciones.

En la fiesta se puede ver txupinazos, que empiezan la fiesta con el lanzamiento del cohete. Después de los txupinazos, Marijaia, el personaje principal de la fiesta, saluda desde el balcón del teatro para dar la bienvenida a la fiesta con canciones.

Además, cada noche siempre hay fuegos artificiales alucinantes alrededor de las diez y media de la noche.

Durante esta semana de fiestas se puede experimentar un ambiente memorable por toda la ciudad, con conciertos de artistas de todo el mundo y de grupos locales. Además, el ayuntamiento organiza juegos populares para toda la familia, incluso los niños.

Ejemplo: Aste Nagusia se celebra en… A

A verano
B invierno
C otoño

txupinazos = cohetes que se lanzan al principio de las fiestas

a Las fiestas también se conocen como…
  A Las Fiestas de Agosto
  B Las Fiestas de Bilbao
  C La Fiesta del Txupinazo
  D La Semana Grande

b Las fiestas duran…
  A dos semanas.
  B nueve días.
  C una semana.
  D 22 horas.

c Al principio de las fiestas hay…
  A *txupinazos* y un personaje que sale al balcón.
  B un concierto con estrellas internacionales.
  C una cena grande.
  D un concurso.

d Durante las fiestas se puede ver…
  A películas y teatro en las calles.
  B niños pequeños en disfraces.
  C fuegos artificiales y conciertos.
  D cenas con la gastronomía regional

(Total for Question 5 = 4 marks)

6 Escribe un artículo de entre 130 y 150 palabras sobre un festival musical benéfico para una revista española.
Debes mencionar:

- lo que hizo
- lo que más le gustó y por qué
- por qué son importantes los eventos benéficos de este tipo
- lo que va a hacer en el futuro por una organización benéfica.

Look back through the book, in particular Module 8, to find useful verbs to answer the third bullet point, e.g. *recaudar* (to collect) and *mostrar* (to show). Also think about which form of the verb you will need to use. E.g. *Los eventos benéficos recaudan…, muestran…*

(Total for Question 6 = 20 marks)

7 Mira la foto y prepara las respuestas a las preguntas siguientes. Luego escucha las respuestas.

1. Háblame de esta imagen.
2. ¿Qué hace la mujer a la derecha?
3. Estas personas, ¿qué han hecho antes de sacar esta foto?
4. ¿Te gusta celebrar tu cumpleaños?
5. ¿En qué medida son importantes para los jóvenes las celebraciones?

(Total for Question 7 = 12 marks)

ciento noventa y tres 193

MÓDULO 7 ¡A REPASAR!

TOPICS: B1, B4, C4, D3

1 *hablar* — *¡Refresca tu memoria!* En parejas mira las página 140 por <u>dos</u> minutos y memoriza todos los trabajos y los adjetivos que puedas. Luego, por turnos, haz y responde a la pregunta.

¿Qué trabajo te gustaría hacer en el futuro? ¿Por qué?
- *Me gustaría ser jardinero/a porque es un trabajo variado.*
- *Quiero ser profesor(a) porque es un trabajo importante.*

2 *escribir* — *¡Refresca tu memoria!* Copia y completa la tabla con los verbos en la primera persona ('yo', 'nosotros').

infinitive	present	preterite	imperfect	conditional
ganar	gano / ganamos	gané / ganamos	ganaba / ganábamos	ganaría / ganaríamos
ayudar		ayudamos		
tener		tuvimos		tendría
hacer	hago			haríamos
ir	voy		iba	

EXAM SKILLS

Try to use the *nosotros* (we) form in your spoken and written work. It will add variety to your work.

3 *escuchar* — *¡Refresca tu memoria!* Escucha y contesta a las preguntas.

1. ¿En qué trabaja Lucía?
2. ¿Cuáles son los aspectos positivos y negativos de su trabajo?
3. ¿Qué ha ayudado a su carera?
4. ¿Qué quiere hacer en el futuro?

4 *escuchar* — ANALYSIS REASONING — Dos jóvenes hablan de su trabajo en un podcast. ¿Qué dicen María y Javier? Escribe la letra correcta para completar cada frase.

Ejemplo: María trabaja en marketing… A

A en una empresa internacional de productos cosméticos.
B en una empresa internacional de ropa.
C en un banco internacional.
D en una organización benéfica.

a Le encanta su trabajo porque…
  A sus clientes están muy cerca.
  B a menudo viaja al extranjero.
  C a menudo recibe productos gratis.
  D escribe sobre su experiencia en los sitios webs.

b Javier cree que…amplía los horizontes.
  A trabajar en un banco
  B tener muchos amigos
  C cambiar de trabajo
  D hablar otro idioma

c En su trabajo Javier tiene que usar los idiomas extranjeros…
  A de vez en cuando.
  B cuando está en el extranjero.
  C para entrevistas y para leer documentos.
  D cuando no hay disponible un traductor.

(Total for Question 4 = 3 marks)

MÓDULO 7

5 Lee las descripciones del primer trabajo de Rafael y María. Escribe el nombre de la persona correcta para cada frase: Rafael o María.

> **Rafael:** Mi primer trabajo fue en una empresa de marketing y lo recuerdo perfectamente. Era un trabajo administrativo, así que sacaba muchas fotocopias, archivaba documentos y me encargaba de repartir el correo. No era un trabajo muy interesante, pero mis colegas eran muy amables y aprendí mucho sobre el mundo laboral.

> **Elena:** Mi primera experiencia de trabajo tuvo lugar en la biblioteca de la universidad. El sueldo no era muy bueno, sin embargo, el horario era fantástico porque me permitía asistir a clase y aún tenía tiempo para estudiar. Mis tareas eran muy variadas: colocaba y organizaba los libros, estaba en la recepción dando la bienvenida a estudiantes y muchas veces ayudaba en la sala de ordenadores.

a Organizaba los papeles y los documentos de la empresa.
b No ganaba mucho dinero.
c Podía trabajar y estudiar a la vez.
d Trabajaba con gente simpática.
e Hablaba con los alumnos de la universidad.

(Total for Question 5 = 5 marks)

> **EXAM SKILLS**
>
> When reading or listening for opinions, watch out for connectives, such as those in the Answer Boosters, which can change a negative statement into a positive one or vice-versa. E.g.
>
> *Mi trabajo no era muy interesante, **sin embargo**, el sueldo era excelente.*

6 Mira la foto y prepara las respuestas a las preguntas siguientes, luego escucha las respuestas.

1 Háblame de la imagen.
2 ¿Qué hace la chica a la derecha de la imagen?
3 ¿Qué van a hacer los jóvenes después?
4 ¿Te gustaría tener un trabajo a tiempo parcial?
5 ¿Hacer unas prácticas laborales es importante?

(Total for Question 6 = 12 marks)

7 Escribe entre 60 y 75 palabras sobre tu vida y el trabajo. Debes utilizar todas las palabras mencionadas abajo.

- exámenes
- ganar dinero
- año sabático
- ambiciones

(Total for Question 7 = 20 marks)

8 Corrige las palabras (a)–(i). Deben estar de acuerdo con la frase. ¡Ojo! No es siempre necesario cambiar las palabras.

Ahora **(a) encantar** mi trabajo porque trabajo al aire libre. Antes **(b) trabajar** en un hospital, pero el sueldo era muy malo. **(c) Soler** empezar a las diez de la mañana y **(d) terminar** a las cuatro de la tarde. El trabajo no **(e) ser** muy difícil: tenía que **(f) contestar** el teléfono y mandar correos **(g) electrónico**. Me llevaba bien con mi jefe porque era muy comprensivo. **(h) Aprender** muchas cosas **(i) nuevo**.

(Total for Question 8 = 9 marks)

MÓDULO 8   ¡A REPASAR!

TOPICS: B4, D1, E2, E4

1 *¡Refresca tu memoria!* Lee estas frases sobre la importancia de los eventos deportivos internacionales. Luego escríbelas en el orden correcto.

1. para a eventos la Los sirven internacionales gente deportivos unir
2. de el Fomentan solidaridad espíritu
3. valores y Sirven los transmitir respeto para de disciplina
4. costes desventaja altos son una Los

2 *¡Refresca tu memoria!* En parejas, elige <u>tres</u> temas de esta lista y haz un mapa mental para cada uno con <u>tres</u> frases como mínimo.

- el desempleo
- la contaminación ambiental
- la pobreza mundial
- la violencia

(fumar)

(Daña tus pulmones.)

EXAM SKILLS

Make sure you have a good supply of opinion phrases to discuss complex issues. E.g.
Me parece muy importante el tema de…
Para mí, el problema más… es…

Look back through Module 8 and write down at least <u>six</u> other opinion phrases.

3 *¡Refresca tu memoria!* Escucha la conversación sobre los problemas del medio ambiente. Escribe la letra de las problemas que no se mencionan.

A Inundaciones   B La contaminación del mar y de los ríos   C Demasiada basura

D La contaminación del aire   E El agotamiento de los combustibles fósiles   F La deforestación

4 Escuchas la radio. El director de un instituto en México habla de los problemas que enfrentan sus estudiantes. Responde a las preguntas en **español**.

ANALYSIS REASONING

a ¿Cuál es el mayor problema para los jóvenes?
b ¿Qué contribuye a este problema? Menciona <u>dos</u> causas.
c ¿Quién tuvo dificultades con la policía ayer?
d ¿Qué deberían hacer los institutos para ayudar a los jóvenes en situaciones de riesgo?

EXAM SKILLS

Make notes in Spanish as you listen the first time. Then write your answers during or just after the second time the recording is played.

(Total for Question 4 = 5 marks)

MÓDULO 8

5 leer
Lee el artículo y busca los datos para completar la ficha (a–f).

Problemas Ambientales de las Islas Galápagos

Las islas Galápagos están ubicadas a 1000 km de la costa de Ecuador. Es el mayor centro turístico del país, así como también una de las reservas ecológicas más grandes e importantes del planeta. Las actividades principales de la provincia son el turismo debido a su calidad de reserva natural, y la pesca. Muchos turistas quieren explorar las aguas de las islas, que ofrecen la oportunidad de ver arrecifes de coral, tortugas gigantes, iguanas y cientos de variedades de peces.

En enero de 2001, un barco petrolero derramó trescientas toneladas de petróleo en la costa de las Galápagos, y el agua estuvo contaminada durante años. Este accidente se considera uno de los mayores desastres naturales. Ahora las islas se enfrentan a otros problemas como la sobrepoblación, la contaminación y la basura, la pesca masiva y el exceso de turismo.

El Consejo de Gobierno de Galápagos y WWF han estado difundiendo información sobra una nueva ley que prohíbe la distribución de plástico a través de una campaña de información. La gente de Galápagos también está poniendo de su parte para proteger sus islas y hacer frente a este problema global. Las comunidades locales y los activistas se han movilizado para establecer limpiezas costeras y campañas de concientización sobre el uso de plásticos.

las islas Galápagos

Ejemplo: Locación de las islas: *a 1000 km de la costa de Ecuador*

a Actividad principal: **(1)**
b Puntos de interés: **(2)**
c Fecha de la marea negra: **(1)**
d Problemas medioambientales: **(3)**
e Objetivo de la ley: **(1)**
f Las acciones de la gente de los Galápagos: **(2)**

(Total for Question 5 = 10 marks)

6 escribir
Escribe un artículo de entre 130 y 150 palabras en español para una revista deportiva.

Debes mencionar:
- lo que vio e hizo durante el evento
- lo que piensa del evento y por qué
- por qué valen la pena los eventos deportivos internacionales
- los planes que tiene para asistir a otros eventos deportivos

EXAM SKILLS
To impress in your writing, try to present both sides of the argument. E.g. *Los eventos deportivos sirven para promover el turismo, **pero** un inconveniente es el tráfico que producen estos eventos.*

(Total for Question 6 = 20 marks)

7 hablar
Mira la foto y prepara las respuestas a las preguntas siguientes. Luego escucha las respuestas.

1 Dame una descripción de la imagen, por favor.
2 ¿Qué tiene la chica del centro de la imagen?
3 ¿Qué hicieron las chicas antes de llegar al parque?
4 ¿Por qué es importante no dejar basura?
5 ¿Cuál es el problema más severo para los jóvenes?

(Total for Question 7 = 12 marks)

8 escribir
Corrige las palabras (a)–(h). Deben estar de acuerdo con la frase. ¡Ojo! No es siempre necesario cambiar las palabras.

En mi opinión, **(a) fumar** es peligroso y también **(b) ser** un malgasto de dinero. En mi instituto, algunos jóvenes **(c) pensar** que es divertido, pero desde mi punto de vista, **(d) causar** muchos problemas de salud y también es una actividad **(e) estúpido**. La semana pasada mi hermana mayor **(f) dejar** de fumar y ahora **(g) participar** en una carrera de 10 km. Creo que será una carrera muy **(h) duro**.

(Total for Question 8 = 8 marks)

ciento noventa y siete 197

MÓDULO 1 — TE TOCA A TI
A2 HOLIDAYS, TOURIST INFORMATION AND DIRECTIONS

1 leer Empareja las dos mitades de las frases. Luego copia las frases completas en un orden lógico.

1. El último día fuimos a Terra Mítica, un parque de…
2. Mis vacaciones fueron inolvidables, pero lo…
3. Hace dos años fui de vacaciones a Benidorm…
4. Luego, por la tarde fui al centro de la…
5. Al día siguiente por la mañana hice…
6. El primer día hizo mucho calor. Cuando…

a. ciudad y compré recuerdos para mis amigos.
b. llegamos al hotel, decidimos ir a la playa.
c. mejor fue cuando aprendí a bucear en el mar. ¡Qué guay!
d. turismo. Subí a la Torre Morales y saqué muchas fotos.
e. con mi familia. Viajamos en avión y en autocar.
f. atracciones, donde vomité en una montaña rusa. ¡Qué horror!

2 escribir Escribe un texto sobre tus vacaciones. Utiliza el texto del ejercicio 1 como modelo.

3 leer Lee los textos y las preguntas. Escribe I (Isabel), T (Tomás) o I+T (Isabel y Tomás).

Isabel-98 — La Palma 
¡Hotel horroroso!
Pasé un finde en este hotel y no era nada barato – 150 € por noche. ¡Qué timo! Las habitaciones estaban muy sucias, la ducha estaba estropeada y no había toallas. También había basura en la piscina. Cuando fuimos a cenar, la comida estaba fría y había un insecto en mi sopa. Pero lo peor fue que el recepcionista tenía muy mala actitud.

TomásFG — Bilbao 
Experiencia malísima
No recomiendo este hotel. No tenía ni wifi ni aire acondicionado en las habitaciones. Tampoco tenía aparcamiento. El gimnasio no estaba abierto y el ascensor estaba estropeado. Había una discoteca que tenía la música muy alta, y por eso era imposible dormir. Además, el camarero en el restaurante era muy maleducado. Pero lo peor fue que había una serpiente en el balcón. ¡Qué miedo!

¿Quién menciona…
1. la falta de limpieza?
2. los empleados del hotel?
3. la comida?
4. el ruido?
5. las instalaciones deportivas?
6. el precio?
7. el cuarto de baño?
8. un reptil?

el finde = el fin de semana (informal)

4 escribir Escribe un texto sobre una visita a un hotel horroroso. Utiliza los dibujos siguientes e inventa más detalles.

MÓDULO 2 — TE TOCA A TI

B1 SCHOOL LIFE AND ROUTINE

1 leer Contesta a las preguntas en español, basándote en el texto. Pon la letra adecuada en la casilla.

Mi instituto es grande, mixto y tiene muy buena fama, dado que los alumnos siempre sacan buenas notas. Además, no hay ni mucho acoso escolar ni falta de disciplina. El año pasado mi insti ocupó el primer lugar en el ranking oficial de colegios en Madrid.

A mi parecer, mi instituto ofrece muy buenas oportunidades extraescolares, sobre todo si eres músico. En junio mis amigos y yo participamos en un concurso de bandas jóvenes, y los profesores de música nos ayudaron con la grabación y el vídeo. ¡Fue genial!

Otra cosa buena es que no tenemos que llevar uniforme porque es mucho más cómodo llevar ropa de calle. Sin embargo, el nuevo director va a introducir normas más estrictas. ¡Qué pesado! Por ejemplo, por desgracia ahora está prohibido llevar maquillaje.

No todo es malo porque el nuevo director tiene planes para mejorar las instalaciones deportivas. Vamos a tener un polideportivo, un taller de baile y un gimnasio amplio con un muro de escalada. Va a ser el insti mejor equipado de todo el país. A todos los alumnos nos encanta la posibilidad de tener más clubes y actividades.

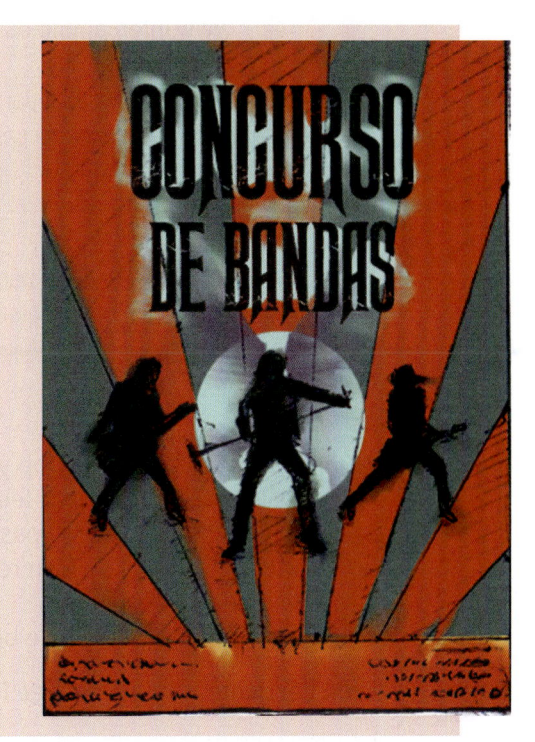

Lina

A	mal	G	ayudaron
B	más actividades	H	estrictas
C	mejores	I	prefiere
D	odia	J	hicieron
E	grande	K	alto
F	bien		

a En este instituto, los alumnos se comportan _____.
b El instituto tiene un ranking muy _____.
c El año pasado Lina y sus amigos _____ una competición.
d Ahora Lina _____ las reglas.
e En el futuro las instalaciones van a ser _____.

2 escribir Escribe un artículo sobre tu instituto.

Debes mencionar:
- una descripción de tu instituto
- tus éxitos el año pasado
- tu opinión sobre las normas
- los planes para tu instituto en el futuro

EXAM SKILLS

Link sentences and paragraphs. Look at how Lina uses these linking phrases:

- a mi parecer
- dado que
- otra cosa buena es que
- sin embargo
- por desgracia

ciento noventa y nueve

MÓDULO 3 — TE TOCA A TI

C4 RELATIONSHIPS WITH FAMILY AND FRIENDS

1 Estos chicos buscan un corresponsal de intercambio. Empareja los perfiles con las frases. Sobra una frase.

www.intercambio.es

Paola: Busco a un/a corresponsal deportista pero a la vez trabajador/a. A mí me encanta pasar mucho tiempo con mi familia. RESPUESTA

Antonio: Quiero intercambiar con alguien extrovertido. Me apasionan los idiomas y me encanta hablar de muchos temas diferentes. RESPUESTA

Sergio: Mi corresponsal ideal es una persona inteligente, con un buen sentido del humor. Me interesa la política, así como la cultura popular. RESPUESTA

Manuela: Soy bastante solitaria, pero quiero compartir mi amor a la literatura y a las ideas. RESPUESTA

a Me encantan la música pop y todo tipo de película. Además siempre leo las noticias porque me preocupa lo que está pasando en el mundo.
b El fútbol es mi pasión y en realidad no me gusta nada estudiar.
c Soy un verdadero ratón de biblioteca.
d No suelo salir mucho porque estoy muy a gusto en casa con mis padres. Sin embargo, practico el baloncesto y a menudo voy al gimnasio.
e Me chifla viajar, conocer a nueva gente y soy muy habladora. Estoy aprendiendo el chino y el ruso.

2 Lee el artículo, copia y corrige las frases.

la boda = ceremonia de matrimonio

Casarse ya no está de moda

En España se casan menos personas, y mucho más tarde. La edad media para casarse es de 34,5 años. El motivo es, sobre todo, económico. Debido a la crisis económica todavía hay mucho desempleo y el coste medio de una boda se sitúa entre 11.000 y 21.000 euros. Otro factor son las tasas elevadas de divorcio. El año pasado, siete de cada diez matrimonios en España acabaron en separación o divorcio. Además, antes la mayoría de la gente se casaba por la iglesia, mientras que ahora prefieren una ceremonia civil.

1 Actualmente casarse en España es más popular que nunca.
2 Además se casan más pronto.
3 El motivo más importante para no casarse es el divorcio.
4 El divorcio es menos común que antes.
5 Antes la mayoría prefería casarse por una ceremonia civil.
6 Ahora casarse por la iglesia está de moda.

3 Empareja las dos mitades de la frase. ¿Las opiniones sobre el matrimonio son positivas o negativas?

1 El matrimonio es una promesa de vivir…
2 Para mí, casarse…
3 Después del matrimonio…
4 Se dice que los casados son…
5 No me gusta la idea de una boda tradicional,…
6 Si quieres formar una familia,…

a es un rito anticuado y mi amor a mi pareja no depende de un papel.
b más felices que los solteros.
c así que prefiero la opción de entrar en una unión civil.
d juntos para siempre. Te da mucha seguridad.
e creo que el matrimonio es la opción más estable para los niños.
f viene el divorcio, así que en mi opinión, no vale la pena.

4 Contesta a las preguntas. Utiliza los ejercicios 1-3 para ayudarte.

- ¿Cómo es tu pareja ideal?
- Creo que el matrimonio todavía es relevante. Y tú, ¿qué opinas?
- ¿Quieres casarte algún día? ¿Por qué (no)?
- ¿Quieres formar una familia? ¿Por qué (no)?

MÓDULO 4 — TE TOCA A TI

E2 HOBBIES, INTERESTS, SPORTS AND EXERCISE

1 Escribe las frases (a-f) en el orden correcto. Luego empareja cada frase con la pregunta correcta (1-6).

a desde violín dos Tengo clases de años hace.
b belga el Mi futbolista es Eden Hazard favorito.
c hinchas y mi Chelsea hermana del yo somos Sí.
d me porque relajarme ayuda chifla a Me.
e monto y monopatín Juego en al futbolín.
f iba e balonmano Jugaba pesca de al.

1 ¿Qué sueles hacer en tu tiempo libre?
2 ¿Eres aficionado/a de un equipo?
3 ¿Qué deportes hacías cuando eras más joven?
4 ¿Quién es tu deportista preferido
5 ¿Tocas un instrumento?
6 ¿Por qué te gusta escuchar música?

2 Contesta a las preguntas 1-6 del ejercicio 1 con tus propias respuestas.

3 Lee el artículo y contesta a las preguntas en español.

Los gustos deportivos del español medio

Según una encuesta reciente, el Real Madrid no es solo el club más premiado de España y de Europa, también es el club con más aficionados en nuestro país (37,9% de los encuestados). Una de cada cuatro personas (25,4%) tiene como su equipo favorito al Barça.

Deportes más seguidos
– Fútbol. Casi la mitad de los encuestados (48%) lo consideran como el deporte que les interesa más.
– Tenis. Los éxitos de Rafa Nadal lo hacen el segundo deporte en interés (21,4%).
– Baloncesto. En el pasado, el deporte de Pau Gasol, Ricky Rubio, etc., ha sido considerado el segundo de España, pero de momento solo ocupa el tercer lugar (17,1%).

Deportes más practicados
– El ciclismo. Montar en bici es el deporte más practicado, con un 18,6%.
– Carrera a pie. El 17,1% de los españoles salen a correr habitualmente.
– Natación. Un 16,1% de los españoles están enganchados a esta práctica sana.
– Fútbol. Aunque verlo es muy popular, solo un 14,7% lo practica.
– Montañismo / Senderismo. Las rutas a pie por el campo son la quinta preferencia para hacer deporte.

1 ¿Cómo sabemos que Real Madrid tiene mucho éxito como club?
2 ¿Qué club es la opción preferida de un cuarto de los encuestados?
3 ¿Qué deporte ha perdido popularidad en años recientes?
4 Según el texto, ¿qué deporte es bueno para la salud?
5 ¿Qué hace un 14,7% de los encuestados?
6 ¿Dónde se suele hacer montañismo o senderismo?

> To work out the meaning of a new word ask yourself whether it is similar to one you already know. E.g.
> un premio = a prize   el club más premiado = ?
> una encuesta = a survey   los encuestados = ?

MÓDULO 5 — TE TOCA A TI

A1 LIFE IN TOWN AND RURAL LIFE

1 leer ¿Qué ciudad es? Busca información en Internet, si es necesario.

1. Se habla español allí.
2. Está al oeste del país.
3. No está en la costa.
4. Está cerca de un lago enorme.
5. Está rodeada de montañas.
6. Perú está a su izquierda.
7. No es la capital oficial del país.
8. Es una de las ciudades más altas del mundo.
9. Su nombre significa lo contrario de 'guerra'.

2 escribir Escribe una descripción de otra ciudad. Tu compañero/a advina cuál es.

3 leer La autora describe cómo llegar a un nuevo lugar. Lee y contesta a las preguntas en español.

Donde aprenden a volar las gaviotas by Ana Alcolea (abridged and amended)

Un tren y tres aviones tuve que coger desde Zaragoza hasta Trondheim, que está en el centro de Noruega y es la tercera ciudad del país. Llegué después de pasear todo el día entre nubes y aeropuertos. Me esperaba toda la familia: el padre, que se llamaba Ivar; Inger, la madre, de larga melena rubia, que parecía sacada de un cómic; y Erik, el hijo, que me llevó las maletas hasta el coche. La primera impresión que tuve de Noruega fue que a finales de junio hacía frío, y la segunda que había mucha luz: a pesar de haber llegado a las once y media de la noche, los rayos del sol aún se veían sobre el fiordo.

1. ¿Qué detalles nos da la escritora sobre Trondheim? (Da <u>dos</u> ideas.)
2. ¿Cuánto tiempo duró el viaje de Zaragoza a Trondheim?
3. ¿Qué sabemos de Erik? (Da <u>dos</u> ideas.)
4. ¿Qué primera impresión tenía la escritora de Noruega? (Da <u>dos</u> ideas.)
5. El sol brillaba. ¿Por qué era extraordinario?

EXAM SKILLS

Focus on the details you need to answer the questions and don't get distracted by unfamiliar words in the text.

4 escribir Describe tu llegada a una ciudad nueva. Utiliza el ejercicio 3 como modelo.

- cómo viajaste
- dónde está la ciudad
- cuánto tiempo tardaste en llegar
- quién te esperaba
- una descripción de cada persona
- tu primera impresión de la ciudad

Tuve que coger… desde… hasta…
que está en…
Llegué después de…
Me esperaba(n)…
El padre, que se llamaba…
La primera impresión que tuve de… fue…

Zona Cultura

AVE (Alta Velocidad Española) es el nombre para los trenes superrápidos españoles que circulan a una velocidad máxima de 310 km/h. El AVE conecta muchas ciudades en España, por ejemplo: Madrid, Barcelona, Sevilla, Málaga, Valencia y Zaragoza.

el AVE

MÓDULO 6 — **TE TOCA A TI** — A4 CUSTOMS

1 Lee los textos y elige el título correcto para cada uno. Sobra un título.

- el Día de la Madre
- Nochebuena
- Diwali
- el Día de San Valentín
- el Día de Reyes

un roscón de Reyes

1 Ayer decoramos la casa con lámparas de colores y cocinamos platos riquísimos. Fue un día importante porque celebramos el nuevo año hindú.

2 Anoche salí con mi esposa y fuimos a un restaurante, donde le regalé un ramo de rosas rojas. Fue muy romántico, pero me costaron 40 euros. ¡Qué timo!

3 Me desperté temprano para abrir mis regalos. Más tarde comimos el roscón de Reyes, un bollo dulce especial que se come el 6 de enero.

4 Me levanté temprano porque quería preparar el desayuno para mi mamá. También le di una tarjeta y un regalo.

2 Escribe <u>dos o tres</u> frases para el título que sobra del ejercicio 1. Usa tu imaginación para describir lo que hiciste aquel día.

3 Lee el texto. Luego copia y completa la tabla con las letras correctas.

cuando era más pequeña	el año pasado	este año

El 8 de mayo voy a cumplir dieciséis años y no puedo esperar. Cuando era más pequeña, mis padres siempre organizaban una fiesta de disfraces para mi cumpleaños y a veces poníamos un castillo hinchable en el jardín. Generalmente me compraban juguetes o videojuegos. Sin embargo, el año pasado fuimos a la bolera y luego fuimos a un restaurante chino. Mis abuelos me regalaron un reloj, y recibí un montón de tarjetas. Lo pasé fenomenal.

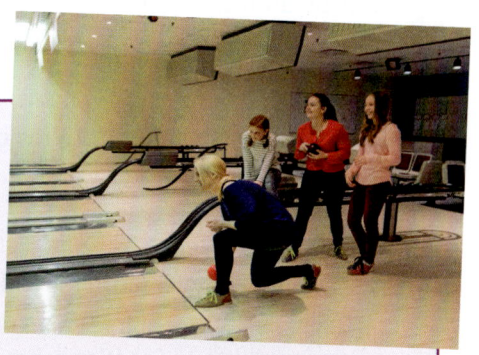

He decidido que este año me gustaría ir de compras por la mañana para gastar el dinero que me regalan. Luego, por la tarde haremos una barbacoa (¡si no llueve, claro!). Pero lo mejor es que mis tíos me van a comprar una entrada para un festival de música. ¡Qué suerte!

Margarita

a b c d e f g

4 Escribe un texto sobre tu cumpleaños. Utiliza el ejercicio 3 como modelo.

Describe:
- cómo **celebrabas** tu cumpleaños cuando eras más joven (*imperfecto*)
- cómo **celebraste** tu cumpleaños el año pasado (*pretérito indefinido*)
- cómo **vas a celebrar** tu cumpleaños este año (*futuro*)

doscientos tres **203**

MÓDULO 7 — TE TOCA A TI

B4 WORK, CAREERS AND VOLUNTEERING

1 Lee los anuncios y empareja cada uno con las frases abajo.

BuscamosEmpleo.com

a) LIMPIO Y PLANCHO
Se ofrece chica para limpieza de casas. Soy trabajadora y responsable. También sé cocinar. He trabajado en varios lugares y tengo carné de conducir y coche propio. Horarios flexibles.

c) CLASES PARTICULARES
Doy clases individuales de francés e inglés (ESO / Bachillerato) adaptadas a las necesidades de cada alumno. He terminado la carrera universitaria y soy profesional y paciente.

b) BUEN NIVEL DE INGLÉS
Busco trabajo como recepcionista o secretaria. Tengo diez años de experiencia y he pasado un año trabajando en Inglaterra. Soy seria, puntual y educada, con muchas ganas de trabajar.

d) DOS CHICOS BUSCAN TRABAJO
Tenemos experiencia en albañilería, pintura, carpintería y fontanería. Hemos hecho un ciclo formativo de grado medio en Construcción y somos trabajadores, dinámicos y honestos.

1 Queremos ampliar la cocina y construir una nueva terraza.
2 Los idiomas son dificilísimos. Siempre saco malas notas.
3 Buscamos chico/a para ayudar con las tareas domésticas.
4 Empresa británica busca administrativo/a con buenas habilidades lingüísticas.

> Don't jump to conclusions. Read each text carefully and beware of distractors!

2 Escribe anuncios para las siguientes personas. Utiliza el ejercicio 1 como modelo e inventa los detalles.
- Almudena: camarera – 3 años de experiencia
- Iván: socorrista – mucha experiencia

3 Lee el texto y luego apunta los detalles en español.

¿Qué es Sabática?
Sabática es un consultor educativo que promueve programas de trabajo, voluntariado y formación en todo el mundo.

¿Quién puede inscribirse en un proyecto de Sabática?
Para inscribirte en Sabática debes:
- tener entre 18 y 70 años (algunos proyectos requieren una edad mínima de 21–23 años)
- estar en forma y gozar de buena salud
- tener la capacidad de adaptarte e integrarte
- tener nivel intermedio del idioma del destino

¿Qué tipo de gente participa en los programas de voluntariado?
Hay gente de diversas edades con objetivos comunes: ganas de aventura, de hacer un cambio en su vida, de descansar, de aprender, de ayudar a los demás o de conocer nuevas culturas.

¿Es esencial tener experiencia?
Puedes inscribirte en muchos proyectos sin experiencia previa, pero si quieres hacer un voluntariado en sectores específicos como salud, veterinaria, etc., sí es necesario tener títulos o experiencia en el sector.

1 Tres tipos de programas ofrecidos:
2 Edad máxima:
3 Requisitos físicos:
4 Requisitos lingüísticos:
5 Qué quieren los participantes:
6 Otros requisitos para programas de salud o veterinaria:

MÓDULO 8 — TE TOCA A TI

D1 ENVIRONMENTAL ISSUES

1 Leer
Lee el texto y apunta <u>cinco</u> detalles. Luego completa cada recomendación con el verbo correcto.

El Día de la Tierra
La celebración del Día de la Tierra es el 22 de abril y comenzó en 1970. Hoy es un evento a nivel mundial reconocido en más de 192 países. Nos invita a considerar la situación actual de nuestro hogar, las pequeñas acciones que dañan el medio ambiente y nuestros hábitos de consumo. Todos tenemos en nuestras manos la llave del cambio. Aquí tienes algunas propuestas para celebrar la Tierra y cuidarla.

1 ───── el coche y usa otras formas de movilidad.
2 ───── algún deporte al aire libre.
3 ───── algo en tu casa que ibas a tirar.
4 ───── una recogida de basura en tu pueblo.
5 ───── tu ropa usada a una organización caritativa.
6 ───── vegetariano/a por un día.
7 ───── una comida con alimentos de cultivo local.
8 ───── todos los aparatos eléctricos antes de salir de tu casa.

| reutiliza | sé | evita | dona |
| practica | organiza | desenchufa | prepara |

2 Leer
Lee el texto. Busca sinónimos para los verbos.

Cómo ser un ciudadano del mundo
El ciudadano del mundo…
- **valora** la diversidad y **defiende** la multiculturalidad.
- **habla** otros idiomas y **aprecia** el acto de viajar para conocer otras culturas.
- **contribuye** a la comunidad, desde lo local a lo global.
- **cuida** los recursos a nivel local y **protege** el medio ambiente.
- **combate** los estereotipos y **reacciona** contra la xenofobia y la intolerancia.
- **aprende** sobre otros países y **se interesa** por las noticias internacionales.
- **apoya** la justicia social.
- **es** una persona con iniciativa propia que **actúa** con independencia de las modas.

1 apreciar
2 reaccionar contra
3 ser una persona con iniciativa
4 proteger
5 ayudar
6 defender

Zona Cultura
La palabra 'ciudadanía' viene del latín *civitas*, que significa 'ciudad'. Implica todos los **derechos** y **deberes** que tiene un ciudadano en su país. Hoy en día también hablamos del ciudadano global, que participa activamente en la construcción de un mundo más justo y sostenible para todos.

3 Escribir
Escribe tu propia declaración: *Cómo ser un ciudadano global*. Usa verbos del subjuntivo y empieza con la idea más importante para ti.

> Es importante que valoremos la diversidad y z defendamos la multiculturalidad.
> Es esencial que…
> Es necesario que…

El subjuntivo › Página 236
For the subjunctive, look at page 236.
Remember: ***ser*** is irregular → ***sea***.

PREGUNTAS GENERALES

The Pearson Edexcel International GCSE Spanish course is made up of several sub-topics (e.g. school life and routine, house and home), which are grouped under five **topics**:
- Topic A   Home and abroad
- Topic B   Education and employment
- Topic C   Personal life and relationships
- Topic D   The world around us
- Topic E   Social activities, fitness and health

The following sub-topics are not assessed in your speaking examination:
- A3 Services (e.g. bank, post office)
- C3 Role models
- C5 Childhood
- D2 Weather and climate
- E4 Accidents, injuries, common ailments and health issues.

For the speaking examination, you have to do **three** tasks (A, B and C). For task A, you have to choose a photo/picture from any of the **sub-topics** (see page xi of this book). The picture must contain people, objects and interactions. You will have to describe the picture and possible past or future events related to the people in it. You will also have to answer questions on the related topic of the picture.

For tasks B and C, you will be required to answer questions on another **two** topics, both different to your picture-related topic. You can answer the questions below in order to help you prepare.

Topic A Home and Abroad

Sub-topics: life in the town and rural life; holidays, tourist information and directions; customs; everyday life, traditions and communities

1. ¿Qué se puede hacer en tu región?
2. ¿Cuáles son las ventajas y desventajas de tu región?
3. ¿Qué has hecho recientemente en tu pueblo/tu ciudad?
4. ¿Qué te gustaría mejorar en tu pueblo/tu ciudad? ¿Por qué?
5. ¿Cuáles son las ventajas de vivir en un pueblo o una ciudad?
6. ¿Qué te gusta hacer de vacaciones?
7. ¿Adónde fuiste de vacaciones el año pasado?
8. Háblame de un problema que tuviste durante las vacaciones.
9. ¿Cómo serían tus vacaciones ideales?
10. ¿Cuáles son las ventajas y las desventajas del turismo?
11. ¿Hay algunas tradiciones importantes en tu país?
12. En tu opinión, ¿algunas tradiciones desaparecerán en el futuro?
13. ¿Es importante tener una fiesta nacional en tu país?
14. ¿Qué hiciste la última vez que participaste en una fiesta en tu país?
15. ¿Qué harás la próxima vez que participarás en una fiesta tradicional?
16. En tu opinión, ¿las fiestas tradicionales son importantes para los jóvenes?

Topic B Education and employment

Sub-topics: school life and routine; school rules and pressures; school trips, events and exchanges; work, careers and volunteering; future plans

1. Describe tu instituto.
2. ¿Qué te gustaría estudiar el año próximo?
3. Describe un día típico al instituto.
4. ¿Qué éxitos has tenido al instituto?
5. ¿Qué opinas de las reglas escolares?
6. ¿Estás a favor o en contra del uniforme escolar?
7. Describe una visita escolar reciente. ¿Cómo se puede mejorar las visitas escolares?
8. ¿Qué opinas de los intercambios escolares?
9. ¿Cuál es tu trabajo ideal? / ¿En qué te gustaría trabajar?
10. ¿Cuál es lo más importante para ti en un trabajo?
11. ¿Cuáles son tus planes para el futuro, aparte del trabajo?
12. ¿Por qué algunos jóvenes quieren hacer un año sabático antes de ir a la universidad?
13. ¿Quieres casarte en el futuro?
14. ¿Es importante hablar idiomas diferentes?
15. Si tuvieras que presentarte para un trabajo, ¿cuáles son las características personales que mencionarías?
16. ¿Te gustaría hacer trabajo voluntario? ¿Por qué?

Topic C Personal life and relationships

Sub-topics: house and home; daily routines and helping at home; relationships with family and friends

1. Describe tu casa o piso.
2. ¿Te gusta tu dormitorio? ¿Cómo lo has decorado?
3. ¿Cómo sería tu casa ideal?
4. Háblame de tu rutina diaria.
5. ¿Cuál es tu día favorito? ¿Por qué?
6. ¿Ayudas a menudo en casa?
7. ¿Cómo has ayudado con las tareas domésticos en casa recientemente?
8. En tu opinión, ¿es importante que los jóvenes ayuden a los padres en casa?
9. ¿Qué harás el fin de semana próximo para arreglar tu dormitorio?
10. ¿Te llevas bien con otros miembros de la familia?
11. Describe tu mejor amigo/a.
12. ¿Cómo es un buen amigo?
13. ¿Qué vas a hacer este fin de semana con tus amigos/tu familia?
14. ¿Has salido recientemente con tu familia/tus amigos?

Topic D The world around us

Sub-topics: environmental issues; travel and transport; the media; information and communication technology

1. En tu opinión, ¿cuál será el problema más grave para el planeta en el futuro? ¿Por qué?
2. ¿Qué haces para proteger el medio ambiente?
3. ¿Qué podrías hacer para proteger más el medio ambiente?
4. ¿Qué hiciste recientemente para ayudar el medio ambiente en casa o en tu región?
5. ¿Cómo prefieres viajar?
6. ¿Cómo vas al colegio?
7. ¿Cómo se puede mejorar el transporte público en tu pueblo/ciudad?
8. En tu opinión, ¿Por qué algunas personas prefieren viajar en coche? ¿Cuáles son las inconvenientes de viajar en coche?
9. ¿Cuál es tu programa favorito en la televisión?
10. ¿Qué vas a ver en la televisión esta noche?
11. Describe una película que has visto recientemente.
12. ¿Lees un periódico con regularidad? ¿Prefieres leer los periódicos digitales o de papel?
13. ¿Qué opinas de las redes sociales?
14. ¿Tienes un móvil? ¿Cómo lo utilizaste ayer?
15. ¿La tecnología puede tener un impacto negativo en los jóvenes?
16. En tu opinión, ¿qué se podría hacer en el futuro con la tecnología?

Topic E Social activities, fitness and health

Sub-topics: special occasions; hobbies, interests, sports and exercise; shopping and money matters; food and drink

1. Describe una ocasión especial que celebraste con tu familia.
2. ¿Cómo vas a celebrar tu cumpleaños?
3. ¿Qué haces normalmente para celebrar el año nuevo?
4. ¿Qué haces normalmente en tu tiempo libre?
5. ¿Qué te gustaba leer cuando eras más joven?
6. ¿Qué deportes te gusta hacer?
7. Para ti, ¿es importante hacer ejercicio?
8. ¿Qué vas a hacer el fin de semana que viene para descansar?
9. ¿Te gusta ir de compras?
10. ¿Cuáles son las ventajas e inconvenientes de hacer las compras en línea?
11. ¿Compraste algunos recuerdos de vacaciones?
12. ¿Cómo vas a gastar tu dinero de bolsillo el fin de semana próximo?
13. ¿Qué te gusta comer y beber?
14. Describe la última vez que comiste en un restaurante.
15. ¿Qué vas a desayunar mañana?
16. Hay alguna gente vegetariana. ¿Por qué?

GRAMÁTICA: CONTENIDOS

THE PRESENT TENSE: REGULAR VERBS / (EL PRESENTE: VERBOS REGULARES)	**210**
THE PRESENT TENSE: IRREGULAR VERBS (EL PRESENTE: VERBOS IRREGULARES)	**211**
THE PRESENT TENSE: REFLEXIVE VERBS (EL PRESENTE: VERBOS REFLEXIVOS)	**212**
THE PRETERITE TENSE / EL PRETÉRITO INDEFINIDO	**214**
THE IMPERFECT TENSE / EL IMPERFECTO	**216**
THE FUTURE TENSE / EL FUTURO	**218**
THE PRESENT CONTINUOUS TENSE / EL PRESENTE CONTINUO	**220**
THE PERFECT TENSE / EL PRETÉRITO PERFECTO	**221**
THE CONDITIONAL / EL CONDICIONAL	**222**
NOUNS AND ARTICLES / LOS SUSTANTIVOS Y LOS ARTÍCULOS	**224**
ADJECTIVES / LOS ADJETIVOS	**226**
POSSESSIVE AND DEMONSTRATIVE ADJECTIVES / LOS ADJETIVOS POSESIVOS Y DEMOSTRATIVOS	**228**
ADVERBS / LOS ADVERBIOS	**229**
NEGATIVES / LOS NEGATIVOS	**230**

GRAMMAR CONTENTS

CONNECTIVES / LOS CONECTORES — **231**

PRONOUNS / LOS PRONOMBRES — **232**

THE IMPERFECT CONTINUOUS TENSE / EL PASADO CONTINUO — **234**

THE PLUPERFECT TENSE / EL PLUSCUAMPERFECTO — **235**

THE PASSIVE / LA VOZ PASIVA — **236**

THE IMPERATIVE / EL IMPERATIVO — **237**

THE PRESENT SUBJUNCTIVE / EL PRESENTE DE SUBJUNTIVO — **238**

THE IMPERFECT SUBJUNCTIVE / EL IMPERFECTO DE SUBJUNTIVO — **240**

VERB TABLES / TABLA DE VERBOS — **241**

THE PRESENT TENSE: REGULAR VERBS
(EL PRESENTE: VERBOS REGULARES)

HAY QUE SABER BIEN

What is it and when do I use it?
The present tense is used to talk about the present. You use it to talk about:
- What usually happens — *Normalmente **como** fruta.* — I normally **eat** fruit.
- What things are like — *La ciudad **es** grande.* — The city **is** big.
- What is happening now — ***Vivimos** en Liverpool.* — **We live** in Liverpool.

Why is it important?
Verbs are the building blocks of a language. Using the correct tense helps Spanish people to understand what you want to say.

Things to watch out for
The verb ending! This tells you who is speaking. You do not need to include *yo* (I) or *tú* (you), etc. before the verb unless you need to add extra emphasis.

How does it work?
To form the present tense you replace the infinitive ending (–ar, –er or –ir) with the present tense endings like this:

	escuch**ar** (to listen)	com**er** (to eat)	viv**ir** (to live)
(yo)	escuch**o**	com**o**	viv**o**
(tú)	escuch**as**	com**es**	viv**es**
(él/ella/usted)	escuch**a**	com**e**	viv**e**
(nosotros/as)	escuch**amos**	com**emos**	viv**imos**
(vosotros/as)	escuch**áis**	com**éis**	viv**ís**
(ellos/ellas/ustedes)	escuch**an**	com**en**	viv**en**

Stem-changing verbs
Stem-changing verbs are formed in the same way as regular present tense verbs. However, a vowel change occurs in the stem in some of their forms (I, you (singular), he/she/it/you polite (singular), they/you polite (plural)). They are usually regular in their endings.

There are three common groups.

	o → ue p**o**der (to be able to)	e → ie qu**e**rer (to want)	e → i p**e**dir (to ask for)
(yo)	p**ue**do	qu**ie**ro	p**i**do
(tú)	p**ue**des	qu**ie**res	p**i**des
(él/ella/usted)	p**ue**de	qu**ie**re	p**i**de
(nosotros/as)	podemos	queremos	pedimos
(vosotros/as)	podéis	queréis	pedís
(ellos/ellas/ustedes)	p**ue**den	qu**ie**ren	p**i**den

Other examples of stem-changing verbs:

u/o → ue
- jugar → j**ue**go — I play
- costar → c**ue**sta — it costs
- acostarse → me ac**ue**sto — I go to bed
- dormir → d**ue**rmen — they sleep
- encontrar → enc**ue**ntras — you find
- llover → ll**ue**ve — it rains
- volver → v**ue**lvo — I return

e → ie
- despertarse → se desp**ie**rta — she wakes up
- empezar → emp**ie**zan — they begin
- entender → ent**ie**ndo — I understand
- nevar → n**ie**va — it snows
- pensar → usted p**ie**nsa — you think
- perder → p**ie**rde — he loses
- preferir → pref**ie**ro — I prefer
- recomendar → recom**ie**ndas — you recommend

e → i
- repetir → rep**i**to — I repeat
- servir → s**i**rven — they serve
- vestir(se) → me v**i**sto — I get dressed

GRAMÁTICA

Preparados

1 Elige la forma correcta del verbo para completar cada frase.

1 Cuando estoy de vacaciones **come / como / comemos** muchos helados.
2 En verano mis amigos y yo **nadamos / nadan / nadas** en el mar.
3 A veces mi hermano **leo / lees / lee** novelas o manda correos.
4 ¿Vosotros nunca **descargas / descargan / descargáis** música?
5 Todos los días, me relajo y **tocamos / tocáis / toco** la guitarra.
6 Mi familia **vivís / vive / viven** en el noroeste de Inglaterra.
7 Mi amigo **prefiere / prefieren / preferimos** ir a la playa.
8 ¿Y tú? ¿Qué deportes **practica / practicas / practicamos** en el colegio?
9 ¿Cuánto **cuestan / cuesto / cuesta** una habitación individual con desayuno incluido?

Listos

2 Completa la frase con la forma correcta del verbo entre paréntesis.

1 En el instituto ___ estudiar varias asignaturas y no tienes que llevar uniforme. (*poder*)
2 Muchas personas ___ unos vaqueros y una camiseta. (*llevar*)
3 Las clases ___ a las nueve y ___ a las tres y media. (*empezar / terminar*)
4 Me gustan las ciencias, pero ___ las matemáticas. (*preferir*)
5 Mi amigo estudia historia porque ___ aprender más del pasado. (*querer*)
6 La profesora de inglés ___ muy bien y ___ un buen ambiente de trabajo. (*enseñar / crear*)
7 Los alumnos de mi colegio ___ mucho durante las vacaciones. (*estudiar*)
8 Mis amigos y yo ___ en varias actividades extraescolares. (*participar*)
9 Desafortunadamente, hay alumnos que ___ intimidación en mi insti. (*sufrir*)

¡Ya!

3 Elige un verbo adecuado del recuadro para cada espacio en blanco. Escribe la forma correcta del presente.

1 Cada año mi familia y yo ___ las vacaciones de verano en España.
2 ___ mucho y a veces descargo vídeos también.
3 Mi madre nunca ___ pescado porque es alérgica.
4 ¿Cuánto ___ una habitación doble?
5 Me gustaría cambiar de habitación porque la ducha no ___.
6 ¿Y vosotros? ¿Dónde ___?
7 Juan ___ un instrumento en el instituto, pero yo ___ jugar al fútbol.
8 Las clases ___ cuarenta minutos y el recreo ___ a las once.
9 Mis amigos ___ una camisa blanca y una chaqueta negra en el colegio.
10 ___ deporte cada día porque nos encanta.

| empezar |
| pasar |
| durar |
| vivir |
| funcionar |
| costar |
| llevar |
| leer |
| practicar |
| comer |
| tocar |
| preferir |

doscientos once 211

THE PRESENT TENSE: IRREGULAR VERBS
(EL PRESENTE - VERBOS IRREGULARES)

HAY QUE SABER BIEN

What are they and when do I use them?
Irregular verbs do not follow the normal patterns of regular –ar, –er and –ir verbs. Many of the most common and most useful verbs in Spanish are irregular.

Why are they important?
You can't speak a language without knowing a wide range of verbs, and some of the most important verbs like 'to be', 'to have', 'to do' and 'to go' are irregular. For your GCSE, you need to use all parts of these verbs accurately.

Things to watch out for
You must learn irregular verbs by heart. Sometimes, just the *yo* form is irregular.

How does it work?
These verbs are only irregular in the 'I' form (the first person)

conducir → conduzco	I drive	hacer → hago	I make/do	salir → salgo	I go out
conocer → conozco	I know	poner → pongo	I put	traer → traigo	I bring
dar → doy	I give	saber → sé	I know		

Other verbs are more irregular.

	ser (to be)	**estar** (to be)	**tener** (to have)	**ir** (to go)
(yo)	soy	estoy	tengo	voy
(tú)	eres	estás	tienes	vas
(él/ella/usted)	es	está	tiene	va
(nosotros/as)	somos	estamos	tenemos	vamos
(vosotros/as)	sois	estáis	tenéis	vais
(ellos/ellas/ustedes)	son	están	tienen	van

Look at the verb tables on page 237 for more irregular present tense verbs.

Preparados

1 Completa estas frases con la forma correcta del verbo para *yo*

1 Normalmente ▇ a las ocho. (*salir*)
2 ▇ a toda la clase. (*conocer*)
3 Siempre ▇ que llevar uniforme. (*tener*)
4 ▇ mucho de los edificios de mi colegio. (*saber*)
5 A veces ▇ deportes acuáticos con mi familia. (*hacer*)
6 De vez en cuando ▇ un paseo. (*dar*)

Listos

2 Completa estas frases con la forma correcta de *ser, estar, tener o ir*.

1 Mi amiga ▇ adicta a la tele y por lo tanto no practica mucho deporte.
2 El clima ▇ muy soleado en verano pero a veces ▇ nublado.
3 Durante las vacaciones mis amigos y yo ▇ al cine.
4 ▇ que llevar uniforme pero no nos gusta.
5 El colegio ▇ un biblioteca grande y tres pistas de tenis.
6 Salgo de casa a las ocho y ▇ al colegio andando.

¡Ya!

3 Escribe la forma correcta de los verbos entre paréntesis.

Cada día mi hermano y yo **1** (*salir*) de casa a las siete y luego **2** (*ir*) al insti en autobús. Las normas en mi insti **3** (*ser*) muy severas. Los alumnos de 11 a 16 años **4** (*tener*) que llevar uniforme. No me gusta nada la corbata porque **5** (*tener*) rayas verdes y amarillas. ¡Qué feo! También los profes siempre nos **6** (*poner*) muchos deberes. Yo **7** (*saber*) que **8** (*ser*) importante estudiar, pero no me **9** (*dar*) tiempo para hacer otras cosas.

THE PRESENT TENSE: REFLEXIVE VERBS
(EL PRESENTE - LOS VERBOS REFLEXIVOS)

HAY QUE SABER BIEN

What are they and when do I use them?
Reflexive verbs are verbs that include a reflexive pronoun. They describe actions that we do to ourselves.

Why are they important?
They are useful verbs when describing your relationships with others and your daily routine.

Things to watch out for
Check you are using the correct reflexive pronoun as well as the correct ending.

How does it work?
Reflexive verbs are formed in the same way as regular present tense verbs but they include a reflexive pronoun. In the infinitive the pronoun is shown at the end of the verb, *levantar**se***. In the present tense the pronoun precedes the verb and changes according to the person (***me*** *levant**o***).

	levantarse (to get up)	**divertirse** (to enjoy oneself)	**llevarse con** (to get on with)
(yo)	**me** levanto	**me** div**ie**rto	**me** llevo
(tú)	**te** levantas	**te** div**ie**rtes	**te** llevas
(él/ella/usted)	**se** levanta	**se** div**ie**rte	**se** lleva
(nosotros/as)	**nos** levantamos	**nos** divertimos	**nos** llevamos
(vosotros/as)	**os** levantáis	**os** divertís	**os** lleváis
(ellos/ellas/ustedes)	**se** levantan	**se** div**ie**rten	**se** llevan

Preparados

1 Completa estas frases con la forma correcta del verbo.

1 ▭ a las siete y media. (*ducharse, yo*)
2 Normalmente ▭ bien con mi padre. (*llevarse, yo*)
3 Mi hermano y yo ▭ mucho en casa. (*divertirse, nosotros*)
4 ¿▭ con tus hermanos o con tus padres? (*pelearse, tú*)
5 Mis padres ▭ bien y se apoyan en todo. (*llevarse, ellos*)

Listos

2 Completa la segunda y la tercera fila de la tabla con la forma de *tú* y *él/ella* de los verbos subrayados.

yo	<u>Me levanto</u> todos los días y me digo que mi vida va a cambiar. <u>Pienso</u> que <u>soy</u> una persona simpática. <u>Me llevo</u> muy bien con mucha gente y <u>me divierto</u> cuando <u>puedo</u>.
tú	▭ todos los días y te dices que tu vida va a cambiar. ▭ que ▭ una persona simpática. ▭ muy bien con mucha gente y ▭ cuando ▭.
él/ella	▭ todos los días y se dice que su vida va a cambiar. ▭ que ▭ una persona simpática. ▭ muy bien con mucha gente y ▭ cuando ▭.

¡Ya!

3 Completa estas frases con la forma correcta del verbo.

1 Mi amigo y yo ▭ fenomenal porque ▭ mucho en común. (*llevarse / tener*)
2 Siempre ▭ con mi padre porque nos interesan los deportes. (*divertirse*)
3 Mis hermanos ▭ en casa todos los días, pero siempre ▭ en el instituto. (*pelearse / apoyarse*)
4 ▭ mal con mi profesor de religión porque él no ▭ buen sentido de humor. (*llevarse / tener*)
5 Siempre ▭ muy tarde los fines de semana porque no tengo sueño. (*acostarse*)
6 Normalmente mi hermana ▭ primero y ▭ en la cocina mientras yo ▭. (*ducharse / desayunar / vestirse*)

doscientos trece **213**

THE PRETERITE TENSE (EL PRETÉRITO INDEFINIDO)

HAY QUE SABER BIEN

What is it and when do I use it?
The preterite tense is sometimes known as the 'simple past'. It is used to talk about completed actions in the past.
- *Fui* a la playa. — **I went** to the beach.
- *Viajó* en coche. — **He travelled** by car.

Why is it important?
You often want to say what you or someone else did. Without the preterite tense you could not tell a story in Spanish. It is a key tense to learn and understand for GCSE.

Things to watch out for
- Some forms of regular verbs in the preterite take an accent. Be careful that you use accents correctly as using them incorrectly can change the meaning of a word.
  escucho (I listen), but *escuchó* (he listened)
- Irregular verbs don't take accents in the preterite.
- The verbs *ir* and *ser* are the same in the preterite.

How does it work?
Regular preterite verbs

The preterite tense is formed by taking the infinitive of a verb, removing the infinitive endings (–ar, –er or –ir), and then adding the following preterite endings. Note that –er and –ir verbs take the same endings in the preterite.

	visitar (to visit)	**comer** (to eat)	**salir** (to go out)
(yo)	visité	comí	salí
(tú)	visitaste	comiste	saliste
(él/ella/usted)	visitó	comió	salió
(nosotros/as)	visitamos	comimos	salimos
(vosotros/as)	visitasteis	comisteis	salisteis
(ellos/ellas/ustedes)	visitaron	comieron	salieron

- When you are using stem-changing verbs make sure you have the correct infinitive:
  encuentro (I find) → *encontrar* (to find) → *encontré* (I found)

Irregular preterite verbs
- The most common irregular verbs are:

	ser/ir (to be/to go)	**ver** (to see)	**hacer** (to do/make)	**tener** (to have)
(yo)	fui	vi	hice	tuve
(tú)	fuiste	viste	hiciste	tuviste
(él/ella/usted)	fue	vio	hizo	tuvo
(nosotros/as)	fuimos	vimos	hicimos	tuvimos
(vosotros/as)	fuisteis	visteis	hicisteis	tuvisteis
(ellos/ellas/ustedes)	fueron	vieron	hicieron	tuvieron

- Other irregular preterite verbs include:

andar	to walk	poner	to put
dar	to give	querer	to want
decir	to say	saber	to know
estar	to be	traer	to bring
poder	to be able to	venir	to come

Look at the verb tables on page 241 for more irregular preterite tense verbs.

GRAMÁTICA

- Some preterite verbs have **irregular spellings** just in the first person singular (*yo*). For example:

sacar	→ sa**qu**é	I got/took	empezar	→ empe**c**é	I started
tocar	→ to**qu**é	I played	jugar	→ ju**gu**é	I played
cruzar	→ cru**c**é	I crossed	llegar	→ lle**gu**é	I arrived

- Some preterite verbs have irregular spellings in the third person singular (él/ella/usted) and third person plural (ellos/ellas/ustedes):

  caer → ca**y**ó, ca**y**eron he/she fell, they fell   leer → le**y**ó, le**y**eron he/she read, they read

Preparados

1 Lee las frases. Decide si cada frase usa el presente o el pretérito indefinido.

1 Desayuno a las diez.
2 Fuimos al museo antes de comer.
3 Hace mucho sol aquí.
4 Mi amigo decidió comprar unos recuerdos.
5 Practiqué natación en el mar cerca de mi casa.
6 Nunca hacéis vuestros deberes.
7 Observé a la gente en el restaurante.
8 En el colegio comemos a las doce y media.
9 Anoche mis amigos fueron al cine.
10 Silvia jugó al fútbol el sábado.

Listos

2 Escribe la forma correcta del pretérito indefinido del verbo entre paréntesis.

1 La semana pasada yo ▨ un libro muy bueno. *(leer)*
2 Ayer yo ▨ un reloj y luego fui al cine. *(comprar)*
3 La semana pasada mi amiga ▨ paella. *(comer)*
4 Mis amigos ▨ una fiesta para celebrar sus cumpleaños. *(hacer)*
5 ¿Cuándo ▨ a la piscina? Ayer no te vi. *(ir)*
6 Mis vacaciones ▨ increíbles. *(ser)*
7 Ayer mis amigos y yo no ▨ nada que hacer. *(tener)*
8 Anteayer fui en metro al centro y ▨ una obra de teatro. *(ver)*
9 Mi hermano ▨ ocho asignaturas en el colegio. *(estudiar)*
10 Mi madre ▨ a Inglaterra en avión. *(volver)*

¡Ya!

3 Escribe la historia siguiente en el pasado. Cambia todos los verbos del presente al pretérito indefinido.

¡Un buen día!

Por la mañana **1** *voy* a la bolera y **2** *juego* a los bolos con mi familia. **3** *Bebemos* refrescos pero no **4** *comemos* nada. Mis padres me **5** *dan* cuatro euros para gastar el fin de semana y **6** *es* suficiente para salir por la tarde. **7** *Llamo* a mi amiga y **8** *vamos* al centro comercial para ir de compras. En la tienda de ropa no **9** *veo* nada bonito pero mi amiga **10** *compra* una gorra. **11** *Volvemos* a casa para escuchar música y **12** *descansamos* un poco. Por la noche, **13** *salgo* y **14** *voy* al cine con mi prima pero no **15** *nos gusta* la película. Después yo **16** *vuelvo* a casa para cenar. Mis hermanos **17** *juegan* con el ordenador, pero yo **18** *hago* mis deberes. Finalmente, **19** *leo* un poco y **20** *mando* mensajes a mis amigas.

THE IMPERFECT TENSE (EL IMPERFECTO)

HAY QUE SABER BIEN

What is it and when do I use it?
The imperfect tense is another way of talking about the past. It is used in Spanish for:
- Descriptions in the past (what someone or something was like or was doing):
  *En mi escuela primaria, las instalaciones **eran** mejores.*
  In my primary school, the facilities **were** better.
- Repeated actions in the past:
  ***Tenía** clases de gimnasia cada semana.*   **I had** gymnastics classes every week.
- What people used to do and what things used to be like:
  *Antes **jugábamos** al fútbol, pero ahora preferimos hacer kárate.*
  Before **we used to** play football, but now we prefer to do karate.

Why is it important?
To tell a story in the past you need to be able to use the imperfect for descriptions and repeated actions. If you can combine the imperfect with the preterite tense correctly, you will create more complex and detailed phrases.

Things to watch out for
You use the **preterite tense** for single events in the past and the **imperfect tense** for repeated actions and things you used to do in the past.

How does it work?
- The imperfect tense is formed by taking the infinitive of a verb, removing the infinitive endings (–ar, –er, –ir) and then adding the following endings. Note that –er and –ir verbs take the same endings in the imperfect.

	jugar (to play)	**hacer** (to do/make)	**vivir** (to live)
(yo)	jugaba	hacía	vivía
(tú)	jugabas	hacías	vivías
(él/ella/usted)	jugaba	hacía	vivía
(nosotros/as)	jugábamos	hacíamos	vivíamos
(vosotros/as)	jugabais	hacíais	vivíais
(ellos/ellas/ustedes)	jugaban	hacían	vivían

- There are three verbs that are irregular in the imperfect tense.

	ir (to go)	**ser** (to be)	**ver** (to see)
(yo)	iba	era	veía
(tú)	ibas	eras	veías
(él/ella/usted)	iba	era	veía
(nosotros/as)	íbamos	éramos	veíamos
(vosotros/as)	ibais	erais	veíais
(ellos/ellas/ustedes)	iban	eran	veían

- The imperfect tense of **hay** (there is) is **había** (there was/were) and the preterite is **hubo** (there was/were). *Había* is very useful for describing things and saying what things used to be like and *hubo* is used for completed actions and specific past events.
  *En el hotel **había** una piscina cubierta.*   In the hotel **there was** an indoor pool.
  *El fin de semana pasado **hubo** un accidente   Last weekend **there was** an accident
   y llegué tarde al aeropuerto.*   and I arrived at the airport late.

- The imperfect tense is used with the phrase **desde hacía** to say how long something had been happening.
  Esperaba desde hacía dos horas.   I had been waiting for two hours.

GRAMÁTICA

Preparados

1 Lee las frases y decide por qué se usa el imperfecto en cada caso.
Escribe D (descripciones en el pasado) o AH (acciones habituales o repetidas).

1 La pensión estaba en las afueras de la ciudad.
2 Cada sábado montaba a caballo con mis amigos.
3 Mi escuela primaria era muy pequeña y no había aulas de informática.
4 Cuando tenía doce años, era aficionado de Real Madrid.
5 Antes mi hermano nunca jugaba al baloncesto.
6 Cuando era más pequeña hacía deportes acuáticos con mi familia.
7 El albergue juvenil estaba cerca del centro de la ciudad pero no tenía piscina.
8 En el verano íbamos a la playa todos los días.
9 Lo bueno del pueblo era que tenía muchos espacios verdes y era muy tranquilo.
10 La gente era muy simpática y la comida estaba muy buena.

Listos

2 Completa las frases con la forma correcta del imperfecto.

1 Antes mi colegio no **teníamos / tenía / tener** un patio grande y no **había / hay / hubo** un teatro pero ahora las instalaciones son muy buenas.
2 Cuando mi padre **tenías / tenía / tenían** quince años **iba / íbamos / ir** al colegio en moto y **jugaba / juega / jugaban** al fútbol todos los días.
3 El hotel **es / era / había** muy grande y **tiene / teníais / tenía** una piscina bonita, pero no **hay / había / era** ni restaurante ni cafetería.
4 El año pasado mis amigos y yo **usábamos / usamos / usaban** nuestros móviles demasiado y siempre **chateábamos / chateo / chateamos** durante muchas horas.
5 ¿Qué **hacías / hacía / hacían** usted cuando **tuviste / tenía / tiene** nueve años?
6 En mi escuela primaria lo malo **eran / éramos / era** que **hay / había / habíamos** poco espacio pero las clases **eran / era / erais** más cortas.
7 Antes yo **era / soy / fui** aficionado del Atlético de Bilbao y mis amigos y yo **iba / íbamos / vamos** a casi todos los partidos pero ahora no me gusta nada el fútbol.
8 Antes mi madre **fuma / fumaba / fumaban** mucho, pero ya no fuma nunca.
9 Durante mis prácticas laborales yo **cogía / cogías / cogían** el tren cada día y **llevábamos / llevabais / llevaba** ropa elegante.
10 Los clientes **éramos / era / eran** bastante maleducados pero mi jefe **éramos / era / eran** muy simpático.

¡Ya!

3 Completa las frases con la forma correcta del pretérito indefinido o del imperfecto.

1 Fui de vacaciones a España y el hotel donde nos quedamos ____ bastante lujoso. *(ser)*
2 Ayer mi madre ____ recuerdos pero yo ____ en el hotel. *(comprar, descansar)*
3 Antes Juan ____ en una cafetería todos los sábados, pero ahora quiere ser peluquero. *(trabajar)*
4 Mis padres y yo ____ al parque para jugar al tenis, pero ____ mucho y por lo tanto ____ un desastre. *(ir, llover, ser)*
5 Mi amiga ____ a Francia de vacaciones. El camping ____ cerca de la playa y ____ muy barato y bastante acogedor. *(ir, estar, ser)*
6 Siempre ____ mucha gente en la playa porque era agosto. *(haber)*
7 Me dijeron que mi abuelo era muy alto y ____ el pelo negro como yo. *(tener)*
8 Hicimos nuestros deberes el domingo y después ____ juntas. *(salir)*
9 Mi hermano ____ al rugby cada semana pero ahora tiene que estudiar mucho. *(jugar)*
10 Ya no hago mucho deporte, pero antes ____ baile, gimnasia y equitación cada semana. *(hacer)*

THE FUTURE TENSE (EL FUTURO)

HAY QUE SABER BIEN

The near future tense (El futuro próximo)

What is it and when do I use it?
The near future is used to describe what **is going to happen** (for example, tonight, tomorrow, next week, etc.). It is the most common tense in Spanish for describing future plans.

Voy a practicar el español.	**I am going to practise** Spanish.
Vamos a ir de excursión.	**We are going to go** on a trip.

Why is it important?
You often want to say what you or someone else is going to do. You also need to be able to understand and refer to future events for your GCSE.

Things to watch out for
Don't forget to use the preposition *a* when using the near future.

How does it work?
To form the near future, you need:
ir (in the present tense) + ***a*** + **infinitive**

(yo)	voy		comer
(tú)	vas		jugar
(él/ella/usted)	va	a	tener
(nosotros/as)	vamos		salir
(vosotros/as)	vais		comprar
(ellos/ellas/ustedes)	van		hacer

The future tense (El futuro)

What is it and when do I use it?
The future tense is used to describe what **will happen** in the future.

Mañana **iremos** al centro comercial.   Tomorrow **we will go** to the shopping centre.

Why is it important?
You often want to say what you or someone else will do. Using two types of future tense will add variety and complexity to your texts.

Things to watch out for
Don't forget to include the accents on future tense verb endings.

How does it work?
To form the future tense of most verbs, you take the infinitive of the verb and add the following endings (these are the same for –*ar*, –*er* and –*ir* verbs):

(yo)	ser**é**
(tú)	ser**ás**
(él/ella/usted)	ser**á**
(nosotros/as)	ser**emos**
(vosotros/as)	ser**éis**
(ellos/ellas/ustedes)	ser**án**

- The following verbs have irregular stems in the future tense. You need to use these stems instead of the infinitive, but the endings stay the same as for regular verbs.

decir	to say	→	**dir**é, **dir**ás, …
hacer	to do/make	→	**har**é, **har**ás, …
poder	to be able to	→	**podr**é, **podr**ás, …
poner	to put	→	**pondr**é, **pondr**ás, …
querer	to want	→	**querr**é, **querr**ás, …
saber	to know	→	**sabr**é, **sabr**ás, …
salir	to leave/go out	→	**saldr**é, **saldr**ás, …
tener	to have	→	**tendr**é, **tendr**ás, …
venir	to come	→	**vendr**é, **vendr**ás, …

- The future tense of *haber* is **habrá** (there will be).

GRAMÁTICA

Preparados

1 Escribe la versión correcta de estas frases en el futuro próximo (falta una palabra en cada frase).

1. Voy asistir a clases.
2. Vamos a ropa de calle.
3. Julia, ¿qué a hacer esta noche?
4. Va llegar el jueves.
5. Mi familia va a en coche.
6. Por la mañana mis padres a hacer una visita guiada.
7. Mi hermano a participar en un torneo.
8. Mañana van a patinaje sobre hielo.
9. Voy ir a Francia.
10. ¿Vas a como voluntario?
11. Mis amigos a visitar otras ciudades.
12. Hoy vosotros a jugar al fútbol.

Listos

2 Busca todos los ejemplos del futuro próximo y cámbialos al futuro. ¡Cuidado con los verbos irregulares!

¿Qué vas a hacer mañana? Yo voy a hacer muchas cosas porque mis primos van a venir a visitarnos. Por la mañana mis primos y yo vamos a ir al centro de la ciudad. Mis primos van a comprar unas camisetas y yo voy a comprar unos zapatos. Luego mis padres nos van a llevar a la playa en coche. Mi prima María no va a nadar porque odia el mar, pero mi primo José va a hacer windsurf conmigo. Mis padres van a tomar el sol y van a descansar. Después vamos a pasear por el casco viejo de la ciudad y vamos a ir a un restaurante barato donde se puede comer una gran variedad de marisco.

¡Ya!

3 Completa el diálogo con la forma correcta del futuro de los verbos del recuadro.

A: ¿Qué haremos mañana?
B: Pues, primero tú y yo **1** ____ al teleférico porque desde allí las vistas son increíbles.
A: ¡Qué guay? ¿Y nosotros qué **2** ____ después?
B: Depende del tiempo. Si hace sol y no llueve, tú **3** ____ fotos de Barcelona y luego nosotros **4** ____ un café en la terraza.
A: ¿A qué hora nosotros **5** ____ otra vez en teleférico?
B: A las once, más o menos. Después yo **6** ____ que ir a mi clase de tenis pero tú **7** ____ visitar unos monumentos.
A: De acuerdo, ¿Y nosotros dónde **8** ____? ¿En un restaurante o en tu casa?
B: Pues si no estamos demasiado cansados, nosotros **9** ____ a mi restaurante favorito para comer tapas, pero está un poco lejos del centro, y por eso **10** ____ en metro. Finalmente, a las cinco mis amigos **11** ____ a mi casa para jugar a los videojuegos.
A: ¡Buena idea! ¡El día **12** ____ fantástico!

sacar
ir
poder
almorzar
bajar
hacer
tener
venir
ser
tomar
viajar
subir

doscientos diecinueve **219**

THE PRESENT CONTINUOUS TENSE
(EL PRESENTE CONTINUO)

HAY QUE SABER BIEN

What is it and when do I use it?
The present continuous is used to say what you are doing at the moment. It is made up of two parts: the present tense of *estar* and the present participle.

*¿Qué **estás haciendo**?* What **are you doing**?
***Estoy pensando** en salir.* **I am thinking** about going out.

Why is it important?
For GCSE, it is important to be able to use this form of the present tense to help give your writing or speaking more grammatical variety. You also need to recognise and understand this tense in listening or reading texts.

Things to watch out for
Sometimes in English, we use the present participle when in Spanish you need to use an infinitive.

***Cantar** es divertido.* **Singing** is fun.
*Le gusta **nadar**.* She likes **swimming**.

How does it work?
Take the present tense of *estar* and add the present participle (the '–ing' form). To form the present participle, take the infinitive of the verb, remove the –ar, –er or –ir and add the endings: **–ando, –iendo, –iendo**.

***Estamos viendo** la tele.* **We are watching** TV.

(yo)	estoy		
(tú)	estás		hablando
(él/ella/usted)	está	+	comiendo
(nosotros/as)	estamos		saliendo
(vosotros/as)	estáis		
(ellos/ellas/ustedes)	están		

- Stem changing –ir verbs (but not –ar or –er verbs) change their spellings for the present participle:
  o → u d*o*rmir   to sleep → d*u*rmiendo sleeping
  e → i p*e*dir   to ask → p*i*diendo asking

- Some **irregular present participles** include:
  leer to read → leyendo reading   poder to be able to → pudiendo being able to
  oír   to hear → oyendo   hearing   reír   to laugh   → riendo   laughing

Preparados

1 Usa una palabra de cada columna para hacer frases correctas.

1 Mi abuelo	estamos	escuchando	café
2 Ana e Isabel	están	viendo	vela
3 Vosotros	está	tomando	películas
4 Mi amiga y yo	estáis	haciendo	música

Listos

2 Escribe la forma correcta del presente continuo de cada verbo

1 (yo) jugar
2 (vosotros) repasar
3 (ustedes) beber
4 (tú) hacer
5 (nosotras) escribir
6 (él) dormir

¡Ya!

3 Contesta a estas preguntas. Para cada respuesta usa un verbo del recuadro y tu imaginación.

| comer | dormir | jugar | andar | navegar | leer |

1 ¿Qué está haciendo la chica?
2 ¿Qué está haciendo Lucía?
3 ¿Qué están haciendo Pepe y Paco?
4 ¿Qué estás haciendo?
5 ¿Qué estamos haciendo?
6 ¿Qué está haciendo Juan?

THE PERFECT TENSE
(EL PRETÉRITO PERFECTO)

HAY QUE SABER BIEN

What is it and when do I use it?
The perfect tense is used to talk about what you **have done**.
   He descargado unas canciones nuevas.   **I have downloaded** some new songs.

Things to watch out for
When you want to say that someone has **just** done something you do not use the perfect tense. You use the present tense of the verb *acabar* (a regular –ar verb) followed by the preposition *de*.
   Acabamos de comer pizza.   **We have just** eaten pizza.

How does it work?
The perfect tense is formed by using the verb *haber* in the present tense and the past participle of the verb. The past participle is formed by taking the infinitive, removing the –ar, –er or –ir and adding the endings: **–ado**, **–ido**, **–ido**.

(yo)	he		
(tú)	has		hablado
(él/ella/usted)	ha	+	comido
(nosotros/as)	hemos		salido
(vosotros/as)	habéis		
(ellos/ellas/ustedes)	han		

Some common **irregular past participles** are:

abrir	to open	→	abierto	opened	poner	to put	→	puesto	put
decir	to say	→	dicho	said	romper	to break	→	roto	broken
escribir	to write	→	escrito	written	ver	to see	→	visto	seen
hacer	to do/make	→	hecho	done/made	volver	to return	→	vuelto	returned
morir	to die	→	muerto	died					

Preparados

1 Escribe las palabras en el orden correcto para cada frase.

1. Delia / el / descargado / ha / videojuego
2. el / he / iPad / roto
3. ha / Pablo / comedia / estupenda / visto / una
4. hemos / palomitas / comido / muchas
5. en / mi / cine / perdido / he / móvil / el
6. emocionantes / leído / han / libros / muchos

Listos

2 Escribe frases sobre lo que has hecho y lo que no has hecho nunca.

| descargar música | montar a caballo | hacer remo | romperse el brazo | leer periódicos |
| ver un buen culebrón | gastar mi paga en unas zapatillas de marca | | asistir a un espectáculo de baile |

1. …frecuentemente.
2. …recientemente.
3. …muchas veces.
4. …pocas veces.
5. …una vez.
6. No…nunca.

¡Ya!

3 Escribe un texto sobre lo que Pedro y Maite han hecho hoy. Cambia los verbos entre paréntesis al pretérito perfecto.

Me llamo Pedro y hoy mi amiga Maite y yo **1** *(hacer)* muchas cosas. Primero, Maite **2** *(compartir)* muchas fotos en Instagram y yo **3** *(descargar)* varias canciones nuevas. Luego Maite y yo **4** *(comprar)* por Internet dos entradas para ver la última peli de Robert Pattinson esta noche. También yo **5** *(ver)* un reality mientras Maite **6** *(escribir)* su blog. Mis hermanos **7** *(jugar)* al ping-pong y **8** *(hacer)* ciclismo.

THE CONDITIONAL (EL CONDICIONAL)

HAY QUE SABER BIEN

What is it and when do I use it?
The conditional tense is used to describe what you **would** do in the future.
En mi ciudad **mejoraría** el sistema de transporte.   In my city **I would improve** the transport system.

Why is it important?
You need the conditional to talk successfully about your future plans and ideas.

Things to watch out for
Don't confuse conditional verbs with imperfect verbs. The conditional is formed by using the future stem and adding the imperfect endings for –er/–ir verbs.

How does it work?
The conditional tense is formed in the same way as the future tense. You take the infinitive of the verb and add the following endings (these are the same for –ar, –er and –ir verbs):

	ser (to be)
(yo)	ser**ía**
(tú)	ser**ías**
(él/ella/usted)	ser**ía**
(nosotros/as)	ser**íamos**
(vosotros/as)	ser**íais**
(ellos/ellas/ustedes)	ser**ían**

- The verbs which have irregular stems in the future also have irregular stems in the conditional tense. For example:
  hacer   (to do/make)   → **har**ía, **har**ías, …   (would do/make)
  poder   (to be able to) → **podr**ía, **podr**ías, … (would be able to)
  tener   (to have)   → **tendr**ía, **tendr**ías, … (would have)

  Other verbs which have irregular stems in the future are listed on page 218.

- The conditional tense of *haber* is **habría** (there would be).

- The conditional tense can be used to express future ideas by using the verb *gustar* followed by an infinitive:
  En el futuro, **me gustaría** hablar más idiomas.   In the future, **I would like** to speak more languages.

- The conditional tense of **poder** is used to express the notion of something that you could do.
  Podríamos ir al cine.   **We could** go to the cinema.

- The conditional tense of **deber** is used to express the notion of something that you should do.
  Deberíamos reciclar el plástico y el vidrio.   **We should** recycle plastic and glass.

GRAMÁTICA

Preparados

1 Lee estas frases sobre una ciudad ideal. Completa con la forma correcta del condicional.

1 ¿Qué es lo que ▢ de tu ciudad? *(cambiar)*
2 Lo único que yo ▢ ▢ las afueras. *(cambiar, ser)*
3 Mis padres ▢ algunos edificios porque creen que son muy feos. *(renovar)*
4 En un mundo ideal, mi ciudad no ▢ tanta contaminación. *(tener)*
5 Mis amigos y yo ▢ más áreas de ocio en nuestra zona. *(poner)*
6 Yo sé que mi abuelo ▢ más el ruido y le ▢ reducir el tráfico. *(controlar, gustar)*
7 ¿Qué ▢ tú para mejorar la ciudad? *(hacer)*
8 Yo ▢ más árboles en el centro e ▢ más zonas peatonales. *(plantar, introducir)*
9 ¡Mis hermanos ▢ una pista de monopatín cerca de nuestra casa! *(construir)*
10 Mi profesor de geografía ▢ en el turismo rural y ▢ las zonas deterioradas. *(invertir, renovar)*

Listos

2 ¿Qué harías si tuvieras más tiempo? Completa estas frases con un verbo adecuado del condicional.

1 Mi hermano ▢ mucho más al fútbol.
2 Mis amigos ▢ en el mar cada día.
3 ▢ más música porque me encanta.
4 Manuel ▢ windsurf todos los domingos.
5 Rosa ▢ la tele cada tarde.
6 Mi hermano ▢ a un concierto todos los fines de semana.
7 ¿Y tú? ¿▢ deportes acuáticos?
8 Vosotros ▢ más en la red y ▢ más mensajes.
9 ▢ un museo cada mes.
10 Mis amigos ▢ más libros.

¡Ya!

3 Da consejos a tus amigos. ¿Qué harías tú en su lugar? Usa todos los verbos que puedas del recuadro.

estudiar   practicar   comprar   descansar   hacer   jugar   salir   dejar

1 Maite fuma demasiado.
2 Juan no asiste a ningún club.
3 Mohamed juega demasiados videojuegos.
4 Alfonso nunca hace ningún deporte.
5 Alina lleva una vida frenética.
6 Marisol nunca lee.
7 Elena usa las redes sociales demasiado.
8 Iker es teleadicto.
9 Belén no habla con sus padres.
10 Roberto no tiene amigos.

doscientos veintitrés **223**

NOUNS AND ARTICLES
(LOS SUSTANTIVOS Y LOS ARTÍCULOS)

HAY QUE SABER BIEN

Nouns

What are they and when do I use them?

Nouns are words that name things, people and ideas. You use them all the time!

How do they work?

In Spanish each noun has a gender: masculine or feminine.

Generally, nouns ending in **–o** are masculine (**el** libr**o**) and those ending in **–a** are feminine (**la** cas**a**). However, there are exceptions which you need to learn, for example: el día, el problema, la mano, la foto, etc.

- There are some other endings that are generally either masculine or feminine.

    Masculine: nouns ending in: **–or** (actor, pintor), **–ón** (peatón, salón) and **–és** (escocés, estrés).

    Feminine: nouns ending in: **–ción** (tradición, educación), **–dad** and **–tad** (ciudad, libertad).

- To form the plural of nouns you normally add:

    –s to words ending in a vowel   **–es** to words ending in a consonant

    bolígrafo pen → bolígrafo**s** pens   actor actor → actor**es** actors

- Nouns which end in **–z** in the singular, end in **–ces** in the plural.

    vez   time → ve**ces**   times

Articles

What are they and when do I use them?

Articles are used with nouns. There are definite articles **el / la / los / las** (the) and indefinite articles **un / una** (a, an) and **unos / unas** (some).

How do they work?

In Spanish the **definite article** changes according to whether the noun is masculine or feminine, singular or plural.

   el piso → **los** pisos   **la** casa → **las** casas

- The definite article is sometimes used in Spanish where we don't use it in English. You need to use it to:

    Talk about languages (except when the language comes straight after a verb):

       El inglés es fácil.   English is easy.   Ella habla francés.   She can speak French.

    Refer to school subjects (except when the subject comes straight after a verb):

       La geografía es genial.   Geography is great.   Estudio religión.   I study religion.

    Express an opinion, for example, me gusta or me encanta:

       Me gusta el pescado.   I like fish.   Las telenovelas son aburridas.   Soap operas are boring.

    Refer to days of the week and mean 'on…'

       Voy al cine el sábado.   I am going to the cinema on Saturday.

- The **indefinite article** also changes according to whether the noun is masculine or feminine, singular or plural.

    un piso   a flat → un**os** pisos   some flats
    un**a** casa   a house → un**as** casas   some houses

- The indefinite article is sometimes not used in Spanish where we do use it in English. You do **not** need to use it when:

    You talk about jobs:

       Soy médico.   I am a doctor.

    It comes after the verb **tener** in negative sentences:

       No tengo coche.   I don't have a car.

    It comes after **sin** or **con**:

       Salí con gorra.   I went out with a cap on.
       Sin duda.   Without a doubt.

GRAMÁTICA

Preparados

1 Escribe la forma plural y el artículo correcto para cada sustantivo.

1. película (some)
2. ordenador (the)
3. montaña (the)
4. ciudad (some)
5. móvil (the)
6. recuerdo (some)
7. habitación (the)
8. secador (the)
9. lugar (some)
10. noche (the)

Listos

2 Completa estas frases con el artículo correcto.

1. Vivo en ___ norte de Gales.
2. Veo ___ tele los sábados.
3. Nos encanta usar ___ ordenador.
4. ___ piscinas del hotel son estupendas.
5. ¿Cuánto cuesta ___ habitación doble?
6. El parador tiene ___ gimnasio pequeño y ___ cafetería bonita.
7. ___ aire acondicionado no funciona y necesito ___ secador.
8. Me interesan ___ dibujo, ___ matemáticas y ___ religión.
9. En mi insti hay ___ salón de actos, ___ laboratorios y ___ biblioteca.
10. Nos quedamos en ___ pensión en ___ centro de ___ ciudad.

¡Ya!

3 Completa estas frases con el artículo correcto. ¡Ojo! No siempre hace falta un artículo.

1. Prefiero veranear en ___ extranjero.
2. Mi madre no habla ___ francés ni ___ alemán.
3. Viajé en ___ autocar y en ___ barco.
4. Creo que ___ inglés es muy difícil.
5. Quisiera reservar ___ habitación con ___ baño.
6. Estudio ___ matemáticas, ___ español y ___ geografía.
7. ___ química es más difícil que ___ informática.
8. En mi insti no hay ___ pistas de tenis ni ___ campos de fútbol.
9. Mi mejor amiga va a ___ concierto ___ viernes.
10. ___ uniforme limita ___ individualidad, pero es ___ regla más importante del insti.

ADJECTIVES (LOS ADJETIVOS)

HAY QUE SABER BIEN

What are they and when do I use them?
Adjectives are describing words. You use them to describe a noun, a person or thing.

Why are they important?
Adjectives are important to describe things you are talking or writing about. They make your work more interesting and personal. Make sure you can use a variety of adjectives accurately.

Things to watch out for
- In Spanish adjectives have to agree with the person or thing they describe. They may have different endings in the masculine, feminine, singular and plural.
- Most Spanish adjectives come after the noun.

How do they work?
These are the common patterns of adjective endings.

adjective ending	masculine singular	feminine singular	masculine plural	feminine plural
–o	bonit**o**	bonit**a**	bonit**os**	bonit**as**
–e	elegant**e**	elegant**e**	elegant**es**	elegant**es**
–ista	pesim**ista**	pesim**ista**	pesim**istas**	pesim**istas**
–or	acoged**or**	acoged**ora**	acoged**ores**	acoged**oras**
other consonants	azul	azul	azul**es**	azul**es**

- Some adjectives of nationality which do not end in –o follow the same pattern as –or above.

adjective ending	masculine singular	feminine singular	masculine plural	feminine plural
–s	inglés	ingles**a**	ingles**es**	ingles**as**
–l	español	español**a**	español**es**	español**as**
–n	alemán	aleman**a**	aleman**es**	aleman**as**

- Some adjectives don't change and always take the masculine singular form. They are mostly colours made up of two words (*azul claro, rojo oscuro*, etc.)
- The majority of adjectives will come after the noun that they are describing.
  una chaqueta anticuada   an old-fashioned jacket

  When two adjectives are used to describe a noun, they can come after the noun separated by *y*.
  *Es una persona **generosa y amable.***

- However, there are a few adjectives that often come before the noun.
  mucho, bueno, malo   *primero, segundo, tercero…*   *alguno, ninguno*
  *No tengo **mucho** tiempo.*   I don't have a lot of time.

- Some adjectives are shortened when they come before a masculine singular noun.

bueno	good	→	buen	*Hace buen tiempo.*
malo	bad	→	mal	*Hace mal tiempo.*
primero	first	→	primer	*Vivo en el primer piso.*
tercero	third	→	tercer	*Es el tercer hijo.*
alguno	some, any	→	algún	*¿Has leído algún libro interesante últimamente?*
ninguno	none	→	ningún	*No, no tengo ningún bolígrafo.*

- **Grande** is shortened when it comes before both a masculine and a feminine noun.
  Es un/a gran actor/actriz.   He/She is a great actor/actress.

- **Cuyo** is a relative adjective which agrees with the noun that follows it.
  El chico, cuya madre es alemana, vive en Italia.   The boy, whose mother is German, lives in Italy.

GRAMÁTICA

Preparados

1 Elige el adjetivo correcto

1. Era un hotel **pequeñas / pequeña / pequeño**.
2. Nos alojamos en una pensión **caras / cara / caros**.
3. El pueblo era demasiado **turístico / turísticos / turística**.
4. Tenemos que llevar una chaqueta **negro / negra / negras**.
5. Tengo que llevar una corbata a rayas **rojos / roja / rojas**.
6. Mi profesora de empresariales es muy **severas / severos / severa**.
7. Asistimos a un **gran / grande / grandes** instituto en el centro.
8. Mi tío es **española / español / españolas**, pero vive en Inglaterra.
9. Hay unos alumnos que son muy **divertido / divertidas / divertidos**.
10. En mi insti hay una pista de tenis **nuevo / nueva / nuevas**.

Listos

2 Mira la foto y lee la descripción de esta familia. Para cada espacio en blanco, elige un adjetivo adecuado y escribe la forma correcta.

| marrones | alto | castaña | liso | alargada | corto |
| azul | oscuro | gordo | colombiana | simpáticos | |

Me llamo María, soy **1** ▢ y tengo siete años. En mi familia todos tenemos el pelo **2** ▢ y somos muy enérgicos. En la foto, mi madre lleva una camisa **3** ▢ y mi padre tiene bigote. Mi madre tiene el pelo **4** ▢ y corto, y tiene los ojos **5** ▢. Mi padre no es ni **6** ▢ ni bajo, y es un poco **7** ▢. Mis tíos son muy **8** ▢, y mi tío tiene la cara **9** ▢ y el pelo **10** ▢ como mi hermano. Me gusta mucho mi familia.

¡Ya!

3 Escribe estas frases incluyendo el adjetivo entre paréntesis. Cuidado con la forma y la posición de cada adjetivo.

1. Mi perro se llamaba Bongo. *(primero)*
2. Me gusta leer libros. *(español)*
3. Mi prima es una persona. *(hablador)*
4. Las niñas son. *(español)*
5. Me llevo bien con mis hermanas porque son. *(fiel)*
6. Para mí, es un problema impresionante. *(serio)*
7. Me gusta mi trabajo porque tengo un jefe. *(bueno)*
8. La clase no tiene idea. *(ninguno)*
9. Vivimos en una casa. *(grande)*

doscientos veintisiete 227

POSSESSIVE AND DEMONSTRATIVE ADJECTIVES
(LOS ADJETIVOS POSESIVOS Y DEMOSTRATIVOS)

HAY QUE SABER BIEN

Possessive adjectives *(Los adjetivos posesivos)*

What are they and when do I use them?
Possessive adjectives are words like 'my', 'your' and 'his'. We use them to say who something belongs to.

How do they work?
- Possessive adjectives have to agree with the noun they are describing. Most have two forms, singular and plural, but *nuestro* (our) and *vuestro* (your – plural) also have masculine and feminine forms.

	singular	plural
my	mi	mis
your (singular)	tu	tus
his/her/its	su	sus
our	nuestro/nuestra	nuestros/nuestras
your (plural)	vuestro/vuestra	vuestros/vuestras
their	su	sus

mis videojuegos — my computer games
vuestra casa — your (plural) house
nuestros padres — our parents

Demonstrative adjectives *(Los adjetivos demostrativos)*

What are they and when do I use them?
Demonstrative adjectives are words like 'this, 'that and 'those'. They are used with nouns to indicate which thing or person you are talking about.

How do they work?
- Demonstrative adjectives have to agree with the noun they are describing:

	singular		plural	
	masculine	feminine	masculine	feminine
this / these	este	esta	estos	estas
that / those	ese	esa	esos	esas
that / those ... over there	aquel	aquella	aquellos	aquellas

esta película — this film
esos zapatos — those shoes
aquellas tiendas — those shops over there

- The difference between *ese* and *aquel* is that aquel refers to something further away.

Listos

1 Elige el adjetivo posesivo correcto.

1 **Nuestro / Nuestra** tía es alta.
2 **Mi / Mis** abuelos viven en York.
3 Juan perdió **su / sus** llaves.
4 **Tus / Tu** zapatos están sucios.
5 Nunca usan **sus / su** coche.
6 **Vuestro / vuestra** insti es feo.
7 No me gustan **su / sus** amigos.
8 ¿Cuándo es **tu / tus** cumpleaños?

¡Ya!

2 Escribe la forma correcta de cada adjetivo posesivo.

1 _____ revistas *(this)*
2 _____ hotel *(that)*
3 _____ niños *(those)*
4 _____ playa *(this)*
5 _____ bar *(that ... over there)*
6 _____ sandalias *(those)*
7 _____ cinturón *(this)*
8 _____ casas *(those ... over there)*

ADVERBS (LOS ADVERBIOS)

HAY QUE SABER BIEN

What are they and when do I use them?
Adverbs are words that describe how **an action** is done (slowly, quickly, regularly, suddenly, badly, well, very…).

Why are they important?
Adverbs are important because they help you give useful information and are an easy way to extend your sentences. Using several adverbs accurately will add interest and complexity to your texts.

Things to watch out for
- Adverbs often end in **–mente** (like '**–ly**' in English).
- Some of the most useful adverbs are irregular!

How do they work?
To form a regular adverb, you add **–mente** to the feminine form of the adjective.
  lento/a   slow   →   lent**a**mente   slowly
- The adverbs from **bueno** (good) and **malo** (bad) are irregular and you just have to learn them.
  bien   well   mal   badly
- You can learn some adverbs in pairs of opposites.
  mucho   a lot   –   poco   a little
  aquí   here   –   allí   there
- Other irregular adverbs are used to describe **when** you do something (adverbs of frequency).
  siempre   always   de vez en cuando   from time to time
  a menudo   often   ahora   now
  a veces   sometimes   ya   already
- Adverbs usually follow the verbs they describe. However, they can come before a verb 'for emphasis'.
  Hablamos **rápidamente**.   We speak **quickly**.
  Siempre habla en inglés.   He **always** talks English.
- **Más…**, **menos…** and **tan…** can be used to form adverbs of comparison.
  Habla más despacio, por favor.   Speak more slowly, please.
- Some common adverbs have special comparative forms.
  bien → mejor   mal → peor   mucho → más   poco → menos
  Diego canta mejor que Javi.   Diego sings better than Javi does.

Preparados

1 Escribe el adverbio que corresponde a cada adjetivo.
1. general
2. rápido
3. tranquilo
4. amable
5. sincero
6. final
7. fácil
8. feliz
9. constante

Listos

2 Copia estas frases y escribe el adverbio en la posición correcta
1. Ana usa el móvil en clase. *(always)*
2. Nadamos en el mar. *(slowly)*
3. Mis amigos estudian para los exámenes. *(constantly)*
4. Toco la guitarra. *(well)*
5. Mi profe siempre habla. *(calmly)*
6. Viajas en avión. *(a little)*
7. Mi padre habla francés. *(badly)*
8. Montas a caballo. *(easily)*
9. Tuvimos un pinchazo. *(unfortunately)*
10. Fueron a la comisaría. *(quickly)*

¡Ya!

3 Completa estas frases con un adverbio adecuado.
1. ____ hacemos una barbacoa si hace sol
2. Aprendí ____ a hacer vela.
3. ____ ves muchos barcos en el puerto.
4. Mi profesor(a) enseña ____.
5. ____ salen de casa a las ocho.
6. ¿Cantas en el coro ____?
7. Estoy editando mis fotos ____.
8. Buscamos y descargamos música ____.
9. Uso una aplicación para controlar mi actividad física ____.
10. Mis amigos sufren del acoso ____.

NEGATIVES (LOS NEGATIVOS)

HAY QUE SABER BIEN

Which ones do I need to know?

no...	not	*no ... ni ... ni...*	neither ... nor...
no ... nada	nothing / not anything	*no ... ningún / ninguna*	no / not any
no ... nunca	never	*no ... nadie*	nobody / not anybody
no ... jamás	never (stronger than *nunca*)	*tampoco*	not either

How do they work?

In Spanish the simple negative is **no** and it goes immediately **before** a verb (or before a reflexive pronoun or object pronoun).

No como. — I **don't** eat.
No me levanto temprano. — I **don't** get up early.
No me dan mucho dinero. — They **don't** give me much money.

- Negative expressions go either side of the verb, forming a sandwich around it.

   *No compro **nada**.* — I **don't** buy **anything**.
   *No hacemos **nunca** deporte.* — We **never** do sport.
   *No fumo **jamás**.* — I **never** smoke.
   *No soy **ni** alto **ni** bajo.* — I **am neither** tall **nor** short.
   *Ella **no** tiene **ningún** libro.* — She **doesn't** have **any** books.
   *No hablamos con **nadie**.* — We **don't** speak to **anybody**.

- Sometimes, for emphasis, the negative expression can be placed before the verb and in this case *no* is not used.

   ***Nunca** vamos a ir allí.* — We are **never** going to go there.
   *El hotel **tampoco** tenía lavandería.* — The hotel **didn't** have a launderette **either**.

- **Sino** means 'but' (with the meaning 'rather' or 'instead'). **Sino** is used to connect a negative first statement with a second statement that is expressing a different opinion.

   ***No** bebo agua, **sino** zumo de naranja.* — I don't drink water but orange juice.

Preparados

1 Escribe la forma negativa de cada frase.

1. Mis abuelos viven en el norte del país.
2. Quiero cambiar de habitación.
3. Perdimos el equipaje en el aeropuerto.
4. Los profesores nos dan buenas estrategias.
5. Jaime se levanta a las ocho y media.
6. Mi madre me compró saldo para el móvil.

Listos

2 Escribe las palabras en el orden correcto para crear una frase negativa.

1. a / Elena / caballo / nunca / monta
2. toco / jamás / la / no / trompeta
3. asistimos / no / a / sábados / clase / nunca / los
4. no / cubierta / el / ninguna / parador / tenía / piscina
5. compartir / no / enganchada / está / a / fotos / todavía
6. come / no / examen / un / Juan / de / nada / antes

¡Ya!

3 Empareja las dos mitades de cada frase.

1. Juan no lleva...
2. La escuela primaria no tenía...
3. Ana no aprende...
4. Miguel tampoco...
5. Gabriela no escribe...
6. Antonia no hace...

a ...nunca cartas, sino correos electrónicos.
b ...ni laboratorios ni biblioteca ni pista de tenis.
c ...ni alemán ni francés.
d ...uniforme.
e ...nada porque siempre está escuchando música.
f ...tiene ganas de ir a un festival.

CONNECTIVES (LOS CONECTORES)

PARA SACAR BUENA NOTA

Which ones do I need to know?

a pesar de	despite / in spite of	ya que	since	que	that/which
así que	so / therefore	por eso / por lo tanto	therefore	sin embargo	however
aún / aún (si)	even / even if	cuando	when	para	in order to
aunque	although	donde	where	si	if
mientras (que)	while / whilst	como	like/as		

Why are they important?
Using connectives to make extended sentences makes your speaking and writing sound more natural and adds complexity. Try to avoid just using **pero**, **y** and **o**.

How do they work?
- Connectives link different sentences or phrases together.

    *A las ocho voy a la cocina **donde** preparo el desayuno **mientras que** mi madre se viste.*
    At eight o'clock I go to the kitchen **where** I make breakfast **whilst** my mother gets dressed.

- Remember that **y** changes to **e** if it comes before words beginning with 'i' or 'hi' and **o** changes to **u** if it comes before words beginning with o– or ho–.

    *Estudio matemáticas **e** inglés.* I study Maths **and** English.
    *Puede ser un problema para mujeres **u** hombres.* It can be a problem for women **or** men.

Preparados

1 Completa cada frase con un conector diferente del recuadro.

o	ya que	aunque	como	cuando
si	sin embargo	por eso	mientras que	donde

1 Mi hermano puede estudiar inglés, matemáticas ___ geografía.
2 A mi amigo le encanta jugar con su ordenador ___ es divertido.
3 Vuelven a casa tarde ___ tienen actividades deportivas ___ el tenis.
4 Suelo almorzar a las doce y media ___ a veces no puedo.
5 Practican varios deportes en el instituto y ___ prefieren descansar en casa.
6 Fuimos a un restaurante peruano ___ probamos varios platos típicos.

Listos

2 Empareja las dos mitades de cada frase.

1 Mi amigo nunca va al parque,…
2 Estoy en el supermercado,…
3 José juega al baloncesto…
4 Muchos extranjeros visitan España…
5 Viajábamos en coche,…
6 Iré al campo el sábado…

a …aunque tiene dos perros.
b …a pesar de ser muy bajo.
c …para disfrutar de las fiestas.
d …cuando tuvimos un pinchazo.
e …si hace buen tiempo.
f …donde voy a comprar el pescado.

¡Ya!

3 Completa cada frase con el conector correcto.

1 Tengo una prima ___ habla italiano perfectamente.
2 Había mucha gente en el restaurante ___ llegamos para celebrar el cumpleaños.
3 A menudo vamos de paseo ___ hace buen tiempo.
4 Se debería usar el transporte público, ___ los autobuses o el metro.
5 Estaban en el supermercado, ___ vieron a Manuel.
6 Mi profesor de inglés es paciente, ___ se enfada a veces ___ no escuchamos.

PRONOUNS (LOS PRONOMBRES)

PARA SACAR BUENA NOTA

What are they and when do I use them?
Pronouns are used in place of a noun, to avoid repeating it. Make sure the pronoun agrees with the noun it replaces!

How do they work?

- **Subject pronouns** are often only used for emphasis in Spanish, because the verb ending usually indicates who is doing the action: *yo, tú, él, ella, usted, nosotros/as, vosotros/as, ellos, ellas, ustedes*

- **Object pronouns** can be direct or indirect. They replace something or someone that has already been mentioned (e.g. Did you buy **the car**? Yes I bought **it**.)

English	direct	indirect
me	me	me
you	te	te
him/her/it	lo/la	le
us	nos	nos
you	os	os
them	los/las	les

  Direct: **Lo** compré.   I bought **it**.
                   Los veo allí.   I see **them** over there.

  Indirect object pronouns usually have the meaning of 'to' or 'for someone' in Spanish where we wouldn't necessarily say that in English.

  Indirect: **Le** compré un regalo.   I bought **him** a present. = I bought a present **for him**.
                   Te voy a escribir.   I am going to write **to you**.

- Object pronouns normally go:
  Before the verb:
  Lo tenemos.   We have **it**.   **Lo** has hecho.   You have done **it**.
  After the negative word:
  No **lo** quiero.   I don't want **it**.   Nadie **lo** estudia.   Nobody studies **it**.
  Attached to the end of the infinitive, gerund or imperative:
  Van a hacer**lo**.   They are going to do **it**.   Estoy haciéndo**lo**.   I am doing **it**.
  Haz**lo**.   Do **it**.

- The indirect object pronoun is placed before the direct object pronoun if both are used together:
  Me los dio ayer.   He gave them to me yesterday.
  When both pronouns are in the third person, the indirect object pronoun changes to *se*.
  Se lo mandé.   I sent it to him/her/you/them.

- **Indefinite pronouns** do not refer to a specific person or thing. They include:
  algo (something/anything)   *alguien* (someone/anyone)
  alguno/a/os/as (some/any)   *demasiado/a/os/as* (too much/too many)
  mucho/a/os/as (much/many/a lot)   *otro/a/os/as* (another/other)
  tanto/a/os/as (so much, so many)   *todo/a/os/as* (all, every, everything)
  uno/una/unos/unas (one/some)   *varios/as* (several)
  *Un buen amigo es **alguien** que…*   A good friend is **someone** who…
  *Solo hablo un idioma pero Juan habla **varios**.*   I only speak one language but Juan speaks **several**.

- **Demonstrative pronouns** ('this one', 'those ones' etc) are identical to demonstrative adjectives (see page p228):
  *¿Cuál es tu coche – **este** o **ese**?*   Which is your car – **this one** or **that one**?
  *Prefiero **estas** porque **aquellas** son caras.*   I prefer **these ones** because **those ones** are expensive.
  Demonstrative pronouns can also be written with an accent on the first *e* (*éste, ésas, aquél*, etc).
  The neuter pronouns **esto**, **eso** and **aquello** are used when you are not referring to a specific noun.
  Eso es increíble.   That is unbelievable.

232 *doscientos treinta y dos*

GRAMÁTICA

- **Possessive pronouns** ('mine', 'hers' etc) must also agree with the noun they are replacing.

singular	plural
(el) mío / (la) mía	(los) míos / (las) mías
(el) tuyo / (la) tuya	(los) tuyos / (las) tuyas
(el) suyo / (la) suya	(los) suyos / (las) suyas
(el) nuestro / (la) nuestra	(los) nuestros / (las) nuestras
(el) vuestro / (la) vuestra	(los) vuestros / (las) vuestras
(el) suyo / (la) suya	(los) suyos / (las) suyas

The definite article is often omitted after the verb *ser*.

¿Este paraguas es **tuyo**? Is this umbrella yours?
No, **el mío** es más grande. No, mine is bigger.

Preparados

1 Completa las frases con el pronombre indefinido adecuado del recuadro.

1. Este boli está roto. ¿Tienes ____?
2. ¿Quieres beber ____?
3. Ya no hago ningún deporte pero antes practicaba ____.
4. Esta telenovela es muy buena pero ____ son malísimas.
5. No voy al cine a menudo porque cuesta ____.
6. ¿Conoces a ____ en esta clase?
7. Si quieres ver una película tengo ____ en mi tableta.
8. No quedan caramelos – mi hermano los ha comido ____.

algo
alguien
otro
muchos
todos
varias
algunas
demasiado

¡Ya!

2 Escribe el pronombre demostrativo y el pronombre posesivo correctos para cada frase.

1. *(Ese)* es más grande que *(el vuestro)*. [casa]
2. Quiero *(aquel)* porque *(el mío)* son anticuados. [vaqueros]
3. Me gustan *(este)* pero son similares a *(el suyo)*. [botas]
4. *(Aquel)* es elegante pero *(el tuyo)* es más cómoda. [camisa]
5. *(Este)* son bonitas pero *(el mío)* son mejores. [zapatillas]
6. *(Ese)* es menos caro que *(el nuestro)*. [coche]
7. Voy a comprar *(ese)* porque *(el mío)* no funciona. [cámara]
8. *(Aquel)* son tan severos como *(el nuestro)*. [profesores]

Listos

3 Escribe estas frases usando pronombres de objeto directo o indirecto.

1. El profesor da el libro a Pablo.
2. Hacemos los deberes.
3. Voy a preparar la cena esta noche.
4. Mandó un correo electrónico a su jefe.
5. Reparten periódicos antes de ir al instituto.
6. Compré una gorra para mi tía.
7. Va a enseñar inglés a niños pequeños.
8. Todos los días cortamos el pelo a los clientes.
9. Nadie lava el coche en mi familia.
10. Nunca sacaba fotocopias.

doscientos treinta y tres 233

THE IMPERFECT CONTINUOUS TENSE (EL PASADO CONTINUO)

PARA SACAR BUENA NOTA

What is it and when do I use it?
It describes something that **was happening** at a particular moment in the past.

Estaba trabajando en el centro cuando la tormenta de nieve azotó el pueblo.
I was working in the town centre when the snow storm hit.

Why is it important?
You need to be able to understand texts that may use this tense. In addition, using this tense in your own writing or speaking will show that you can use an excellent variety of past tenses.

Things to watch out for
In English, we do not distinguish between the imperfect and the imperfect continuous when we translate it.

*Alicia **estaba leyendo** / **leía** un libro cuando su amigo llegó.*
Alicia **was reading** a book when her friend arrived.

How does it work?
Use the imperfect tense form of the verb *estar* together with the present participle (the '–ing' form). To form the present participle, take the infinitive of the verb, remove the –*ar*, –*er* or –*ir* and add the endings: **–ando, –iendo, –iendo**.

(yo)	estaba		
(tú)	estabas		hablando
(él/ella/usted)	estaba	+	comiendo
(nosotros/as)	estábamos		saliendo
(vosotros/as)	estabais		
(ellos/ellas/ustedes)	estaban		

Estaba haciendo mis deberes cuando leí el correo.   **I was doing** my homework when I read the email.

- Remember that there are some irregular present participles to watch out for:

  dormir → durmiendo   sleeping   poder → pudiendo   being able to
  leer   → leyendo   reading   reír → riendo   laughing

Listos

1 Completa las frases usando los verbos del recuadro. Escribe la forma correcta del pasado continuo.

descargar	conducir	correr	dormir	enseñar
buscar	jugar	leer	trabajar	tomar

1 Mi padre ___ por la ciudad cuando escuchó la noticia del huracán.
2 Mi madre ___ el periódico cuando recibió un SMS de su amiga.
3 Nosotros ___ una película cuando hubo un problema con el ordenador.
4 Mi primo ___ información por Internet cuando le llamé.
5 José ___ cuando se cayó en la calle y se rompió la pierna.
6 Yo ___ como voluntario cuando decidí apuntarme a la campaña.

¡Ya!

2 Escribe la forma correcta del pasado continuo de los verbos entre paréntesis.

1 Yo *(trabajar)* como voluntario en el hospital, mi hermano *(jugar)* al fútbol y mi hermana *(viajar)* en autobús cuando azotó la tormenta.
2 Nosotros *(leer)* y *(buscar)* información por Internet en la biblioteca cuando nos enteramos del terremoto.
3 Carla *(ver)* las noticias y José *(escuchar)* música cuando se sintió el terremoto.
4 Cuando mi padre tuvo el accidente *(conducir)* demasiado rápidamente y *(nevar)* mucho.

doscientos treinta y cuatro

THE PLUPERFECT TENSE (EL PLUSCUAMPERFECTO)

PARA SACAR BUENA NOTA

What is it and when do I use it?
The pluperfect tense describes what someone **had done** or what **had happened** at a particular moment in the past.

*Antes ya **había trabajado** como voluntario/a.* **I had already worked** as a volunteer before.

Why is it important?
Using the pluperfect tense means that you can talk about events in the past in more detail. Using this tense correctly will add variety and complexity to your speaking and writing.

How does it work?
The pluperfect tense is formed using the imperfect tense of the verb **haber** followed by the past participle of a verb.
Remember that the past participle is formed by taking the infinitive, removing the –ar, –er or –ir and adding **–ado** for –ar verbs (hablado, comprado, etc.) and **–ido** for –er and –ir verbs (bebido, vivido, etc.).

(yo)	había		
(tú)	habías		hablado
(él/ella/usted)	había	+	comido
(nosotros/as)	habíamos		salido
(vosotros/as)	habíais		
(ellos/ellas/ustedes)	habían		

*Marta **había conocido** a mucha gente durante el evento deportivo.*
Marta **had made** many friends during the sporting event.

See page 219 for irregular past participles.

- Remember that nothing comes between the part of the verb **haber** and the past participle. All negatives and pronouns (reflexive, object, etc.) come before **haber**.

*No **me habían dado** el uniforme correcto.* **They hadn't given me** the correct uniform.

Listos

1 Completa estas frases con la forma correcta del pluscuamperfecto del verbo entre paréntesis.

1. Mi abuela ya ___ en el sector de la hostelería. *(trabajar)*
2. Mi amigo y yo nunca ___ un proyecto de conservación. *(hacer)*
3. La empresa multinacional ___ demasiada agua. *(malgastar)*
4. Mi instituto ya ___ dinero para organizaciones de caridad. *(recaudar)*
5. El gobierno no ___ suficientes casas en los últimos años. *(construir)*
6. Nunca ___ tan fácil encontrar oportunidades para cuidar el medio ambiente. *(ser)*

¡Ya!

2 Cambia todos los verbos del pretérito indefinido al pluscuamperfecto.

1. *Visité* muchas ciudades en España.
2. *Trabajaron* como voluntarios durante los Juegos Olímpicos de Londres.
3. Sara *quiso* ser médica, pero no *aprobó* sus exámenes.
4. Mis abuelos *hablaron* de las inundaciones que *dejaron* a miles de personas sin hogar.
5. Yo *leí* el libro sobre el tornado peligroso en México, pero no *vi* la película.
6. Lidia y yo no *tuvimos* tiempo para comer antes de ir al cine.

doscientos treinta y cinco **235**

THE PASSIVE (LA VOZ PASIVA)

PARA SACAR BUENA NOTA

What is it and when do I use it?
The passive is used to describe something that is/was/will be done to something or someone. The object becomes the subject of the sentence:

[my teacher] wrote [the text] → [the text] was written by [my teacher].
  subject   object

*El texto **fue escrito** por mi profesor(a).* The text **was written** by my teacher.
*La comida italiana **es conocida** en todo el mundo.* Italian food **is known** throughout the world.

Why is it important?
You may want to use the passive when describing events and you need to be able to understand it in spoken and written texts.

Things to watch out for
English uses the passive more often than Spanish. In Spanish, when you don't know who or what has done the action, the passive is often avoided. For example, you can use the passive to translate this sentence:

English **is spoken** by lots of people. → *El inglés **es hablado** por mucha gente.*

However, if you do not know who has done the action, then you can avoid the passive. You do this by using the pronoun *se*:

English **is spoken**. → *Se habla inglés.*

How does it work?
To form the passive, you use the correct tense of the verb *ser*, followed by the past participle (see page 221). Note that the past participle must agree in number and gender with the object.

*Los tomates **serán lanzados** por muchísimos turistas.*   The tomatoes **will be thrown** by many tourists.

Listos

1 ¡Evita la voz pasiva! Usa el pronombre reflexivo *se* con la forma correcta de un verbo adecuado del recuadro.

| celebrar | repetir | lanzar | hablar | desenchufar | disparar |

1 ____ el evento en verano.
2 ____ fuegos artificiales.
3 ____ huevos.
4 Cada año ____ el desfile.
5 En Bolivia ____ español.
6 ____ los aparatos eléctricos.

¡Ya!

2 Lee este texto. Busca todos los ejemplos de la voz pasiva y las frases que evitan el uso de la voz pasiva.

El Carnaval de Cádiz es conocido mundialmente por ser una fiesta 'de la calle'. Son muchos días de baile, música, teatro y, sobre todo, participación popular. La ciudad entera se llena de gente que sale a reír, a cantar y, en definitiva, a pasarlo bien. Se realizan dos cabalgatas y el público se convierte en un desfile multicolor. Las canciones se oyen por toda la ciudad durante las celebraciones. También se disparan muchos fuegos artificiales y hay muchísimas actividades que contribuyen a la diversión de la gente. Toda la ciudad se transforma en una fiesta increíble.

THE IMPERATIVE (EL IMPERATIVO)

PARA SACAR BUENA NOTA

What is it and when do I use it?
The imperative is a form of the verb that is used to give commands and instructions ('Go to sleep!', 'Don't do that!').

How does it work?
The imperative has a different form depending on whether the command is positive ('Sit down!') or negative ('Don't sit down!') and who is receiving it.

Positive imperatives
- The positive imperative for one person (*tú*) is formed by removing the **–s** from the *tú* form of the verb.
  girar → (tú) giras → ¡Gira!   Turn! (you)   coger → (tú) coges → ¡Coge!   Catch! (you)
- These verbs have irregular imperatives in the *tú* form:
  decir → di   say   salir → sal   go / get out
  hacer → haz   do   tener → ten   have
  ir   → ve   go   venir → ven   come
  poner → pon   put
- The positive imperative for more than one person (*vosotros/as*) is formed by taking the infinitive and changing the **–r** to a **–d**.
  tomar → ¡Tomad!   Take! (you plural)
- A formal command is given using the present subjunctive. (See page 238)
  tomar → ¡Tome!   Take! (you polite)   comer → ¡Coman!   Eat! (you polite plural)

Negative imperatives
- You use the present subjunctive form for all negative commands. (See page 238 on the present subjunctive for more information on how to form this tense.)
  pasar → ¡No pas**es**!   Don't pass! (you)   seguir → ¡No sig**áis**!   Don't follow! (you plural)
  coger → ¡No coj**as**!   Don't take! (you)   girar → ¡No gir**en**!   Don't turn! (you polite plural)
  cruzar → ¡No cruc**e**!   Don't cross! (you polite)

Preparados

1 Escribe la forma de *tú* del imperativo para cada frase.

1 ___ la segunda calle a la derecha. (tomar)
2 ___ el buen tiempo. (aprovechar)
3 ___ más despacio. (comer)
4 ___ los semáforos. (pasar)
5 ___ español, por favor. (hablar)
6 ___ algo. (decir)

Listos

2 Escribe la forma de *vosotros/as* del imperativo para cada frase.

1 ___ la primera calle a la derecha. (tomar)
2 ___ a la izquierda. (girar)
3 ___ el puente. (pasar)
4 ___ a la torre. (subir)
5 ¡___ cuidado! (tener)
6 ___ la calle. (cruzar)

¡Ya!

3 Usa el presente de subjuntivo para hacer instrucciones formales y negativas.

1 ___ los semáforos. (pasa, usted)
2 No ___ el autobús número 39. (coger, tú)
3 ___ más bosques y selvas. (plantar, usted)
4 No ___ tantos árboles. (cortar, vosotros/as)
5 No ___ la selva. (destruir, ustedes)
6 No ___ basura al suelo. (tirar, tú)

doscientos treinta y siete **237**

THE PRESENT SUBJUNCTIVE (EL PRESENTE DE SUBJUNTIVO)

PARA SACAR BUENA NOTA

What is it and when do I use it?
The present subjunctive is a form of the verb which we do not really use anymore in English but which is used a lot in Spanish. The subjunctive has to be used:

- After the word **cuando** when talking about the future.
  *Cuando **sea** mayor, me tomaré un año sabático.*   When **I am** older, I will take a gap year.
- With negative commands and formal commands (*usted/ustedes*). See page 237 for more information.
- With exclamatory phrases.
  ¡Viva España!   Long live Spain!
- After feelings which use the structure *es* + adjective + *que*:
  Es esencial que… / Es importante que… / Es necesario que… / No es justo que…
  *Es importante que no **malgastemos** la energía.*   It's important that **we** do not **waste** energy.
- After verbs of wishing, command, request and emotion and to express purpose, e.g. *querer, pedir,* etc.
  *Quiero que **escuches**.*   I want **you** to **listen**.
  *Piden que no **hagamos** tanto ruido.*   They ask that **we** don't **make** so much noise.
  *Me alegro que **estés** aquí.*   I'm glad **you're** here.
- After the expression *ojalá*.
  *Ojalá **haga** sol.*   Let's hope **it is** sunny.

Why is it important?
Knowing some of the situations in which you use the subjunctive will allow you to be more accurate in your communication in Spanish. If you can use it correctly in your GCSE, it will impress your examiner and add complexity to your speaking and writing.

Things to watch out for
As English no longer uses the subjunctive, it won't come naturally to you. If you want to use it successfully you must learn by heart the situations when you will need it.

How does it work?
To form the present subjunctive, take the first person singular (*yo*) of the present tense, remove the final *–o* and add these endings.

	hablar (to talk)	**comer** (to eat)	**vivir** (to live)
(yo)	hable	coma	viva
(tú)	hables	comas	vivas
(él/ella/usted)	hable	coma	viva
(nosotros/as)	hablemos	comamos	vivamos
(vosotros/as)	habléis	comáis	viváis
(ellos/ellas/ustedes)	hablen	coman	vivan

If the first person singular (*yo*) is irregular, the subjunctive will take the same form, for example, *hago – haga*. There are some irregular present subjunctive verbs:

ir → *vaya, vayas, vaya, …*   **ser** → *sea, seas, sea, …*   **hay** → *haya*

GRAMÁTICA

Preparados

1 Elige el verbo adecuado del recuadro para cada espacio en blanco. Escribe la forma correcta del presente de subjuntivo.

| trabajar | tener | aprobar | ser | terminar | ganar | enamorarse |

1 Cuando yo ▇ este curso, iré a otro insti.
2 Cuando mi mejor amigo ▇ mayor, trabajará como médico.
3 Cuando nosotros ▇ bastante dinero, compraremos un piso.
4 Cuando yo ▇, me casaré.
5 Cuando mi hermano ▇ dieciocho años, hará formación profesional.
6 Cuando los alumnos ▇ los exámenes, podrán apuntarse a los cursos.

Listos

2 Completa cada frase con la forma correcta del presente de subjuntivo del verbo entre paréntesis.

1 Es importante que mis amigos no ▇. *(fumar)*
2 Cuando ▇ a España, compraré un abanico bonito. *(ir)*
3 No quiero que mis profesores ▇ antipáticos. *(ser)*
4 Ojalá tú ▇ venir conmigo a la disco. *(poder)*
5 Pedimos que nuestro barrio ▇ un polideportivo nuevo. *(tener)*
6 No es justo que Juan no ▇ trabajo como voluntario. *(encontrar)*

¡Ya!

3 Completa este texto con un verbo adecuado del presente del subjuntivo para cada espacio en blanco.

Cuando ▇ mis exámenes, voy a aprender a conducir y luego voy a buscar un trabajo. No creo que ▇ fácil encontrar trabajo en este momento, pero vamos a ver. ¡Ojalá ▇ éxito! También quiero compartir un piso con unos amigos cuando ▇ suficiente dinero. Es importante que el piso ▇ una cocina grande porque me encanta cocinar.

THE IMPERFECT SUBJUNCTIVE
(EL IMPERFECTO DE SUBJUNTIVO)

PARA SACAR BUENA NOTA

What is it and when do I use it?
The imperfect subjunctive is a past form of the verb which is not really used anymore in English but which is used a lot in Spanish.

You use the imperfect subjunctive as the past tense equivalent of the present subjunctive (see page 238). You also need to use it when you use an **'if' clause** in the past tense that also requires the conditional tense.

Si **tuviera** dinero, visitaría Latinoamérica.   If **I had** money, I would visit Latin America.
      ↑ imperfect subjunctive   ↑ conditional tense

Si **pudiera** tomarme un año sabático, trabajaría en un orfanato.   If **I could** take a gap year, I would work in an orphanage.

Si **fuéramos** ricos, compraríamos una casa grande en el centro de la ciudad.   If **we were** rich, we would buy a big house in the city centre.

Why is it important?
Learning and using some phrases in the imperfect subjunctive in your writing or speaking will add complexity and grammatical variety to your work. You may also need to recognise it to fully understand a spoken or written text.

Things to watch out for
You will need to know the preterite tense thoroughly to form this correctly!

How does it work?
To form the imperfect subjunctive, take the third person plural of the preterite tense (*ellos/ellas*), remove the final **–ron** and add these endings:

	hablar (to talk)	**comer** (to eat)	**vivir** (to live)
(yo)	habla**ra**	comie**ra**	vivie**ra**
(tú)	habla**ras**	comie**ras**	vivie**ras**
(él/ella/usted)	habla**ra**	comie**ra**	vivie**ra**
(nosotros/as)	hablá**ramos**	comié**ramos**	vivié**ramos**
(vosotros/as)	habla**rais**	comie**rais**	vivie**rais**
(ellos/ellas/ustedes)	habla**ran**	comie**ran**	vivie**ran**

- If the third person plural of the preterite tense (*ellos/ellas*) is irregular, the subjunctive will take the same form, for example:

  hicieron → hiciera   fueron → fuera

Listos

1 Escribe estos verbos en la forma de (*yo*) del imperfecto de subjuntivo (usando la tercera persona del plural del pretérito indefinido).

1 ser   2 poder   3 tener   4 ir   5 estudiar   6 hacer

¡Ya!

2 Completa estas frases con la forma correcta del imperfecto de subjuntivo.

1 Si yo *(poder)* tomarme un año sabático, trabajaría como voluntario.
2 Si *(tener)* bastante dinero, viajaríamos con mochila por el mundo.
3 Si *(poder)* viajar a Colombia, ayudarían a construir un colegio nuevo.
4 Si *(tener)* más tiempo, ¿qué te gustaría hacer?
5 Si Carlota *(ganar)* más dinero, viviría más cerca de sus padres.
6 ¡Si yo *(estudiar)* cada día, aprobaría todos mis exámenes!

VERB TABLES (TABLA DE VERBOS)

These verbs are continued overleaf. →

infinitive		pronouns (only include for emphasis)	present	future	conditional	preterite
hablar – to speak (regular –ar verb)	I you he/she/you (polite) we you (plural) they/you (polite plural)	yo tú él/ella/usted nosotros/as vosotros/as ellos/ellas/ustedes	habl**o** habl**as** habl**a** habl**amos** habl**áis** habl**an**	hablar**é** hablar**ás** hablar**á** hablar**emos** hablar**éis** hablar**án**	hablar**ía** hablar**ías** hablar**ía** hablar**íamos** hablar**íais** hablar**ían**	habl**é** habl**aste** habl**ó** habl**amos** habl**asteis** habl**aron**
comer – to eat (regular –er verb)	I you he/she/you (polite) we you (plural) they/you (polite plural)	yo tú él/ella/usted nosotros/as vosotros/as ellos/ellas/ustedes	com**o** com**es** com**e** com**emos** com**éis** com**en**	comer**é** comer**ás** comer**á** comer**emos** comer**éis** comer**án**	comer**ía** comer**ías** comer**ía** comer**íamos** comer**íais** comer**ían**	com**í** com**iste** com**ió** com**imos** com**isteis** com**ieron**
vivir – to live (regular –ir verb)	I you he/she/you (polite) we you (plural) they/you (polite plural)	yo tú él/ella/usted nosotros/as vosotros/as ellos/ellas/ustedes	viv**o** viv**es** viv**e** viv**imos** viv**ís** viv**en**	vivir**é** vivir**ás** vivir**á** vivir**emos** vivir**éis** vivir**án**	vivir**ía** vivir**ías** vivir**ía** vivir**íamos** vivir**íais** vivir**ían**	viv**í** viv**iste** viv**ió** viv**imos** viv**isteis** viv**ieron**
dar – to give	I you he/she/you (polite) we you (plural) they/you (polite plural)	yo tú él/ella/usted nosotros/as vosotros/as ellos/ellas/ustedes	**doy** das da damos **dais** dan	daré darás dará daremos daréis darán	daría darías daría daríamos daríais darían	**di** **diste** **dio** **dimos** **disteis** **dieron**
decir – to say	I you he/she/you (polite) we you (plural) they/you (polite plural)	yo tú él/ella/usted nosotros/as vosotros/as ellos/ellas/ustedes	**digo** **dices** **dice** decimos decís **dicen**	**diré** **dirás** **dirá** **diremos** **diréis** **dirán**	**diría** **dirías** **diría** **diríamos** **diríais** **dirían**	**dije** **dijiste** **dijo** **dijimos** **dijisteis** **dijeron**
estar – to be	I you he/she/you (polite) we you (plural) they/you (polite plural)	yo tú él/ella/usted nosotros/as vosotros/as ellos/ellas/ustedes	**estoy** **estás** **está** estamos estáis **están**	estaré estarás estará estaremos estaréis estarán	estaría estarías estaría estaríamos estaríais estarían	**estuve** **estuviste** **estuvo** **estuvimos** **estuvisteis** **estuvieron**
hacer – to do / make	I you he/she/you (polite) we you (plural) they/you (polite plural)	yo tú él/ella/usted nosotros/as vosotros/as ellos/ellas/ustedes	**hago** haces hace hacemos hacéis hacen	**haré** **harás** **hará** **haremos** **haréis** **harán**	**haría** **harías** **haría** **haríamos** **haríais** **harían**	**hice** **hiciste** **hizo** **hicimos** **hicisteis** **hicieron**
ir – to go	I you he/she/you (polite) we you (plural) they/you (polite plural)	yo tú él/ella/usted nosotros/as vosotros/as ellos/ellas/ustedes	**voy** **vas** **va** **vamos** **vais** **van**	iré irás irá iremos iréis irán	iría irías iría iríamos iríais irían	**fui** **fuiste** **fue** **fuimos** **fuisteis** **fueron**

doscientos cuarenta y uno

VERB TABLES (TABLA DE VERBOS)

	pronouns (only include for emphasis)	imperfect	gerund (for present and imperfect continuous tenses)	past participle	present subjunctive	imperative
hablar (continued)	yo tú él/ella/usted nosotros/as vosotros/as ellos/ellas/ustedes	habl**aba** habl**abas** habl**aba** habl**ábamos** habl**abais** habl**aban**	habl**ando**	habl**ado**	habl**e** habl**es** habl**e** habl**emos** habl**éis** habl**en**	habl**a** (tú) habl**ad** (vosotros/as)
comer (continued)	yo tú él/ella/usted nosotros/as vosotros/as ellos/ellas/ustedes	com**ía** com**ías** com**ía** com**íamos** com**íais** com**ían**	com**iendo**	com**ido**	com**a** com**as** com**a** com**amos** com**áis** com**an**	com**e** (tú) com**ed** (vosotros/as)
vivir (continued)	yo tú él/ella/usted nosotros/as vosotros/as ellos/ellas/ustedes	viv**ía** viv**ías** viv**ía** viv**íamos** viv**íais** viv**ían**	viv**iendo**	viv**ido**	viv**a** viv**as** viv**a** viv**amos** viv**áis** viv**an**	viv**e** (tú) viv**id** (vosotros/as)
dar (continued)	yo tú él/ella/usted nosotros/as vosotros/as ellos/ellas/ustedes	daba dabas daba dábamos dabais daban	dando	dado	**dé** **des** **dé** **demos** **deis** **den**	da (tú) dad (vosotros/as)
decir (continued)	yo tú él/ella/usted nosotros/as vosotros/as ellos/ellas/ustedes	decía decías decía decíamos decíais decían	**diciendo**	**dicho**	**diga** **digas** **diga** **digamos** **digáis** **digan**	**di** (tú) decid (vosotros/as)
estar (continued)	yo tú él/ella/usted nosotros/as vosotros/as ellos/ellas/ustedes	estaba estabas estaba estábamos estabais estaban	estando	estado	**esté** **estés** **esté** estemos estéis **estén**	**está** (tú) estad (vosotros/as)
hacer (continued)	yo tú él/ella/usted nosotros/as vosotros/as ellos/ellas/ustedes	hacía hacías hacía hacíamos hacíais hacían	haciendo	**hecho**	**haga** **hagas** **haga** **hagamos** **hagáis** **hagan**	**haz** (tú) haced (vosotros/as)
ir (continued)	yo tú él/ella/usted nosotros/as vosotros/as ellos/ellas/ustedes	**iba** **ibas** **iba** **íbamos** **ibais** **iban**	yendo	ido	**vaya** **vayas** **vaya** **vayamos** **vayáis** **vayan**	**ve** (tú) id (vosotros/as)

VERB TABLES (TABLA DE VERBOS)

These verbs are continued overleaf. →

infinitive		pronouns (only include for emphasis)	present	future	conditional	preterite
poder – to be able to	I you he/she/you (polite) we you (plural) they/you (polite plural)	yo tú él/ella/usted nosotros/as vosotros/as ellos/ellas/ustedes	**puedo** **puedes** **puede** podemos podéis **pueden**	**podré** **podrás** **podrá** **podremos** **podréis** **podrán**	**podría** **podrías** **podría** **podríamos** **podríais** **podrían**	**pude** **pudiste** **pudo** **pudimos** **pudisteis** **pudieron**
poner – to put	I you he/she/you (polite) we you (plural) they/you (polite plural)	yo tú él/ella/usted nosotros/as vosotros/as ellos/ellas/ustedes	**pongo** pones pone ponemos ponéis ponen	**pondré** **pondrás** **pondrá** **pondremos** **pondréis** **pondrán**	**pondría** **pondrías** **pondría** **pondríamos** **pondríais** **pondrían**	**puse** **pusiste** **puso** **pusimos** **pusisteis** **pusieron**
querer – to want / love	I you he/she/you (polite) we you (plural) they/you (polite plural)	yo tú él/ella/usted nosotros/as vosotros/as ellos/ellas/ustedes	**quiero** **quieres** **quiere** queremos queréis **quieren**	**querré** **querrás** **querrá** **querremos** **querréis** **querrán**	**querría** **querrías** **querría** **querríamos** **querríais** **querrían**	**quise** **quisiste** **quiso** **quisimos** **quisisteis** **quisieron**
salir – to go out	I you he/she/you (polite) we you (plural) they/you (polite plural)	yo tú él/ella/usted nosotros/as vosotros/as ellos/ellas/ustedes	**salgo** sales sale salimos salís salen	**saldré** **saldrás** **saldrá** **saldremos** **saldréis** **saldrán**	**saldría** **saldrías** **saldría** **saldríamos** **saldríais** **saldrían**	salí saliste salió salimos salisteis salieron
ser – to be	I you he/she/you (polite) we you (plural) they/you (polite plural)	yo tú él/ella/usted nosotros/as vosotros/as ellos/ellas/ustedes	**soy** **eres** **es** **somos** **sois** **son**	seré serás será seremos seréis serán	sería serías sería seríamos seríais serían	**fui** **fuiste** **fue** **fuimos** **fuisteis** **fueron**
tener – to have	I you he/she/you (polite) we you (plural) they/you (polite plural)	yo tú él/ella/usted nosotros/as vosotros/as ellos/ellas/ustedes	**tengo** **tienes** **tiene** tenemos tenéis **tienen**	**tendré** **tendrás** **tendrá** **tendremos** **tendréis** **tendrán**	**tendría** **tendrías** **tendría** **tendríamos** **tendríais** **tendrían**	**tuve** **tuviste** **tuvo** **tuvimos** **tuvisteis** **tuvieron**
venir – to come	I you he/she/you (polite) we you (plural) they/you (polite plural)	yo tú él/ella/usted nosotros/as vosotros/as ellos/ellas/ustedes	**vengo** **vienes** **viene** venimos venís **vienen**	**vendré** **vendrás** **vendrá** **vendremos** **vendréis** **vendrán**	**vendría** **vendrías** **vendría** **vendríamos** **vendríais** **vendrían**	**vine** **viniste** **vino** **vinimos** **vinisteis** **vinieron**
ver – to see	I you he/she/you (polite) we you (plural) they/you (polite plural)	yo tú él/ella/usted nosotros/as vosotros/as ellos/ellas/ustedes	**veo** ves ve vemos **veis** ven	veré verás verá veremos veréis verán	vería verías vería veríamos veríais verían	**vi** viste **vio** vimos visteis vieron

doscientos cuarenta y tres 243

VERB TABLES (TABLA DE VERBOS)

	pronouns (only include for emphasis)	imperfect	gerund (for present and imperfect continuous tenses)	past participle	present subjunctive	imperative
poder (continued)	yo tú él/ella/usted nosotros/as vosotros/as ellos/ellas/ustedes	podía podías podía podíamos podíais podían	**pudiendo**	podido	**pueda** **puedas** **pueda** podamos podáis **puedan**	**puede** (tú) poded (vosotros/as)
poner (continued)	yo tú él/ella/usted nosotros/as vosotros/as ellos/ellas/ustedes	ponía ponías ponía poníamos poníais ponían	poniendo	**puesto**	**ponga** **pongas** **ponga** **pongamos** **pongáis** **pongan**	**pon** (tú) poned (vosotros/as)
querer (continued)	yo tú él/ella/usted nosotros/as vosotros/as ellos/ellas/ustedes	quería querías quería queríamos queríais querían	queriendo	querido	**quiera** **quieras** **quiera** queramos queráis **quieran**	**quiere** (tú) quered (vosotros)
salir (continued)	yo tú él/ella/usted nosotros/as vosotros/as ellos/ellas/ustedes	salía salías salía salíamos salíais salían	saliendo	salido	**salga** **salgas** **salga** **salgamos** **salgáis** **salgan**	**sal** (tú) salid (vosotros/as)
ser (continued)	yo tú él/ella/usted nosotros/as vosotros/as ellos/ellas/ustedes	**era** **eras** **era** **éramos** **erais** **eran**	siendo	sido	**sea** **seas** **sea** **seamos** **seáis** **sean**	**sé** (tú) sed (vosotros/as)
tener (continued)	yo tú él/ella/usted nosotros/as vosotros/as ellos/ellas/ustedes	tenía tenías tenía teníamos teníais tenían	teniendo	tenido	**tenga** **tengas** **tenga** **tengamos** **tengáis** **tengan**	**ten** (tú) tened (vosotros/as)
venir (continued)	yo tú él/ella/usted nosotros/as vosotros/as ellos/ellas/ustedes	venía venías venía veníamos veníais venían	**viniendo**	venido	**venga** **vengas** **venga** **vengamos** **vengáis** **vengan**	**ven** (tú) venid (vosotros/as)
ver (continued)	yo tú él/ella/usted nosotros/as vosotros/as ellos/ellas/ustedes	**veía** **veías** **veía** **veíamos** **veíais** **veían**	viendo	**visto**	**vea** **veas** **vea** **veamos** **veáis** **vean**	ve (tú) ved (vosotros/as)

Image Credits:
(key: b-bottom; c-center; l-left; r-right; t-top)

123RF: Sabphoto/123RF 2, Fernando Soares/123RF 3(i), Dmitrijs Gerciks/123RF 3(p), Lizon/123RF 10cl, Deborah Kolb/123RF 29l, Daniel Ernst/123RF 30tr, Dolgachov/123RF 34cl, HONGQI ZHANG/123RF 49c, 32(f), Tonobalaguer/123RF 49l, Cathy Yeulet/123RF 55cr, 117, Fiphoto/123RF 98bl, 102bl, Dotshock/123RF 101, Andrey Tsidvintsev/123RF 142tl, Fabio Lamanna/123RF 148tr, Elenathewise/123RF 167br, Nutthawit Wiangya/123RF 179, Tami Freed/123RF 182, Burmakin Andrey/123RF 196, Nito500/123RF 203tr, Mitarart/123RF 215, Joserpizarro/123RF 236; **Alamy Stock Photo:** Alibi Productions/Alamy Stock Photo 3(e), ChaviNandez/Alamy Stock Photo 3(k), Finnbarr Webster/Alamy Stock Photo 9br, Sergio Azenha/Alamy Stock Photo 9tr, Simon Reddy/Alamy Stock Photo 10cr, Chris Mattison/Alamy Stock Photo 10bl, Rolf Richardson/Alamy Stock Photo 12, Jean Schweitzer/Alamy Stock Photo 27, Allen Brown/dbimages/Alamy Stock Photo 28r, Zixia/Alamy Stock Photo 30cr, Angela Hampton/Angela Hampton Picture Library/Alamy Stock Photo 32(d), Marc Hill/Alamy Stock Photo 32(h), Philipus.Alamy Stock Photo 34bl, Ian Dagnall/Alamy Stock Photo 35c, Oberhaeuser/Agencja Fotograficzna Caro/Alamy Stock Photo 36tr, Nick Lylak/Alamy Stock Photo 36l, JLImages/Alamy Stock Photo 52r, Classic Image/Alamy Stock Photo 55br, Bill Cheyrou/Alamy Stock Photo 58cr, Stockbroker/StockbrokerXtra/Alamy Stock Photo 59l, Ken Welsh/Alamy Stock Photo 80br, 94br, 102cr, Epa European Pressphoto Agency b.v/Alamy Stock Photo 82l. 122tl, Jack Sullivan/Alamy Stock Photo 94cl, Greg Balfour Evans/Alamy Stock Photo 94bl, Speedpix/Alamy Stock Photo 94tr, 170l, Citrus Stock/Invictus SARL/Alamy Stock Photo 95(h), Angela Serena Gilmour/Alamy Stock Photo 96br, Zak Waters/Alamy Stock Photo 96tr, Dr. Wilfried Bahnmüller/imageBROKER/Alamy Stock Photo 97cr, Matt fowler photography/Alamy Stock Photo 98cr, Pictures Colour Library/Travel Pictures/Alamy Stock Photo 104tr, Alfredo Maiquez/Agefotostock/Alamy Stock Photo 122c, Michael Snell/Robert Harding/Alamy Stock Photo 122tr, Denkou Living/Denkou Images/Alamy Stock Photo 135, Ton Koene/Alamy Stock Photo 146tl, Colau/Alamy Stock Photo 160, WENN Rights Ltd/Alamy Stock Photo 171, Warren Faidley/Corbis Value/ RF Corbis Value/Alamy Stock Photo 172(e), Susannah V. Vergau/Dpa Picture Alliance/Alamy Stock Photo 185tr, Alex Segre/Alamy Stock Photo 189tr, 192, Ivonnewierink/YAY Media AS/Alamy Stock Photo 95(a); **Colegio M.M.Rosa Molas:** (c) Colegio M.M.Rosa Molas 34tr, 34cl, 34cr, 34bc; **Fotolia:** Mehmet Cetin/Fotolia 3(b), Monkey Business/Fotolia 3(f), 31tr, 58bl, 76bl, Maygutyak/Fotolia 3h, Vladislav Gajic/Fotolia 3(j), Gelia/Fotolia 3(l), Efired/Fotolia 3(m), Atomfotolia/Fotolia 3(n), Lurii Sokolov/Fotolia 4cl, Noam Armonn/Fotolia 4tr, Yuri Timofeyev/Fotolia 6tl, JackF/Fotolia 9tl, Iom742/Fotolia 11bl, Uzkiland/Fotolia 14tl, Corepics/Fotolia 25r, Monart Design/Fotolia 28l, Volker Z/Fotolia 30br, Phanuwatnandee/Fotolia 32(e), Nobilior/Fotolia 35r, Joanna wnuk/Fotolia 35l, Mirko/Fotolia 51, Eugenio Marongiu/Fotolia 52l, Javier Castro/Fotolia 53, Christian Schwier/Fotolia 70br, Leonid Andronov/Fotolia 94tl, Gemenacom/Fotolia 94r, Gina Sanders/Fotolia 97bl, Brad Pict/Fotolia 97br, Nina Nagovitsina/Fotolia 98c, Aleksandar Todorovic/Fotolia 99br, Nebojsa Bobic/Fotolia 102cl, Goodluz/Fotolia 102cl, Fotos 593/Fotolia 102cr, Somatuscani/Fotolia 102tr, Morten Elm/Fotolia 103, Matyas Rehak/Fotolia 105br, Maksym Gorpenyuk/Fotolia 105tl, M.Studio/Fotolia 116(a), Viktor/Fotolia 116(d), Kittiphan/Fotolia 116(e), Canovass/Fotolia 116(g), ALF photo/Fotolia 116(h), Ildi/Fotolia 121c, Valeriy Velikov/Fotolia 121l, Bzyxx/Fotolia 129, Andres Rodriguesz/Fotolia 138(c), Luckybusiness/Fotolia 138(f), BlueSkyImages/Fotolia 141br, Xalanx/Fotolia 142cr, Steheap/Fotolia 166(c), Yury Gubin/Fotolia 166(d), Martinan/Fotolia 169, Morenovel/Fotolia 170r, Sergey Chayko/Fotolia 172(d), Konstantin Kulikov/Fotolia 197tr, Andy Dean/Fotolia 198, GalinaSt/Fotolia 198tl, AntonioDiaz/Fotolia 199l, Pedrosala/Fotolia 202tr; **Getty Images:** Trevor Williams/Stone/Getty Images 6tr, Ingolf Pompe/LOOK-foto/Getty Images 9bl, Alfredo Maiquez/Lonely Planet Images/Getty Images 14tr, Veronicagomepola/iStock/Getty Images 28c, Brent Winebrenner/Lonely Planet Images/Getty Images 31b, FatCamera/iStock/Getty Images Plus/Getty Images 31cr, Rubberball/Mike Kemp/Getty Images 32i, Jamie Grill/JGI/Getty Images 32(a), FatCamera/Getty Images 32(g), 187, Score/Aflo/Getty Images 36br, DigitalVision/Morsa Images/Getty Images 47, 225, Clasos/LatinContent Editorial/Getty Images 48, Tyler Marshall/Getty Images 58cl, Stockbyte/Getty Images 58tc, 170c, Praetorianphoto/E+/Getty Images 58br, MStudioImages/E+/Getty Images 58tl, Asphotowed/iStock/Getty Images 59r, Bloom Productions/Stone/Getty Images 61tl, OSTILL/iStock/Getty Images 71, C Flanigan/FilmMagic/Getty Images 75l, Alvarog1970/iStock/Getty Images 75r, Gary Yeowell/DigitalVision/Getty Images 76tl, JOHN GURZINSKI/AFP/Getty Images 77br, Michael Yarish/CBS/Getty Images 79l, Bernd Vogel/Corbis/Getty Images 80tr, Fuse/Corbis/Getty Images 81l, Kali9/E+/Getty Images 81r, Miguel Rojo/AFP/Getty Images 82r, Chloe Knott - Danehouse/Getty Images Sport/Getty Images 82c, Nigel Waldron/Getty Images Entertainment/Getty Images 83, Juan Naharro Gimenez/Getty Images Entertainment/Getty Images 85, Adél Békefi/Getty Images 95cl, JTB Photo/Getty Images 97cr1, Michele Falzone/AWL Images/Getty Images 104cr, Kypros/Moment/Getty Images 106(b), Photographereddie/iStock/Getty Images 106(d), Fotocelia/iStock/Getty Images 106(e), Michael Luongo/Bloomberg/Getty Images 126c, Gaelle Beri/Redferns/Getty Images 128, Pascal Pocharf-Casbianca/AFP/Getty Images 138(d), Jupiter Images/Photolibrary/Getty Images 161, CatLane/iStock/Getty Images 164bl, Rok Rakun/Pacific Press/LightRocket/Getty Images 164tr, Aminu Abubakar/AFP/Getty Images 167tr, Ronnie Kaufman/Getty Images 183, Sigrid Olsson/PhotoAlto/Getty Images 184, Dennis Doyle/Getty Images 201, Martinedoucet/Getty Images 203br, Ariel Skelley/Digitalvision/Getty images 204; **Image Source Ltd:** Image Source Ltd 76tr; **Ira de Reuver:** © Ira de Reuver 121r; **Maraworld, S.A.:** © Maraworld, S.A. 128; **Pascal Saez:** © Pascal Saez 164cl; **National Geophysical Data Center:** © National Geophysical Data Center 172(a); **Pearson Education Limited:** Pearson Education Limited 71tr, Robert Wolkaniec/Shutterstock 95cr, 95(g), Jules Selmes/Pearson Education Ltd 98br, 102tl, Studio 8/Pearson Education Ltd 98tl, 98tr, 99cr, 100tl, 100tc, 100tr, 100bl, 100bc, 100br, Sozaijiten/Pearson Education Limited 116(f), Gareth Boden/Pearson Education Ltd 141tr. 173r, 186l, 186r, 188, Chris Parker/Pearson Education Ltd 144, MindStudio/Pearson Education Ltd 151r; **PhotoDisc:** Kevin Sanchez Cole Publishing Group/PhotoDisc 116(k); **Reuters:** David Mercado/Reuters 165, Ramiro Gomez/Reuters 172(f); **Sandra Bruna Agencia Literaria:** © Sandra Bruna Agencia Literaria 125, **Sergio Santana:** © Sergio Santana.Lucentum Digita 34tl; **ShelterBox:** © ShelterBox 173l; **Shutterstock:** WDG Photo/Shutterstock 3(a), Chrispo/Shutterstock 3(c), JeniFoto/Shutterstock 3(d), Eivaisla/Shutterstock 3(o), Diego Grandi/Shutterstock 4bl, Belish/Shutterstock 5, Lena Serditova/Shutterstock 9, Slava296/Shutterstock 10tl, Elzbieta Sekowska/Shutterstock 10tr, Andrzej Kubik/Shutterstock 11br, Peresanz/Shutterstock 15, Woskresenskiy/Shuttesrtock 16(a), Marisa Estivill/Shutterstock 16(b), Cristian Nicula/Shutterstock 16(c), Ttstudio/Shutterstock 16(d), Stock_SK/Shutterstock 16(e), 2p2play/Shutterstock 16(f), Marcos del Mazo Valentin/Shutterstock 16(g), Shutterstock 16(h), 25cl, 26tl, 43, 50, 73, 138(b), 157, Jose y yo Estudio/Shutterstock 21, Poznyakov/Shutterstock 25l, Pressmaster/Shutterstock 25c, Wavebreakmedia/Shutterstock 25cr, Alexander Raths/Shutterstock 29c, Tyler Olson/Shutterstock 29r, BananaStock.Shutterstock 32b, DGLimages/Shutterstock 32c, 34br, Tracy Whiteside/Shutterstock 49, Dean Drobot/Shutterstock 57, Dmytro Zinkevych/Shutterstock 61br, Rawpixel.com/Shutterstock 63l, 67, 145br, 185br, Marian Fil/Shuttesrtock 63c, Marcos Mesa Sam Wordley/Shutterstock 63, Rose Hayes/Shutterstock 70tl, Victor Torres/Shutterstock 71br, MZeta/Shutterstock 75, Zhukovvvlad/Shutterstock 76br, Dziurek/Shutterstock 77r, Darren Baker/Shutterstock 80tl, Daniel M Ernst/Shutterstock 89, Have a nice day Photo/Shutterstock 94cr, Gerasimov_foto_174/Shutterstock 95c, Jesus Cervantes/Shutterstock 95d, movaliz/Shutterstock 95i, Barmalini/Shutterstock 95bl, Everything/Shutterstock 95bl, Kristina Usoltseva/Shutterstock 95br, Tatiana Popova/Shutterstock 96bl, Ksenia Ragozina/Shutterstock 96tl, Ivan Kuzmin/Shutterstock 97tr, Alex Yeung/Shutterstock 97cr, G-stockstudio/Shutterstock 98cl, Blvdone/Shutterstock 102br, Dieter Hawlan/Shutterstock 104cl, Timothy Epp/Shutterstock 104tl, Daniel San Martin/Shutterstock 104c, Alekk Pires/Shutterstock 106(f), David Marin Foto/Shutterstock 106(a), Jarretera/Shutterstock 106(c), F. J. Carneros/Shutterstock 113, Macro Meyer/Shutterstock 116(b), Ryzhkov Photography/Shutterstock 116(c),

Subbotina Anna/Shutterstock 116(i), Giromin Studio/Shutterstock 116(j), Guillermo Garcia/Shutterstock 116(l), Iakov Filimonov/Shutterstock 119, 191, Nathalie Speliers Ufermann/Shutterstock 123, Gordon Swanson/Shutterstock 124, Vichie81/Shutterstock 126l, Paol_ok/Shutterstock 126r, Lunamarina/Shutterstock 138(a), Cactusimage/Shutterstock 138(e), Little Pig Studio/Shutterstock 145tr, Mangostock/Shutterstock 146bl, Unguryanu/Shutterstock 146c, J Fox Photography/Shutterstock 148bl, Dotshock/Shutterstock 151l, Mikadun/Shutterstock 164cr, Dainis Derics/Shutterstock 166(a), Matthew Gough/Shutterstock 166(b), Ivan Smuk/Shutterstock 166(e), Signature Message/Shutterstock 166(f), Denis Derics/Shutterstock 172(c), Leah-Anne Thompson/Shutterstock 179, Ollyy/Shutterstock 189br, Galina Barskaya/Shutterstock 190, Jarno Gonzalez Zarraonandia/Shutterstock 193tr, Roman Samborskyi/Shutterstock 193br, Juice Flair/Shuttesrtock 195, Andrii Kobryn/Shutterstock 200, Niv Koren/Shutterstock 202br, Anna-Mari West/Shutterstock 211, Jules Selmes/Shutterstock 219, Greg Blok/Shutterstock 223, Zieusin/Shutterstock 95(e), Stegworkz/Shutterstock 79(c); **Xinhua News Agency:** Xinhua News Agency 172b; Yakobchuk Vlacheslav/Shutterstock 164br, Africa Studio/Shutterstock 197br;

Inside front cover: **Shutterstock.com:** Dmitry Lobanov

All other images © Pearson Education

We are grateful to the following for permission to reproduce copyright material:

Text

Article on pages 135-6 from 'Driverless cars are going to save the world and I can't wait' The Telegraph, 16/05/2016 (Alex Proud), © Telegraph Media Group Limited 2016; Exercise on pages 148-9 from www.ancientegypt.co.uk/pyramids, © The Trustees of the British Museum, 2017